Los Borgia

Novela Histórica

Mario Puzo
Los Borgia
con la colaboración de Carol Gino

Traducción de Agustín Vergara

Título original: *The Family*

© The Estate of Mario Puzo and Carol Gino, 2001
© por la traducción, Agustín Vergara, 2001
© Editorial Planeta, S. A., 2003
   Avinguda Diagonal, 662, 6.ª planta. 08034 Barcelona (España)

Diseño de la cubierta: adaptación de la idea original de Agustín Juste
Ilustración de la cubierta: «Busto femenino» (se considera que representa a
Lucrecia Borgia) de Bartolomeo Veneto, Städelsches Kunstinstut, Frankfurt
(foto © AKG)
Fotografía del autor: © K. Schles / Time / Cordon Press.
Primera edición en esta presentación en Colección Booket: mayo de 2003
Segunda edición: setiembre de 2003
Tercera edición: octubre de 2003

Depósito legal: B. 41.214-2003
ISBN: 84-08-04809-0
Impreso en: Litografía Rosés, S. A.
Encuadernado por: Litografía Rosés, S. A.
Printed in Spain - Impreso en España

Mario Puzo nació el 15 de octubre de 1920 en el West Side de Manhattan (Nueva York). Realizó el servicio militar durante la segunda guerra mundial y, más tarde, fue a la Universidad de Columbia. Antes de la publicación de *El padrino* (1990) escribió varias novelas, pero fue ésta la que le supuso el reconocimiento mundial. En 1991 publicó *La cuarta K*, seguida de *El último Don* (1996) y *Omertà* (2000).

Mario Puzo ha escrito, además, varios guiones cinematográficos, entre ellos los de la trilogía de *El padrino*, por los que fue galardonado con dos Oscar. Murió el 2 de julio de 1999 en su casa de Long Island.

Carol Gino, la que fue su compañera sentimental, es la autora de las obras *The Nurse's Story*, *Rusty's Story* y *Then an Angel Came*. Actualmente, vive en Long Island, Nueva York.

A Bert Fields,
que arrancó la victoria
de las fauces de la derrota
y que podría ser el más grande de todos los consiglieri.
Con admiración,

MARIO PUZO

Dejadme ser vil y rastrero, pero permitid que bese el sudario que envuelve a mi Dios. Pues, aunque siga al demonio, sigo siendo Vuestro hijo, oh Señor, y Os amo y siento esa dicha sin la que el mundo no puede existir.

FIÓDOR DOSTOIEVSKI,
Los hermanos Karamázov

Nota del editor

Mario Puzo murió en 1999 y pasó los últimos años de su vida trabajando en esta novela, que empezó a gestarse en 1983, tras una visita del autor al Vaticano.

La escritora Carol Gino, asistente personal y compañera de Puzo durante muchos años, trabajó muy estrechamente con el autor en la preparación de esta novela, junto con el galardonado historiador Bertram Fields. Carol Gino recuerda que Puzo calificó esta novela como «otra historia familiar», tal como solía describir su obra *El padrino*. Gino, con la colaboración de Fields, se encargó de revisar y completar los capítulos que quedaron inacabados a la muerte del autor.

Prólogo

Mientras la peste negra devastaba Europa, los ciudadanos apartaban los ojos de la tierra y miraban hacia el cielo con desesperación. Algunos, los más inclinados hacia el pensamiento filosófico, intentaban encontrar ahí los secretos de la existencia, aquello que les permitiera desentrañar los grandes misterios de la vida; otros, los más pobres, tan sólo buscaban aliviar su sufrimiento.

Y fue así como la rígida doctrina religiosa de la Edad Media empezó a perder su poder y fue reemplazada por el estudio de las grandes civilizaciones de la Antigüedad. A medida que la sed por las Cruzadas empezó a disminuir, los héroes del Olimpo renacieron y sus batallas volvieron a ser libradas. Fue así como los hombres le dieron la espalda a Dios y la razón volvió a reinar.

Aquéllos fueron tiempos de grandes logros en la filosofía, en el arte, en la medicina y en la música. La cultura floreció con gran pompa y ceremonial, pero los hombres tuvieron que pagar un precio por cerrar sus corazones a Dios. Las viejas leyes se rompieron antes de crear otras nuevas que las suplieran. El humanismo, aquel giro desde el estricto cumplimiento de la palabra de Dios y la fe en la vida eterna hacia el «honor del hombre» y la búsqueda de recompensas en el mundo material, supuso, en realidad, una difícil transición.

Entonces, Roma no era una ciudad bendita; era un lugar sin ley. En las calles, los ciudadanos eran asaltados y sus hogares saqueados, las prostitutas campaban a sus anchas y cientos de personas morían asesinadas.

El país que conocemos como Italia aún no existía. Dentro de los límites de la «bota», el destino de cada ciudad era regido por rancias familias, reyes, señores feudales, duques u obispos. En lo que hoy es Italia, los vecinos luchaban entre sí por sus tierras, y aquellos que lograban la victoria siempre se mantenían en guardia, al acecho de la siguiente invasión.

Las potencias extranjeras, siempre ávidas de conquistas, suponían una constante amenaza para los pequeños feudos de Italia. Los soberanos de España y Francia luchaban por ampliar sus fronteras y los turcos amenazaban las costas de la península.

La Iglesia y la nobleza se disputaban el poder. Tras el Gran Cisma, cuando la existencia de dos papas dividió la Iglesia y redujo de forma dramática sus ingresos, la restauración de un único trono papal en Roma auguraba una nueva etapa de esplendor para el papado. Más poderosos que nunca, los líderes espirituales de la Iglesia sólo debían enfrentarse al poder terrenal de los reyes y los señores feudales. Y, aun así, la Santa Iglesia vivía sumida en una constante agitación, pues la corrupción se había asentado hasta en las más altas esferas del papado.

Ignorando sus votos de castidad, los cardenales visitaban asiduamente a las cortesanas e incluso mantenían varias amantes al mismo tiempo. Los sobornos estaban a la orden del día y los clérigos eximían a los nobles de sus deberes para con Dios y perdonaban los más atroces pecados a cambio de dinero.

Se decía que en Roma todo tenía un precio; con suficiente dinero se podían comprar iglesias, perdones, bulas e incluso la salvación eterna.

El segundo hijo varón de cada familia era educado desde su nacimiento para la vida eclesiástica, tuviera o no vocación religiosa. La Iglesia ostentaba el derecho de coronar reyes y conceder todo tipo de privilegios terrenales, por lo que no había familia aristocrática en Italia que no ofreciese cuantiosos sobornos para conseguir que alguno de sus miembros ingresara en el colegio cardenalicio.

Así era la vida en el Renacimiento. Así era el mundo del cardenal Rodrigo Borgia y de su familia.

Capítulo 1

El sol estival calentaba las calles empedradas de Roma mientras el cardenal Rodrigo Borgia caminaba hacia el palacio donde lo esperaban sus hijos, César, Juan y Lucrecia, carne de su carne, sangre de su sangre. Aquel día, el vicecanciller del papa, el segundo hombre más poderoso de la Iglesia, se sentía especialmente afortunado.

Al llegar al palacio donde vivía Vanozza Catanei, la madre de sus hijos, el cardenal se sorprendió a sí mismo silbando alegremente. Como miembro de la Iglesia, le estaba prohibido contraer matrimonio, pero, como hombre de Dios que era, tenía la seguridad de comprender los deseos del Señor. ¿Pues acaso no creó el Padre Celestial a Eva para completar a Adán en el Jardín del Edén? ¿No era lógico deducir entonces que, en este valle de lágrimas, en este mundo plagado de infelicidad, un hombre necesitaba también del consuelo de una mujer?

Rodrigo Borgia había tenido otros tres hijos cuando todavía era un joven obispo, pero los que le había dado Vanozza ocupaban un lugar especial en su corazón. Incluso los imaginaba de pie sobre sus hombros, formando un ser prodigioso, ayudándolo a unificar los Estados Pontificios y a extender los dominios de la Iglesia hasta los últimos confines del mundo.

Sus hijos siempre lo llamaban «padre», pues, a sus ojos, no existía ningún conflicto entre su condición de cardenal y su condición de padre, entre su devoción por ellos y su lealtad a la causa divina. ¿Acaso no paseaban con gran ceremonial por la ciudad los hijos del papa Inocencio durante los principales festejos de Roma?

Hacía más de diez años que el cardenal Borgia compartía el lecho de Vanozza y, durante todo ese tiempo, ella había sido capaz de brindarle las más intensas emociones, manteniendo siempre viva la llama de la pasión. No es que Vanozza hubiera sido la única mujer de su vida, pues el cardenal era un hombre de grandes apetitos, pero, sin duda, había sido la más importante. Era una mujer hermosa e inteligente con la que podía compartir sus pensamientos más íntimos sobre todo tipo de cuestiones, tanto divinas como terrenales. Hasta tal punto era así que, en más de una ocasión, Vanozza le había dado sabios consejos, que él, por supuesto, había correspondido con generosidad.

Vanozza intentó sonreír mientras veía partir a sus hijos junto al cardenal.

A sus cuarenta años, conocía mejor que nadie al hombre que se escondía bajo el cardenalicio púrpura. Sabía que Rodrigo tenía una ambición sin límites, una ambición que nada ni nadie podría saciar nunca. Él mismo le había contado sus planes para aumentar el poder de la Iglesia mediante una serie de alianzas políticas y tratados que cimentarían tanto la autoridad del papa como la suya propia. Las estrategias del cardenal se forjaban en su mente con el mismo vigor con el que sus futuros ejércitos conquistarían nuevos territorios, pues Rodrigo Borgia estaba destinado a convertirse en uno de los hombres más poderosos de su tiempo y su éxito sería también el éxito de sus hijos. Vanozza sabía que, algún día, como herederos del cardenal, sus hijos gozarían de un poder sin límites. Y esa idea era su único consuelo ahora que los veía partir.

Abrazó con fuerza a Jofre, su hijo menor, demasiado joven para separarse de ella, pues todavía necesitaba del alimento que le ofrecía su pecho. Pero Jofre también se separaría de ella algún día. Los ojos negros de Vanozza se llenaron de lágrimas mientras observaba cómo el cardenal se agachaba y cogía de la mano a Juan y a Lucrecia, su única hija, de tan sólo tres años de edad. César, dejado de lado, caminaba en silencio detrás de su padre. Vanozza pensó que sus celos podrían traerle problemas, aunque, con el tiempo, Rodrigo aprendería a conocerlo tan bien como ella.

Vanozza esperó hasta que sus hijos desaparecieron entre la multitud. Finalmente, se dio la vuelta, entró en el palacio y cerró la pesada puerta de madera a su espalda.

Apenas habían dado un par de pasos cuando César, de siete años, empujó a Juan con tanta fuerza que éste estuvo a punto de caer al suelo. El cardenal se volvió hacia César:

—Hijo mío —dijo—, ¿acaso no puedes pedir lo que deseas en vez de empujar a tu hermano?

Juan, tan sólo un año más joven que César, pero de una apariencia mucho más frágil, sonrió con satisfacción al ver que su padre acudía en su defensa. César se acercó a él y lo pisó con fuerza.

Juan dejó escapar un grito de dolor.

El cardenal cogió a César del blusón, lo levantó del suelo y lo agitó con tanta fuerza que los rizos castaños del niño cayeron despeinados sobre su frente. Después volvió a posarlo sobre el empedrado y se agachó frente a él.

—Dime, César, ¿qué es lo que tanto te molesta? —preguntó con candor.

Los ojos de César, oscuros y penetrantes, brillaban como dos trozos de carbón.

—Lo odio, padre —exclamó acaloradamente César mientras miraba fijamente al cardenal—. Siempre lo elegís a él.

—Escúchame bien, César —dijo el cardenal, divertido

ante la reacción de su hijo—. La fuerza de una familia, al igual que la de un ejército, reside en la unidad de sus miembros. Además, odiar a tu hermano es pecado mortal y no creo que debas poner en peligro la salvación de tu alma por algo tan insignificante como esto. —El cardenal se incorporó, haciéndole sombra a su hijo con su imponente figura—. Y, además, me parece que hay suficiente de mí como para satisfacer los deseos de todos mis hijos. ¿No crees? —preguntó, sonriendo, mientras se acariciaba el corpulento abdomen.

Rodrigo Borgia era un hombre apuesto y de gran corpulencia, cuya estatura le permitía cargar con su peso con dignidad. Sus oscuros ojos a menudo brillaban, divertidos; su nariz, aun siendo grande, no resultaba ofensiva y sus labios, plenos, sensuales y casi siempre sonrientes, le conferían un aspecto generoso. Pero era su magnetismo, esa energía intangible que irradiaba, lo que hacía que todo el mundo coincidiera en afirmar que era uno de los hombres más atractivos de Roma.

—Si quieres te dejo mi sitio, Ces —le dijo Lucrecia a su hermano con una voz tan cristalina que el cardenal no pudo evitar volverse hacia ella, fascinado. Lucrecia tenía los brazos cruzados delante del pecho y sus largos tirabuzones rubios colgaban libres sobre sus hombros. Su rostro angelical albergaba un gesto de absoluta determinación.

—¿Es que ya no quieres coger la mano de tu padre? —preguntó el cardenal, fingiendo un puchero.

—No lloraré si no lo hago —dijo ella—. Ni tampoco me enfadaré.

—No seas burra, Crecia —dijo César con afecto—. Juan se está comportando como un bebé. Puede defenderse solo. No necesita que lo ayudes —añadió. Después miró con aversión a su hermano, quien se apresuró a secarse las lágrimas con la suave manga de su blusón de seda.

El cardenal despeinó cariñosamente a Juan.

—No debes llorar, hijo mío. Puedes seguir cogiéndome la mano —lo tranquilizó. Después se giró hacia César—: Y tú, mi pequeño guerrero, coge mi otra mano. —Finalmente miró a Lucrecia—: ¿Y tú, mi dulce niña? ¿Qué voy a hacer contigo?

El cardenal observó con agrado el gesto impertérrito de su hija, que no dejaba traslucir el menor sentimiento, y sonrió con satisfacción.

—Desde luego, nadie puede negar que seas hija mía. Como recompensa a tu generosidad y a tu valor, ocuparás el lugar de honor.

Y, sin más, se agachó, levantó a su hija en el aire y la sentó sobre sus hombros. Lucrecia parecía una hermosa corona sobre la cabeza del cardenal. Rodrigo Borgia rió con sincera felicidad y siguió caminando junto a sus tres hijos.

El cardenal instaló a sus hijos en el palacio de Orsini, frente a su residencia en el Vaticano, donde su prima, la viuda Adriana Orsini, se encargaría de sus cuidados. Poco tiempo después, cuando Urso, el joven hijo de Adriana, se comprometió en matrimonio a los trece años, su prometida, Julia Farnesio, de quince, se trasladó al palacio para ayudar a Adriana a cuidar de los hijos del cardenal.

Aunque los tres niños quedaron desde ese momento bajo la tutela del cardenal, siguieron visitando asiduamente a su madre, que, tras enviudar, había contraído matrimonio por tercera vez; en esta ocasión, con Carlo Canale. Al igual que había elegido a sus anteriores esposos, Rodrigo Borgia había elegido a Canale para ofrecerle a Vanozza la protección y la reputación de un hogar respetable. El cardenal siempre había sido generoso con ella; además, lo que Vanozza no había recibido de él lo había heredado de sus dos primeros esposos. Al contrario que las frívolas cortesanas que mantenían muchos miembros de la aristocracia, Vanozza era una mujer práctica a la que Rodrigo admiraba sinceramente. Tenía varias posadas bien regentadas y algunas tierras que le proporcionaban una renta considerable. Además, como era una mujer piadosa, había sufragado la construcción de una capilla dedicada a la Virgen, donde llevaba a cabo sus oraciones diarias.

A Vanozza y el cardenal les seguía uniendo una sincera amistad, aunque tras diez años de relación, su mutua pasión había acabado por enfriarse.

Vanozza no tardó en separarse de Jofre, pues la marcha de sus hermanos lo sumió en tal desconsuelo que su madre no tuvo más remedio que enviarlo al palacio de Orsini. Y así fue como los cuatro hijos de Rodrigo Borgia pasaron al cuidado de Adriana Orsini.

Como correspondía a los hijos de un cardenal, los niños fueron instruidos por los tutores de mayor prestigio de Roma. Estudiaron humanidades, astronomía, astrología e historia y aprendieron distintos idiomas, entre los cuales se incluían el español, el francés, el inglés y, por supuesto, el latín, la lengua de la Iglesia. César destacó desde el principio por su inteligencia y su naturaleza competitiva, aunque fue Lucrecia quien demostró poseer mayor talento.

Aunque era costumbre enviar a las jóvenes a un convento para que dedicaran su vida a los santos, el cardenal, aconsejado por Adriana, dispuso que Lucrecia dedicara su infancia a las musas y que recibiera su educación de manos de los mismos tutores que sus hermanos. Así, Lucrecia, que amaba sinceramente las artes, aprendió a tocar el laúd y la técnica del dibujo, del baile y del bordado, sobresaliendo en el empleo del hilo de plata y oro y en la composición poética. Pasaba largas horas componiendo versos de éxtasis divino y, en ocasiones, también de amor terrenal. Encontraba especial inspiración en los santos, que a menudo llenaban su corazón hasta el punto de dejarla sin habla.

Como era su obligación, no tardó en desarrollar todos aquellos encantos y talentos que aumentarían su valor a la hora de forjar las alianzas matrimoniales con las que la familia Borgia esperaba beneficiarse en el futuro.

Julia Farnesio la mimaba como si fuera su hermana pequeña y Adriana y el propio cardenal la colmaban de atenciones, por lo que Lucrecia creció feliz y con una disposición complaciente. Curiosa por naturaleza y de carácter afable, Lucrecia, que sentía aversión por los enfrentamientos, siempre hizo todo lo posible por conservar la armonía familiar.

Un hermoso domingo, después de cantar la misa mayor en la vieja basílica de San Pedro, el cardenal Borgia invitó a sus hijos a reunirse con él en sus aposentos privados. Se trataba de un gesto osado y excepcional, pues, en los tiempos del papa Inocencio, todos los hijos de un clérigo eran considerados oficialmente como sobrinos. Reconocer abiertamente su paternidad podía poner en peligro el ascenso del cardenal en la jerarquía eclesiástica. Aunque era de dominio público que los cardenales, e incluso los papas, tenían hijos, mientras ese hecho se mantuviera oculto bajo el manto de la «familia» y la verdadera condición filial sólo se mencionase en documentos privados, el honor asociado al cargo eclesiástico permanecería intacto. Pero el cardenal no era un hombre dado a la hipocresía, aunque, por supuesto, había ocasiones en las que se veía obligado a adornar la realidad. Pero eso era algo lógico, pues, después de todo, Rodrigo Borgia era un hombre que vivía de la diplomacia.

Para tan especial ocasión, Adriana había vestido a los niños con sus mejores galas: César, de satén negro; Juan, de seda blanca, y Jofre, que tan sólo tenía dos años, de terciopelo azul con ricos bordados. Lucrecia, por su parte, llevaba un largo vestido de encaje color melocotón y una pequeña diadema con piedras preciosas.

El cardenal estaba leyendo un documento oficial que le había traído de Florencia su consejero, Duarte Brandao, un hombre alto y delgado con una larga melena negra y delicadas facciones que solía conducirse con gentileza y amabilidad, aunque en Roma se decía que no existía cólera como la suya cuando se topaba con la deslealtad o la insolencia. El documento estaba relacionado con el fraile dominico al que se conocía como Savonarola. Se rumoreaba que era un profeta imbuido por el Espíritu Santo. Para el cardenal suponía una seria amenaza, pues los ciudadanos de Florencia se peleaban por escuchar sus sermones y seguían sus dictados con gran fervor. Savonarola era un orador elocuente, cuyos encendidos sermones a menudo giraban en torno a los excesos carnales y financieros del papado.

—No debemos perder de vista a ese fraile —dijo el cardenal—. Son muchas las grandes familias que han caído a causa de las palabras de hombres insignificantes que creen estar en posesión de la verdad divina. Savonarola no sería el primer fanático que destrona a un rey.

Duarte se acarició el bigote con el dedo índice mientras meditaba sobre las palabras de Rodrigo Borgia.

—He oído que ese fraile también dirige su ira contra los Médicis. Y, al parecer, los ciudadanos de Florencia aplauden sus críticas.

Ambos hombres interrumpieron su conversación al oír entrar a los hijos del cardenal. Duarte Brandao les dio la bienvenida con una reverencia y se retiró en silencio.

Lucrecia corrió a los brazos de su padre mientras sus hermanos aguardaban junto a la puerta con las manos detrás de la espalda.

—Venid, hijos míos —dijo Rodrigo, tomando a Lucrecia entre sus brazos—. Acercaos y dadle un beso a vuestro padre —insistió, atrayéndolos hacia sí con un gesto de la mano y una amplia y cálida sonrisa.

César fue el primero en llegar. Rodrigo Borgia dejó a

Lucrecia sobre el pequeño escabel que había a sus pies y abrazó a su hijo. César era un niño alto y fornido y al cardenal le gustaba abrazarlo, pues al hacerlo se sentía seguro sobre el futuro.

—César —dijo con cariño—, nunca dejo de darle las gracias al Señor por la alegría que siento al estrecharte entre mis brazos.

César sonrió, feliz, y se hizo a un lado para dejar sitio a su hermano. Tal vez fuera la velocidad de los latidos del corazón de Juan lo que hizo que Rodrigo lo abrazara con más delicadeza y durante más tiempo que a César.

Normalmente, cuando almorzaba a solas en sus aposentos, el cardenal sólo comía un poco de fruta y queso con pan, pero ese día había dado instrucciones para que llenaran la mesa de fuentes de pasta y aves de corral y buey con dulces salsas y montañas de castañas garrapiñadas.

Al ver como sus hijos y Adriana, y su hijo Orso y la hermosa y encantadora Julia Farnesio reían y conversaban jovialmente alrededor de la mesa, Rodrigo Borgia se sintió un hombre afortunado. En silencio, rezó una oración de gratitud. Cuando su criado llenó de vino tinto su copa de plata, dejándose llevar por su dicha, el cardenal le dio a beber a su hijo Juan su primer sorbo de vino.

Pero al probar el vino, Juan hizo una mueca de asco.

—No me gusta —dijo—. Está muy amargo.

Una terrible sospecha estremeció a Rodrigo Borgia. Era vino dulce. No podía tener un sabor amargo...

Juan no tardó en quejarse de un dolor en el vientre. Su padre y Adriana intentaron tranquilizarlo, pero el niño vomitó violentamente. El cardenal cogió a su hijo en brazos, salió a la antesala del comedor y lo tumbó con suavidad sobre un diván brocado. Juan perdió el conocimiento.

Un criado acudió en busca del médico del papa.

—Ha sido envenenado —dijo el médico después de examinar al niño.

Juan estaba pálido como la cal. Tenía fiebre y un oscuro hilo de bilis le resbalaba desde la comisura de los labios.

—¡Ese veneno iba dirigido a mí! —exclamó Rodrigo Borgia, encolerizado.

Duarte Brandao permanecía a unos metros de la escena con la espada desenvainada, alerta ante cualquier posible amenaza.

El cardenal se volvió hacia él.

—Tenemos un enemigo dentro de palacio —dijo—. Reúne a todos los criados en el salón principal. Sírveles una copa de vino y tráeme a quien se niegue a beber.

—Pero, Su Santidad —intervino Adriana—. Comprendo vuestro dolor, pero así sólo conseguiréis que todos vuestros criados enfermen.

—No beberán del mismo vino que mi pobre hijo —la interrumpió Rodrigo—. Les daremos vino sin envenenar. Tan sólo el traidor lo rechazará, pues el miedo le impedirá llevarse la copa a los labios.

Duarte salió a cumplir las órdenes del cardenal.

Juan yacía inmóvil. Adriana, Julia y Lucrecia, sentadas junto a él, secaban el sudor de su frente.

El cardenal cogió la mano de su hijo y la besó. Después fue a su capilla privada y se arrodilló a rezar frente a la imagen de la Virgen, pues ella sabía el dolor que se sentía al perder a un hijo.

—Haré todo lo que esté en mi mano, todo lo humanamente posible, para extender la palabra de tu hijo por el mundo, Santa Madre. Haré que miles de personas adoren a tu hijo si tú salvas la vida del mío...

El joven César entró en la capilla con lágrimas en los ojos.

—Acércate, hijo mío. Reza conmigo por la salvación de tu hermano —dijo Rodrigo Borgia, y César se arrodilló junto a su padre.

En los aposentos del cardenal, todos guardaban silencio.

—El canalla se ha descubierto —anunció Duarte al regresar—. Es un mozo de cocina. Hasta hace poco estaba al servicio de la casa de Rímini.

Rímini era una pequeña provincia feudal del litoral oriental de la península Itálica. Su gobernante, el duque Gaspare Malatesta, enemigo acérrimo del papado, era un hombre lo suficientemente grande como para albergar en su cuerpo el alma de dos personas. Pero era por su pelo, rizado y salvajemente rojizo, por lo que se lo conocía como el León de Rímini.

El cardenal Borgia se alejó unos pasos de su hijo.

—Pregúntale a ese miserable por qué me odia tanto su señor —le susurró a Duarte—. Después, asegúrate de que beba todo el vino de nuestra mesa.

Duarte asintió.

—¿Qué debemos hacer con él cuando el veneno haya hecho efecto? —preguntó.

—Montadlo en un asno, atadlo firmemente al animal y enviadlo con un mensaje al León de Rímini. Decidle que ruegue al cielo por el perdón de su alma y que se prepare para encontrarse con Dios.

Juan permaneció sumido en un profundo letargo durante varias semanas. El cardenal había insistido en que permaneciera en palacio para que pudiera tratarlo su médico personal. Mientras Adriana velaba su sueño y varias criadas se encargaban de sus cuidados, Rodrigo Borgia pasaba hora tras hora rezando en la capilla.

—Te brindaré las almas de miles de hombres, Santa Madre de Dios —prometía con fervor—. Sólo te pido que intercedas ante Jesucristo Nuestro Señor por la vida de mi hijo.

Cuando sus plegarias obtuvieron respuesta, el cardenal

se entregó en cuerpo y alma a servir a la Iglesia. Pero Rodrigo Borgia sabía que la intervención divina no bastaría siempre para garantizar la seguridad de su familia. Había algo que debía hacer sin mayor demora: debía enviar a alguien a España a por don Michelotto.

Miguel Corella, don Michelotto, el sobrino bastardo del cardenal Rodrigo Borgia, nunca se había resistido a su destino. De niño, en su Valencia natal, nunca había demostrado maldad, y a menudo se había encontrado a sí mismo defendiendo a aquellos cuya bondad los hacía vulnerables a la crueldad de los demás; pues la bondad suele confundirse con la debilidad.

Miguel supo desde niño que su destino era proteger a aquellos que debían extender por el mundo la luz de Dios y de la Iglesia. Había sido un niño fuerte, tan tenaz en sus lealtades como en sus actos. Cuando era un fornido adolescente, se había enfrentado al bandolero más temido de la región por defender la casa de su madre, la hermana del cardenal. Tan sólo tenía dieciséis años cuando el bandolero y sus hombres entraron en su casa e intentaron robar el baúl donde su madre guardaba sus reliquias sagradas y el ajuar de la familia. Cuando Miguel, que raramente hablaba, maldijo al bandolero y se negó a apartarse del baúl, éste le rajó la cara con su estilete, y le hizo un profundo corte desde la boca hasta la mejilla. La sangre manaba a borbotones de su rostro. Su madre chillaba y su hermana lloraba de manera inconsolable, pero Miguel no se apartó del baúl.

Finalmente, cuando los vecinos dieron la voz de alerta, el bandolero y sus secuaces huyeron a las montañas sin su botín.

Algunos días después, cuando regresaron al pueblo, los bandoleros se toparon con la resistencia de los vecinos y, aunque la mayoría de ellos lograron huir, Miguel capturó al jefe. A la mañana siguiente, el desafortunado pecador fue encontrado colgado de un árbol en la plaza del pueblo. La reputación de Miguel se extendió rápidamente por la comarca y nunca más nadie volvió a enfrentarse a él.

La herida no tardó en sanar, pero la cicatriz le deformó el rostro en una mueca perpetua. Aunque en cualquier otro hombre esa mueca hubiera resultado repulsiva, la rectitud y la mirada piadosa de sus ojos permitían que cualquiera que viese a Miguel reconociera inmediatamente la bondad de su alma.

Y fue así como Miguel pasó a ser conocido como don Michelotto, un hombre al que todos respetaban.

El cardenal Borgia mantenía que, en cada familia, alguien debía entregar su vida a la fe y predicar la palabra de Dios. Pero para que pudiera tener éxito en su misión divina, también debía haber alguien que garantizase la seguridad de la familia. De ahí que Rodrigo razonara que aquellos que se sentaran en el trono de la Iglesia debían contar con el apoyo de una mano humana que los defendiera del mal, pues éste siempre estaba al acecho en el mundo de los hombres.

Al cardenal no le sorprendía que el joven don Michelotto hubiera sido llamado a cumplir ese papel, pues, sin duda, Miguel Corella era un hombre de una naturaleza superior. Por mucho que sus enemigos intentaran mancillar su reputación con todo tipo de falsas habladurías, su fidelidad para con el Padre Celestial y la causa divina estaba fuera de toda duda; el cardenal tenía la absoluta certeza de que don Michelotto siempre sometería sus propios deseos a los de la Iglesia.

Igual que el cardenal creía que sus actos estaban guiados por la mano de Dios, don Michelotto sostenía que sus manos eran guiadas por la misma fuerza divina, por lo que no existía la posibilidad de cometer un acto injusto ni pecaminoso. ¿Pues acaso no estaba enviando un alma a su creador cada vez que apagaba el aliento de un enemigo del cardenal?

Y así fue como, al poco tiempo de recuperarse su hijo, Rodrigo Borgia, que también se había criado en Valencia, mandó llamar a Roma a su sobrino, que por aquel entonces tenía veintiún años. Consciente de los peligros que lo acechaban, el cardenal confió así la seguridad y el bienestar de su familia a don Michelotto. A partir de ese día, los hijos del cardenal rara vez se dieron la vuelta sin toparse con la sombra de don Michelotto.

Cuando sus deberes de vicecanciller se lo permitían, el cardenal aprovechaba cualquier momento libre para visitar a sus hijos y jugar con ellos. Además, siempre que podía, llevaba a sus hijos consigo a la magnífica hacienda que poseía en la campiña.

Capítulo 2

Retirada en las colinas de los Apeninos, a un día de camino de Roma, la hacienda conocida como «Lago de Plata» estaba formada por un magnífico bosque de cedros y pinos y un pequeño lago de aguas cristalinas. Rodeadas de paz y de los más bellos sonidos y colores de la naturaleza, todos los días, al alba y al atardecer, las aguas del lago se teñían del color de la plata; era un auténtico paraíso terrenal.

Rodrigo Borgia, tras recibir las tierras como obsequio de su tío, el papa Calixto III, había ordenado construir el palacete al que gustaba de acudir con su familia huyendo del asfixiante calor del verano romano; no había ningún lugar en el mundo donde el cardenal se sintiera más feliz.

Durante los dorados días del estío, los niños se refrescaban en el lago y corrían libres por los exuberantes prados verdes mientras el cardenal paseaba entre los fragantes limoneros acariciando las cuentas doradas de su rosario. Durante esos momentos de paz, Rodrigo Borgia nunca dejaba de maravillarse ante la belleza del mundo, ante la belleza de *su* mundo. Había trabajado duro y a conciencia desde que era un joven obispo, pero ¿hasta qué punto bastaba eso para explicar su buena fortuna? ¿Cuántas personas no trabajaban de forma denodada sin obtener recompensa alguna ni en la tierra ni en el cielo?

La gratitud llenaba el corazón del cardenal mientras elevaba una oración al cielo y pedía por el futuro de los suyos.

Pues, pese a su fe, aún albergaba en su interior el temor oculto a que un hombre agraciado con una vida como la suya algún día tuviera que someterse a una prueba de gran dureza. No cabía duda de que Dios otorgaba su abundancia libremente, pero tampoco cabía duda de que, para ser digno de dirigir el rebaño del Señor, un hombre debía demostrar la pureza de su alma. Pues ¿cómo, si no, podría juzgar el Padre Celestial la valía de ese hombre? El cardenal esperaba poder estar a la altura de esa prueba cuando llegara el momento.

Una noche, tras dar cuenta de una espléndida cena junto al lago, el cardenal obsequió a sus hijos con un espectáculo de fuegos artificiales. Mientras Rodrigo sujetaba a Jofre en brazos y Juan se aferraba con fuerza a sus vestiduras, el cielo se llenó de estrellas plateadas, arcos luminiscentes y brillantes cascadas de color. César cogió la mano de su hermana Lucrecia, que gritaba con cada nueva explosión de pólvora sin dejar de mirar el cielo iluminado.

Al observar el temor de su hija, el cardenal dejó a Jofre al cuidado de César y se agachó para coger en brazos a Lucrecia.

—No te preocupes —dijo—. Tu padre cuidará de ti.

Sujetando a su hermano pequeño, César se acercó a su padre para escuchar cómo hablaba con amplios gestos y gran elocuencia sobre las constelaciones del cielo. Y la voz de su padre era tan cálida que, incluso entonces, César supo que estaba viviendo un momento que siempre recordaría. Pues, esa noche, César era el niño más feliz de la tierra y se sentía como si no hubiera nada en el mundo que él no pudiera lograr.

A medida que sus hijos fueron creciendo, el cardenal empezó a conversar con ellos de religión, de política y de filosofía, explicándoles el arte de la diplomacia y el valor de la religión y de la estrategia política. Aunque César disfrutaba de esos retos intelectuales, pues su padre era uno de esos hombres capaces de contagiar su entusiasmo a cuantos lo rodeaban, a Juan parecían aburrirle. Tras el episodio del envenenamiento, el cardenal había consentido a Juan hasta tal extremo que éste cada vez se mostraba más hosco y caprichoso. De ahí que fuera en su hijo César en quien el cardenal depositara mayores esperanzas.

Rodrigo disfrutaba sinceramente de cada una de sus visitas al palacio de Orsini, pues tanto su prima Adriana como la joven Julia lo agasajaban con todo tipo de atenciones. Julia, que procedía de una familia de la baja aristocracia, estaba prometida con Orso Orsini, varios años más joven que ella, y aportaría una dote de trescientos florines; una suma nada desdeñable. Tenía los ojos grandes y azules y unos labios plenos. Su cabello, de un rubio más luminoso incluso que el de Lucrecia, le llegaba prácticamente hasta las rodillas. Así, no era de extrañar que empezara a ser conocida como *la Bella* en toda Roma; ni tampoco que el cardenal empezara a sentir un afecto especial por ella.

Del mismo modo en que los hijos del cardenal siempre se alegraban de ver a su padre, Julia también anticipaba sus visitas con anhelo. La presencia de Rodrigo la hacía ruborizarse, como le ocurría a la mayoría de las mujeres a las que había conocido el cardenal. Tras ayudar a Lucrecia a lavarse el cabello y a vestirse con sus mejores ropas, la propia Julia siempre se esforzaba por sacar a relucir todo su atractivo ante la perspectiva de una visita del cardenal. Y, a pesar de la diferencia de edad, Rodrigo Borgia nunca dejaba de deleitarse en la contemplación de la joven Julia.

Cuando llegó el momento de celebrar los esponsales entre Orso, el ahijado del cardenal, y la bella Julia, por respeto hacia su prima Adriana y por el afecto que sentía hacia la joven novia, Rodrigo Borgia se ofreció para presidir la ceremonia en el Vaticano.

El día señalado para los esponsales, Julia, con su vestido de satén blanco y un velo engarzado con pequeñas perlas plateadas cubriendo su dulce rostro, le pareció al cardenal la mujer más hermosa que había visto nunca; la niña que había conocido se había convertido en una mujer tan atractiva que el cardenal apenas pudo dominar su pasión.

Orso fue enviado al poco tiempo a la villa que el cardenal tenía en Bassanello, donde recibiría la instrucción necesaria para convertirse en un soldado. En cuanto a Julia Farnesio, la hermosa joven no tardó en entregarse voluntariamente a los deseos carnales de Rodrigo Borgia.

Al alcanzar la adolescencia, César y Juan fueron enviados a continuar su educación lejos de Roma. En vista de las dificultades que Juan tenía con los estudios, el cardenal razonó que la vida de un sacerdote no era la más apta para su hijo; Juan sería soldado. En cuanto a César, su inteligencia hacía aconsejable que continuara sus estudios en Perugia. Tras demostrar su talento durante dos años en esa ciudad, fue enviado a completar sus estudios de teología y ley canónica en la Universidad de Pisa, pues el cardenal albergaba la esperanza de que siguiera sus pasos y ascendiera hasta lo más alto de la jerarquía eclesiástica.

El cardenal nunca había llegado a forjar una relación tan estrecha con Jofre como con los otros tres hijos que le había dado Vanozza. De hecho, en lo más profundo de su ser, siempre había dudado de que Jofre fuese su hijo, pues ¿quién puede llegar a conocer los secretos que esconde el corazón de una mujer?

Antes de conocer a Vanozza, el cardenal había tenido otros tres hijos fruto de relaciones con cortesanas. Pero aunque nunca hubiera dejado de cumplir su deber para con ellos, Rodrigo Borgia había depositado todas sus esperanzas en los que tuvo con Vanozza, César Juan y Lucrecia.

El cardenal había ostentado el cargo de vicecanciller bajo distintos pontífices. Había servido a Inocencio, el actual papa, durante los últimos ocho años, y había ofrecido lo mejor de sí mismo para fortalecer el poder y la legitimidad de la Iglesia.

Pero ni la fidelidad de sus consejeros ni la leche fresca de una madre, ni tan siquiera la transfusión de la sangre de tres niños, pudo salvar la vida del papa Inocencio; cada uno de los tres niños había sido obsequiado con un ducado y, al fracasar los experimentos médicos, sus padres fueron obsequiados con un lujoso funeral y cuarenta ducados.

El papa Inocencio había dejado vacías las arcas del papado y el Vaticano se encontraba indefenso ante las afrentas de los reyes de España y de Francia. Las finanzas del Vaticano se encontraban en tal estado que el sumo pontífice se había visto obligado a empeñar su tiara, su sagrado tocado, para poder comprar palmas para distribuir por Roma el Domingo de Ramos. En contra de los consejos de Rodrigo Borgia, Inocencio había permitido que los gobernantes de Milán, Nápoles, Venecia, Florencia y otras muchas ciudades se retrasaran a la hora de hacer efectivos sus tributos al tesoro de la Iglesia. Además, Inocencio había dilapidado una verdadera fortuna sufragando una cruzada en la que ya nadie deseaba participar.

Como resultado de todo ello, ahora iba a hacer falta un auténtico mago de la estrategia y las finanzas para devolver su antigua gloria y esplendor a la Iglesia. Pero ¿quién podría ser ese hombre? Todo el mundo se hacía la misma pregunta, pero la respuesta dependía exclusivamente del Sacro Colegio Cardenalicio, cuyos miembros habían de tomar su decisión guiados por el infalible auspicio del Espíritu Santo; pues un papa no podía ser cualquier hombre, sino alguien enviado a la tierra para cumplir los designios del Sumo Hacedor.

El 6 de agosto de 1492, tras el fallecimiento de Inocencio, el cónclave cardenalicio se reunió en la capilla Sixtina para elegir al nuevo papa, algo para lo cual era necesario lograr una mayoría de dos tercios.

Fieles a la tradición, los veintitrés miembros del Sacro Colegio Cardenalicio comenzaron las deliberaciones necesarias para nombrar al sucesor de san Pedro, el vicario de Cristo, el nuevo guardián de la fe, el hombre que no sólo se convertiría en el líder espiritual de la Santa Iglesia Católica, sino también en el líder terrenal de los Estados Pontificios. Un hombre que debería poseer una inteligencia privilegiada, una capacidad probada para dirigir tanto a hombres como a ejércitos y el talento necesario para obtener ventajas mediante acuerdos con los gobernantes locales y los principales monarcas extranjeros.

Pues el hombre que llevara la tiara tendría la responsabilidad de reunir y administrar vastas riquezas, y de él dependería reunificar o fragmentar definitivamente ese conglomerado de ciudades y provincias feudales que conformaban el centro de la península Itálica. De ahí que, incluso antes de que el papa Inocencio falleciera, ya se hubieran establecido alianzas, se hubieran prometido propiedades y títulos y se hubieran comprado lealtades para apoyar la elección de los principales candidatos.

Entre el selecto grupo de posibles candidatos al solio pontificio, eran pocos los que podían considerarse merecedores de ese privilegio: el cardenal Ascanio Sforza, de Milán, el cardenal Cibo, de Venecia, el cardenal Della Rovere, de Nápoles, y el cardenal Borgia, de Valencia. Sin duda alguna, uno de ellos sería el nuevo papa, aunque, al no ser italiano, las posibilidades de Rodrigo Borgia eran escasas. Su mayor obstáculo era su origen español y, aunque hubiera cambiado su apellido español, Borja, por el italiano Borgia, eso no bastaba ni mucho menos para dejar de ser visto como un extranjero.

Aun así, Rodrigo Borgia no podía ser descartado, pues llevaba más de treinta y cinco años al servicio del Vaticano, y sus méritos eran extraordinarios. Como vicecanciller, había resuelto complejas situaciones diplomáticas de forma ventajosa para la Iglesia y, con cada nuevo éxito, había aumentado sus propias riquezas. El cardenal Borgia había situado a muchos miembros de su extensa familia en puestos de poder y les había concedido títulos y privilegios que las familias de más rancio abolengo de Italia consideraban una usurpación. ¿Un papa español? Imposible. El solio pontificio estaba en Roma y, como tal, debía ser ocupado por un italiano.

Ahora, rodeado del más absoluto secretismo, el cónclave emprendió su tarea. Aislados en celdas individuales dentro de la amplia capilla, los cardenales no podían tener ningún contacto entre sí, ni tampoco con el mundo exterior. Cada cardenal estaba obligado a tomar su decisión de forma individual mediante la oración y con la única intercesión del Espíritu Santo. En el interior de cada una de las húmedas y oscuras celdas tan sólo había un pequeño altar con un crucifijo y varios cirios encendidos como toda ornamentación, un duro camastro, un orinal, una jarra de agua, sal, y una cesta con almendras garrapiñadas, mazapanes, bizcochos y azúcar. Al no haber una cocina, cada comida era preparada en los palacios de los cardenales y transportada en recipientes de madera que los criados entregaban a través de la pequeña abertura que había en la única puerta de la capilla.

Los cardenales debían ser rápidos en su decisión, ya que, transcurrida la primera semana, las raciones empezarían a reducirse y tendrían que alimentarse exclusivamente a base de pan, vino y agua.

Tras la muerte del papa Inocencio, el caos se había adueñado de Roma. Sin gobierno, los comercios y las casas eran saqueados y los asesinatos se contaban por centenares. Y, lo que era aún peor, mientras siguiera sin haber un sumo pontífice, la propia Roma corría el peligro de ser conquistada.

Miles de ciudadanos se habían congregado frente a la basílica de San Pedro. Oraban, ondeaban estandartes y cantaban himnos con la esperanza de que pronto hubiera un nuevo papa que acabara con el infierno que se había apoderado de la ciudad.

Dentro de la capilla Sixtina, los cardenales luchaban con su propia conciencia, pues, de no ser cuidadosos en su decisión, a cambio de salvaguardar sus bienes terrenales podían ver condenadas sus almas.

La primera ronda de deliberaciones duró tres días, pero ningún cardenal obtuvo la mayoría necesaria. Los votos estuvieron repartidos entre el cardenal Ascanio Sforza, de Milán, y el cardenal Della Rovere, de Nápoles, ambos con ocho votos. Rodrigo Borgia obtuvo siete votos. Una vez completado el recuento, tal como exigía la tradición, los votos fueron quemados.

La muchedumbre que llenaba la plaza observó atentamente el humo negro que surgía de la chimenea formando lo que parecía un oscuro signo de interrogación sobre la capilla Sixtina. Interpretándolo como una señal divina, se santiguaron y levantaron sus crucifijos al cielo. Como no salió ningún emisario al balcón, rezaron con más fervor incluso que antes.

Mientras tanto, los cardenales habían regresado a sus celdas para reconsiderar sus votos.

Dos días después, la segunda votación no ofreció ningún cambio. En esta ocasión, cuando la *fumata* negra se elevó sobre el Vaticano, las oraciones se llenaron de desesperanza y los himnos sonaron con menor intensidad. Un ambiente sombrío se apoderó de la plaza, que tan sólo estaba iluminada por la luz parpadeante de algunos faroles.

Los rumores empezaron a extenderse por las calles de Roma. Al amanecer del día siguiente, algunos ciudadanos juraron haber visto tres soles idénticos en el cielo. La muchedumbre, asombrada, lo interpretó como una señal de que el próximo pontífice lograría restablecer el equilibrio entre los tres poderes del papado: el terrenal, el espiritual y el divino. Parecía un buen presagio.

Pero también hubo quien dijo que, aquella noche, dieciséis antorchas se habían encendido de forma espontánea en lo más alto del palacio del cardenal Della Rovere y que todas menos una se habían apagado inmediatamente después. Sin duda, era un mal presagio. ¿Cuál de los tres poderes del papado sería el que lograría prevalecer? Al oír el nuevo rumor, los fieles reunidos en la plaza se sumieron en un silencio sobrecogedor.

En la capilla Sixtina, los cardenales parecían encontrarse en un callejón sin salida. Las celdas cada vez resultaban más frías y húmedas y los cardenales de mayor edad empezaban a sentir los efectos de la presión. Era insoportable. ¿Cómo podía pensar nadie con claridad con el vientre revuelto y las rodillas en carne viva?

Esa noche, varios cardenales abandonaron sus celdas. Se negociaron cargos y posesiones, se forjaron nuevas lealtades y se hicieron todo tipo de promesas, pues un cardenal podía lograr grandes riquezas y oportunidades a cambio de su voto. Pero las mentes y los corazones de los hombres son veleidosos y las tentaciones siempre están al acecho. Pues, si un hombre es capaz de vender su alma a un diablo, ¿acaso no podrá vendérsela también a otro?

En la plaza, el gentío cada vez era menos numeroso. Cansados, descorazonados, preocupados por su seguridad y la de sus casas, muchos ciudadanos abandonaron la plaza. Y, así, a las seis de la mañana, cuando el humo de la chimenea por fin se tornó blanco y volvieron a abrirse las ventanas tapiadas del Vaticano, apenas quedaban algunos fieles en la plaza.

Una figura vestida con ricos hábitos proclamó desde el balcón:

—¡Habemos papa!

Aquellos que conocían las dificultades con las que se había topado el cónclave se preguntaban qué cardenal habría salido elegido finalmente. ¿Ascanio Sforza o Della Rovere? Hasta que una nueva figura, un hombre de imponente tamaño, salió al balcón y lanzó a la plaza unos trozos de papel en los que se podía leer: «Habemos papa. El cardenal Rodrigo Borgia de Valencia. El papa Alejandro VI. ¡Alabado sea el Señor!»

Capítulo 3

Ahora que se había convertido en el papa Alejandro VI, Rodrigo Borgia sabía que lo primero que debía hacer era devolver el orden a las calles de Roma. Durante el tiempo transcurrido desde la muerte del papa Inocencio se habían cometido más de doscientos asesinatos en la ciudad. ¡Era preciso acabar con la anarquía! Como sumo pontífice, debía someter a los criminales a un castigo ejemplar, pues ¿cómo, si no, podrían volver a emprender sus vidas con normalidad las buenas almas de la ciudad?

El primer asesino fue capturado y ahorcado tras un juicio sumarísimo. También fue ahorcado su hermano y su casa fue saqueada e incendiada, de tal manera que su familia quedó sin techo, lo que sin duda era la mayor humillación posible para un ciudadano romano.

El orden se restableció en pocas semanas y los ciudadanos de Roma se sintieron satisfechos de tener un papa tan sabio. Ahora, la elección del cónclave también era la del pueblo de Roma.

Pero el papa Alejandro debía tomar otras muchas decisiones. Ante todo, debía resolver dos problemas de suma importancia; ninguno de ellos de índole espiritual. Primero, debía formar un ejército capaz de recuperar el control de los Estados Pontificios y, después, tenía que consolidar la fortuna de sus hijos.

Sentado en el solio pontificio, en el salón de la Fe, Alejandro reflexionaba sobre los caminos del Señor, sobre la situación del mundo y las principales dinastías de la cristiandad; asuntos todos ellos de los que debía ocuparse ahora que era el nuevo papa. ¿O acaso no era él el infalible vicario de Cristo? Y, como tal, ¿no estaba obligado a hacer cumplir la voluntad de Dios en la tierra? ¿Acaso no era responsabilidad suya lo que ocurriera en cada nación, en cada ciudad de Italia, en cada república? Por supuesto que lo era. Y eso incluía el Nuevo Mundo, recientemente descubierto, pues era su obligación proporcionar consejo a sus gobernantes. Pero ¿realmente suponían esos gobernantes una amenaza para el reino del Señor?

Tampoco podía olvidarse de su familia, los Borgia, cuyos numerosos miembros exigían su atención. Ni mucho menos de sus hijos, unidos a su destino por lazos indelebles de sangre, aunque separados entre sí por la intensidad de sus pasiones. ¿Qué sería de ellos? ¿Y cómo debía obrar él? ¿Sería capaz de lograr todos sus objetivos o tendría que sacrificar algunos a la consecución de los otros?

Entonces, Alejandro reflexionó sobre sus deberes para con el Señor. Tenía que fortalecer el poder de la Iglesia. Lo acontecido durante el Gran Cisma, setenta y cinco años antes, no dejaba lugar a dudas.

Las ciudades italianas que pertenecían a los Estados Pontificios estaban gobernadas por tiranos más preocupados por sus propias riquezas que por hacer efectivos sus tributos a la Iglesia que legitimaba su poder. Los propios reyes se habían servido de Roma como una herramienta para aumentar su poder, y se habían olvidado por completo de su deber para con la salvación de las almas. Incluso los reyes de España y de Francia, llenos de riquezas, retenían los tributos destinados a la Iglesia cuando no les agradaba alguna medida adoptada por el papa. ¡Los muy osados! ¿Qué sucedería si la Iglesia les retirase su bendición? Los pueblos obedecían a sus señores porque los consideraban elegidos del Señor y tan sólo el papa, en su condición de vicario de Cristo, podía confirmar dicha bendición.

El papa debía lograr un equilibrio de poder entre los reyes de España y de Francia para que el tan temido concilio ecuménico nunca volviera a convocarse. De ahí la necesidad de que la Iglesia dispusiera de un ejército equiparable al de los monarcas más poderosos. Y, así, Alejandro forjó la estrategia que seguiría durante su pontificado.

Alejandro apenas tardó unas semanas en investir cardenal a su hijo César, que ya disponía de una renta eclesiástica de varios miles de ducados en su calidad de obispo. Aunque participase de las pasiones carnales y los vicios propios de la juventud, a sus diecisiete años, César era un hombre adulto, tanto en cuerpo como en espíritu. Dios había bendecido al hijo de Alejandro con una gran inteligencia, una firme determinación y esa agresividad innata sin la que no era posible sobrevivir en la Italia del Renacimiento. César había obtenido sendos títulos en leyes y teología por las universidades de Perugia y Pisa, y su disertación oral estaba considerada como uno de los ejercicios más brillantes jamás defendidos por ningún estudiante. Pero su gran pasión era el estudio de la historia y la estrategia militar. De hecho, había participado en algunas batallas menores e incluso se había distinguido por su valor.

César Borgia supo que iba a ser cardenal de la Iglesia mientras cursaba estudios de derecho canónico en la Universidad de Pisa. El nombramiento no sorprendió a nadie, pues, al fin y al cabo, se trataba del hijo del nuevo papa. Pero César no recibió la noticia con agrado. Sin duda, su nueva condición aumentaría sus privilegios, pero él se consideraba un soldado y su más sincero anhelo consistía en tomar castillos por asalto y conquistar ciudades. También deseaba casarse y tener hijos que no fuesen bastardos, como lo era él. Además, seguía enojado con su padre porque no le había permitido asistir a su ceremonia de coronación.

Sus dos mejores amigos, Gio Médicis y Tila Baglioni, con quienes compartía estudios en Pisa, lo felicitaron por su nueva condición y decidieron celebrar la buena nueva esa misma noche, pues César tendría que viajar inmediatamente a Roma.

Gio ya era cardenal desde los trece años, gracias a la influencia de su padre, Lorenzo *el Magnífico*, el hombre más poderoso de Florencia. Tila Baglioni era el único de los tres que no gozaba de ningún título eclesiástico, aunque era uno de los legítimos herederos del ducado de Perugia.

Los tres animosos jóvenes eran perfectamente capaces de cuidar de sí mismos. César era un excelente espadachín y, además de ser más alto que la mayoría de los hombres de su tiempo, gozaba de una extraordinaria fuerza física y dominaba a la perfección el manejo del hacha y de la lanza. Pero todo ello era de esperar tratándose del hijo de un papa.

Gio, que también era un buen estudiante, no gozaba de la robustez de César. Era un joven ocurrente, aunque se cuidaba de no ofender a sus dos amigos, pues, a sus diecisiete años, César ya era un hombre que se hacía respetar y Tila Baglioni era demasiado irascible como para someterlo a alguna de sus chanzas.

La celebración tuvo lugar a las afueras de Pisa, en una villa perteneciente a la familia Médicis. Dada la nueva posición de César, se trataba de un festejo discreto, con tan sólo seis cortesanas. Los tres amigos disfrutaron de una cena moderada a base de cordero, vino y dulces y de una conversación amena y agradable. Pero se retiraron pronto, pues habían decidido que, al día siguiente, antes de volver a sus respectivos hogares, César y Gio acompañarían a Tila a Perugia para disfrutar de los festejos que se iban a celebrar en dicha ciudad con ocasión de los esponsales del primo hermano de Tila, a los que su tía, la duquesa Atalanta Baglioni, le había pedido que asistiera. Advirtiendo cierta tensión en la misiva de la duquesa, Tila había decidido complacerla.

A la mañana siguiente, los tres amigos emprendieron viaje hacia Perugia. César montaba su mejor caballo, un obsequio de Alfonso, el duque de Ferrara. Gio Médicis, menos diestro que sus compañeros, había optado por una mula blanca y Tila Baglioni, acorde con su carácter, montaba un caballo de batalla al que le habían cortado las orejas para que tuviera una apariencia más feroz; el conjunto que formaban jinete y montura era realmente sobrecogedor. Ninguno llevaba armadura, aunque los tres iban armados con espada y daga. Los acompañaba un séquito de treinta soldados con los colores personales del hijo del papa: amarillo y púrpura.

Desde Pisa, la ciudad de Perugia quedaba de camino a Roma, a tan sólo una jornada del mar. Aunque el papado reclamaba su autoridad sobre sus territorios, los duques de Perugia siempre se habían mostrado ferozmente independientes. De ahí que, aunque confiase plenamente en su destreza en la lucha, César nunca hubiera ido a Perugia de no ser bajo la protección personal de Tila. Ahora, el hijo del papa disfrutaba de la perspectiva de participar en los festejos antes de asumir sus nuevas responsabilidades en Roma.

Erigida sobre una colina y presidida por una fortaleza prácticamente inexpugnable, la bella ciudad de Perugia recibió a los tres amigos engalanada para la ocasión.

Las iglesias y los principales palacios lucían todo tipo de ornamentos y las estatuas vestían mantos dorados. Mientras recorría las calles conversando animadamente con sus compañeros, César tomaba buena nota de las fortificaciones, concibiendo posibles estrategias para asaltar la ciudad.

El gobierno de Perugia estaba en manos de la viuda Atalanta Baglioni. Todavía una mujer hermosa, la duquesa era célebre por la mano de hierro con la que gobernaba la ciudad junto a su hijo Netto, a quien había nombrado capitán militar de sus ejércitos. Era deseo de Atalanta que su sobrino Torino contrajera matrimonio con Lavina, una de sus damas favoritas en la corte, pues tenía la seguridad de poder contar con Torino para defender los privilegios de la familia Baglioni.

Los principales miembros de las distintas ramas del clan de los Baglioni se habían reunido en la fortaleza con ocasión de los esponsales. Los músicos animaban los festejos para el deleite de las parejas que bailaban mientras los caballeros más animosos exhibían su destreza enfrentándose entre sí, tanto a pie como a caballo. César aceptó numerosos retos y salió vencedor en todas las contiendas.

Cuando cayó la noche y los distintos miembros del clan de los Baglioni se retiraron a descansar en la fortaleza, Gio y César se reunieron con Tila en sus aposentos para dar cuenta de una última copa de vino.

Ya era casi medianoche cuando oyeron los gritos. Tila se incorporó de un salto y corrió hacia la puerta, pero César se interpuso en su camino.

—Deja que vaya yo. Tú puedes correr peligro —le dijo a su amigo.

A César no le cabía duda de que se trataba de un acto de traición y sabía que, a pesar de la sangrienta reputación de los Baglioni, nadie se atrevería a dar muerte al hijo del papa. Salió de los aposentos de Tila con la espada desenvainada y avanzó hacia el origen de los gritos hasta llegar a la cámara nupcial.

Las estatuas de la Virgen, el retrato del Niño Jesús y las blancas sábanas del lecho nupcial, incluso el dosel de la cama, estaban cubiertos de sangre. En el suelo yacían los cuerpos inertes de los novios, Lavina y Torino; sus camisones empapados en púrpura, la fina tela y la carne humana atravesadas por el acero.

Junto a los cuerpos, Netto y otros cuatro hombres observaban la escena con las espadas teñidas de sangre. La duquesa Atalanta maldecía a gritos a su hijo. Netto intentaba tranquilizarla. César se detuvo en el umbral y escuchó sin que pudieran verlo.

Netto le explicaba a su madre que Torino había seducido a su esposa, que Torino era demasiado poderoso y que su familia planeaba deshacerse de ella para tomar el control de la ciudad. Él mismo se había encargado personalmente de dar muerte a todos sus partidarios, y a partir de ahora asumiría el gobierno de Perugia, aunque, por supuesto, siempre habría un lugar de honor en su corte para ella.

—¡Traicionada por mi propio hijo! —gritó Atalanta.

—Abre los ojos, madre —exclamó Netto—. Además, Torino no es el único con quien se ha acostado mi esposa. También se ha acostado con Tila.

César ya había oído suficiente. Regresó rápidamente a los aposentos de Tila.

—¡Habladurías! ¡No son más que habladurías! —exclamó Tila con cólera al saber lo ocurrido . El bastardo de mi primo quiere destronar a su propia madre y, sin duda, también intenta acabar conmigo.

César, Tila y Gio atrancaron la puerta con varios muebles, salieron por una de las ventanas y escalaron la fachada hasta alcanzar el tejado. Al abrigo de la oscuridad, César y Tila saltaron al patio situado en la parte posterior de la fortaleza y ayudaron a bajar a Gio. César tuvo que contener a Tila, que pretendía volver a entrar en el palacio para enfrentarse a Netto. Finalmente, consiguió convencerlo y los tres se reunieron con los treinta soldados de César, que esperaban acampados fuera de la fortaleza. Una vez a salvo, César reflexionó sobre la mejor manera de proceder. Podía luchar junto a su amigo o podía llevarlo consigo a Roma.

César le ofreció a Tila la posibilidad de ir a Roma, pero éste la rechazó de forma tajante. Lo único que necesitaba era que lo ayudara a llegar hasta la Casa Consistorial, en la plaza principal de Perugia, donde Tila podría reunir a sus partidarios para defender su honor y devolverle la ciudad a su legítima dueña.

César accedió. Tras ordenar a diez soldados que escoltaran a Gio de Médicis hasta Florencia, acompañó a Tila Baglioni al centro de Perugia con el resto de sus hombres.

En la Casa Consistorial encontraron a cuatro fieles partidarios de Tila, que intentaban decidir la mejor manera de proceder. Tila se sirvió de ellos como mensajeros y, al rayar el alba, ya contaba con más de cien hombres armados.

Netto no tardó en llegar a la plaza cabalgando al frente de sus partidarios. César ordenó a sus hombres que no participaran en la lucha a no ser que su vida corriera peligro. Tila dispuso a sus hombres en semicírculo y cabalgó hasta el centro de la plaza, donde lo estaba esperando su rival.

La lucha fue corta. Tila galopó hacia Netto, lo golpeó en el brazo con el que éste sujetaba la espada y le clavó su daga en un muslo. Netto cayó del caballo. Tila desmontó y, antes de que Netto pudiera incorporarse, le atravesó el pecho con la espada. Los hombres de Netto intentaron darse a la fuga, pero no tardaron en ser interceptados. Tila volvió a montar en su imponente caballo y ordenó que trajeran ante su presencia a los enemigos capturados.

Tan sólo quedaban quince de ellos con vida. La mayoría estaban heridos de gravedad y apenas eran capaces de mantenerse en pie.

Tila ordenó que fueran decapitados y que sus cabezas fueran clavadas en las almenas de la fortaleza. César observó con asombro el cambio que había tenido lugar en Tila, que en tan sólo un día se había transformado en un valiente soldado y un verdugo despiadado. A sus diecisiete años, Tila Baglioni acababa de convertirse en el *Tirano de Perugia*.

Cuando César regresó a Roma, tras contarle a su padre

lo ocurrido, le preguntó cómo podían ser tan crueles unos hombres que decían adorar a la Virgen.

El papa sonrió. Lo que acababa de oír parecía divertirlo.

—Los Baglioni son verdaderos creyentes —dijo—. Creen sinceramente en la vida después de la muerte. Realmente es un don, pues ¿cómo, si no, podría un hombre soportar los avatares de esta vida? Desgraciadamente, la inmortalidad del alma también les da a muchos hombres el coraje necesario para cometer todo tipo de crímenes en nombre del Señor.

El papa Alejandro no era un hombre que gustara de rodearse de excesivos lujos. Aun así, el palacio del Vaticano debía evocar los placeres que esperaban a las almas bondadosas después de la muerte. Alejandro sabía que incluso las almas más elevadas se sentían impresionadas por las riquezas terrenales con las que se rodeaba la Iglesia. Aunque la mayoría de los ciudadanos aceptaban la figura del papa como infalible y venerado vicario de Cristo, la fe de los reyes y los príncipes era menos solida. Para convencer a los hombres de noble estirpe eran necesarios el oro y las piedras preciosas, la seda y los ricos brocados, la imponente tiara pontificia y las ricas vestiduras papales, que habían perdurado a lo largo de los siglos hasta adquirir un valor difícilmente concebible para la mayoría de los mortales.

Y tampoco había que olvidar los majestuosos salones del palacio del Vaticano, con paredes y techos ornados con magníficas pinturas que albergaban la promesa de una nueva vida para aquellos que se condujeran con virtud. Era ahí, rodeado de retratos de grandes papas coronando a reyes del renombre de Carlomagno, liderando ejércitos en las Cruzadas o rogando a la Virgen por la salvación de las almas de los hombres de buena voluntad, donde el papa recibía a aquellos que, procedentes de todos los rincones de Europa, acudían en peregrinación a Roma con las manos llenas de ducados. Quienes mirasen todos aquellos retratos verían que el papa, como intermediario del Señor, era el único hombre capaz de legitimar el poder de los grandes señores de la cristiandad; el pontífice era el vicario de Cristo y los reyes debían postrarse ante él.

Pero fue en sus aposentos privados donde el papa Alejandro llamó a reunirse con él a su hijo Juan. Había llegado el momento de hacerle saber que su destino como miembro de la nobleza española estaba a punto de cumplirse.

Juan Borgia era casi tan alto como César, aunque de constitución menos robusta. Al igual que su hermano y que su padre, era un hombre apuesto. Algo en su rostro —quizá fueran los ojos ligeramente almendrados, o los pómulos pronunciados— recordaba la sangre de sus ancestros españoles. Aun así, y aunque tenía la tez bronceada por las largas horas que pasaba cazando al aire libre, la desconfianza que transmitían sus ojos oscuros lo privaba del atractivo de su padre y su hermano César.

—¿Qué puedo hacer por vos, padre? —preguntó tras arrodillarse ante el sumo pontífice.

Alejandro sonrió con sincero afecto, pues ese joven hijo suyo, esa alma confusa, necesitaba de sus consejos.

—Como sabes, al morir, tu hermanastro Pedro Luis te legó el ducado de Gandía. Pedro Luis estaba prometido en matrimonio con María Enríquez, la prima del rey Fernando de Aragón. Como padre y como sumo pontífice he decidido que tú honrarás ese compromiso para fortalecer nuestros lazos con el reino de España. De esta manera, acabaremos con cualquier duda que el rey de Aragón pueda albergar sobre nuestra buena voluntad. Por eso, pronto partirás hacia España para reclamar a tu futura esposa. ¿Entiendes lo que se espera de ti?

—Sí, padre —dijo Juan, con una ligera mueca de desagrado.

—¿No te complace mi decisión? —preguntó el papa

Alejandro—. Lo hago por el bien de nuestra familia y por el tuyo. Entrarás a formar parte de una familia que goza de grandes riquezas e influencia y todos nos beneficiaremos de esta alianza. Además, Gandía tiene una magnífica fortaleza y grandes extensiones de tierras fértiles que, a partir de ahora, pasarán a ser de tu propiedad.

—Quisiera viajar acompañado de grandes riquezas —interrumpió Juan a su padre—. Así verán que yo también soy digno de respeto.

El papa Alejandro frunció el ceño.

—Para ser respetado basta con que demuestres que eres un hombre temeroso de Dios. Deberás servir fielmente al rey de España, honrarás a tu esposa y evitarás las apuestas y los juegos de azar.

—¿Algo más, padre? —preguntó Juan con sarcasmo.

—Te haré llamar cuando tenga nuevas noticias que darte —dijo escuetamente Alejandro. Aunque Juan raramente le creaba problemas, en momentos como aquél, su comportamiento lo irritaba sobremanera. Aun así, se recordó a sí mismo que su hijo todavía era joven y que carecía de cualquier talento para la diplomacia—. Mientras tanto, intenta disfrutar de la vida, hijo mío —continuó diciendo con una calidez forzada—. Puedo asegurarte que, con la actitud debida, tu estancia en España te proporcionará grandes satisfacciones.

El día en que César Borgia iba a ser investido cardenal, la inmensa capilla de la basílica de San Pedro rebosaba de fieles, pues estaban presentes todas las grandes familias de la aristocracia italiana.

Desde Milán habían venido Ludovico Sforza, más conocido como el Moro, y su hermano Ascanio, ahora vicecanciller de la Iglesia, vestido con el tocado cardenalicio y ricos hábitos brocados con piezas de marfil.

Desde Ferrara había acudido una de las familias de más rancio abolengo de toda la península, los D'Este. Sus ropas, grises y negras, hacían resaltar el brillo de las piedras preciosas que colgaban sobre sus pechos. Los D'Este habían emprendido el largo viaje hasta Roma para presentar sus respetos al papa y al nuevo cardenal, pues, en el futuro, sin duda requerirían de sus favores.

Pero nadie llamó tanto la atención de los asistentes como el joven Piero de Médicis. Solemne y autocrático, el florentino vestía un jubón verde esmeralda brocado con magníficos molinillos de oro que proyectaban un halo de luminosidad en torno a su rostro, imbuyéndolo de una aparente santidad. Piero de Médicis encabezaba una comitiva formada por siete orgullosos miembros de su linaje, entre los que se encontraba su hermano Gio. Actualmente, Piero era quien ostentaba el gobierno de Florencia, aunque se rumoreaba que el control de los Médicis sobre la ciudad toscana realmente había terminado tras la muerte de su padre, Lorenzo *el Magnífico*, y que el joven príncipe no tardaría en ser derrocado por sus enemigos.

De Roma habían acudido tanto los Orsini como los Colonna. Enemistadas desde hacía varias décadas, últimamente ambas familias parecían haberse concedido una tregua. Aun así, habían tenido cuidado de ocupar asientos situados en extremos opuestos de la basílica, pues no hacía mucho tiempo que un sangriento enfrentamiento entre ambas familias había interrumpido la ceremonia de investidura de un cardenal.

En la primera fila, Guido Feltra, el poderoso duque de Urbino, conversaba en voz baja con el rival más encarnizado del papa, el cardenal Giuliano della Rovere, sobrino del difunto papa Sixto IV y actual nuncio apostólico en el reino de Francia.

—Sospecho que al joven César le agradan más las batallas que las Sagradas Escrituras —dijo Feltra acercándose al cardenal para que éste pudiera oírlo sin necesidad de levantar la voz—. Estoy seguro de que podría llegar a ser un gran general. Es decir, si no estuviera destinado a convertirse en el próximo papa.

Della Rovere hizo un gesto nervioso, como si, de repente, algo lo incomodara.

—Como su padre, es incapaz de resistir las tentaciones de la carne —dijo el cardenal en tono de desaprobación—. Y no sólo eso. Tiene la desagradable costumbre de participar en combates cuerpo a cuerpo con campesinos y, en ocasiones, incluso se ha enfrentado a toros. Realmente, el suyo es un comportamiento de lo más inapropiado para un príncipe de la Iglesia.

Feltra asintió.

—He oído que su caballo acaba de ganar el Palio de Siena.

El cardenal Della Rovere parecía cada vez más molesto.

—Con trampas —exclamó, airado—. Sin honor. Su jinete desmontó antes de acabar la carrera para que el caballo llevara menos peso. Por supuesto, se recurrió el resultado, pero los jueces no se atrevieron a obrar en justicia.

Feltra sonrió.

—Resulta sorprendente... —empezó a decir.

—No olvidéis nunca lo que voy a deciros —lo interrumpió bruscamente Della Rovere—. Este supuesto hijo de la Iglesia es el mismísimo diablo.

Giuliano della Rovere vivía entregado a su enemistad con los Borgia. Más incluso que el hecho de no haber sido elegido papa, lo que realmente alimentaba su cólera era el gran número de cardenales adeptos a la causa de los Borgia que había investido el papa Alejandro desde que ocupaba el solio pontificio. Aun así, no podía permitirse el lujo de faltar a esta ceremonia, pues eso hubiera perjudicado sus planes.

El papa Alejandro VI ofrecía una visión imponente frente al altar. El marcado dramatismo de sus ropajes blancos, realzado por el púrpura y el oro de la estola *Opus Anglicanum*, le confería un aspecto digno del mayor respeto. Sus ojos brillaban con orgullo y determinación; sabedor de su poder, Alejandro reinaba, infalible y sin oposición, desde la grandiosa basílica erigida siglos atrás sobre la tumba de san Pedro.

El imponente órgano hizo sonar las notas triunfales del *Te Deum* —el himno de alabanza al Señor—, mientras Alejandro elevaba la mitra cardenalicia hacia el cielo y, con sonoras bendiciones en latín, la colocaba solemnemente sobre la cabeza de su hijo César, arrodillado frente a él.

César Borgia no levantó la mirada del suelo hasta que su padre acabó de impartir las bendiciones. Entonces se incorporó y permaneció inmóvil mientras dos cardenales le rodeaban los hombros con el manto cardenalicio. Sólo entonces se acercó a su padre y los dos hombres santos se dieron la vuelta, encarándose a la congregación.

César era más alto incluso que el Santo Padre. Tenía un rostro agraciado, con facciones pronunciadas y una nariz romana que no tenía nada que envidiarle a las mejores estatuas de mármol. Sus oscuros ojos irradiaban inteligencia. Al verlo, el silencio se adueñó de todos los presentes.

En la última fila de la basílica, solo en un banco oculto entre las sombras, un corpulento hombre vestido de plata y blanco permanecía sentado en silencio. Era Gaspare Malatesta, el León de Rímini. Lo que veía no era de su agrado y eso le infundía un valor carente de toda prudencia; tenía una cuenta pendiente con ese papa español. No había olvidado al joven criado que había sido enviado a Rímini atado a un asno tras ser asesinado por los Borgia. ¿Qué le importaban a él las amenazas de un papa? ¡Nada! ¿Qué le importaba a él ese Dios al que decía representar? ¡Nada! El León de Rímini no se asustaba fácilmente. Alejandro era un hombre y, como tal, podía morir. Ahora, mientras el papa investía a su hijo, Gaspare Malatesta se imaginó a sí mismo derramando tinta en las pilas de agua bendita, como ya lo había hecho durante la cuaresma. Así, no sólo mancharía los hábitos del nuevo cardenal, sino que también despojaría de sus aires de grandeza a todos los presentes. La idea le agradaba. Pero, hoy, tenía un asunto más importante del que ocuparse. Se reclinó en el banco y sonrió.

Detrás de él, también oculto entre las sombras, don Michelotto no perdía de vista al León de Rímini. Mientras las últimas notas del glorioso *Te Deum* ascendían hasta alcanzar un ensordecedor crescendo, don Michelotto, vestido con ropas oscuras, se deslizó hasta el estrecho espacio que se abría detrás del banco. Sin hacer el menor ruido, pasó un cordel por encima de la cabeza de Gaspare Malatesta y, con un diestro movimiento de la mano, apretó el lazo alrededor del grueso cuello del enemigo del papa.

Gaspare Malatesta abrió la boca en un gesto salvaje, luchando inútilmente por llenar sus pulmones de aire. Intentó resistirse, pero, sin oxígeno, sus músculos apenas le respondieron.

—El Santo Padre siempre cumple su palabra —fueron las últimas palabras que oyó el León de Rímini antes de que la oscuridad lo envolviera.

Don Michelotto desapareció entre las sombras de la basílica sin que nadie lo viera; apenas había tardado un minuto en perpetrar el asesinato.

Al acabar la ceremonia, el papa Alejandro VI avanzó por el pasillo seguido por el cardenal César Borgia y sus hermanos, Juan, Lucrecia y Jofre. Los cinco pasaron junto al último banco sin observar nada que llamase su atención, pues Gaspare Malatesta permanecía sentado con el mentón apoyado sobre el pecho; el León de Rímini parecía dormido.

Finalmente, dos damas se detuvieron junto al banco y comentaron entre risas lo que, a sus ojos, parecía una imagen cómica. Mortificada por el comportamiento de Gaspare, su cuñada, que pensaba que no se trataba más que de otra de sus chanzas, se acercó a él para despertarlo. No gritó hasta que el cuerpo del León de Rímini resbaló hasta el suelo, contemplando las magníficas bóvedas de la basílica a través de sus ojos sin vida.

Capítulo 4

El anhelo de venganza del cardenal Giuliano della Rovere no tardó en convertirse en una obsesión. Todas las noches se despertaba, tembloroso, cuando el nuevo papa se le aparecía en sueños y, todas las mañanas, planeaba la manera de destruir al papa Alejandro mientras decía sus oraciones arrodillado ante la atenta mirada de gigantescos santos de mármol y retratos de mártires.

Della Rovere sentía un profundo odio hacia Alejandro. Le molestaba su carisma y la facilidad con la que el papa se desenvolvía en los más altos círculos. Le molestaba que hubiera situado a sus hijos en los principales cargos de la Iglesia ante la mirada indiferente de cuantos lo rodeaban. Le molestaba que los ciudadanos de Roma, los cardenales, e incluso la mayoría de los reyes, perdonasen sus excesos mientras participaban en sus multitudinarias celebraciones, sus bailes, sus banquetes y sus elaborados festejos, vaciando unas arcas que debían estar dedicadas a la defensa de los Estados Pontificios y a la conquista de nuevos territorios para la Iglesia.

Su odio no se debía tan sólo a la derrota sufrida en el cónclave, aunque, desde luego, aquel episodio había contribuido a hacerlo más intenso, sino a la certeza de que Alejandro era, en esencia, un hombre inmoral. Y el hecho de que él mismo hubiera cometido muchos de los pecados de los que acusaba a Alejandro no parecía alterar la opinión que se había forjado sobre el nuevo papa español.

El carácter afable del papa Alejandro contrastaba abiertamente con el de Della Rovere, un hombre impaciente y de temperamento violento que sólo parecía sentirse feliz cuando estaba de caza o en el campo de batalla. No le atraían los placeres ni los lujos terrenales, trabajaba sin descanso y rechazaba cualquier forma de ocio. Y era precisamente esta sobriedad de carácter lo que hacía que Della Rovere se viera a sí mismo como un hombre virtuoso; una opinión de sí mismo que ni siquiera el hecho de que tuviera tres hijas podía mancillar.

La aparente dignidad de Della Rovere hubiera resultado reconfortante para quienes lo rodeaban de no ser por el brillo fanático de sus grandes y oscuros ojos. La rigidez con la que mantenía erguida su inmensa cabeza y la contundencia de sus pómulos convertían su rostro en una escultura de inhóspitos y abruptos ángulos. Aunque apenas sonreía, cuando lo hacía dejaba ver una dentadura intacta y el hoyuelo de su mentón suavizaba amablemente su rostro. La pétrea firmeza de su cuerpo no transmitía fortaleza, sino rigidez de pensamiento. Nadie ponía en duda su coraje y su inteligencia, pero su lenguaje, rudo e insultante, no contribuía a su popularidad. Y, aun así, era un poderoso enemigo para Alejandro.

En su abundante correspondencia con Carlos, el joven rey de Francia, con Ferrante de Nápoles y con otros poderosos dignatarios, Della Rovere acusaba al papa Alejandro de haber comprado el solio pontificio, de ser un estafador y un chantajista, de nepotismo, de avaricia, de gula y de todo tipo de pecados carnales.

Y algunas de esas acusaciones eran ciertas, pues Alejandro había regalado valiosos castillos a los cardenales que habían apoyado su elección y les había otorgado los cargos más importantes dentro del Vaticano.

Así, el voto del cardenal Orsini le había asegurado la valiosa fidelidad de dos ciudades y, por haber contribuido a fortalecer la candidatura de Alejandro, Ascanio Sforza había sido nombrado vicecanciller y había recibido una fortaleza, además de diversos feudos e iglesias. Incluso se rumoreaba que la oscura noche que había precedido a la elección del nuevo papa, dos asnos cargados con alforjas llenas de plata habían viajado desde el palacio del cardenal Borgia al del cardenal Ascanio Sforza.

Pero no sólo ellos habían obtenido importantes privilegios de Alejandro. El propio Giuliano della Rovere había sido nombrado nuncio de Aviñón y canónigo de Florencia, además de recibir las fortalezas de Ostia y Senigallia, aunque era por todos conocido que el cardenal Della Rovere se había votado a sí mismo en el cónclave.

Desde luego, el reparto de territorios y beneficios no era una práctica nueva. Era costumbre que los nuevos papas obsequiaran con sus posesiones a los cardenales, pues, de no hacerlo, al quedar abandonadas, éstas serían saqueadas por los ciudadanos de Roma. ¿Y quién mejor para recibir aquellos obsequios que quienes habían demostrado su lealtad otorgando su voto al nuevo papa?

El cardenal Della Rovere procedía de una familia de mayor riqueza e influencia que la de Rodrigo Borgia. Si el trono papal pudiera ser comprado, sin duda él hubiera superado en obsequios a Alejandro y el resultado de las votaciones habría sido distinto.

Ahora, dominado por sus ansias de venganza, Giuliano della Rovere, apoyado por otros cardenales disidentes, pretendía convencer al rey de Francia de la necesidad de convocar un concilio ecuménico, pues una asamblea de cardenales, obispos y líderes laicos era el instrumento ideal para limitar el poder del papa. El concilio podía imponerle al papa las normas que debía seguir; incluso estaba capacitado para privarlo de su condición de pontífice. Pero el concilio ecuménico se había convertido en un instrumento extinto desde que Pío II le había asestado un golpe mortal treinta años atrás. Ahora, al ver cómo el papa había impuesto la mitra cardenalicia a su hijo César, la indignación de Della Rovere era tal que, junto a sus aliados, estaba dispuesto a resucitar el concilio para acabar con Alejandro.

Para distanciarse lo más posible del papa, al poco tiempo del nombramiento de César, Della Rovere abandonó Roma y viajó a su diócesis de Ostia, dispuesto a llevar a cabo sus objetivos. Una vez se hubiera convocado el concilio, viajaría a Francia para ponerse bajo la protección del rey Carlos.

Tras garantizar el futuro de sus hijos varones, el papa Alejandro reflexionó largamente sobre su hija. Aunque Lucrecia acababa de cumplir trece años, Alejandro sabía que no podía esperar más tiempo. Debía desposarla con Giovanni Sforza, el duque de Pesaro, aunque ya la hubiera prometido a dos nobles españoles cuando todavía era cardenal. Su visión política había cambiado desde que era papa y tenía que proceder con sumo cuidado si quería asegurarse una alianza con Milán. De ahí que no tuviera más opción que romper sus antiguas promesas de la forma más amistosa posible.

Lucrecia era el bien más valioso con el que contaba el papa a la hora de establecer alianzas matrimoniales y, a sus veintiséis años, Giovanni Sforza, recién enviudado al morir su esposa durante el parto, era la elección más acertada, pues su tío, el Moro, era el hombre más poderoso de Milán. Alejandro debía actuar con presteza y asegurarse la amistad de el Moro antes de que éste estableciera una alianza con el reino de España o el de Francia.

Alejandro sabía que si no conseguía unificar las principales ciudades de una península gobernada por las leyes de la Iglesia, el sultán de Turquía acabaría por apoderarse de gran parte del país. Sabía que, de tener oportunidad, el sultán no dudaría en avanzar hasta Roma, con la consiguiente pérdida de riquezas y almas para la Iglesia. Y, lo que era aún más importante, si no conseguía asegurarse la lealtad del pueblo, si no conseguía defender Roma de la invasión de los extranjeros, si no aprovechaba su condición de papa para aumentar el poder de la Iglesia, otro cardenal —sin duda, Giuliano della Rovere— acabaría ocupando su lugar como papa, y los miembros de la familia Borgia correrían un grave peligro, pues el nuevo papa no vacilaría en acusarlos de herejía para deshacerse de ellos. De ser así, la fortuna que Alejandro había forjado con tanto esfuerzo le sería arrebatada y la familia de los Borgia quedaría arruinada. Desde luego, ése era un destino mucho peor que el sacrificio que pronto tendría que llevar a cabo su bella hija Lucrecia.

Tras una larga noche en vela vagando sin rumbo por sus aposentos y postrándose una y otra vez frente el altar en busca del consejo divino, al amanecer, Alejandro hizo llamar a César, a Juan y a Lucrecia. Jofre todavía era demasiado joven y los planes de su padre tan sólo lo confundirían.

En público, Lucrecia acostumbraba a inclinarse ante su padre y a besarle el anillo en señal de respeto, pero cuando no había nadie presente siempre corría hasta él y se colgaba de su cuello en un cálido abrazo mientras lo besaba una y otra vez. Alejandro adoraba a su hija.

Pero hoy, en vez de devolverle el abrazo, el sumo pontífice la sujetó de los brazos y la apartó de él en silencio.

—¿Qué ocurre, padre? —preguntó Lucrecia sin disimular su sorpresa.

Le aterraba pensar que su padre pudiera reprocharle algo. A sus trece años, Lucrecia era verdaderamente hermosa. Era más alta que la mayoría de las jóvenes de su edad y su rostro poseía la palidez de la porcelana y unos rasgos tan armoniosos que parecían pintados por el maestro Rafael. Sus claros ojos brillaban con inteligencia y sus movimientos eran gráciles y delicados. Lucrecia era la llama que iluminaba la vida de su padre; cuando ella estaba presente, al papa Alejandro le costaba meditar sobre las escrituras o pensar en estrategias políticas.

—¿Qué ocurre, padre? —preguntó Lucrecia con inquietud—. ¿Qué he hecho para disgustaros?

—Hija mía, ha llegado el momento de pensar en tus esponsales —dijo Alejandro escuetamente.

—Pero, padre —exclamó ella, dejándose caer de rodillas—. Aún no estoy preparada para separarme de vos. No lo soportaría.

Al ver sus lágrimas, Alejandro levantó a su hija del suelo y la abrazó, intentando reconfortarla.

—Ya es suficiente, hija mía —le susurró al oído—. Es necesario que te prometas para forjar una alianza, pero eso no significa que debas irte. Al menos, todavía no. Y, ahora, sécate esas lágrimas y escucha lo que tu padre tiene que decirte.

Lucrecia se sentó en uno de los cojines dorados que había en el suelo.

—Los Sforza son la familia más poderosa de Milán —empezó diciendo el papa—. El sobrino del Moro, el joven Giovanni, acaba de perder a su esposa. Vuestro matrimonio sellará la alianza entre Roma y Milán. Sabes que sólo deseo lo mejor para nuestra familia y ya eres lo suficientemente mayor para comprender que estas alianzas con las grandes familias de Italia son necesarias para fortalecer el poder de la Iglesia. De no ser por ellas, nuestra familia correría peligro y eso es algo que no estoy dispuesto a permitir.

Como la niña que todavía era, Lucrecia inclinó la cabeza y asintió.

Al verla, Alejandro se levantó y caminó hasta el otro extremo de la estancia, buscando las palabras adecuadas. Finalmente, se volvió hacia su hija y le preguntó:

—¿Sabes cómo complacer a un hombre en el lecho? ¿Te lo ha explicado alguien?

—No, padre —dijo ella y, de repente, sonrió con malicia, pues había visto a más de una cortesana satisfaciendo los deseos de un hombre.

Alejandro sonrió y movió la cabeza de un lado a otro, admirado ante la personalidad de esa hija suya que, incluso a esa tierna edad, gozaba de una profunda ternura y, al mismo tiempo, era despierta e irónica.

Hizo un gesto a sus dos hijos varones para que se acercaran a él.

—Tenemos que hablar, hijos míos —dijo—. Debemos tomar una importante decisión, pues nuestro futuro depende de lo que decidamos hoy.

César era un joven reflexivo y reservado, aunque, desde niño, siempre había demostrado una actitud ferozmente competitiva que lo hacía ansiar la victoria a cualquier precio en toda actividad a la que se entregara.

Juan casi siempre tenía una mueca sardónica en los labios y se mostraba extremadamente reacio al dolor, aunque sólo cuando se trataba del suyo propio, pues no era ajeno a la crueldad. Aunque careciera tanto del encanto de Lucrecia como del carisma de César, Alejandro sentía un sincero afecto por él, pues intuía en ese hijo suyo una mayor vulnerabilidad que en sus hermanos.

—¿Por qué nos has mandado llamar, padre? —preguntó César mientras miraba por la ventana. Fuera hacía un día hermoso y él anhelaba estar al aire libre—. Hay un magnífico carnaval en la plaza...

Alejandro se sentó en su diván favorito.

—Venid y sentaos, hijos míos —ordenó con amabilidad—. Sentaos a mi lado.

Sus tres hijos se sentaron sobre los cojines de seda.

—Somos la familia más eminente de la cristiandad —dijo Alejandro, levantando los brazos por encima de ellos—. Las grandes obras que hacemos por la Iglesia nos harán crecer. Los Borgia estamos destinados a salvar multitud de almas y a vivir confortablemente mientras llevamos a cabo la obra del Señor. Pero los tres sabéis, tal como nos enseñan las vidas de los santos, que las grandes obras requieren de grandes sacrificios —concluyó mientras se santiguaba.

Sentada a los pies del papa, Lucrecia apoyaba la cabeza sobre el hombro de César. A su lado, aunque algo alejado de ellos, Juan sacaba brillo a su nuevo estilete.

—Supongo que habréis compartido el lecho con alguna mujer —preguntó Alejandro, dirigiéndose a sus dos hijos varones.

Juan frunció el ceño.

—Por supuesto, padre. No entiendo por qué preguntáis algo así.

—Es importante saber todos los detalles posibles antes de tomar una decisión, hijo mío —dijo Alejandro. Después se volvió hacia su hijo mayor—: ¿Y tú, César? ¿Has estado con alguna mujer?

—Con muchas, padre —respondió César de forma escueta.

—¿Y las complacisteis? —preguntó, dirigiéndose a ambos.

Juan frunció el ceño con impaciencia.

—¿Cómo voy a saberlo? —preguntó con una carcajada—. Nunca me molesté en preguntárselo.

El papa Alejandro inclinó la cabeza.

—¿Y tú, César, las complaciste?

—Eso creo, padre —dijo él con una pícara sonrisa—, pues todas me ruegan que vuelva a compartir su lecho.

Alejandro miró a su hija. Lucrecia le devolvió la mirada con curiosidad.

—Decidme, ¿estaríais dispuestos a yacer con vuestra hermana? —preguntó el papa de repente.

Juan bostezó con evidente aburrimiento.

—Antes me haría monje —comentó.

—Eres un joven insensato —dijo Alejandro con una sonrisa.

—¿Por qué les preguntáis a mis hermanos sin preguntarme antes a mí? —intervino Lucrecia—. Si he de yacer con uno de ellos, ¿acaso no debería ser yo quien dijera con cuál deseo hacerlo?

—¿A qué se debe todo esto, padre? —preguntó César—. ¿Por qué nos proponéis algo así? ¿Acaso no os preocupa que nos condenemos al fuego eterno por yacer con nuestra propia hermana?

El papa Alejandro se incorporó y atravesó la sala hasta llegar a una puerta en forma de arco. Señaló los cinco paneles de la gran arcada, y preguntó:

—¿No os han enseñado vuestros maestros que los faraones de las grandes dinastías egipcias desposaban a sus hermanas para preservar la pureza de la sangre real? ¿No os han hablado de la joven Isis, que se casó con su hermano, el rey Osiris, hijo primogénito del cielo y de la tierra? Isis y Osiris tuvieron un hijo llamado Horus y los tres se convirtieron en la gran trinidad egipcia. Ayudaron a los hombres a escapar de los demonios y las almas nobles renacieron para vivir eternamente. La única diferencia entre ellos y nuestra Santísima Trinidad es que uno de ellos era una mujer. —El papa Alejandro miró a su hija y sonrió—. La egipcia ha sido una de las civilizaciones más avanzadas de la humanidad, por lo que bien puede servirnos de ejemplo.

—Ésa no puede ser la única razón, padre —intervino César—. Los egipcios eran paganos y adoraban a dioses paganos. Intuyo que hay algo más que todavía no nos habéis dicho.

Alejandro se acercó a Lucrecia y, mientras acariciaba su cabello dorado, sintió un súbito remordimiento. No podía explicarle que sabía lo que sentía el corazón de una mujer cuando se entregaba a un hombre por primera vez, que sabía que el primer hombre con quien yaciera Lucrecia se convertiría en el dueño de su corazón y de sus actos, que, al entregarse a él, además de su cuerpo le estaría entregando las llaves de su corazón y de su alma y que él, su padre, el sumo pontífice, debía asegurarse de que no le entregara también las llaves de Roma. De ahí que, al no estar dispuesto a permitir que un extranjero reclamase su tesoro más valioso, Alejandro hubiera decidido que fuera uno de los hermanos de Lucrecia quien lo hiciera.

—Somos una familia —dijo el papa, ocultando sus verdaderos pensamientos—. Y la lealtad a la familia debe estar por encima de cualquier otra consideración. Debemos aprender los unos de los otros. Debemos protegernos entre nosotros. Y nunca, jamás, debemos renunciar a los lazos que nos unen. Pues, si honramos ese compromiso, nunca seremos destruidos, pero si vacilamos, comprometeremos nuestra lealtad y estaremos condenados. —El papa se volvió hacia Lucrecia—: Y tienes razón, hija mía. Tú eres quien debe decidir. No puedes elegir con quién te desposarás, pero tienes la oportunidad de escoger al primer hombre con el que compartirás tu lecho.

Lucrecia miró a Juan.

—Me encerraría en un convento antes que yacer con Juan —dijo. Después miró a César—. Debes prometerme, hermano mío, que me tratarás con ternura, pues es de amor, y no de guerra, de lo que estamos hablando.

César sonrió, divertido, y le hizo una reverencia a su hermana.

—Tienes mi palabra —dijo—. Es posible que tú, mi propia hermana, me enseñes más sobre el amor y la lealtad de lo que nadie lo ha hecho hasta ahora. Sin duda, nuestra unión será beneficiosa para ambos.

—¿Padre? —dijo Lucrecia mirando al papa con los ojos muy abiertos—. ¿Estaréis presente para aseguraros de que todo sale bien? Sé que me faltará el valor si no estáis a mi lado, pues he oído historias terribles en boca de Julia y de mis damas de compañía.

Alejandro miró fijamente a su hija.

—Estaré ahí —dijo—. Igual que lo estaré la noche de

tus esponsales, pues una alianza no tiene validez si no hay testigos que lo avalen.

—Gracias —dijo ella. Después se levantó y abrazó a su padre—. Desearía un vestido nuevo y un anillo de rubíes para festejar una ocasión tan especial.

—Por supuesto, hija mía. Tendrás dos.

Una semana después, Alejandro, con vestiduras de satén blanco, ocupó su lugar en el solio pontificio. Libre del peso de la tiara, llevaba la cabeza cubierta con un modesto solideo de satén. La elevada plataforma del solio se alzaba en el extremo opuesto a donde había sido colocada la cama, delante de un tapiz de exquisita belleza, en una de las cámaras mejor ornamentadas de las renovadas estancias de los Borgia. Alejandro había mandado llamar a César y a Lucrecia y había ordenado a sus criados que no se acercasen a sus aposentos hasta que él los llamara personalmente.

El papa observó desnudarse a sus hijos. Lucrecia no pudo contener una risita al ver a su hermano desnudo. César la miró con afecto y sonrió. Alejandro pensó que resultaba extraño, y, en cierto modo, conmovedor, que tan sólo hubiese visto una expresión de ternura en el rostro de su hijo cuando éste contemplaba el cuerpo desnudo de su hermana. César siempre era el agresor, excepto cuando estaba con Lucrecia, quien siempre parecía capaz de someter la voluntad de su hermano.

Lucrecia era un tesoro, y no sólo por su belleza, aunque no existía seda más fina los bucles dorados que enmarcaban su rostro. Sus ojos desprendían un brillo que parecía guardar un secreto y, ahora, su padre se preguntaba qué sería lo que los hacía brillar así. Su cuerpo, de piel suave e inmaculada, tenía unas proporciones perfectas, aunque aún era algo delgada, y sus pechos apenas habían comenzado a brotar. Sin duda, gozaba de una hermosura que cualquier hombre soñaría con poseer.

¿Y César? Ni tan siquiera un dios del Olimpo podría gozar de un porte más armonioso. Alto y fibroso, era la viva imagen de la virilidad. Sin duda, poseía otras virtudes que le servirían mejor que su ilimitada ambición. Pero, en ese momento, el gesto de César estaba lleno de ternura mientras contemplaba a su hermana, desnuda, de pie, a apenas unos pasos de él.

—¿Te parezco hermosa? —le preguntó Lucrecia a su hermano. Él asintió. Ella se giró hacia su padre—. ¿De verdad soy hermosa, padre? ¿Soy la joven más hermosa que hayáis visto nunca?

El papa Alejandro asintió.

—Eres bellísima, hija mía. Sin duda, un reflejo de Dios en la tierra —dijo. Entonces levantó lentamente la mano derecha, trazó la señal de la cruz en el aire y los bendijo. Después les pidió que comenzaran.

Alejandro se sentía lleno de dicha y gratitud por haber sido bendecido con esos hijos a los que tanto amaba. Sin duda, Dios debió de sentirse igual que él mientras contemplaba a Adán y a Eva en el Jardín del Edén. Pero, tras la felicidad inicial, no tardó en preguntarse si no estaría pecando de la misma vanidad que los héroes paganos. Se santiguó y pidió perdón por la impureza de sus pensamientos. Sus hijos tenían un aspecto tan inocente, tan libre de culpa, que el papa Alejandro no pudo evitar pensar que nunca volverían a encontrar un paraíso como el que los envolvía en aquel instante. ¿Y acaso no era ésa la razón de ser de un hombre y una mujer? Sentir la dicha divina. ¿Acaso no había causado ya la Iglesia suficiente dolor? ¿De verdad era la castidad el único camino posible para honrar al Sumo Creador? El mundo de los hombres estaba tan lleno de traición que tan sólo aquí, en el palacio del vicario de Cristo en la tierra, sus hijos podían sentirse verdaderamente libres y protegidos.

Era su deber protegerlos y eso era lo que estaba haciendo, pues esos momentos de intenso placer los ayudarían a afrontar las pruebas y penalidades a las que sin duda deberían enfrentarse en el futuro.

El gran lecho de plumas estaba cubierto por sábanas de seda y finos linos. Lucrecia se tumbó, desnuda, riendo con nerviosismo. Visiblemente excitado, César saltó sobre el lecho y se encaramó sobre su hermana.

—¡Padre! —exclamó Lucrecia, asustada—. ¡Padre! Me hace daño.

El papa Alejandro se levantó.

—¿Así es cómo complaces a una mujer, César? Es evidente que debo de haberte fallado, pues ¿quién, sino yo, debería haberte enseñado a dar placer a una mujer?

César se levantó y permaneció de pie junto al lecho. Su mirada estaba llena de ira. Se sentía rechazado por su hermana y reprendido por su padre. Y, aun así, su juventud mantenía despierto el deseo en su cuerpo.

—Acércate, hijo mío —le dijo Alejandro al llegar al lecho—. Acércate, Lucrecia. Acercaos al borde del lecho —le dijo a su hija.

El papa Alejandro cogió la mano de su hijo y acarició con ella el cuerpo de Lucrecia; despacio, con suavidad. Primero la cara, después el cuello y sus firmes y pequeños pechos.

—No debes mostrarte tan impetuoso, hijo mío —instruyó a su hijo—. Se necesita tiempo para disfrutar de la belleza. No hay nada tan exquisito en el mundo como el cuerpo de una mujer que se rinde voluntariamente a tus deseos. Si vas demasiado rápido, renunciarás a la misma esencia del acto del amor y, además, asustarás a tu compañera.

Lucrecia yacía con los ojos entornados, entregada al placer de las caricias de su hermano. Cuando la mano de César alcanzó su vientre y siguió descendiendo, Lucrecia abrió los ojos e intentó decir algo, pero el temblor de su cuerpo detuvo sus palabras.

—Padre —susurró por fin—. ¿Seguro que no es pecado sentir este placer? Prometedme que no iré al infierno.

—¿Acaso crees que tu padre pondría en peligro la inmortalidad de tu alma?

El papa Alejandro seguía dirigiendo la mano de César. Estaba tan cerca de su hija que notaba su cálido aliento en el rostro. Al sentir la intensidad de su propio deseo, soltó la mano de César y, con voz severa, ordenó:

—Ahora, César. Tómala. Pero hazlo despacio, con ternura. Compórtate como un verdadero amante, como un verdadero hombre. Hónrala, pero tómala ya.

Aturdido, Alejandro se dio la vuelta, cruzó la estancia y volvió a sentarse. Y al oír gemir a su hija, al oírla gemir una y otra vez, temió por su propia alma. El corazón le latía demasiado fuerte, demasiado rápido. Se sentía mareado. Nunca antes había estado tan exaltado. Nunca antes había sentido un deseo tan intenso al ser testigo de una unión carnal. Y, entonces, se dio cuenta. De repente, lo comprendió todo. Aunque César pudiera salvarse, él, el vicario de Cristo en la tierra, acababa de encontrarse con la serpiente del Edén. No podía quitarse esa idea de la cabeza. Sabía que, si alguna vez volvía a tocar a esa niña, se condenaría eternamente, pues el placer que había sentido no era de este mundo.

Rezó. Rezó al Padre, al Hijo y al Espíritu Santo, implorando que lo libraran de esa tentación.

—Aléjame del mal —suplicó.

Cuando alzó la mirada, sus dos hijos yacían, exhaustos, sobre el lecho.

—Vestíos, hijos míos —ordenó—. Vestíos y venid a mí.

Cuando se inclinó frente a su padre, Lucrecia tenía lágrimas en los ojos.

—Gracias, padre —dijo—. Si no hubiera conocido antes este placer nunca podría haberme entregado a otro hombre con dicha. Pensar que hubiera estado aterrorizada, que ni tan siquiera hubiera sospechado el placer que podía sentir. César —dijo al tiempo que se volvía hacia su hermano—, hermano mío, te doy las gracias. No creo que nunca pueda amar a nadie como te amo a ti en este momento.

César sonrió. Al mirarlo, el papa Alejandro vio un brillo en sus ojos que lo asustó. No había prevenido a su hijo de la amenaza del amor: el verdadero amor llena de poder a la mujer y pone en peligro el alma del hombre. Y, ahora, podía sentir que aunque esa unión hubiera sido una bendición para su hija, aunque hubiera fortalecido los lazos de los Borgia, algún día podría convertirse en una maldición para César.

Capítulo 5

El papa dispuso que se celebraran grandes festejos para recibir a Giovanni Sforza, el futuro esposo de Lucrecia. Alejandro sabía que el Moro, el tío de Giovanni, lo vería como un gesto de respeto que demostraría la buena voluntad de Roma en su alianza con Milán.

Pero ésa no era la única razón por la que Alejandro ordenó que se celebraran los festejos. Como sumo pontífice, conocía los deseos de sus súbditos y sabía que gustaban del esplendor de las celebraciones. Además, éstas reforzaban la imagen de benevolencia que tenían de él y contribuían a mitigar el letargo de sus grises existencias. Los festejos hacían surgir nuevas esperanzas en la ciudad y servían para evitar que los más desesperados se asesinasen entre sí por disputas sin importancia.

Las vidas de muchos de sus súbditos carecían de todo placer; de ahí que el papa se sintiera responsable de proporcionarles esos pequeños momentos de felicidad, pues ¿qué otra cosa podría garantizarle su apoyo? ¿Cómo podía un gobernante pedir lealtad a sus súbditos cuando las semillas de la envidia crecían en sus corazones al ver cómo otros hombres menos dignos disfrutaban de unos placeres que les eran negados a ellos? Los placeres debían ser compartidos, pues sólo así era posible controlar la desesperación que nace de la pobreza.

Ese día caluroso, imbuidos del aroma de las rosas, César, Juan y Jofre Borgia cabalgaron hasta las puertas de la ciudad para dar la bienvenida al duque de Pesaro. Los acompañaba el Senado de Roma en pleno y una comitiva de embajadores engalanados con majestuosos ropajes llegados desde Florencia, Nápoles, Venecia y Milán, e incluso desde Francia y España.

La comitiva de bienvenida seguiría al duque de Pesaro hasta el palacio del tío de Giovanni, el vicecanciller Ascanio Sforza, donde el joven duque estaría alojado hasta la noche de sus nupcias con Lucrecia. Alejandro había ordenado que la comitiva pasara por delante del palacio de Lucrecia para que su hija pudiera ver a su futuro esposo. Aunque había intentado mitigar los temores de Lucrecia con la promesa de que, tras los esponsales, y antes de reunirse definitivamente con su esposo en Pesaro, permanecería otro año en Roma con Julia y Adriana, ella parecía preocupada. Y Alejandro no podía sentirse dichoso si su hija era infeliz.

Los preparativos de los festejos habían durado semanas enteras. Había bufones enfundados en coloridos trajes de terciopelo verde y amarillo y juglares que hacían malabares con mazas de colores. El embriagador compás de los flautines y las trompetas llenaba el aire con joviales notas, animando al gentío que se agolpaba en la calle para ver al duque que iba a desposar a la joven hija del papa.

Esa mañana, César se había despertado de un pésimo humor y con un intenso dolor de cabeza. Incluso había intentado librarse de la obligación de acudir a recibir al duque, pero su padre se había mostrado tajante.

—Como cardenal de la Iglesia, cumplirás con tu deber a no ser que estés en tu lecho de muerte, aquejado de alguna enfermedad contagiosa o febril por la malaria —había dicho el papa con tono severo. Y, sin más, le había dado la espalda a su hijo y había salido por la puerta.

Aun así, César hubiera desobedecido a su padre de no ser porque su hermana le había pedido personalmente que acudiera a recibir al duque. Al enterarse de que César se sentía indispuesto, Lucrecia corrió por el túnel que separaba sus estancias de las de su hermano. Al llegar, se sentó en la cama y acarició con ternura el cabello de su hermano.

—¿Quién, sino tú, hermano mío, podría enseñarme la verdad sobre el hombre que va a ser mi esposo? —le dijo a César—. No puedo confiar en nadie más que en ti.

—¿Qué importancia puede tener eso, Crecia? —preguntó él—. Ya estás prometida al duque y nada de lo que yo pueda decirte cambiará eso.

Lucrecia sonrió, se inclinó hacia él, lo besó suavemente y volvió a sonreír.

—Hermano mío, ¿resulta tan difícil para ti como lo es para mí? —preguntó—. No puedo soportar la idea de compartir mi lecho con otro hombre que no seas tú. Lloraré y me cubriré los ojos y, aunque no pueda evitar que me posea, le negaré mis besos. Te juro que lo haré, hermano mío.

César respiró profundamente.

—Espero que no sea un mal hombre, tanto por tu bien como por el mío —dijo—. Pues, si lo es, tendré que matarlo antes de que tenga la oportunidad de tocarte.

Lucrecia se rió.

—Juntos empezaríamos una guerra religiosa —dijo, feliz—. Tras la muerte de Giovanni, nuestro padre tendría que pacificar Milán y, entonces, Nápoles se aliaría con Roma. Incluso puede que el Moro te hiciera su prisionero y te torturase en las mazmorras de su palacio, pero el Santo Padre acudiría en tu ayuda con la guardia del Vaticano. Y, entonces, seguro que Venecia utilizaría alguna estratagema para apoderarse de nuestros territorios. ¡Y los mejores artistas de Florencia pintarían retratos poco halagadores de los Borgia y sus falsos profetas nos condenarían al fuego eterno!

Lucrecia rió hasta caer de espaldas sobre el lecho de su hermano.

César se sentía feliz cuando la oía reír. Le hacía olvidarse de todo, incluso del rencor que ahora sentía hacia su padre. Iría a recibir al duque de Pesaro.

Al oír cómo se aproximaba la comitiva, Lucrecia subió corriendo hasta el balcón de la segunda planta, que se abría sobre la calle como si fuera la mano de un gigante con los dedos mirando hacia el cielo.

Antes, Julia Farnesio, que ya hacía más de dos años que se había convertido en la amante del papa, la había ayudado a elegir un vestido de un satén verde profundo con mangas de color crema y un entallado corpiño adornado con preciosas gemas. Después le había recogido el cabello de tal forma que tan sólo algunos tirabuzones cayeran sobre su frente y su cuello, dándole una apariencia sofisticada.

Julia llevaba meses preparando a Lucrecia para su noche de bodas, aunque la hija del papa apenas le prestaba atención. Cuando Julia le explicaba cómo complacer a un hombre, el corazón y los pensamientos de Lucrecia acudían a César. Aunque nunca le había mencionado a nadie su relación con su hermano, el amor que sentía por César llenaba sus pensamientos cada minuto del día.

Al salir al balcón, Lucrecia se sorprendió al ver cómo la multitud la aclamaba. Sonrió y saludó a los ciudadanos de Roma mientras una lluvia de pétalos de rosa cubría el balcón. Rió con las chanzas del bufón que pasó ante ella y aplaudió con entusiasmo las alegres melodías que interpretaban los trompetistas y los flautistas.

Primero vio a su hermano César, apuesto y noble, cabalgando sobre su caballo blanco, con la espalda erguida y el semblante serio. Al verla en el balcón, él levantó la mirada y le dedicó una sonrisa. Detrás iba Juan, inclinándose para recoger las flores que le ofrecían las mujeres a su paso, y Jofre, que saludó a Lucrecia con una tímida sonrisa. Y detrás de él, el duque de Pesaro.

Giovanni Sforza, más bajo y corpulento que los tres hermanos, tenía el cabello largo y ondulado, la barba cuidadosamente recortada y una nariz afilada. Al verlo, Lucrecia se sonrojó, pero cuando él alzó la mirada hacia el balcón y la saludó, ella le correspondió con una correcta reverencia. La comitiva pasó de largo.

Sólo faltaban tres días para los esponsales. Lucrecia necesitaba saber cuál era la opinión de Adriana y Julia sobre su prometido. Sabía que Adriana intentaría animarla diciéndole que todo iba a salir bien, pero, al menos, Julia le diría la verdad.

—¿Qué os ha parecido? —preguntó al salir del balcón—. ¿Os parece rudo?

—Parece apuesto. Aunque es un hombre muy grande. Puede que demasiado grande para ti —bromeó Julia, y Lucrecia supo exactamente a qué se refería—. Todo irá bien —añadió Julia al tiempo que la abrazaba—. Recuerda que vas a desposarte con él por el bien del papa y de la Iglesia, aunque eso no significa que debas serle fiel durante el resto de tus días.

Al tomar posesión del Vaticano, Alejandro había convertido varias salas abandonadas en las magníficas estancias privadas de los Borgia. Su sala de audiencias, el salón del Misterio, tenía varios frescos pintados por Pinturicchio, el artista favorito del sumo pontífice.

En uno de los frescos, el propio papa Alejandro estaba representado formando parte de la escena de la Ascensión, como si hubiera sido uno de los elegidos para contemplar el ascenso de Cristo a los cielos. Ataviado con una casulla con bordadura de piedras preciosas, el papa tenía la tiara dorada junto a sus pies y miraba hacia el cielo mientras recibía la bendición del Salvador.

En los frescos, varios santos y mártires y diversas figuras

históricas aparecían con los rostros de distintos miembros de la familia Borgia: Lucrecia, extremadamente hermosa, en el cuerpo de una rubia y esbelta santa Catalina; César, como un emperador sobre un trueno dorado, y Jofre como un querubín. Y en todos los frescos se podía ver un toro rojizo en actitud de embestida: el estandarte de la familia Borgia.

En otra de las salas, Pinturicchio había pintado un sereno retrato de la Virgen, la figura favorita de Alejandro, usando a Julia Farnesio como modelo. Así, había conseguido unir las dos grandes pasiones del papa en un solo retrato.

En el salón de la Fe, de mil metros de superficie, los techos abovedados albergaban magníficos frescos de los evangelistas con el rostro de Alejandro, de César, de Juan y de Jofre.

Las estancias privadas de los Borgia estaban ornamentadas con muebles de pan de oro y elaborados tapices. El solio pontificio ocupaba el salón de la Fe, donde Alejandro recibía a las personalidades más eminentes. Junto al solio había ornados taburetes donde los nobles se inclinaban a besar el anillo y los pies del papa y divanes para que los consejeros pudieran sentarse durante las largas audiencias en las que se planeaban futuras cruzadas o se discutía sobre el gobierno de las distintas ciudades de Italia.

Ese día, el duque de Pesaro fue conducido ante la presencia del sumo pontífice. Le besó los pies y el anillo, admirado ante el lujo de la sala y las riquezas que pronto compartiría, pues, al desposar a Lucrecia, recibiría una dote de treinta mil ducados; más que suficiente para rodearse de todo tipo de lujos en su palacio de Pesaro.

Mientras Alejandro le daba la bienvenida, Giovanni reflexionó sobre los hijos del papa. Jofre todavía era un niño y César no se había mostrado nada hospitalario. Por el contrario, Juan le había prometido todo tipo de diversiones nocturnas, por lo que el duque empezaba a pensar que sus esponsales no iban a resultar tan tediosos como había imaginado. En cualquier caso, aunque no fuera así, Giovanni no podía enfrentarse a su tío, el Moro, pues de hacerlo Milán reclamaría su soberanía sobre Pesaro y él perdería su ducado con la misma presteza con la que lo había obtenido.

Esa tarde, César se ausentó inmediatamente después de recibir a los invitados en el Vaticano y galopó a lomos de su caballo hasta salir de la ciudad. Apenas había pasado unos minutos con Giovanni y, aun así, ya sentía una profunda aversión hacia él. Era un patán, un presumido, un jamelgo. Era un bastardo. Y, si tal cosa fuera posible, más aburrido que Jofre y más arrogante incluso que Juan. ¿Qué iba a ser de su dulce hermana con un hombre como él? ¿Qué iba a decirle a Lucrecia cuando le preguntara por su futuro esposo?

A Juan le atraía tanto el duque como a César le disgustaba. Juan, que gozaba de pocos amigos en la corte, siempre se hacía acompañar por Djem, el príncipe turco que permanecía en Roma como rehén del papa a petición del hermano de Djem, Bayaceto II, el sultán de Estambul. Hacía años que el papa Inocencio había llegado a un acuerdo con Bayaceto ante el temor de éste a que los cristianos intentaran derrocarlo con el pretexto de devolver el trono a su hermano Djem. A cambio de mantenerlo como rehén, el papa Inocencio recibía del sultán cuarenta mil ducados al año. Tras su muerte, el papa Alejandro había mantenido el compromiso de su predecesor y el príncipe seguía viviendo como un honorable huésped en el palacio del Vaticano. Pues, ¿qué mejor manera de llenar las arcas de la Iglesia que mediante el dinero de los infieles?

A sus treinta años, Djem era un hombre de tez oscura con un negro y rizado bigote. Insistía en vestir a la manera de su tierra natal y siempre cubría su cabeza con un turbante, lo que le confería un aspecto amenazador a ojos de los ciudadanos de Roma; un atuendo que Juan no tardó en adoptar.

Aunque Djem casi le doblaba la edad, ambos iban juntos a todas partes y el príncipe turco ejercía gran influencia sobre el hijo del papa, que no sólo toleraba la relación por los ingresos que le proporcionaba al Vaticano, sino también porque la compañía del príncipe parecía alegrar el rostro normalmente sombrío de Juan. César, en cambio, no soportaba la compañía del príncipe turco ni, mucho menos, la de su hermano.

La noche anterior a los esponsales, Juan invitó a Giovanni Sforza a que los acompañara, a él y a Djem, a visitar las tabernas y a compartir los lechos de las prostitutas del Trastevere. Giovanni aceptó gustoso la oferta. Djem y el duque de Pesaro parecieron congeniar. Conversaron animadamente y comieron y bebieron en abundancia.

Temerosos, los ciudadanos de Roma se mantuvieron alejados de ellos; todos menos las prostitutas, que conocían sobradamente a Juan. A veces incluso hacían apuestas sobre cuál de ellas sería la que más veces compartiría el lecho con él. Algunas malas lenguas incluso decían que Juan y Djem eran amantes, algo que no importaba a las cortesanas que se ganaban el pan compartiendo su lecho con hombres de alto rango, pues Juan siempre remuneraba generosamente sus servicios.

Avalona, una joven de quince años con el cabello oscuro y largas y rizadas pestañas, era una de las cortesanas a las que Juan requería con mayor frecuencia. Hija de una posadera del Trastevere, Avalona apreciaba sinceramente a Juan. Pero aquella noche, el hijo del papa se la ofreció primero a su cuñado y después a Djem. Ambos subieron a compartir el lecho con ella mientras Juan permanecía en el piso de abajo, demasiado borracho para tener en cuenta los sentimientos de la joven. Cuando finalmente buscó la ternura de sus labios, ella rehuyó sus besos. Celoso, pues pensaba que la actitud de la hermosa joven se debía a que había disfrutado más con Giovanni y con Djem de lo que solía hacerlo con él, Juan la abofeteó. De regreso a palacio, ni Giovanni Sforza ni el príncipe Djem advirtieron la cólera de Juan.

El día de los esponsales no tardó en llegar. Ataviada con un vestido nupcial de terciopelo rojo ribeteado con pieles y con el cabello recogido con hilos de oro y adornado con rubíes y diamantes, Lucrecia ofrecía un aspecto majestuoso. A su lado, Julia Farnesio llevaba un sencillo vestido de satén rosa que iluminaba su pálida belleza. Adriana, a su vez, había elegido un vestido de terciopelo azul sin engarces para no hacer sombra al corpiño adornado con piedras preciosas de Lucrecia. Tan sólo el novio, Giovanni Sforza, y Juan y el príncipe Djem vestían ropas más lujosas que Lucrecia, pues los tres llevaban ricos turbantes de satén color crema y estolas brocadas en oro, lo suficientemente ostentosas como para apagar el brillo del vestido de Lucrecia e incluso el de las vestiduras eclesiásticas del propio papa.

Alejandro había decidido que fuera Juan quien encabezara la comitiva, acompañando a su hermana hasta el altar. Lucrecia sabía que César se sentiría ofendido por la decisión de su padre, pero también sabía que era una decisión sabia, pues César no podría haberla entregado con dignidad a su futuro esposo. Incluso llegó a preguntarse si César asistiría a la boda. Sin duda, se ausentaría en cuanto las circunstancias lo permitieran y no dejaría de galopar hasta llegar a campo abierto. Lucrecia rogaba a Dios que al menos asistiera a la ceremonia, pues necesitaba sentir la presencia de su hermano César, el hombre al que amaba por encima de todos los demás.

A pesar de las protestas de los cardenales más tradicionales, los esponsales se celebraron en el Vaticano. El solio pontificio fue dispuesto sobre una tribuna elevada, flanqueado por doce sillones de terciopelo púrpura para los cardenales que había investido el papa Alejandro.

El Santo Padre había ordenado que se colocaran lámparas de plata y oro junto a las estatuas de enormes santos que honraban los laterales del altar de su capilla privada.

El obispo de Roma, con casulla y mitra de plata, cantó los salmos en latín y ofreció su bendición a los novios.

El aroma del incienso, recién llegado de Oriente como obsequio del sultán turco Bayaceto II, quemaba la garganta de Lucrecia mientras la hija del sumo pontífice observaba el descomunal Cristo del altar y la gran espada que el obispo sostenía sobre su cabeza.

Al ver que el lugar que debía ocupar César en el altar junto al resto de los cardenales permanecía vacío, Lucrecia se había preocupado, pero finalmente su hermano había ocupado un lugar junto al resto de su familia.

Lucrecia había pasado la noche anterior arrodillada ante la imagen de la Virgen, suplicando perdón por haber recorrido a hurtadillas el túnel que la separaba de los aposentos privados de César para que su hermano la hiciera suya una vez más. Se preguntaba por qué sentiría tanto gozo estando con él cuando la idea de estar con otro hombre la llenaba de pavor. Ni siquiera había hablado con el hombre que iba a ser su esposo. Tan sólo lo había visto unos instantes desde su balcón y el día anterior a los esponsales, cuando, pese a encontrarse en el mismo salón del Vaticano, él ni tan siquiera parecía haber advertido su presencia.

Ahora, arrodillada frente al altar, Lucrecia escuchó por primera vez la voz de su futuro esposo.

—Tomo a esta mujer como esposa...

Su voz le pareció desagradable.

Como sumida en un trance, Lucrecia se comprometió a honrar a su esposo sin apartar la mirada de César, que permanecía impertérrito, vestido de un solemne negro sacerdotal.

Tras la ceremonia, Lucrecia Borgia, esplendorosa, ocupó su lugar presidiendo el banquete. A su lado, además de Giovanni, estaban Adriana y Julia Farnesio, a quienes había elegido como damas de honor. Los tres hermanos de Lucrecia ocupaban una mesa situada en el otro extremo del salón. Además, había numerosos invitados sentados en los cojines que cubrían el suelo y alrededor del perímetro de la sala se habían dispuesto largas mesas repletas de todo tipo de manjares. Cuando los comensales acabaron de comer, el centro de la sala fue desalojado para dar paso a la representación teatral de una comedia y al posterior baile.

Las veces que Lucrecia se había vuelto hacia su esposo, él no le había prestado la menor atención, dedicado como estaba a atiborrarse de comida mientras el vino se le derramaba por la barbilla.

Ese día, que debía haber sido una ocasión de gran júbilo, fue uno de los pocos momentos de su vida en los que Lucrecia añoró la presencia de su madre, pues, ahora que Julia se había convertido en la amante del papa, no había un lugar en el palacio para Vanozza.

Lucrecia volvió a mirar a su esposo, preguntándose si llegaría a acostumbrarse algún día a su adusto semblante. La idea de abandonar Roma para vivir con él en Pesaro la sumía en la más absoluta desesperanza, aunque, al menos, su padre le había prometido que podría permanecer en Roma durante un año más.

Rodeada por el regocijo de los invitados, Lucrecia se sintió más sola de lo que se había sentido nunca. Aunque apenas probó bocado, sí bebió algunos sorbos de vino y pronto empezó a sentirse más animada y a conversar con sus damas de honor. Después de todo, se trataba de un magnífico banquete y ella era una joven de tan sólo trece años.

Antes de retirarse, el papa Alejandro anunció que, por la noche, ofrecería una cena en sus aposentos privados, donde los invitados podrían presentar sus obsequios a la pareja recién desposada. Después, ordenó a sus criados que arrojasen los dulces que sobraran por el balcón para que la multitud que se agolpaba en la plaza de San Pedro pudiera compartir el alborozo del feliz acontecimiento.

Lucrecia no tuvo oportunidad de hablar con su padre hasta pasada la medianoche. El papa Alejandro estaba sentado a solas frente a su escritorio, pues la mayoría de los invitados ya se habían ausentado y tan sólo los hermanos de Lucrecia y algunos cardenales permanecían en la antesala de sus aposentos.

Lucrecia se acercó lentamente a su padre. No deseaba molestarlo, pero lo que debía decirle era demasiado importante como para seguir esperando. Se arrodilló frente al sumo pontífice e inclinó la cabeza pidiendo permiso para hablar.

Alejandro sonrió.

—Acércate, hija mía —dijo—. Ven a mi lado y dime qué es lo que te preocupa.

Lucrecia levantó la cabeza. Estaba pálida y tenía los ojos llorosos.

—Padre —dijo en un tono de voz apenas audible—, ¿Tengo que compartir el lecho con Giovanni hoy mismo? ¿Realmente es necesario que sea esta misma noche?

Alejandro levantó la mirada hacia el cielo. Él también había estado pensando en eso. De hecho, llevaba pensando en ello más horas de lo que estaría dispuesto a reconocer.

—¿Y cuándo, sino ahora? —le preguntó a su joven hija.

—No lo sé. Podríamos esperar algunos días.

—Es mejor cumplir con las obligaciones desagradables lo antes posible —dijo él con una cálida sonrisa—. Después, podrás continuar con tu vida sin caminar sobre el filo de la espada.

Lucrecia suspiró.

—¿Tiene que estar presente César? —preguntó.

El papa Alejandro frunció el ceño.

—Para que el casamiento se dé por consumado basta con que haya tres testigos. Yo seré uno de ellos. Respecto a los otros dos, no hay ninguna obligación.

Lucrecia asintió.

—Preferiría que César no estuviera presente —dijo con determinación.

—Así se hará, si ése es tu deseo —dijo el papa.

Tanto Giovanni como Lucrecia parecían reacios a entrar en la cámara nupcial. Él, porque todavía añoraba a su esposa fallecida, y ella, porque le avergonzaba ser observada y aborrecía la idea de que alguien que no fuese César la tocase, aunque a esas alturas se sentía tan mareada que nada parecía tener importancia. Unos minutos antes, Lucrecia había acudido en busca de su hermano y, al no encontrarlo, había bebido tres copas de vino intentando reunir el valor necesario para enfrentarse a su deber.

Lucrecia y Giovanni se desnudaron con la ayuda de sus criados y se cubrieron con las sábanas de satén blanco, teniendo buen cuidado de no tocarse antes de que llegasen los testigos.

Al entrar, el papa Alejandro se sentó en uno de los asientos de terciopelo dispuestos frente al gran tapiz de las Cruzadas que le permitiría concentrarse en sus oraciones. El segundo asiento fue ocupado por el cardenal Ascanio Sforza y el tercero por el hermano de Julia, el cardenal Farnesio.

Una vez que los testigos dieron su consentimiento, sin mediar palabra, Giovanni Sforza se encaramó sobre Lucrecia y, tirando bruscamente de ella para atraer su cuerpo contra el suyo, intentó besarla. Ella apartó el rostro y lo ocultó contra el cuello de Giovanni. Olía igual que un buey. Cuando su esposo empezó a tocar su cuerpo desnudo, Lucrecia sintió un horrible estremecimiento. Durante unos instantes, pensó que iba a vomitar. Sentía una inmensa tristeza, tan sobrecogedora que apenas pudo contener las lágrimas, pero cuando Giovanni finalmente la poseyó, no sintió nada. Había cerrado los ojos y, en sus pensamientos, se había trasladado hasta un lugar donde corría entre los altos juncos y rodaba por una pradera de hierba verde... Hasta «Lago de Plata», el lugar donde más feliz había sido en toda su vida.

A la mañana siguiente, cuando Lucrecia corrió a las cuadras a saludar a César, él la trató con frialdad. Ella intentó explicarle lo ocurrido, pero él no quería escuchar sus palabras. Al final, Lucrecia se limitó a observar en silencio cómo su hermano ensillaba el caballo.

Pasaron dos días antes de que César regresara. Cuando por fin lo hizo, le dijo a Lucrecia que había estado pensando en el futuro, en el suyo propio y en el de ella, y que la perdonaba.

¿Perdonarme por qué? —preguntó Lucrecia, enojada—. Hice lo que tenía que hacer, igual que lo haces tú. Siempre te quejas de ser cardenal, pero te aseguro que es mejor ser cardenal que ser mujer.

—Debemos obedecer los deseos del Santo Padre —exclamó César—. Si por mí fuera, sería soldado, no cardenal. ¡Ninguno de los dos somos lo que desearíamos ser!

César sabía que la batalla más importante que debía librar era la del dominio de su propia voluntad, pues el amor puede robarle la voluntad a un hombre sin necesidad de armas. Y él quería a su padre. Llevaba suficiente tiempo observando las estrategias del papa como para saber de lo que era capaz y sabía que él nunca cometería la torpeza de traicionarlo. Para César, despojar a un hombre de sus posesiones y sus riquezas, incluso de su vida, era un crimen menos atroz que privarlo de su voluntad, pues, sin voluntad, los hombres se convierten en meras marionetas de sus propias necesidades, en seres sin vida, sin capacidad de elección, en bestias de carga sometidas al látigo de otro hombre. Y César se había jurado que nunca se sometería a un destino así.

Su padre le había pedido que yaciera con su hermana porque sabía que César estaría a la altura de lo que se esperaba de él. Y, precisamente por eso, porque había estado a la altura esperada, después de aquel primer encuentro se había engañado a sí mismo diciéndose que lo había hecho por voluntad propia. Pero su padre se guardaba un as en la manga. Lucrecia amaba con un corazón cuya pasión podía amansar a la bestia más salvaje y se había convertido en el látigo con el que su padre controlaba la voluntad de César.

Lucrecia rompió a llorar. Su hermano la abrazó, intentando consolarla.

—Todo irá bien, Crecia —dijo mientras le mesaba el cabello—. No te preocupes por Giovanni. Aunque esa codorniz de tres patas sea tu esposo —continuó diciendo mientras secaba sus lágrimas—, siempre nos tendremos el uno al otro.

Capítulo 6

Ludovico Sforza, más conocido como el Moro, era el hombre más poderoso de Milán. A pesar de no ser el duque, era él quien mandaba realmente en el ducado. El Moro había afianzado su autoridad gracias a la debilidad de su sobrino, el legítimo duque, Gian Galeazzo Sforza. Gian era un inválido que pasaba la mayor parte del tiempo reflexionando sobre la razón de su aflicción, sintiéndose víctima de un castigo divino e intentando mitigar su dolor abandonándose a la holgazanería y al lujo.

El Moro gozaba del respeto de sus súbditos. Era un hombre alto y elegante con el aire apuesto de los hombres de cabello rubio del norte de la península, un hombre inteligente y sensible al mundo de la razón, más interesado por la mitología clásica que por la religión. Aunque, en ocasiones, cuando se trataba de tomar decisiones políticas podía ser un mandatario sin escrúpulos, por lo general era un gobernante compasivo que incluso había establecido un impuesto con el fin de construir casas y hospitales para los más humildes. Era su esposa, la bella y ambiciosa Beatriz d'Este, quien lo había convencido para que reclamase el título de su joven e inútil sobrino. Pues ahora que había sido madre, Beatriz deseaba que su hijo gobernase algún día el ducado con pleno derecho.

Los ciudadanos de Milán —una ciudad considerada como la cuna de los descubrimientos— habían abrazado la cultura del humanismo, y el Moro y su esposa habían renovado las fortalezas, habían pintado las casas grises de la ciudad con vivos colores, según las nuevas tendencias, y habían limpiado las calles hasta deshacerse del horrible hedor que hasta entonces impedía que los nobles respirasen sin acercarse a la nariz una naranja recién cortada o un guante con esencia de limón. Además, habían contratado a los mejores tutores para que impartieran clases en las universidades, pues eran conscientes de la importancia de una buena educación.

Durante trece años, Ludovico gobernó sin oposición, llevando el arte y la cultura a la ciudad de Milán; hasta que su sobrino contrajo matrimonio con una joven de gran temperamento y ambición, Isabel de Nápoles, la celosa y consentida prima de Beatriz y, lo que era más importante, la nieta del temido rey Ferrante de Nápoles.

Aun joven como era, Isabel no estaba dispuesta a perder su título de duquesa, ya que, según decía ella, era por culpa de Ludovico por lo que se habían visto obligados a vivir sin las distinciones y comodidades de las que eran merecedores.

Tras intentar convencer inútilmente a su marido, que no demostraba el menor interés por el poder e incluso agradecía que su tío lo liberase de la molesta obligación de gobernar el ducado de Milán, Isabel empezó a dirigir sus quejas directamente a su abuelo, el rey Ferrante. Le escribió una carta tras otra, hasta que consiguió provocar su ira. El rey de Nápoles no podía tolerar que su nieta fuese insultada de ese modo. Haría que Milán sintiese el peso de su venganza y devolvería a Isabel al lugar que le correspondía.

Al ser informado por sus asesores privados, Ludovico Sforza, desconfiando de las tácticas del rey Ferrante, reflexionó sobre sus opciones. La fuerza y la destreza militar del ejército de Nápoles eran legendarias, por lo que Milán nunca podría defenderse sin la ayuda de un poderoso aliado. Y, entonces, como un milagro venido del cielo, Ludovico supo que el rey Carlos tenía intención de reclamar para Francia la corona de Nápoles. En una decisión sin precedentes, el Moro ofreció la entrada a Milán de las tropas del rey Carlos en su camino hacia Nápoles.

En el Vaticano, el papa Alejandro analizaba con César las posibles estrategias para afianzar su poder cuando Duarte Brandao se presentó para informarlo de la nueva amenaza a la que debía enfrentarse el papado.

—He sabido que Ferrante de Nápoles ha enviado un emisario al rey Fernando de España comunicándole su descontento con Su Santidad —dijo Duarte—. Os acusa de haber incurrido en graves pecados carnales, causando una gran vergüenza a la Iglesia.

—Sin duda, le han llegado noticias de los esponsales de mi hermana con Giovanni Sforza —intervino César con convicción—. Desconfiará de nosotros por nuestra alianza con Milán.

Alejandro asintió.

—Y tiene razones para hacerlo. Pero dime, amigo mío, ¿cuál ha sido la respuesta del buen rey Fernando? —le preguntó el papa a Duarte.

—No desea intervenir —dijo el consejero del papa—. Al menos, por ahora.

El papa sonrió.

—Fernando es un hombre de honor. No ha olvidado que fui yo quien le concedió la dispensa que le permitió desposar a su prima Isabel de Castilla.

Esa dispensa había unido los territorios de Castilla y Aragón, fortaleciendo el poder de España.

—Sería conveniente enviar un emisario a Nápoles —sugirió Duarte.

Alejandro estaba de acuerdo.

—Le ofreceremos a Ferrante otra alianza matrimonial

—dijo—. ¿O acaso no merece Nápoles lo mismo que tiene Milán?

—Siento no poder ayudaros esta vez, padre —intervino César con ironía—. Después de todo soy cardenal de la Santa Iglesia Católica.

Esa misma noche, a solas en sus aposentos, Alejandro meditó sobre los caminos del hombre. Y, como sumo pontífice, llegó a una conclusión aterradora: el temor hace que los hombres se comporten de maneras contrarias a sus propios intereses, nubla su razón y los convierte en quejumbrosos insensatos. ¿Cómo, si no, podía explicarse que el Moro se aliase con Francia? ¿Acaso no se daba cuenta de que, una vez que las tropas francesas cruzaran las murallas de Milán, no habría un solo ciudadano que no corriera peligro? Las mujeres, los niños, los hombres... Nadie estaría a salvo. Alejandro suspiró. Desde luego, en momentos como ése, la conciencia de su propia infalibilidad era un gran consuelo.

Incluso en las épocas más oscuras, algunos hombres demuestran más maldad que otros. La crueldad late en sus venas y mantiene en vilo sus sentidos. Sienten el mismo placer con la tortura que la mayoría de los hombres al yacer con una mujer. Se aferran a un Dios vengador e inmisericorde de su propia invención y, con un retorcido fervor religioso, llevan a cabo su ruin misión.

El rey Ferrante de Nápoles era uno de esos hombres y, para desgracia de sus enemigos, disfrutaba incluso más con la tortura mental que con el daño físico. De escasa estatura, corpulento y de tez aceitunada, poseía unas cejas tan espesas que ensombrecían sus ojos, y que le conferían un aspecto amenazador. El vello le cubría prácticamente todo el cuerpo, asomando por el cuello y las mangas de sus vestimentas reales como el pelaje de una bestia primitiva. Cuando todavía era un hombre joven, él mismo se había arrancado los incisivos para evitar que una infección acabase con su vida, aunque, más tarde, su vanidad le hizo encargar unos dientes de oro al herrero de la corte. Apenas sonreía y cuando lo hacía tenía un aspecto especialmente siniestro. En Italia se decía que Ferrante nunca llevaba armas y que tampoco necesitaba guardias, pues podía despellejar con los dientes a cualquiera que osase enfrentarse a él.

Como gobernante de Nápoles, el reino más poderoso de la actual Italia, Ferrante inspiraba terror allí donde fuera. Acostumbraba a pasear todas las tardes por las mazmorras de su palacio, donde mantenía a sus enemigos encadenados en jaulas como si de un zoológico humano se tratara. Cuando las almas de los prisioneros abandonaban sus cuerpos despedazados, Ferrante los hacía embalsamar para recordar a aquellos que todavía se aferraban a la vida que él seguiría disfrutando de su sufrimiento incluso cuando sus corazones dejasen de latir.

Ni tan siquiera sus más fieles servidores estaban libres de su crueldad, pues los despojaba de todo cuanto poseían y, cuando ya no podía obtener beneficio alguno de ellos, los descuartizaba mientras dormían, impidiéndoles gozar de un momento de paz hasta el día de su muerte.

Pero, por encima de todo, Ferrante era un experimentado hombre de estado que había conseguido mantener intacto su territorio a pesar de las ansias expansionistas de Roma y del ducado de Milán. De hecho, durante el mandato del papa Inocencio se había negado a pagar sus tributos a la Iglesia y tan sólo había accedido a enviar todos los años el tradicional obsequio de un caballo blanco para el papa.

Y fue ese rey Ferrante, el hombre de estado, y no el cruel gobernante, quien, para obtener el mayor provecho posible de la situación, se mostró dispuesto a aceptar la alianza que le ofrecía el papa Alejandro. Aunque, para no encontrarse con ninguna sorpresa desagradable, antes envió una misiva a su primo, el rey Fernando de España, que rezaba así: «Si el papa no se comporta de manera satisfactoria y se niega a ayudarnos, nuestras tropas invadirán Roma de camino a Milán.»

El rey Fernando de Aragón viajó personalmente a Roma para tratar con Alejandro las cuestiones referentes a su primo Ferrante. Además, informó al sumo pontífice de otro importante asunto que había llegado a su conocimiento.

Fernando era un hombre alto y vehemente que se tomaba muy en serio sus responsabilidades como monarca de España. Era un rey cristiano que no albergaba la menor duda sobre su Dios y la infalibilidad del papa, aunque su fe no alcanzaba el fervor evangélico de su esposa, la reina Isabel, por lo que no sentía la necesidad de perseguir a aquellos que no compartían sus creencias. En esencia, era un hombre razonable y sólo se mantenía dentro de los mandatos de la doctrina cristiana en la medida en que éstos servían a España. Fernando y Alejandro se respetaban y confiaban el uno en el otro, al menos en la medida que eso es posible entre dos hombres de su poder.

Con su sobria capa de satén azul oscuro rematada con pieles, el rey Fernando ofrecía una elegante imagen, sentado frente al papa en la magnífica sala de audiencias.

—En un gesto de buena voluntad, Ferrante me ha pedido que os comunique algo de lo que acaba de tener conocimiento —dijo Fernando después de beber un poco de vino—. Al poco de celebrarse el cónclave, vuestro general, Virginio Orsini, se reunió con el cardenal Cibo para llevar a cabo la compra de los tres castillos situados al norte de Roma que el cardenal Cibo había heredado de su padre, el papa Inocencio.

El papa Alejandro frunció el ceño.

—¿Y esa transacción tuvo lugar sin mi conocimiento? —preguntó tras reflexionar en silencio durante unos instantes—. ¿Sin la autorización de la Santa Sede? ¿A espaldas del vicario de Cristo? ¿Y ha sido un príncipe de la Iglesia quien ha cometido ese acto de traición?

Realmente, a Alejandro le sorprendía más la traición de Orsini que la del cardenal, ya que Virginio no sólo era el cuñado de Adriana, sino que el papa siempre había creído gozar de su lealtad. Pues, incluso en los tiempos más difíciles, hay hombres que inspiran confianza y Virginio Orsini era uno de esos hombres.

Esa noche, durante la cena, el rey Fernando le ofreció a su anfitrión la información que completaba el círculo de la traición.

—La venta tuvo lugar en el palacio de Giuliano della Rovere.

Ahora, todo tenía sentido. Quienquiera que poseyera esos castillos, todos ellos fortalezas inexpugnables, tendría la seguridad de Roma en sus manos.

—Éste es un asunto que debe ser aclarado —dijo Alejandro.

—Viajaré a Nápoles para hablar con Ferrante... —asintió el rey Fernando. Después besó el anillo del papa y le aseguró que se valdría de toda su influencia para solucionar el asunto—. Una última cuestión, Su Santidad —dijo antes de irse—. Como sabéis, existe una disputa sobre el Nuevo Mundo. La reina y yo agradeceríamos sinceramente la mediación del Santo Padre.

Y así fue cómo Fernando viajó a Nápoles, donde el rey Ferrante le aseguró que Virginio Orsini no había cometido un acto de traición sino que, al contrario, con la compra de los castillos, Orsini había garantizado la seguridad de Roma, pues al estar en las afueras de la ciudad, las fortalezas servirían de defensa en caso de producirse una invasión de los ejércitos del rey de Francia.

Finalmente se acordó que Virginio Orsini podría conservar las fortalezas a cambio de pagar un tributo anual de cuarenta mil ducados como muestra de buena fe y de lealtad al papa.

Pero entonces surgió la pregunta. ¿Qué estaba dispuesto a ofrecer Alejandro a cambio del apoyo que había recibido tanto del rey Fernando de Aragón como de Ferrante de Nápoles?

Inmerso en esta trama de intrigas, Alejandro aceptó una nueva alianza matrimonial en la persona de Sancha, otra de las nietas del rey Ferrante de Nápoles. Pero Ferrante deseaba que fuese César quien desposara a Sancha, algo a lo que Alejandro se negó, recordándole a Ferrante que su hijo estaba llamado a servir a la Iglesia y ofreciendo en su lugar a Jofre, su hijo menor.

Ferrante no aceptó la propuesta. ¿Quién querría al hijo pequeño pudiendo aspirar al mayor?

Aunque los papas que habían precedido a Alejandro temían denegarle cualquier petición al rey de Nápoles, el papa se mostró firme. Tenía sus propios planes para César y no estaba dispuesto a cambiar oro por un metal menos noble.

Ferrante había oído hablar de la habilidad de Alejandro a la hora de negociar. Sabía que si dejaba pasar esta oportunidad de forjar una alianza con Roma, el papa se apresuraría a establecer otra que pondría en peligro el reino de Nápoles. Así, tras largas deliberaciones, Ferrante acabó por aceptar la propuesta de Alejandro. Al menos esperaba que, a sus doce años de edad, Jofre fuera capaz de consumar el matrimonio con su nieta de dieciséis, legitimando así la alianza antes de que Alejandro encontrase una candidata mejor.

Pero cinco meses antes de la fecha prevista para los esponsales, el rey Ferrante falleció súbitamente y su hijo Alfonso, que no había heredado ni la inteligencia ni la crueldad de su padre, quedó a merced del papa Alejandro, ya que su coronación como nuevo rey de Nápoles no podía llevarse a cabo sin la aprobación del sumo pontífice.

Sin embargo, Alfonso no era el único que se encontraba

en una situación delicada. El rey Carlos de Francia, que también proclamaba su derecho legítimo sobre la corona de Nápoles, había enviado un emisario a Roma amenazando a Alejandro con la pérdida del solio pontificio si tomaba partido a favor del hijo de Ferrante. No obstante, el papa sabía que el control de Nápoles por parte del rey de Francia imposibilitaría la independencia de los Estados Pontificios. Y, para aumentar las preocupaciones del papa, existía un creciente malestar entre los tradicionales enemigos de la corona de España y del papado que podía provocar la ruptura de la frágil paz que reinaba en la península desde que Alejandro se había convertido en papa.

Pero una inesperada noticia ayudó al sumo pontífice a tomar una decisión.

—Las tropas del rey de Francia se preparan para invadir Italia, Su Santidad —le comunicó Duarte—. Al parecer, Carlos VIII está decidido a convertirse en el monarca más poderoso de la cristiandad. Incluso tiene planes para encabezar una nueva cruzada para liberar Jerusalén.

—Así que el joven rey necesita conquistar Nápoles para acceder a las tierras de los infieles —reflexionó el papa en voz alta—. Y, para llegar a Nápoles, Carlos tendrá que atravesar los Estados Pontificios.

Duarte asintió.

—El rey Carlos también ha expresado su intención de emprender una profunda reforma de la Iglesia, y sólo hay una manera de conseguirlo... —intervino Duarte.

El papa meditó sobre las palabras de su consejero.

—Instaurando a un nuevo papa —dijo finalmente.

Y fue en ese momento cuando Alejandro decidió apoyar a Alfonso, pues necesitaba la fuerza militar de Nápoles para contener al rey de Francia. Así, el papa ideó un nuevo plan para salvaguardar el papado y salvar a Roma de una invasión extranjera; la única forma de conseguirlo era lograr que las principales ciudades estuvieran unidas. Para conseguirlo lideraría una Santa Liga que les daría más poder del que nunca podrían tener por sí solas.

Pero no iba a ser fácil conseguirlo, pues Venecia, como siempre, se mantendría neutral, Milán ya había tomado partido por el rey de Francia y el ejército de Florencia era débil; además, Savonarola se valdría de su influencia para intentar evitar que los Médicis se aliasen con el papa.

Así, tras largas reflexiones, Alejandro decidió coronar a Alfonso rey de Nápoles, pues, de no hacerlo, pronto sería otro hombre quien llevase la tiara pontificia sobre su cabeza.

Alfonso fue coronado rey y, cuatro días después, Jofre Borgia desposó a su hija Sancha.

Frente al altar de la capilla de Castel Nuovo, el joven Jofre intentaba aparentar más edad de la que tenía. Sancha, hermosa y grácil, había demostrado abiertamente su enojo por la decisión de su padre y durante la ceremonia su malestar resultaba evidente para los invitados que abarrotaban la capilla. Cuando el obispo preguntó a Jofre si tomaba a Sancha como esposa, él lo interrumpió con una afirmación llena de entusiasmo antes de que pudiera concluir la frase.

—¡Sí, quiero!

Las risas de los invitados resonaron en la capilla. Sancha, humillada, hizo sus votos matrimoniales de manera apenas audible. ¿Qué hacía ella casándose con ese niño?

Aun así, al ver las monedas de oro y las joyas que le ofreció Jofre tras la ceremonia, la expresión de Sancha se suavizó. Y cuando su joven esposo permitió que las damas de honor de Sancha cogieran algunas monedas de sus bolsillos, incluso llegó a sonreírle.

Esa noche, en la cámara nupcial, ante el rey Alfonso y otros dos testigos, Jofre Borgia se encaramó sobre su esposa y la montó con el mismo entusiasmo con el que hubiera montado un poni mientras ella permanecía inmóvil, rígida como un cadáver. Jofre llegó a montarla hasta cuatro veces antes de que el mismísimo rey le ordenase que se detuviera, dando por satisfecha la alianza matrimonial.

Algunos días después, Alejandro mandó llamar a César y a Juan para que se reunieran con él en uno de los salones del Vaticano, donde, según lo acordado con el rey Fernando, había de recibir a los embajadores de España y Portugal para mediar en su disputa sobre los territorios del Nuevo Mundo.

Cuando César y Juan entraron en la sala, su padre ofrecía un aspecto imponente, tocado con la tiara del vicario de Cristo en la tierra.

—Observad atentamente y aprended de este ejercicio de diplomacia, pues os servirá para el futuro —les dijo a sus dos hijos antes de la reunión.

Lo que no les dijo fue que la mediación solicitada por el rey Fernando no era un gesto vacío de contenido, sino que reflejaba la influencia del papa en la nueva era de los descubrimientos, tanto en asuntos religiosos como políticos. Con su mediación, Roma se granjearía el apoyo de España, que tan necesario le sería si el rey de Francia finalmente decidía invadir la península Itálica.

El papa levantó la vista cuando los dos embajadores entraron en la sala y les saludó con amabilidad.

—Creo que ya conocen a mis hijos —les dijo Alejandro—. El cardenal César Borgia y el duque de Gandía.

—Los conocemos, Su Santidad —contestó el embajador español, que, como correspondía a un grande de Castilla, vestía una capa negra con ricos brocados. A continuación saludó a César y a Juan con sendas inclinaciones de cabeza.

El embajador portugués, de mayor edad, imitó su gesto inmediatamente.

—Hijos míos, estamos aquí para solucionar el problema que tan gran preocupación causa a las naciones de nuestros honorables huéspedes —dijo el papa.

Los dos embajadores inclinaron de nuevo la cabeza.

—Ambos reinos han enviado valientes navegantes a explorar las lejanas tierras del Nuevo Mundo y ambos reinos reclaman sus riquezas. Calixto III decretó que todas las tierras herejes que se descubrieran en las costas del Atlántico pertenecerían al reino de Portugal. De ahí que Portugal reclame sus derechos sobre el Nuevo Mundo. Los reyes de España, por otra parte, insisten en que Calixto sólo se refería a los territorios de la costa oriental del gran océano y no a las que acaban de descubrirse al oeste. Para evitar que surja un conflicto entre ambos reinos, el rey Fernando nos ha pedido que mediemos en la disputa. Y ambos reinos han acordado acatar la decisión que tomemos, pues ésta reflejará la voluntad del Sumo Creador. ¿Estoy en lo cierto?

Los dos embajadores asintieron.

—Tras considerar el asunto cuidadosamente, he tomado una decisión. Dividiremos el Nuevo Mundo a lo largo de esta línea longitudinal —continuó diciendo al tiempo que señalaba en un gran mapa del mundo una raya trazada a cien leguas al oeste de las islas Azores y Cabo Verde.

»Todo territorio hereje situado al este de esta línea, y que incluye islas muy valiosas, pertenecerá al reino de Portugal y sus habitantes hablarán portugués. Todos los territorios situados al oeste de la línea pertenecerán a Sus Majestades Católicas los reyes Fernando e Isabel. —Alejandro miró a los embajadores—. Ya he firmado una bula, que he llamado *Inter Caetera*, comunicando mi decisión. Antes de partir, les proporcionaremos una copia a cada uno. Espero que esta solución resulte satisfactoria y que sirva para conducir a la fe a un gran número de almas —concluyó, dedicando a los dos embajadores su mejor sonrisa.

Los dos embajadores besaron el anillo del papa y se retiraron.

—¿Qué os parece la decisión que he tomado? —les preguntó el papa a sus hijos una vez que los dos hombres hubieron partido.

—Creo que los portugueses han recibido menos territorios, padre —dijo César.

El rostro de Alejandro se iluminó con una sonrisa maliciosa.

—No debes olvidar que ha sido el rey Fernando de España quien ha solicitado nuestra mediación, hijo mío. Además, nosotros somos españoles —dijo el papa Alejandro—. Y, sobre todo, no debes olvidar que el reino de España es el más poderoso de cuantos hay en el mundo. Si las tropas del rey de Francia intentan cruzar los Alpes con el apoyo del cardenal Della Rovere, sin duda necesitaremos de la ayuda española. Además, los portugueses tienden a producir recios navegantes, pero nunca han destacado por la fortaleza de sus ejércitos.

Antes de que sus hijos se retirasen, Alejandro apoyó una mano en el hombro de Juan y dijo:

—Hijo mío, en vista del éxito de nuestra mediación, será necesario adelantar tus esponsales con María Enríquez. Debes prepararte para viajar a España de manera inminente. Te pido que no ofendas al rey Fernando, pues he necesitado de toda mi capacidad diplomática para asegurar esta alianza. Debemos dar gracias al Señor todos los días por la buenaventura de nuestra familia, por la oportunidad que nos ha ofrecido para extender la palabra de Cristo por el mundo, fortaleciendo así el papado por el bien de las almas cristianas.

Una semana después, Juan emprendió viaje a España, donde debería familiarizarse con su futura familia antes de volver a Roma para celebrar los esponsales en «Lago de Plata». Al llegar, fue recibido en Barcelona por la familia Enríquez.

Aquella noche, Alejandro se puso su mejor camisola de seda para recibir a su amante, Julia Farnesio. Mientras su ayuda de cámara lo bañaba y le lavaba el pelo con jabones perfumados, Alejandro se sorprendió a sí mismo sonriendo al imaginar el dulce rostro de Julia contemplándolo con admiración y con lo que él creía que era sincero aprecio.

Aunque resultaba sorprendente que una joven de la belleza y el encanto de Julia pudiera sentirse cautivada por un hombre cuyos mejores años hacía tiempo que habían pasado, el papa Alejandro lo aceptaba como uno más de los misterios de la vida. Era consciente de que su poder y sus favores podían inspirar cierta devoción, ya que esa relación redundaba en beneficio de la condición y la riqueza de la familia de Julia, pero, en su corazón, Alejandro sentía que había algo más. Pues, cuando hacían el amor, era como si recibieran un regalo divino. La inocencia de Julia resultaba cautivadora y su necesidad de complacer y la curiosidad con la que se entregaba a todo tipo de experiencias carnales hacían de ella una mujer especialmente atractiva.

Alejandro había estado con cortesanas que conocían todos los secretos del placer, pero la manera en la que Julia se entregaba a él era la de una chiquilla traviesa y, aunque el papa no pudiera decir que su relación con Julia fuese la más apasionada que había tenido, compartir su lecho con ella le brindaba una inmensa satisfacción.

Esa noche, Julia llevaba un vestido de terciopelo púrpura y lucía sobre el pecho el sencillo collar de perlas que le había regalado Alejandro la primera vez que había compartido su lecho.

Julia empezó a desnudarse mientras Alejandro la observaba, sentado al borde de la cama. Se acercó a él en silencio y le dio la espalda.

—¿Podríais levantarme el cabello? —preguntó.

Alejandro sujetó el largo cabello de Julia e inspiró su olor a lavanda. Cuando el vestido cayó al suelo, ella se volvió y levantó la cabeza para recibir un apasionado beso del Santo Padre. Las formas de su cuerpo eran aún más delicadas que las de Lucrecia. Rodeó el cuello de Alejandro con ambos brazos y, cuando él se levantó de la cama, la elevó consigo del suelo, pues Julia apenas superaba la estatura de Lucrecia.

—Mi dulce Julia —dijo el Sumo Pontífice—. Llevo horas anhelando tu presencia. Sujetarte entre mis brazos me brinda tanto placer como los santos sacramentos; aunque sería un sacrilegio admitir esa verdad ante cualquier otra persona que no fueses tú, mi dulce chiquilla.

Julia sonrió y se tumbó junto al papa sobre las sábanas de satén.

—He recibido un mensaje de Orso —dijo—. Quiere venir a verme.

Alejandro intentó disimular su malestar. Era una noche demasiado hermosa para enojarse.

—Me temo que la presencia de tu joven esposo todavía es necesaria en Bassanello. Es posible que lo necesite para liderar uno de mis ejércitos.

Y aunque el tono de su voz era frío, o precisamente por ello, Julia supo que el papa estaba celoso. Para reconfortarlo, se inclinó sobre él y lo besó con pasión. Julia tenía los labios dulces y fríos de una mujer joven. Alejandro siempre la trataba con ternura, dejando a un lado la búsqueda de su propio placer para poder deleitarse en la contemplación del placer de su joven amante. Así, Alejandro evitaba entregarse por completo a su pasión, pues, de hacerlo, su ardor podría asustarla y, entonces, el placer los eludiría a ambos.

—¿Os complacería tomarme yaciendo boca abajo? —se ofreció ella.

—Tengo miedo de hacerte daño —dijo él—. Prefiero ser yo quien se tumbe y que seas tú quien esté encima. Así podrás controlar el ímpetu de la pasión.

Yaciendo boca arriba, contemplando la infantil inocencia con la que Julia se soltaba el cabello, como una de esas diosas clásicas que lanzaban hechizos para adueñarse de la voluntad de los hombres, con los ojos entornados por el placer y la cabeza inclinada hacia atrás en abandono, Alejandro pensó que el placer que lo invadía tenía que ser un regalo de Dios. ¿Pues quién, sino el Señor, podría proporcionar a los hombres esa gracia?

A la mañana siguiente, antes de que Julia abandonase sus aposentos, Alejandro le regaló una cruz de oro que había encargado a uno de los mejores joyeros de Florencia. Julia se sentó en la cama, desnuda, mientras él le colocaba la cadena alrededor del cuello. Sentada en silencio, Julia era la viva imagen de la pureza. Al contemplarla, el papa volvió a sentir que existía un Dios celestial, pues nadie en esta tierra podría concebir tal perfección.

Capítulo 7

El médico del papa acudió al Vaticano para informar al sumo pontífice de la epidemia que empezaba a extenderse por la ciudad: ¡la peste negra! Alejandro, atemorizado, mandó llamar inmediatamente a su hija Lucrecia.

—Ha llegado el momento de que te traslades a Pesaro con tu esposo —dijo sin más preámbulo cuando Lucrecia se presentó ante él.

Lucrecia había conseguido evitar la compañía de su esposo durante todo el primer año de su matrimonio. Vivía en su propio palacio acompañada de Julia Farnesio y Adriana y visitaba diariamente a su padre en el Vaticano.

—Pero, padre —exclamó. Se había arrodillado ante él y se aferraba desesperadamente a sus piernas—. ¿Cómo podéis pedirme que me separe de vos? ¿Y de mis hermanos, y de Adriana, y de Julia? ¿Cómo podría vivir en ese lugar, tan lejos de la ciudad que amo?

Aunque el plazo acordado para que Lucrecia viajara a Pesaro junto a su esposo acababa de vencer, en circunstancias normales, Alejandro hubiera tenido en cuenta la posibilidad de permanecer más tiempo junto a su adorada hija, pero las nuevas sobre la epidemia cambiaban drásticamente las circunstancias.

El sumo pontífice se inclinó hacia su hija.

—Haré que Adriana y Julia te acompañen a Pesaro —le dijo—. Nos escribiremos a diario para mitigar nuestra soledad, hija mía.

Pero nada de lo que dijera su padre podía consolarla. Lucrecia se levantó y miró al sumo pontífice con ojos llenos de ira.

—Prefiero morir como consecuencia de la peste negra en Roma que vivir en Pesaro con Giovanni Sforza. Es un hombre insoportable. Nunca me mira, prácticamente no me habla y, cuando lo hace, es para hablar sobre sí mismo o para darme alguna orden.

Alejandro estrechó a Lucrecia entre sus brazos, intentando consolarla.

—¿Acaso no hemos hablado antes de esto? —preguntó—. ¿De los sacrificios que todos debemos hacer para preservar el bienestar de nuestra familia y el reino de Dios en la tierra? Nuestra querida Julia me ha hablado de la admiración que sientes por santa Catalina. ¿Crees que ella se rebelaría, como lo haces tú, contra los deseos del Padre Celestial? ¿Acaso no soy yo su voz en la tierra?

Lucrecia retrocedió un paso y miró a su padre.

—Catalina de Siena era una santa y yo no soy más que una niña —protestó—. No se le puede pedir a una niña que se comporte como una santa. No creo que por ser la hija del papa deba convertirme en una mártir de la Iglesia.

Los ojos del papa se iluminaron. Sólo un hombre de una fortaleza de espíritu fuera de lo común hubiera sido capaz de resistirse a los apasionados argumentos de su hija. Y, aun así, se sentía halagado ante la reticencia de Lucrecia a abandonarlo. Cogió su delicada mano entre las suyas y dijo:

—Tu padre también debe realizar sacrificios por el Sumo Hacedor, pues no hay nadie en este mundo a quien ame más que a ti, hija mía.

Lucrecia miró a su padre tímidamente y preguntó:

—¿Ni siquiera a Julia?

El papa se santiguó.

—Juro por lo más sagrado que te amo más que a nadie en este mundo.

—Padre —exclamó ella al tiempo que se arrojaba en sus brazos y se sumergía en el aroma a incienso de sus vestiduras doradas—. ¿Me prometéis que me escribiréis todos los días? ¿Y que ordenaréis mi regreso si no soy capaz de soportar esta separación? Pues, si no lo hacéis, la pena acabará conmigo y nunca más volveréis a verme.

—Te lo prometo, hija mía —dijo él—. Y, ahora, ordena a tus damas que dispongan todo para el viaje. Yo informaré a tu esposo de tu inmediata partida hacia Pesaro.

Antes de salir, Lucrecia se agachó para besar el anillo de su padre.

—¿Debo decírselo yo a Julia o lo haréis vos? —preguntó al incorporarse.

El papa sonrió.

—Puedes decírselo tú —dijo con fingida gravedad— Y, ahora, márchate.

El quinto día de su viaje a Pesaro, la persistente lluvia terminó por empapar a Lucrecia, a Julia y a Adriana.

Lucrecia se sentía decepcionada, pues tenía la ilusión de presentarse en el palacio de Pesaro con su mejor aspecto; después de todo, era la nueva duquesa. Con el orgullo y la emoción de una niña, esperaba disfrutar de la admiración y el afecto de quienes a partir de ahora serían sus súbditos.

Viajaban a caballo por un hermoso, aunque agreste, camino de tierra. Para evitar ser asaltadas por los bandidos, todos los días se detenían antes de caer la noche, pero, como apenas había lugares donde hospedarse entre Roma y Pesaro, en más de una ocasión se habían visto obligadas a acampar junto al camino. Don Michelotto y varios hombres armados acompañaban a la pequeña comitiva.

Unas horas antes de llegar a Pesaro, la comitiva se detuvo para que Lucrecia y Julia pudieran cambiarse de ropa. Tras cinco jornadas de viaje, la frescura del joven rostro de Lucrecia y el brillo de su dorado cabello habían quedado marchitos por la lluvia y el polvo, y el barro se acumulaba en sus zapatos. Lucrecia ordenó a sus damas de compañía que le secaran el cabello con paños de algodón y le aplicaran bálsamo de limón para darle brillo. Pero mientras se despojaba de su vestido, la hija del papa Alejandro se sintió mareada de repente.

—Debo de haber cogido frío —dijo al tiempo que extendía un brazo para apoyarse en una de sus damas.

—¿Te encuentras mal? —preguntó Adriana.

Lucrecia sonrió. Sus ojos brillaban más de lo acostumbrado.

—No es nada —mintió—. Me sentiré mejor cuando lleguemos y pueda tomar algo caliente. Pero ahora debemos apresurarnos, pues estoy segura de que nos aguardan con grandes festejos y no querría hacer esperar a nuestros leales súbditos.

Encontraron a los primeros curiosos varios kilómetros antes de las murallas de la ciudad. Hombres, mujeres y niños se habían reunido a orillas del camino, sujetando delgadas tablas de madera o trozos de tela sobre sus cabezas para protegerse de la lluvia. Y, aun así, cantaban y la aclamaban y lanzaban flores, levantando a los niños para que la nueva duquesa pudiera tocarlos a su paso.

Cuando finalmente alcanzaron las puertas de Pesaro, la cabeza le daba vueltas, y cuando Giovanni le dio la bienvenida con una sonrisa, ella apenas pudo corresponder a sus palabras antes de perder el conocimiento.

Uno de los criados de su esposo la cogió antes de que cayera al suelo y la llevó en brazos hasta el palacio. Sorprendido por su liviandad e impresionado por su belleza, la dejó suavemente sobre un lecho de plumas. Adriana y Julia pidieron que calentaran un poco de caldo para la duquesa, y Giovanni salió a informar a sus súbditos de que la joven duquesa los saludaría formalmente al día siguiente, cuando se hubiera recuperado del cansancio provocado por el largo viaje.

Esa noche, Lucrecia rezó sus plegarias e intentó conciliar el sueño acostada en un lecho desconocido. Añoraba terriblemente a su padre, pero añoraba incluso más a su hermano César.

El día de su partida, César le había prometido que iría a visitarla a Pesaro y que, si ella necesitaba verlo, fuera cual fuese la razón, enviaría a don Michelotto para que la acompañase hasta «Lago de Plata», donde él se reuniría inmediatamente con ella. Ahí podrían hablar sin que nadie los oyera y podrían pasear junto a la orilla del lago, igual que lo hacían cuando eran niños, lejos de la mirada inquisitiva de su padre y de todas esas otras personas que dedicaban su vida a protegerlos.

Pensar en César mitigaba el dolor de Lucrecia. Cerró los ojos y no durmió imaginando los labios de su hermano sobre los suyos.

Al despertar a la mañana siguiente, aunque seguía sintiéndose débil, se obligó a sí misma a incorporarse. No quería dejar pasar un solo día más sin saludar a sus nuevos súbditos. Había dejado de llover y los rayos de sol llenaban la estancia, dándole un aspecto cálido y acogedor. Al menos, algunos de sus nuevos súbditos seguían esperando en la plaza, pues podía oírlos cantar alegres melodías al otro lado de las ventanas abiertas del palacio.

Giovanni le había prometido que, a su llegada, celebraría grandes festejos en su honor. Debía prepararse. Con la ayuda de Julia, de Adriana y de sus damas de compañía, eligió un vestido sencillo y elegante de satén rosa con un corpiño de fino encaje de Venecia. En la cabeza llevaba una diadema de oro y perlas.

—¿Parezco una duquesa? —le preguntó coquetamente a Julia al tiempo que giraba sobre sí misma.

—Pareces una princesa —dijo Julia mientras la contemplaba con sus alegres ojos azules.

—Un ángel —añadió Adriana.

Lucrecia salió al balcón y saludó al gentío que esperaba en la plaza. El pueblo de Pesaro vitoreó a su duquesa, lanzando guirnaldas de flores al aire. Cuando Lucrecia se agachó para recoger una guirnalda del suelo del balcón y se la colocó en la cabeza, la multitud vitoreó su gesto.

La ciudad se llenó de música, de bufones, de juglares y malabaristas y Lucrecia se sintió feliz, rodeada de tantas atenciones. Siempre se había preguntado por qué disfrutaban tanto su padre y sus hermanos de los desfiles por las calles de Roma, pero ese día comprendió su dicha al ser aclamada por los ciudadanos de Pesaro, pues, al ver cómo la vitoreaban todas esas personas, Lucrecia olvidó por completo su desdicha. Puede que, después de todo, su padre tuviera razón y ella hubiera nacido para eso.

Pesaro era una ciudad hermosa rodeada de fértiles campos de olivos, situada a los pies de los majestuosos Apeninos. Por un momento, mientras observaba cómo las montañas abrazaban la ciudad, Lucrecia pensó que podría ser feliz allí; aunque antes debía encontrar el modo de soportar a su esposo.

Era sabido en toda Francia que, además de en la Iglesia, el rey Carlos depositaba su fe en la alineación de los cuerpos celestes. De ahí que su consejero de mayor confianza fuese el cirujano y astrólogo Simón de Pavía, sin cuyas predicciones Carlos nunca se embarcaba en empresa alguna.

Con ocasión del nacimiento del rey Carlos, tras consultar los astros, Simón había proclamado que el joven rey estaba destinado a liderar una nueva cruzada contra los infieles.

La fortuna, además de los recursos de Duarte Brandao, permitió que esa importante información llegara a sus oídos. En cuanto tuvo noticias de ello, el consejero del papa corrió a los aposentos de Alejandro para comunicarle los planes del rey Carlos.

El papa Alejandro estaba sentado frente a su escritorio, firmando documentos oficiales. Al ver entrar a Duarte, sonrió con agrado y ordenó a sus secretarios que abandonaran la sala.

Una vez a solas con el Santo Padre, Duarte se inclinó para besarle el anillo, pero Alejandro retiró la mano con un gesto de impaciencia.

—Puedes reservar el ceremonial para los actos públicos, amigo mío, pues, en privado, el hombre en quien más confío de cuantos me rodean no tiene necesidad de recurrir a tales gestos de respeto. Después de todo, la mutua confianza equipara a los hombres, aun cuando uno de ellos sea el vicario de Cristo. Pues yo, Alejandro, valoro tu lealtad y estimo tu amistad.

Dicho lo cual, el Santo Padre hizo un gesto con la mano, indicándole a su consejero que ocupara un asiento frente a él. Pero Duarte estaba demasiado turbado como para permanecer sentado.

—¿Crees en la influencia de los astros? —preguntó Alejandro tras escuchar lo que tenía que decirle su consejero.

—Lo que yo pueda creer no tiene importancia, Su Santidad.

—Por supuesto que la tiene.

—Sí, creo que la alineación de los astros influye en nuestras vidas.

Alejandro buscó el amuleto de ámbar que siempre colgaba de su cuello y lo frotó con suavidad.

—Todos tenemos algún tipo de superstición —dijo, sonriendo—. En eso, el joven Carlos no es diferente del resto de los hombres. Pero veo en tu rostro que deseas decirme algo más. Adelante, dime lo que estás pensando.

—Creo que sería conveniente ofrecerle un obsequio a Simón de Pavía antes de que tenga lugar la invasión —dijo Duarte apenas en un susurro—. Sería una muestra de nuestra buena voluntad.

—¿En qué suma has pensado? —preguntó Alejandro.

Duarte vaciló unos instantes antes de hablar, pues conocía sobradamente la naturaleza frugal del papa cuando se trataba de cualquier cosa que no fuera su familia o el ceremonial de la Iglesia.

—Veinte mil ducados —dijo finalmente.

—Duarte, veinte mil ducados no es un obsequio, es una fortuna —exclamó Alejandro, incapaz de disimular su sorpresa.

Duarte sonrió.

—No debemos flaquear por unas monedas de oro. Tenemos que asegurarnos de que ese astrólogo realice la predicción que más nos convenga, pues el rey de Francia confía ciegamente en él.

El papa reflexionó en silencio durante varios minutos.

—Como siempre, tienes razón, amigo mío —dijo finalmente—. Hazle llegar nuestro obsequio a Simón de Pavía. Al fin y al cabo, la astrología rechaza el don del libre albedrío, por lo que, al interferir en ella, no estaremos yendo en contra de los designios del Sumo Hacedor.

Tras cruzar las fronteras del reino de Francia, Duarte no tardó en llegar a su destino, una modesta cabaña aislada en un bosque, donde encontró a Simón de Pavía retozando con una voluminosa prostituta. Duarte, siempre caballeroso, le dijo a Simón de Pavía que lo esperaría fuera, pues debía transmitirle un mensaje de gran importancia.

Unos minutos después, Duarte ya había hecho entrega de su soborno al astrólogo y cabalgaba de regreso a Roma.

¡Si al menos poseyera el corazón y el alma de un santo en vez de estar dominado por los deseos carnales de un hombre! Pero, por envuelto que pudiera estar Alejandro en intrigas políticas, nunca podía renunciar a determinados placeres. Julia Farnesio, su joven amante, se había ausentado varias semanas más de lo previsto para cuidar de Lucrecia, quien, finalmente, había caído enferma en Pesaro. Una vez recuperada la hija del papa, por alguna razón que Alejandro no alcanzaba a comprender, Julia había decidido visitar a Orso, su joven esposo, en el castillo de Bassanello. Y, por si eso no fuera suficiente, antes iría a Capodimonte, donde vivían su madre y su hermano enfermo.

Al recibir la carta de Julia, Alejandro le había prohibido visitar a su esposo. Pero Julia le había escrito una segunda carta pidiéndole perdón por sus actos, pues estaba decidida a seguir adelante con sus planes. Y, para empeorar todavía más la situación, Adriana iba a viajar con ella a Capodimonte.

Hasta que Alejandro ya no pudo contener más su ira. Pues, si él no podía soportar estar lejos de Julia, ¿cómo es que ella no anhelaba su compañía? El sumo pontífice gritaba a todo aquel que osaba cruzarse en su camino. Por las noches, el anhelo de tocar la mano de Julia, de oler el aroma de su piel, de sentir su cuerpo junto al suyo, le impedía conciliar el sueño. Finalmente, una noche, desesperado, Alejandro se arrodilló frente al altar de su capilla y rogó a Dios que lo liberase de sus apetitos carnales. Cuando el cardenal Farnesio intentó razonar con él, explicándole que su hermana no tenía otra alternativa que obrar como lo había hecho, pues Orso, que al fin y al cabo era su esposo, le había ordenado que acudiera junto a él, el papa Alejandro contestó con un sonoro «*Ingrazia!*».

Durante días, caminó sin rumbo de un lado para otro, enumerando una y otra vez los numerosos vicios de Julia, de su esposo y del propio cardenal Farnesio. Los excomulgaría a los tres. Pagarían su traición con el infierno.

Pero fue precisamente el joven Orso quien alivió la angustia del papa, pues, al tener noticias de la ira de Alejandro, temiendo perder sus privilegios, ordenó a su esposa que regresara de inmediato a Roma. Julia, por supuesto, obedeció las órdenes de su esposo.

111

Cuando el ejército del rey Carlos atravesó los Alpes, adentrándose en la península Itálica, el cardenal Della Rovere se puso al servicio del rey invasor e intentó convencerlo de las ventajas de atacar al papa Alejandro en vez de dirigir a sus tropas contra los turcos.

Ni Milán ni Bolonia ni Florencia intentaron impedir el avance de las tropas francesas.

Mientras tanto, el papa Alejandro se preparaba para defender Roma del invasor. Había depositado el mando de sus ejércitos en Virginio Orsini, capitán general del rey Ferrante y principal valedor de Alejandro ahora que había demostrado su buena fe pagando los tributos debidos por las tres fortalezas de las afueras de Roma. Además, Alejandro sabía que Virginio contaba con más de veinte mil hombres a su mando y que la fortaleza de Bracciano era prácticamente inexpugnable.

Pero las semillas de la traición y la codicia pueden germinar en el corazón del más valeroso de los hombres.

Duarte Brandao se presentó inesperadamente ante el papa.

—Su Santidad, acabo de saber que Virginio Orsini se ha vendido al invasor.

—Debe de haber perdido la razón —dijo Alejandro al oír la noticia.

Duarte, cuya compostura era legendaria, parecía consternado.

—No te preocupes, amigo mío —dijo finalmente Alejandro—. Sólo precisamos de un cambio de estrategia. En vez de vencer al rey de Francia mediante la fuerza, debemos mostrarnos más inteligentes que él.

—Mucho me temo que ésa no es la única noticia inquietante de la que soy portador, Su Santidad —dijo Duarte—. Las tropas francesas han hecho prisioneras a Julia y a Adriana. Ahora mismo están cautivas en el cuartel general de la caballería francesa.

La ira contrajo el semblante del papa. El sumo pontífice guardó silencio durante varios minutos, enfrentándose a la pesadumbre y al temor que lo invadían.

—La derrota de Roma sería una tragedia, Duarte, pero si mi amada Julia sufriera algún daño... No tengo palabras —dijo finalmente—. Debemos hacer todo lo necesario para garantizar su inmediata liberación. Los franceses sin duda pedirán un rescate.

—¿Qué condiciones estamos dispuestos a aceptar? —preguntó Duarte.

—Paga lo que te pidan —dijo Alejandro—, pues lo que el rey Carlos tiene en sus manos es mi corazón, toda mi vida.

Los franceses no sólo gozaban de fama por su valor en el campo de batalla, sino también por su cortesía. Al capturar a Julia Farnesio y a Adriana Orsini, dejaron en libertad a los criados que las acompañaban y agasajaron a las dos damas con todo tipo de manjares y entretenimientos. Al tener conocimiento de lo ocurrido, el rey Carlos ordenó que se procediera a fijar el rescate de inmediato para que las prisioneras pudieran ser liberadas cuanto antes.

—¿Qué rescate debemos exigir, majestad? —preguntó el general de caballería.

—Tres mil ducados —dijo el rey.

—Pero... El papa Alejandro pagaría cincuenta veces esa suma —protestó el general.

—Estamos aquí para ganar el trono de Nápoles, general, y eso está muy por encima de cualquier rescate... —le recordó el rey.

Tres días después, Julia Farnesio y Adriana fueron escoltadas hasta Roma por cuatrocientos soldados del rey de Francia.

Alejandro, incapaz de contener su alegría, las recibió a las puertas de la ciudad. Más tarde, en sus aposentos, daga y espada al cinto, con una capa negra brocada en oro y relucientes botas de cuero de Valencia, el Santo Padre le hizo el amor a Julia y, por primera vez desde la marcha de su amante, se sintió en paz.

El papa Alejandro sabía que sin las fortalezas de Virginio Orsini jamás podría contener el avance de los ejércitos franceses. Con la naturaleza previsora que lo caracterizaba, al ser elegido papa, Alejandro se había preparado para una posible invasión extranjera. Así, había encargado la construcción de un pasadizo secreto que uniera el Vaticano con la única fortaleza de Roma que podía brindarle la protección necesaria, y había abastecido la fortaleza con agua y alimentos suficientes como para resistir un invierno entero al invasor; ahora se disponía a hacerlo.

Bajo la atenta mirada de Duarte Brandao y de don Michelotto, Alejandro ordenó a sus criados que reunieran sus bienes más valiosos —la tiara de oro, las joyas papales, reliquias, ropajes, cofres y tapices—, y los llevaran al castillo de Sant'Angelo, adonde él mismo se trasladaría con su familia, incluida Vanozza, la madre de sus hijos. Demostrando gran sensatez, el cardenal Farnesio había sacado a su hermana Julia de Roma, evitando así el desasosiego del papa, pues el enfrentamiento entre la antigua y la actual amante de Alejandro podría causarle más quebraderos de cabeza que la mismísima invasión de Roma, ya que, aunque Vanozza aceptara a Julia, a quien nunca había tomado demasiado en serio, Julia sentía celos de la mujer que le había dado cuatro hijos al papa.

El día de Navidad, el papa ordenó a las tropas de Nápoles que habían acudido a Roma en su ayuda que abandonaran la ciudad de manera inmediata. No eran suficientes hombres como para detener a las tropas francesas, y Alejandro temía que su presencia convirtiera Roma en una ciudad hostil a ojos del invasor, lo cual podría incitar a Carlos a saquear la ciudad.

—Quiero que le hagas llegar un mensaje al rey Carlos —le dijo Alejandro a Duarte—. Hazle saber que lo acogeremos amistosamente cuando atraviese Roma en su camino hacia Nápoles.

—¿Cuando atraviese Roma? —preguntó el consejero del papa, frunciendo el ceño.

—Sólo es una forma de hablar —respondió Alejandro—. Aunque no estoy seguro de que el buen rey Carlos se conforme con eso —añadió sin ocultar su preocupación.

Mientras la nieve cubría la ciudad con un manto gris, Alejandro y su hijo César observaron, atribulados desde la fortaleza, cómo las tropas francesas desfilaban en ordenadas columnas por las calles de Roma.

Soldados suizos armados con lanzas de tres metros, gascones con ballestas y arcabuces, mercenarios alemanes con hachas y picas y jinetes de la temible caballería ligera recorrieron las calles de Roma seguidos de soldados de infantería armados con espadas y mazas de hierro y de una fila tras otra de artilleros franceses con gigantescos cañones de bronce.

El papa Alejandro había ordenado que se preparara todo lo necesario para recibir al rey Carlos y había dispuesto cientos de criados para agasajar al joven monarca. Carlos correspondió la hospitalidad del papa prohibiendo a sus tropas todo acto de pillaje bajo pena de muerte.

Mientras Carlos disfrutaba de su «visita» a Roma y de la hospitalidad del papa, Della Rovere y su grupo de cardenales disidentes le insistían una y otra vez en la necesidad de convocar urgentemente un concilio ecuménico.

Mientras tanto, Alejandro envió a uno de sus cardenales más fieles para que lo defendiera ante el rey Carlos de los cargos de simonía de los que lo acusaba Della Rovere y, finalmente, Carlos se mostró más inclinado a creer en los argumentos del emisario del papa que a dejarse llevar por la crispación de Della Rovere.

Algunos días después, el rey de Francia envió un mensaje lacrado al papa.

Alejandro respiró hondo mientras desenrollaba el pergamino. Después leyó la misiva cuidadosamente. Era una petición. El rey Carlos quería entrevistarse personalmente con él.

Alejandro había conseguido su objetivo. Su estrategia había funcionado y, ahora, existía la posibilidad de negociar ventajosamente una situación que hasta hace apenas unos días sólo podía describirse como trágica. Aun así, a pesar de la cortés petición del rey, el papa sabía que debía demostrar un aire de superioridad frente al joven monarca francés, pues, aunque no debía parecer arrogante, tampoco podía permitir que el rey Carlos advirtiese el alivio que le había producido su misiva.

Alejandro lo dispuso todo para entrevistarse con Carlos en los jardines del Vaticano. Sabía que no podía llegar antes que el rey, pues entonces parecería que lo estaba esperando, pero tampoco podía permitir que fuese Carlos quien esperase, pues entonces sería el rey de Francia quien se sentiría humillado. Y, una vez más, el Santo Padre hizo gala de su habilidad diplomática.

Ordenó que lo trasladasen en litera desde el castillo de Sant'Angelo hasta los jardines del Vaticano y, una vez ahí, se ocultó tras unos frondosos arbustos y esperó en silencio hasta que, al ver llegar al rey Carlos, ordenó a sus porteadores que lo llevasen a su encuentro.

Alejandro se presentó ante el rey Carlos tocado con la triple corona de oro de la tiara pontificia y un magnífico crucifijo de oro y piedras preciosas en el pecho.

El rey de Francia era un hombre diminuto, casi enano.

Caminaba elevado sobre unas botas con grandes platafor-mas y en sus ropas no parecía faltar ninguno de los colores del arco iris. Un hilo de saliva le caía del labio inferior.

Y así fue cómo, rodeado de bellos rosales, el papa Ale-jandro procedió a negociar la salvación de Roma.

El sumo pontífice y el joven monarca volvieron a reu-nirse al día siguiente para plasmar sobre papel los términos del acuerdo. Esta vez, el encuentro tuvo lugar en el palacio del Vaticano, pues Alejandro sabía que el lugar le concede-ría ciertas ventajas; al fin y al cabo, a ojos de Carlos, se tra-taba de un lugar sagrado.

Alejandro había insistido en que el preámbulo del acuerdo estuviera redactado de tal manera que Carlos nun-ca pudiera cuestionar su legítimo derecho a ocupar el solio pontificio. Empezaba diciendo que el rey de Francia siem-pre permanecería fiel servidor del Santo Padre y, a conti-nuación, pasaban a enumerarse los términos del acuerdo, según los cuales Alejandro proporcionaría libre acceso a las tropas francesas a través de los Estados Pontificios, dando su bendición a la conquista de Nápoles. Como garantía de lo acordado, el papa entregaría a su hijo César como rehén.

Alejandro también entregaría al príncipe Djem como rehén, pues Carlos pretendía valerse de él en su cruzada para sojuzgar la resistencia de los infieles; eso sí, el papa conservaría los cuarenta mil ducados que el sultán de Tur-quía pagaba todos los años para que su hermano permane-ciese cautivo.

El mayor deseo del rey Carlos era que el Santo Padre lo declarase comandante en jefe de las Cruzadas, algo a lo que Alejandro estaba dispuesto a acceder si el rey de Francia le juraba fidelidad y lo reconocía como único y verdadero vi-cario de Cristo en la tierra. Finalmente, ambos acordaron que así se haría.

Satisfecho con el acuerdo, Carlos se inclinó ante el sumo pontífice y, como era de rigor, besó su anillo antes de jurarle lealtad.

—Juro obediencia a Su Santidad, como antes de mí lo hicieron todos mis antecesores en el trono de Francia. Os reconozco, Santo Padre, como pontífice de todos los cristianos y sucesor de los apóstoles Pedro y Pablo, y pongo todos mis bienes a disposición de la Santa Iglesia de Roma.

Alejandro se levantó y apoyó las manos sobre los hombros del rey Carlos.

—Os concederé tres favores —dijo, tal y como exigía la tradición, pues antes de que un vasallo jurase obediencia a un nuevo señor tenía derecho a esa gracia. Aunque, por supuesto, y para evitar cualquier incidente desagradable, los favores eran negociados con anterioridad.

—Os pido que confirméis a mi familia en todos sus privilegios regios, que confirméis que somos portadores de la corona por voluntad divina —empezó diciendo Carlos—. Os pido que bendigáis mi expedición a Nápoles y, por último, os pido que invistáis cardenales a tres hombres designados por mi voluntad regia y que permitáis que el cardenal Della Rovere se traslade conmigo a Francia.

Una vez el sumo pontífice hubo accedido a las peticiones del rey Carlos, el monarca francés hizo llamar a un hombre, alto y delgado como un junco, con el rostro alargado y ojos melancólicos.

—Su Santidad, quisiera presentaros a Simón de Pavía, mi astrólogo personal. Debéis estarle agradecido, pues de no ser por su lectura de los astros, no sé si hubiera rubricado este acuerdo desoyendo los consejos del cardenal Della Rovere.

Y así fue cómo, aun estando todo en su contra, Alejandro consiguió negociar una paz satisfactoria para Roma.

Apenas unas horas después, Alejandro mandó llamar a César a sus aposentos para explicarle los términos del acuerdo.

A pesar de la rabia que se había apoderado de él, César se inclinó ante su padre, acatando sus deseos. Sabía que su condición de cardenal y de hijo del sumo pontífice lo convertía en el rehén más deseable. Sabía que su hermano Juan, el duque de Gandía, no podía ocupar su lugar, pues estaba a punto de convertirse en capitán general de los ejércitos pontificios. Lo que le molestaba no era tanto el peligro que iba a correr en su condición de rehén como el hecho de convertirse en un peón sometido al capricho de quienes protagonizaban esta partida de ajedrez.

Alejandro se sentó sobre el magnífico arcón con la tapa primorosamente tallada por Pinturicchio que había a los pies de su lecho. Dentro del arcón guardaba lujosas copas de plata, camisolas de seda y distintos perfumes y esencias; todo lo necesario para recibir a Julia cuando ésta pasaba la noche en sus aposentos privados.

—Hijo mío, sabes que no puedo enviar a tu hermano mayor, Juan, como rehén, ya que pronto se convertirá en capitán general de los ejércitos pontificios. Debes ir tú —dijo, consciente del enojo de César—. Anímate, no estarás solo. Djem irá contigo. Además, Nápoles es una ciudad llena de atractivos para un joven de tu condición. —El Santo Padre guardó silencio durante unos instantes—. Sé que no aprecias demasiado a tu hermano Juan —dijo el papa de repente, con una sonrisa comprensiva que invitaba a César a abrirle su corazón.

Pero César conocía sobradamente los trucos de su padre y sabía que éste acostumbraba a ocultar las cuestiones que más le preocupaban bajo una máscara de aparente jovialidad.

—Es mi hermano —dijo César—, y lo amo como tal.

César tenía secretos mucho más oscuros que la antipatía que sentía por Juan.

—Aunque no puedo negar que, de no ser mi hermano, sería mi enemigo —dijo con una gran carcajada.

Alejandro frunció el ceño con enojo. Sabía que César le ocultaba algo importante.

—¡No vuelvas a decir eso jamás! —exclamó el Santo Padre—. Los Borgia ya tenemos demasiados enemigos como para permitirnos el lujo de enfrentarnos entre nosotros. —Guardó silencio durante unos segundos, intentando contener su ira. Después se levantó y abrazó a César—. Sé que preferirías ser soldado que sacerdote —dijo con suavidad—, pero debes creerme cuando te digo que juegas un papel mucho más importante en mis planes que tu hermano Juan, y sabes de sobra cuánto quiero a tu hermano. A mi muerte, todo se derrumbaría si tú no estuvieras preparado para ocupar el solio pontificio. Porque tú eres el único de mis hijos capaz de tal empresa. Sólo tú tienes la inteligencia, el valor y la tenacidad que se necesita para ser papa. Además, ha habido más de un papa guerrero en la historia de la Iglesia. Tú bien podrías ser el próximo.

—Soy demasiado joven —dijo César sin ocultar su impaciencia—. Para eso tendríais que vivir otros veinte años.

—¿Y acaso lo dudas? —preguntó Alejandro, empujando cariñosamente a César con una mano. Después le dedicó una de esas toscas sonrisas con las que sólo obsequiaba a sus seres más queridos—. ¿Acaso conoces a alguien que disfrute más que yo de un banquete? —preguntó con su profunda voz de barítono—. ¿Conoces a alguien que pueda superarme en una cacería, a alguien que sepa amar con mayor pasión a una mujer? No quiero ni pensar en la cantidad de hijos bastardos que tendría si la ley canónica no impusiera el celibato a los sacerdotes. ¡Sí, viviré otros veinte años y tú serás el próximo papa!

—Preferiría dedicar mi vida a la guerra que a la oración —insistió César—. No puedo evitarlo. Forma parte de mi naturaleza.

—Y lo demuestras sobradamente todos los días —dijo Alejandro con un suspiro—. Pero no debes dudar de mi amor por ti. Eres mi hijo mayor, mi mayor esperanza. Algún día, tú, y no el rey Carlos, serás quien liberará Jerusalén —concluyó el sumo pontífice con sincera emoción.

El arma más poderosa que poseía Alejandro era la capacidad que tenía para imbuir de una sensación de dicha a aquellos a quienes dedicaba su atención, para hacer que cada persona se sintiera como si su bienestar fuese la única preocupación del Santo Padre. Hasta tal punto era capaz de transmitir esa sensación que los hombres que rodeaban a Alejandro a menudo depositaban más esperanzas en el papa que en sí mismos. Igual daba que se tratara de un rey que de su hijo o de uno de sus súbditos, pues mientras Alejandro fuera el sumo pontífice no había nadie que no estuviera sometido a su autoridad.

Las palabras del Santo Padre sumieron a César en una especie de encantamiento. Hasta que la mención de una nueva cruzada rompió el hechizo. Los papas y los reyes siempre se habían valido de las Cruzadas para robarles el dinero a sus súbditos; las Cruzadas tan sólo eran otra posible fuente de ingresos para los poderosos. Y, además, una fuente de ingresos que pertenecía al pasado. El islam se había vuelto demasiado poderoso; incluso amenazaba las fronteras de la propia Europa. Los ejércitos turcos amenazaban con invadir Hungría, y hasta la poderosa Venecia veía amenazadas sus rutas comerciales. De hecho, no era descabellado pensar que los turcos pudieran llegar algún día hasta la propia basílica de San Marcos. Sin duda, el papa Alejandro era demasiado inteligente como para no darse cuenta de todo ello. Además, César sabía que Juan era el favorito de su padre, y era lógico que así fuera, pues Juan poseía la astucia de una mujer artera y el corazón de una cortesana. En ocasiones, hasta el propio César había caído bajo su hechizo; él, que odiaba con toda su alma al cobarde de su hermano.

¿Juan, capitán general de los ejércitos pontificios? ¡Tenía que tratarse de una broma!

—Cuando lidere la cruzada, me haré tonsurar el cráneo —dijo César con sarcasmo, pues era de todos conocido que siempre se había negado a cortarse el pelo al modo de los sacerdotes.

Alejandro sonrió.

—Cuando liberes Jerusalén quizá consigas que la Iglesia renuncie al celibato. Quién sabe... Puede que realmente sea un hábito saludable, pero desde luego resulta poco natural. —Alejandro, pensativo, guardó silencio durante unos instantes—. Quisiera pedirte algo —dijo finalmente—. Cuando acompañes a las tropas francesas, debes cuidar de Djem. Recuerda que es un príncipe y que el sultán de Turquía me obsequia con cuarenta mil ducados al año por mantenerlo lejos de Estambul. No es una suma nada despreciable y si muriera, o si escapase, dejaríamos de recibirla.

—Cuidaré de él. Y también de mí mismo —dijo César—. Confío en que, mientras tanto, mi hermano Juan permanezca en España. No debe enojar al rey Fernando de Aragón, pues, mientras permanezcamos rehenes de las tropas del rey de Francia, estaría poniendo en peligro nuestra seguridad.

—Tu hermano siempre obedece mis órdenes —dijo Alejandro—. Y mis órdenes siempre estarán encaminadas a protegerte, pues de ti depende el futuro de los Borgia.

—Intentaré estar a la altura de lo que se espera de mí —dijo César.

César abandonó Roma antes del alba. Apenas le quedaba tiempo, pues esa misma tarde debía entregarse a las tropas francesas como rehén del rey Carlos.

Con una sola idea en la cabeza, cabalgó por colinas y bosques, rodeado del sonido de los animales nocturnos, hasta que, cuando el alba empezaba a barrer las sombras de la noche, llegó a la pequeña cabaña. Su caballo sudaba abundantemente por el esfuerzo.

—¡Noni! ¡Noni! —gritó, pero nadie le contestó.

La huerta estaba desierta. Finalmente encontró a la anciana detrás de la cabaña. Apoyada sobre un bastón de madera de espino, la anciana, encorvada por el peso de los años, sostenía un cesto de mimbre lleno de hierbas. Cuando se agachó a recoger algo del suelo, por un instante, César pensó que no lograría mantener el equilibrio. Finalmente, levantó la cabeza con desconfianza, pero sus ojos nublados no le permitieron distinguir al hombre que se había detenido a unos metros de ella. Arrancó un nuevo manojo de hierbas, lo depositó con manos temblorosas en el cesto y se santiguó. Inquieta, se dirigió hacia la cabaña, arrastrando las sandalias por el barro.

—¡Noni! —volvió a llamarla César mientras se acercaba a ella.

La anciana levantó el bastón con gesto amenazador, pero, entonces, sus viejos ojos reconocieron a César.

—Ven. Acércate, hijo mío —dijo con la voz entrecortada por la edad y la emoción—. Deja que te toque.

César abrazó con ternura a la frágil anciana.

—¿Qué puedo hacer por ti? —preguntó ella.

—Necesito algo que suma a un hombre en un profundo sueño, aunque sin causarle daño.

La anciana sonrió mientras acariciaba la mejilla de César.

—Eres un buen chico, César. Un buen chico —repitió—. No me pides veneno. Desde luego, no te pareces a tu padre...

Y entonces rió y la piel de su rostro se arrugó como si fuera una delgada hoja de pergamino marrón.

César conocía a Noni desde que era un niño. En Roma se decía que Noni había sido la nodriza del papa Alejandro en España y que el Santo Padre sentía tanto afecto por ella que la había traído con él a Roma y le había regalado una modesta propiedad en el campo para que pudiera plantar sus célebres hierbas.

Aunque Noni vivía sola desde que César tenía uso de razón, nunca había tenido ningún percance. Ni siquiera los vándalos de las ciudades, que en ocasiones se adentraban en la campiña para saquear a los campesinos indefensos, se habían atrevido a importunarla. Realmente, resultaba sorprendente que hubiera sobrevivido sola durante todos estos años, aunque se rumoreaba que Noni no gozaba tan sólo de la protección del Santo Padre, pues raro era el día que no se oían extraños ruidos en su cabaña, y no sólo en las noches de luna llena. Lo único que sabía César es que Noni no necesitaba salir en busca de comida, pues todos los días, como por ensalmo, aparecía algún pájaro o algún pequeño mamífero sin vida ante su puerta.

El papa Alejandro siempre hablaba de Noni con cariño y con respeto y nunca faltaba a su cita anual con ella, cuando Noni lo bañaba en la pequeña charca de aguas cristalinas que había detrás de la cabaña. Quienes lo habían acompañado en alguna de estas ocasiones afirmaban haber visto una gran espiral de estrellas en el firmamento y haber oído bramidos y salvajes aleteos.

Pero eso no era lo único que se decía.

Alejandro siempre llevaba colgado del cuello un amuleto de ámbar que Noni le había regalado cuando aún era un joven cardenal. César recordaba perfectamente la ocasión en la que su padre extravió el amuleto. Nunca lo había visto tan nervioso. La misma tarde que perdió el amuleto, Alejandro cayó de su montura y se golpeó la cabeza contra el suelo. Permaneció inconsciente hasta que, tras largas horas de búsqueda y fervorosa oración, sus criados encontraron el amuleto extraviado. Alejandro se recuperó y en cuanto tuvo fuerzas para incorporarse ordenó al herrero del Vaticano que engastase el amuleto en una cadena de gruesos eslabones de oro, de tal forma que nunca pudiera extraviarse, pues Alejandro estaba convencido de que el amuleto lo protegía del mal y nadie pudo convencerlo nunca de lo contrario.

César siguió a Noni hasta la cabaña. En su interior, la anciana guardaba numerosos manojos de hierbas colgados con lazos de seda de las puntas de hierro que llenaban las paredes de la oscura estancia. La anciana separó cuidadosamente unas hojas y las molió en un mortero hasta convertirlas en polvo. Después introdujo el polvo en un saquito y se lo dio a César.

—La hierba de horielzitel provoca un profundo descanso sin sueños —le dijo a César—. Basta con un pellizco para dormir a un hombre adulto. Con lo que te llevas podrías dormir a un ejército entero.

César abrazó a la anciana y se despidió de ella. Cuando estaba a punto de montar en su caballo, Noni apoyó la mano sobre su brazo.

—La muerte ronda a tu familia —lo previno—. Alguien joven. Debes tomar precauciones, pues tu vida también corre peligro.

—La muerte siempre está al acecho —asintió César—. Vivimos tiempos azarosos.

Capítulo 8

César no dejaba de admirarse ante la disciplina con la que la caballería francesa devoraba el terreno en su avance hacia Nápoles. El ejército del rey Carlos se movía con la precisión militar de una gigantesca guadaña, deteniéndose tan sólo en contadas ocasiones para tomar alguna fortaleza hostil.

Aunque era rehén del rey, César recibía un trato respetuoso y apenas era objeto de vigilancia. El hijo del papa Alejandro observaba a los oficiales franceses y estudiaba los movimientos tácticos de las tropas sin ocultar su interés por la estrategia; aquí, en el campo de batalla, podía comportarse como el soldado que verdaderamente era.

De no haber tenido otras preocupaciones, César hubiera sido completamente dichoso cabalgando junto a las tropas francesas, pero no olvidaba que era el hijo del papa, un príncipe de la Iglesia. Sabía que, a pesar del pacto que habían sellado con el rey Carlos, su padre no deseaba que el rey de Francia gobernara sobre un reino italiano. Sabía que, mientras él se aproximaba a Nápoles, su padre estaría reunido con los embajadores de España, de Venecia, de Milán y del Sacro Imperio, forjando una alianza para expulsar a los ejércitos invasores. Y sabía que, en ese preciso instante, los Reyes Católicos de España estarían reuniendo las tropas y los navíos suficientes para detener el avance del rey de Francia, pues, si el ejército del rey Carlos finalmente conseguía destronar al rey Alfonso de Nápoles, el papa Alejandro sin duda intentaría devolver la corona a su legítimo dueño, expulsando a los franceses de la península con la ayuda del rey Fernando de Aragón.

Pero César también sabía que nada de eso sería posible mientras él permaneciera rehén del ejército francés. César dudaba de la determinación de su padre. ¿Realmente era posible que el papa Alejandro renunciara a enfrentarse a los franceses por no poner en peligro la vida de su hijo? Sólo cabía una solución. Debía escapar. Pero antes debía averiguar si Djem estaba dispuesto a acompañarlo en su huida.

El príncipe turco parecía disfrutar de su nueva situación. De hecho, el día anterior había estado bebiendo hasta altas horas de la noche con algunos oficiales franceses, explicándoles el plan que había concebido para destronar a su hermano, el sultán. No iba a resultar fácil convencerlo.

César analizó sus opciones. Huir con Djem aumentaría el riesgo de ser capturado y no podía permitirse fracasar en su intento. Por otro lado, su huida no pondría en peligro a Djem, pues el rey Carlos lo necesitaba vivo para su cruzada contra el sultán de Turquía. Y, así, César tomó su decisión.

Salió de su tienda un poco antes de la medianoche. Dos soldados hacían guardia, sentados junto a una pequeña hoguera.

—Una noche magnífica —dijo César, acercándose a ellos. Los dos soldados asintieron—. Hay luna llena —añadió con fingido interés—. Es extraño, pero no he oído ningún aullido —bromeó.

Uno de los soldados levantó la botella que sujetaba y se la ofreció al hijo del papa. César rechazó el ofrecimiento.

—Tengo algo mejor —dijo. Volvió a la tienda, y unos instantes después salió con una botella de vino y tres copas de plata.

Los ojos de ambos soldados brillaron bajo la luz de la luna al probar el excelente vino del hijo del papa. Alzaron sus copas y brindaron con César por el futuro. Algunos minutos después, cuando los soldados empezaron a bostezar, César se despidió de ellos y regresó a su tienda. Una vez dentro, escondió el saquito que le había dado Noni y se sentó a esperar. Veinte minutos después, los dos guardias roncaban junto a la hoguera.

César avanzó silenciosamente entre la larga hilera de tiendas hasta llegar al corral donde se guardaban los caballos. Un soldado hacía guardia sentado de espaldas a él. El hijo del papa se acercó sigilosamente al soldado y le tapó la boca con una mano mientras le rodeaba el cuello con el otro brazo. Unos segundos después, el soldado yacía en el suelo sin sentido.

César condujo a su semental negro en silencio hasta el límite del campamento. Y, como tantas otras veces lo había hecho, montó a lomos del caballo sin ensillar y galopó hacia Roma.

Tras asearse y cambiarse de ropa, César fue conducido ante su padre. Con lágrimas en los ojos, el sumo pontífice se levantó y abrazó a su hijo con una fuerza que César no recordaba haber sentido nunca.

—No puedes imaginar hasta qué punto he llegado a sufrir desde tu marcha, hijo mío —dijo Alejandro con sincera emoción—. Temía por tu vida, pues sabía que Carlos daría nuestro pacto por roto en cuanto supiera que había reunido a los miembros de la Santa Liga. Con tu huida me liberas de la decisión más terrible de mi vida. Nunca antes me había atormentado tanto la duda. ¿Acaso debía renunciar a mis planes, sacrificando con ello la integridad de los Estados Pontificios? Pero, si no lo hacía, estaría poniendo en peligro la vida de mi propio hijo.

César nunca había visto tan afligido a su padre.

—¿Y qué decidisteis, padre? —preguntó con una sonrisa irónica.

—Eso ya no tiene importancia, hijo mío —contestó Alejandro—. Lo único que importa es que estás a salvo.

La reacción del rey Carlos al tener noticias de la fuga de César no fue tan violenta como el papa esperaba, aunque Alejandro no tardó en comprender la razón.

Las tropas del rey de Francia habían conquistado Nápoles y el rey Alfonso había abdicado sin ofrecer resistencia. El joven monarca francés había vencido. Ahora tenía las puertas abiertas para emprender su cruzada contra los infieles. Como era de esperar, en esas circunstancias, la fuga de César no era más que un pequeño detalle sin importancia. Lo único que el rey de Francia deseaba ahora era disfrutar de su victoria, de la belleza de Nápoles, de sus manjares, sus vinos y sus mujeres.

Pero el papa se había movido con presteza. Ahora que el rey Ferrante había muerto y Nápoles ya no amenazaba con conquistar Milán, el Moro volvía a mostrarse dispuesto a establecer una alianza con Roma. Así, los ejércitos milaneses no tardaron en reunirse al norte de la península con las tropas venecianas. Mientras tanto, los navíos españoles ya habían partido hacia el sur.

Alejandro mandó llamar a César y a Duarte Brandao para decidir la estrategia que debían seguir.

—¿No os preocupa que el rey Carlos pueda tomarse como una afrenta personal el hecho de que hayáis roto vuestra palabra, padre? —le preguntó César al papa.

Alejandro miró a su hijo con ademán sorprendido.

—¿Romper mi palabra? —dijo—. ¿A qué te refieres, César? Juré no interferir en la conquista de Nápoles, pero nunca dije nada sobre lo que haría después.

—Dudo que el joven rey comparta esa sutileza lingüística —sonrió Duarte—. Si no me equivoco, la estrategia consiste en que los ejércitos de la Santa Liga corten la vía de escape de los franceses hacia el norte. Así, las tropas del rey Carlos quedarán atrapadas entre los ejércitos españoles al sur y los de Milán y Venecia al norte. Desde luego, es como quedar atrapado entre un martillo y un yunque —continuó Duarte—. Pero ¿qué ocurriría si las tropas francesas consiguieran retroceder a tiempo y alcanzasen Roma antes de que los españoles pudieran alcanzarlas a ellas?

Alejandro tardó unos segundos en responder.

—Sin duda saquearían nuestra bella ciudad —dijo finalmente.

—Carlos comprenderá que sólo tiene una salida —intervino César tras considerar la situación—. Necesita vuestro apoyo para conservar Nápoles, padre. Os intentará convencer de que rompáis la Santa Liga y toméis partido por su causa. Además, sólo el sumo pontífice puede coronarlo rey de Nápoles.

Aunque las palabras de su hijo demostraban su capacidad para la estrategia, Alejandro tenía la sensación de que había algo que César no le decía.

—¿Y qué propondrías tú que hiciéramos, hijo mío?

César sonrió.

—Si el rey de Francia te encontrara en Roma en su retirada hacia el norte, intentaría imponerte sus condiciones, pero si el Santo Padre no estuviera en Roma...

El rey Carlos fue informado de que el papa había abandonado Roma en cuanto la vanguardia del ejército francés entró en la ciudad. Al parecer, Alejandro se dirigía hacia Orvieto, al norte de Roma. El joven monarca espoleó a sus tropas en esa dirección. Pero cuando llegaron a Orvieto, el papa Alejandro ya estaba de camino a Perugia, adonde había ordenado a don Michelotto que trasladase a su hija Lucrecia.

Frustrado por la nueva ausencia de Alejandro, el rey Carlos ordenó a sus hombres que abandonaran inmediatamente la ciudad. No podía perder más tiempo persiguiendo al papa, pues sabía que su ejército estaba a punto de caer en una trampa. Así, el ejército francés avanzó a marchas forzadas hacia los Alpes y, varias jornadas después, tras algunos escarceos con miembros adelantados de la infantería de la Santa Liga, consiguió cruzar la frontera.

Derrotado y con el orgullo herido, el joven rey Carlos volvía a sus dominios.

Capítulo 9

Ahora que volvía a reinar la tranquilidad, el papa se trasladó a «Lago de Plata» para disfrutar de un merecido descanso. Una vez allí, mandó llamar a sus hijos para que se reunieran con él.

Lucrecia vino desde Pesaro, Juan viajó solo desde España, y Jofre y Sancha acudieron desde Nápoles. De nuevo, la familia Borgia volvía a estar reunida. Julia Farnesio y Adriana llegarían más tarde, pues el papa deseaba pasar unos días a solas con sus hijos.

Además del magnífico palacio de piedra, Alejandro había hecho erigir un pabellón de caza con establos para sus mejores caballos y varias casas para alojar al séquito que lo acompañaba. Cuando huía del asfixiante calor de Roma, el papa gustaba de rodearse de bellas y elegantes mujeres. Así, muchas de las más bellas damas de la corte acompañaban al papa en sus retiros. Acudían con sus hijos pequeños, cuyos rostros inocentes llenaban a Alejandro de esperanza en el futuro.

Entre nobles damas, criados y cocineros, el séquito del sumo pontífice superaba las cien personas, sin contar los músicos, actores, malabaristas y juglares necesarios para interpretar las comedias de las que tanto disfrutaba Alejandro.

El Santo Padre gustaba de sentarse junto a sus hijos y contarles historias sobre los milagros que habían tenido lugar en el lago, cuyas aguas cristalinas se decía que limpiaban los pecados.

Años atrás, la primera vez que les había hablado de los

poderes milagrosos del lago a sus hijos, César le había preguntado:

—¿Y vos también os habéis bañado para limpiar vuestra alma de pecado, padre?

—Por supuesto que no —había dicho el cardenal con una sonora carcajada—. ¿Acaso tengo algún pecado que limpiar?

—Entonces yo tampoco me bañaré —había replicado César.

—Supongo que ninguno de los dos necesitáis un milagro —había afirmado Lucrecia con abierta ironía.

El cardenal Borgia recordaba haber dejado caer la cabeza hacia atrás, riendo con abierto placer.

—Todo lo contrario, hija mía —había dicho Alejandro—. Pero por ahora prefiero satisfacer los deseos de la carne a ningún otro milagro. Algún día, el deseo de salvar mi alma acabará con mi anhelo de disfrutar de los placeres de la vida, pero te aseguro que ese momento todavía no ha llegado. Y debo confesar que me aterroriza pensar en ese día —había dicho finalmente en un susurro y a continuación se había persignado, temeroso de haber cometido sacrilegio.

Ahora que toda la familia volvía a estar reunida, todos los días amanecía con los preparativos de una nueva partida de caza. Aunque la ley canónica prohibía expresamente que el papa diese muerte a criatura alguna, Alejandro participaba en las cacerías argumentando que sus médicos le habían recomendado que hiciera ejercicio. Para sí mismo, el Santo Padre razonaba que no era ni mucho menos la única prohibición que incumplía, pero que era uno de los pecados veniales que más placer le proporcionaban.

Antes de cada cacería, cuando su ayuda de cámara le reprendía por llevar botas, algo que impedía que sus súbditos le mostraran el debido respeto besándole los pies, Alejandro contestaba que así impedía también que se los mordieran los perros de la jauría.

Alrededor del pabellón de caza, el papa había hecho vallar cuarenta hectáreas de terreno con estacas de madera y gruesas telas de lona, creando así un redil al que los animales acudían por propia voluntad antes de cada cacería, pues los criados se encargaban de almacenar todo tipo de alimentos junto a las puertas del redil.

Los cazadores se reunían al alba y bebían una copa de vino dulce de Frascati para espesar la sangre y fortalecer el ánimo. Cuando sonaban las trompetas y Alejandro dejaba caer el estandarte pontificio, se abrían las puertas del redil y los animales corrían hacia lo que creían que era la libertad. Venados, lobos, jabalíes, liebres, puercoespines... Todos acudían a la cita con los cazadores, que perseguían a sus presas con lanzas y espadas, e incluso con hachas en el caso de los más sanguinarios.

Lucrecia y Sancha, y sus damas de compañía, observaban el espectáculo desde una plataforma elevada de madera. Aunque se suponía que la presencia de las mujeres debía llenar de valor a los cazadores, ese día, Lucrecia les dio la espalda. Aquel espectáculo le repugnaba. Algo en su interior se había sublevado ante la semejanza que existía entre el destino de aquellos pobres animales atrapados y el suyo propio. Sancha, al menos, sí disfrutó del espectáculo; incluso le ofreció su pañuelo de seda a su cuñado Juan para que él lo mojase con la sangre de un jabalí herido. Aun sin gozar de la destreza de su hermano César en el manejo de las armas, el placer que le producía la visión de la sangre y su afán por impresionar a cuantos lo rodeaban convertían a Juan en el cazador más mortífero de la partida. En una ocasión, mientras un enorme jabalí cargaba contra él, Juan demostró un gran coraje manteniéndose firme en su posición e hiriéndolo de muerte con su lanza justo antes de que el animal lo alcanzara.

César cabalgaba junto a sus dos galgos preferidos, *Brezo* y *Cáñamo*. Absorto en sus pensamientos, apenas prestaba atención a la cacería. Envidiaba la vida de Juan. Su hermano tenía una vida llena de emociones y la perspectiva de una carrera militar. Él, en cambio, estaba atrapado en la vida eclesiástica, una vida que ni le gustaba ni había elegido voluntariamente. La bilis le llenó la boca de un sabor amargo. ¡Cómo lo odiaba! Intentaba luchar contra sus sentimientos, pues, después de todo, Juan era su hermano y un hombre de bien; un príncipe de la Iglesia no podía odiar a su propio hermano. Resultaba antinatural y, además, disgustaba a su padre. Pero, por encima de todo, resultaba peligroso. Como capitán general de los ejércitos pontificios, Juan tenía más poder del que podría llegar a tener nunca un cardenal de la Iglesia. Además, por mucho que César deseara que no fuese así, a pesar de todos sus esfuerzos por complacer a su padre, Juan seguía siendo el hijo favorito del sumo pontífice.

El aullido de uno de los galgos despertó a César de su ensueño. Cabalgó hasta donde el magnífico animal yacía clavado al suelo por una lanza. Al ver a su hermano a su lado, con el rostro desfigurado por una mueca demoníaca, supo lo que había ocurrido. Juan había errado el lanzamiento y había abatido al galgo en vez de a su presa. Por unos instantes, César pensó que lo había hecho de forma intencionada. Hasta que su hermano se acercó a él.

—Te compraré dos galgos para resarcirte —dijo Juan a modo de disculpa.

César extrajo la lanza del costado del galgo, intentando reprimir la cólera que lo invadía. Entonces oyó a su padre. El papa estaba junto a un jabalí atrapado por una malla de robusto cordaje. El animal miraba al Santo Padre, esperando el golpe que diera fin a su tormento. Pero Alejandro espoleó su montura.

—Este animal ya ha sido abatido —exclamó—. Necesito una nueva pieza.

Y, sin más, galopó hacia un jabalí de gran tamaño. Preocupados por la seguridad del papa, varios de los miembros de la partida acudieron en su ayuda, pero, cuando le dieron alcance, Alejandro ya había clavado su lanza en el lomo del animal. Sus compañeros de cacería se abalanzaron sobre el jabalí moribundo y lo remataron con sus hachas.

Mientras observaba la escena, César se sintió orgulloso de su padre. Aunque no le estuviera permitido vivir la vida que hubiera deseado, al menos estaba cumpliendo los deseos de su padre y sabía que eso siempre sería una fuente de dicha para el papa Alejandro. Mientras contemplaba al jabalí abatido, se dijo a sí mismo que tenía suerte de ser el hombre que su padre deseaba que fuera.

Al ponerse el sol, César y Lucrecia caminaron cogidos de la mano hasta las aguas plateadas del lago. Juntos, hermano y hermana, él alto, moreno y apuesto, ella de cabello rubio y ojos del color de la miel, ambos inteligentes, felices, formaban una pareja que todo el mundo envidiaría. Pero esa noche, algo afligía el corazón de Lucrecia.

—Nuestro padre no debería haberme desposado con Giovanni —dijo—. No es un hombre bueno. Lo digo de verdad, César. Apenas me habla y, cuando lo hace, siempre se muestra rudo y acusador. No sé qué espera de mí. Sé que nuestros esponsales han sido ventajosos para Roma, pero nunca pensé que pudiera llegar a ser tan desdichada.

—Sabes que Ludovico Sforza es el hombre más poderoso de Milán —dijo César, dirigiéndose a su hermana con ternura—. Gracias a tu sacrificio, los Borgia y los Sforza hemos podido sellar nuestra amistad en un momento de crítica importancia.

Lucrecia asintió.

—Lo sé —dijo—. Créeme que lo sé. Pero, aun así... Pensaba que las cosas serían distintas, que mis sentimientos serían distintos. Aunque supe que algo no iba bien desde el momento en que me arrodillé en ese ridículo escabel de oro, rodeada de todo ese lujo. Cuando miré al hombre que estaba a punto de desposarme no supe si reír o llorar. Aunque realmente desearía haber gritado, arrodillada como estaba frente a todos esos cardenales. Se suponía que debía ser un día feliz, pero la verdad es que nunca me había sentido tan desdichada.

—¿No hubo nada que te agradase? —preguntó César, incapaz de contener una sonrisa.

—Sí —dijo ella—. Tú, con tus vestiduras negras.

César se volvió hacia su hermana.

—No podía soportarlo, Crecia —confesó apasionadamente—. No podía soportar la idea de que otro hombre fuera a estrecharte entre sus brazos. Si hubiera podido, ni siquiera habría asistido a la ceremonia. Pero nuestro padre insistió en que debía estar presente. Te aseguro que mi ánimo era todavía más oscuro que la ropa que vestía.

Lucrecia besó a su hermano con ternura.

—Giovanni es un bastardo arrogante —dijo—. Y un amante horrible. Los primeros días tuve que ponerme a llorar como un sauce para escapar de sus garras. Ni siquiera soporto su olor.

César volvió a sonreír.

—Entonces, ¿no sientes el mismo placer con él que conmigo? —preguntó César.

—Amor mío, estar con él o contigo es tan diferente como estar en el infierno o en el paraíso —dijo ella, incapaz de contener una carcajada.

Los dos hermanos siguieron caminando cogidos de la mano.

—A veces, tu esposo me recuerda a Juan —dijo César de repente.

Cruzaron un pequeño puente y se adentraron en el bosque.

—Juan es muy joven —dijo Lucrecia—. Todavía puede cambiar.

Caminaron en silencio durante unos instantes.

—La verdad es que me preocupa más Jofre que Juan —dijo finalmente César. Su tono de voz no dejaba lugar a dudas sobre la seriedad de sus palabras—. No tengo más remedio que aceptar su frivolidad, pero Sancha y Jofre tienen más de cien criados para ellos solos y comen con vajillas de oro macizo y copas engastadas con piedras preciosas. Por no hablar de sus célebres fiestas. Es un escándalo que mancilla el nombre de nuestra familia. Y, lo que es peor, vivir de una forma tan extravagante puede ser peligroso para el hijo de un papa.

—Lo sé, César —le dio la razón Lucrecia—. A nuestro padre también le preocupa, aunque, por supuesto, él nunca lo admitiría. No siente el mismo amor por Jofre que por el resto de nosotros. Por eso disculpa su debilidad y su falta de juicio.

César se detuvo a contemplar a Lucrecia bajo la luz de la luna. Su tez de porcelana le pareció aún más luminosa que de costumbre. Puso la mano bajo el mentón de su hermana, levantó lentamente su rostro y acarició sus ojos con la mirada. Pero la tristeza que reflejaban esos hermosos ojos lo obligó a apartar la vista de ellos.

—¿Quieres que hable con nuestro padre? Él podría anular vuestro matrimonio. Sabes cuánto te quiere. Es posible que esté dispuesto a hacerlo. ¿Estaría de acuerdo Giovanni?

Lucrecia miró a su hermano con tristeza.

—Ni siquiera notaría la diferencia si yo no estuviera. Es la dote lo que echaría en falta. Nunca sintió el menor afecto por el oro de mi cabello, tan sólo por el de las monedas.

—Se lo diré a nuestro padre en cuanto encuentre el momento apropiado.

Mientras Lucrecia y César paseaban, Juan se ofreció a enseñarle a Sancha el viejo pabellón de caza, prácticamente abandonado ahora que el papa Alejandro había hecho construir otro más confortable.

Aun teniendo la misma edad que Juan, la esposa de Jofre se comportaba como una niña caprichosa. De profundos ojos azules, largas y oscuras pestañas y cabello negro azabache, Sancha se mostraba amante de lo banal, aunque, en realidad, su superficialidad no era más que una estrategia para atraer a sus inocentes víctimas.

—Como ves, no es un lugar apropiado para una princesa —dijo Juan al tiempo que tomaba la mano de su cuñada cuando llegaron al viejo pabellón de caza; una modesta construcción de madera con una chimenea de piedra. Después de todo, Sancha era la hija del rey Alfonso II de Nápoles.

—Me parece un lugar encantador —respondió ella sin soltar la mano de Juan.

Él encendió una hoguera mientras Sancha observaba las cabezas de animales que colgaban a modo de trofeos. Mientras caminaba por la estancia, sus dedos acariciaron la vieja madera de los muebles; primero el aparador, después la mesa, una silla y, finalmente, el cabecero del amplio lecho de plumas.

—¿Por qué siguen aquí los muebles si ya nadie usa el pabellón? —preguntó con inocencia.

En cuclillas frente a la chimenea, Juan se volvió hacia Sancha y sonrió.

—Nuestro padre todavía lo usa en ocasiones, cuando tiene alguna visita con la que desea estar a solas... Igual que yo deseo estar a solas contigo ahora —dijo al tiempo que se incorporaba. Se acercó al lecho y rodeó la cintura de Sancha, atrayéndola hacia sí con ambos brazos. Cuando la besó, ella no opuso resistencia.

—No... no puedo hacerlo —protestó Sancha de repente—. Jofre me...

Ignorando sus quejas, Juan la estrechó con más fuerza contra su cuerpo.

—Jofre no te hará nada —le dijo—. Jofre es incapaz de hacer nada.

Juan sentía una abierta antipatía por César, aunque al menos respetaba su inteligencia y su destreza física, pero por Jofre sólo sentía desprecio.

Levantó el vestido blanco de Sancha y acarició el interior de sus muslos, ascendiendo lentamente, hasta que notó cómo el cuerpo de ella empezaba a responder a sus caricias.

Unos segundos después, ambos yacían sobre el lecho. Iluminada por el resplandor de la lumbre, Sancha tenía el cabello suelto y la falda levantada hasta la cintura. Cuando Juan la tomó, ella lo besó con pasión, bebiendo de su boca con una sed insaciable. Él la penetró más y más profundamente, hasta que Sancha olvidó todos sus temores, sumiéndose en un estado de exquisita inconsciencia.

Esa noche, la familia Borgia disfrutó de una cena al aire libre junto al lago. De los árboles colgaban faroles de colores, y una amplia hilera de antorchas parpadeaban dibujando el contorno de la orilla. La caza había proporcionado suficiente carne como para dar de comer a todo el séquito del papa y para obsequiar a los habitantes de las poblaciones vecinas con lo que había sobrado. Además, había juglares y músicos y, una vez acabada la cena, Juan y Sancha deleitaron a los presentes con un dueto.

César, sentado al lado de Lucrecia, se preguntó cuándo habrían tenido tiempo para ensayar, pues sus voces sonaban en perfecta armonía. Pero Jofre no parecía compartir sus pensamientos, pues aplaudió con entusiasmo la actuación. César se preguntó si Jofre realmente sería tan estúpido como aparentaba.

El papa Alejandro disfrutaba tanto de la buena conversación como de la caza, la comida o las mujeres hermosas. Tras el banquete, demostrando un atrevimiento característico de su condición, uno de los actores había representado una escena en la que un noble se preguntaba apenado cómo un Dios bondadoso podía hacer recaer tantas desgracias sobre los hombres de buena voluntad. ¿Cómo podía permitir que hubiera inundaciones, incendios y epidemias? ¿Cómo podía permitir que sufrieran niños inocentes? ¿Cómo podía permitir que el hombre, creado a su imagen y semejanza, infligiera tanto dolor a su prójimo?

Alejandro aceptó el desafío. Rodeado de amigos como estaba, en vez de citar las Escrituras, contestó al actor como lo hubiera hecho un filósofo griego o un mercader florentino.

—¿Qué ocurriría si Dios les concediera a los hombres un paraíso en la tierra obtenido sin dolor ni sacrificio? —comenzó diciendo—. Sin duda, el paraíso celestial dejaría de ser anhelado por los hombres. Además, ¿cómo podría juzgarse entonces la sinceridad y la buena fe de los hombres? Sin purgatorio no puede existir un paraíso, pues de ser así, ¿qué insondable mal no sería capaz de concebir el hombre? Inventaríamos tantas maneras de atacarnos que finalmente acabaríamos por destruir el mundo. Lo que se obtiene sin sacrificio no puede tener valor. Si no existiera una recompensa para nuestro comportamiento, los hombres se convertirían en estafadores que afrontarían el juego de la vida con naipes marcados y dados trucados. No seríamos mejores que las bestias. Sin esos obstáculos a los que llamamos desgracias, ¿qué recompensa podríamos encontrar en el paraíso? No, esas desgracias son precisamente la prueba de la existencia de Dios, la prueba de su existencia y de su amor por los hombres. No podemos culpar a Dios del daño que los hombres se infligen entre sí, pues, en su infinita sabiduría, Él ha dispuesto que gocemos de libre voluntad. Sólo podemos culparnos a nosotros mismos. Sólo podemos admitir nuestros pecados y redimirlos en el purgatorio.

—Pero entonces, ¿qué es realmente el mal, padre? —preguntó Lucrecia que, de todos los hijos de Alejandro, era quien más interés mostraba por la fe.

—El mayor de todos los males es el poder —contestó el

sumo pontífice—, y es nuestro deber borrar cualquier deseo de poder de los corazones y las almas de los hombres. Ésa es la misión de la Iglesia, pues es la lucha por el poder lo que hace que los hombres se enfrenten unos a otros. Ahí radica el mal de nuestro mundo; siempre será un mundo injusto, siempre será un mundo cruel para los menos afortunados. Quién sabe... Es posible que dentro de quinientos años los hombres dejen de matarse entre sí. Feliz día será aquel en el que ocurra. Pero el poder forma parte de la misma naturaleza del hombre. Igual que forma parte de la naturaleza de la sociedad que, para mantener unidos a sus súbditos, por el bien de su Dios y de su nación, un rey tenga que mandar ahorcar a quienes no obedezcan su ley. ¿Pues cómo, si no, podría doblegar la voluntad de sus súbditos? Además, no debemos olvidar que la naturaleza humana es tan insondable como el mundo que nos acoge y que no todos los demonios temen el agua bendita. —Alejandro guardó silencio durante unos segundos. Después levantó su copa en un brindis—. ¡Por la Santa Iglesia de Roma y por la familia Borgia! —exclamó.

Todos los presentes levantaron su copa y exclamaron al unísono:

—¡Por el papa Alejandro! Que Dios lo bendiga con salud, felicidad y la sabiduría de Salomón y los grandes filósofos.

Al volver a sus aposentos, Jofre no consiguió conciliar el sueño. Se levantó y caminó sin rumbo por la cámara. Sancha no había regresado con él tras el banquete. Cuando se había acercado a ella para pedirle que lo acompañase, ella lo había rechazado con una mueca de desprecio y se había alejado. Jofre apenas había conseguido controlar las lágrimas que pugnaban por salir de sus ojos.

Pero ésa no era la única vez que Sancha lo había humillado en público durante la velada, aunque todos los presentes parecían demasiado ocupados comiendo, bebiendo y riendo como para darse cuenta de ello. Él, por supuesto, había aplaudido con una sonrisa, como exigía el protocolo, el dueto que su esposa había cantado con su arrogante hermano, pero nada podía librarlo de la humillación que había sentido.

Finalmente decidió salir a dar un paseo. El murmullo de las criaturas que dormían en el bosque mitigó su ansiedad. Se sentó junto a la orilla y pensó en su padre, el papa Alejandro, y en sus hermanos.

Siempre había sabido que era menos inteligente que César y que físicamente nunca sería rival para Juan, pero también sabía que su glotonería y sus excesos no eran pecados tan oscuros como la crueldad de Juan o la ambición de César.

En cuanto a la inteligencia, ¿qué importancia podía tener? Su hermana Lucrecia era mucho más inteligente que él y eso no le había proporcionado mayor libertad para decidir su destino.

Juan siempre había sido el más cruel de sus hermanos; Jofre todavía podía oír los humillantes apelativos con los que se dirigía a él cuando vivían juntos en Roma. Por su condición de príncipe de la Iglesia, César se veía obligado a reprenderle por su conducta, pero siempre lo hacía con bondad, nunca de forma cruel y humillante, como era la costumbre de Juan.

Lucrecia era su favorita, pues lo trataba con dulzura y afecto, haciéndole sentir que su compañía era siempre bienvenida. En cuanto a su padre, el papa Alejandro apenas parecía darse cuenta de su existencia.

Incapaz de deshacerse de su inquietud, Jofre decidió que había llegado el momento de acudir en busca de Sancha. Esta vez la obligaría a volver con él a sus aposentos. Avanzó por el estrecho sendero que se abría entre los árboles hasta que vio las dos sombras en la oscuridad. Oyó la risa de su esposa antes de poder verla con claridad. Después, la luz de la luna iluminó el rostro de su hermano Juan, que caminaba con Sancha cogida del brazo. Sin hacer ruido, Jofre siguió a los dos amantes hasta el antiguo pabellón de caza. Mientras observaba cómo Juan besaba apasionadamente a su esposa, sus labios se fruncieron en una mueca de desprecio. Su hermano nunca le había parecido tan despreciable como en aquel momento. Pero, más allá de los celos, creyó advertir algo malvado en el semblante de Juan. De repente, lo vio todo con exquisita claridad. Estaba seguro. Igual que el Espíritu Santo había sembrado la semilla de Cristo en el seno de la Virgen María, la semilla del mal también podía ser sembrada sin que nadie pudiera saberlo hasta que el fruto saliera de la mujer que lo había nutrido.

Al despedirse de Sancha junto a la orilla del lago, Juan desenvainó su daga y cortó el aire en una serie de ágiles y punzantes movimientos.

—¡Pronto seré el capitán general del ejército de Roma! —exclamó con una carcajada—. Entonces te demostraré de lo que soy capaz.

Jofre sacudió la cabeza, intentando deshacerse de la cólera que se había apoderado de él. Cuando por fin consiguió dominarse, analizó la situación con frialdad. No tenía sentido blandir un arma para matar a su hermano, pues estaría arriesgando la salvación de su alma. No, no merecía la pena poner en juego su salvación por alguien tan despreciable como Juan.

César, incapaz, como su hermano menor, de conciliar el sueño, acudió en busca de su padre. Aunque los criados del papa le informaron de que el sumo pontífice estaba despachando unos asuntos oficiales y no deseaba ser molestado, él insistió.

Alejandro estaba sentado frente a su escritorio, firmando los documentos que le iban entregando dos de sus secretarios. Cinco grandes troncos ardían en la majestuosa chimenea. Al oír entrar a César, ordenó a los secretarios que se retirasen y se levantó para recibir a su hijo con un cálido abrazo. Llevaba puesta una larga camisola de lana y la bata de seda forrada de pieles que, según decía siempre, lo protegía de los vientos estivales que portaban la malaria. En la cabeza llevaba una simple birreta sin ningún tipo de ornamentación, pues Alejandro mantenía que aunque, por razones de Estado, un papa siempre debía hacer ostentación de las riquezas de la Iglesia, al menos tenía derecho a dormir como un simple campesino.

—Dime, hijo mío, ¿qué confidencia te ha hecho tu hermana en esta ocasión? ¿Acaso tiene alguna queja de su esposo?

César no pudo dejar de sorprenderse de hasta qué punto su padre era consciente de los sentimientos de Lucrecia.

—No es dichosa con Giovanni —dijo escuetamente.

—Debo admitir que yo tampoco estoy demasiado satisfecho con la situación —confesó Alejandro al cabo de unos instantes—. La alianza con Milán no ha dado los frutos que esperaba —continuó diciendo, pues parecía dispuesto a compartir sus pensamientos con su hijo—. ¿De qué nos ha servido ese joven Sforza? La verdad es que nunca fue de mi agrado. La alianza con el Moro ya no resulta necesaria. Además, las lealtades de Milán resultan demasiado cambiantes. No podemos dejar de tenerlo en cuenta, pues necesitamos de su participación en la Santa Liga, pero su comportamiento resulta impredecible. Aunque, sea como fuere, lo que verdaderamente importa es la felicidad de tu hermana. ¿No te parece?

César pensó en la alegría que sentiría Lucrecia cuando le contara lo ocurrido. Además, pensaría que todo había sido gracias a su intercesión.

—Entonces, ¿cómo debemos proceder, padre? —preguntó.

—El rey Fernando me ha pedido que estrechemos nuestros lazos con la familia real de Nápoles. A veces pienso que, más que beneficiarnos, los esponsales de Jofre con Sancha han empeorado las cosas. Pero puede que todavía estemos a tiempo de resolver ese problema con una nueva alianza.

César frunció el ceño.

—No acabo de comprender qué pretendéis —dijo.

Los ojos de Alejandro brillaban, satisfechos, con el plan que empezaba a forjarse en su cabeza.

—Alfonso, el hermano de Sancha. Sí, Alfonso sería un esposo mucho más provechoso para Lucrecia que Giovanni. Aunque, desde luego, no es aconsejable enemistarse con los Sforza... Pero puede que en esta ocasión merezca la pena hacerlo. Sí.

Alejandro apartó la silla del escritorio, se levantó y se acercó a la chimenea para reavivar la lumbre.

—César, entiendes que debemos asegurarnos el control de los Estados Pontificios, ¿verdad? —continuó diciendo al tiempo que se volvía—. Los caudillos de los Estados Pontificios tienen demasiadas ansias de poder. Sangran al pueblo en su propio beneficio, poniendo a prueba la paciencia de Roma.

—Y vos tenéis un plan para cambiar eso —afirmó César.

—Los reyes de Francia y de España están unificando sus territorios bajo una autoridad central. Nosotros debemos hacer lo mismo aquí. Es necesario, tanto por el bien del papado como por el del pueblo. Y también por el bien de nuestra familia, pues si no conseguimos obligar a los gobernantes locales a acatar de una vez por todas la autoridad de Roma, los Borgia correremos un grave peligro.

—Necesitaremos fortalezas bien pertrechadas para detener a los ejércitos invasores que ansíen apoderarse de nuestro territorio —dijo César con determinación al ver que su padre guardaba silencio—. Estoy a vuestro servicio, padre —añadió, al tiempo que se inclinaba ante el sumo pontífice—. Soy cardenal de la Iglesia y, aunque ésa no haya sido mi elección, siempre os estaré agradecido —concluyó diciendo, aunque lo que estaba pensando era que su hermano Juan era quien ostentaba la posición que él ansiaba más que ninguna otra cosa en la vida: capitán general de los ejércitos pontificios.

—No hace falta que te recuerde el peligro que correríais todos mis hijos si yo muriera y un cardenal hostil, como Della Rovere, ocupase el solio pontificio. No quiero ni pensar lo que sería de tu pobre hermana. Ni siquiera Dante podría encontrar palabras para describir el infierno que se vería obligada a vivir.

—¿Por qué decís eso, padre? —lo interrumpió César—. No debemos pensar en eso, pues estoy seguro de que todavía os quedan muchos años de vida para devolverle a la Iglesia todo su esplendor.

—Por grave que sea la situación, hay dos hombres en los que siempre podrás confiar —dijo el papa, ignorando las palabras de su hijo—. Uno es don Michelotto...

—Su gratitud hacia vos es de todos conocida, padre —lo interrumpió César—. Nos enseñasteis a confiar en él desde niños, y así lo haremos siempre. Aunque debo admitir que siempre me hubiera gustado saber algo más sobre su pasado. ¿Cómo es posible que un español conozca tan bien los entresijos de Roma?

Y, así, Alejandro le contó a César la historia de Miguel Corella, más conocido como don Michelotto.

—Pero lo llaman el estrangulador, padre —comentó César.

—Así es, hijo mío, pero don Michelotto es mucho más que eso. Es un experimentado líder de hombres, un temible soldado y, lo que es más importante, un hombre que daría su vida por proteger la nuestra. Su lealtad es mayor incluso que su cólera. No debes equivocarte, hijo mío, don Michelotto es mucho más que un simple asesino; es alguien en quien podemos confiar ciegamente.

—¿Y el otro hombre?

—El otro hombre es Duarte Brandao. Poco puedo decirte sobre su pasado, pues fue capturado y traído a mi presencia como prisionero hace muchos años, cuando en una ocasión necesité de un intérprete del inglés. Le pregunté por su pasado, pero los soldados lo habían maltratado hasta el punto de provocarle una completa pérdida de memoria.

—¿Y, aun así, confiáis en él?

Alejandro guardó silencio durante unos segundos mientras recordaba lo ocurrido.

—La primera vez que lo vi, su aspecto era tan mugriento y harapiento como si llevara años encerrado en una mazmorra. Hice que lo asearan y que le dieran ropas limpias antes de volver a traerlo a mi presencia. Y cuando volví a verlo, algo en su porte me recordó a Edward Brampton, un judío converso que le prestó valiosos servicios al rey Eduardo de Inglaterra. Sólo había visto a Brampton en una ocasión, hacía ya muchos años, pero lo recordaba perfectamente, pues había sido el primer judío en ser armado caballero en toda la historia de Inglaterra. Se dice que servía al hermano del rey, Ricardo III, que, como sabrás, fue asesinado por los hombres de Enrique Tudor. Brampton participó en importantes batallas, tanto en el mar como en tierra, y, en una ocasión, incluso salvó la flota inglesa de una derrota segura. Fue entonces cuando desapareció de Inglaterra; poco tiempo antes de que nuestras tropas hicieran cautivo a Duarte Brandao. Si hubieran dado con él, los Tudor sin duda habrían acabado con su vida; incluso hoy en día vive en constante peligro de ser descubierto por los agentes de los Tudor.

—Supongo que eso explica por qué decidió cambiar de nombre —intervino César—. Pero no sabía que Duarte fuera judío...

—Si lo es, sin duda se ha convertido a la fe católica, pues lo he visto comulgar en numerosas ocasiones. Además, durante los siete años que lleva en Roma me ha servido con mayor religiosidad que ningún otro hombre que conozca. Duarte es el hombre más valiente e inteligente que he conocido nunca, además de un excelente soldado y un experto marinero.

—No tengo nada en contra de que sea judío, padre —dijo César con una mueca divertida—. Tan sólo estaba pensando en lo que se diría si se llegara a saber que el principal consejero del vicario de Cristo es un judío.

Alejandro también sonrió.

—Me tranquiliza saber que no desapruebas mi decisión —dijo con abierto sarcasmo—. Conoces sobradamente mi opinión sobre la cuestión judía, César —añadió con completa seriedad—. Cuando Isabel y Fernando de España me pidieron que persiguiese a cualquier judío que osara practicar los ritos de su religión en secreto, me negué rotundamente a complacerlos. Después de todo, los judíos nos legaron la ley, ¡incluso nos dieron a Jesucristo Nuestro Señor! ¿Acaso debo aniquilarlos sólo porque no crean que sea el hijo de Dios? ¡Por supuesto que no! No puedo evitar que el pueblo los ataque o se aproveche de su situación, pero, desde luego, ésa nunca será mi política.

César no ignoraba que cuando un nuevo papa era elegido, parte de la ceremonia consistía en que el patriarca de la comunidad judía de Roma le entregase el libro hebreo de las leyes. Al recibirlo, cada nuevo papa lo arrojaba contra el suelo en señal de repulsa. Pero su padre no lo había hecho. No, Alejandro VI lo había rechazado, pero de forma respetuosa, pues se había limitado a devolvérselo al patriarca hebreo.

—¿Cuál es entonces vuestra política, padre?

—No deseo ningún mal a los judíos —dijo el sumo pontífice—. Simplemente les impongo elevados impuestos para beneficiarme de sus riquezas.

Capítulo 10

Alejandro había sido traicionado por Virginio Orsini cuando más necesitaba de su ayuda, y el sumo pontífice no era un hombre que perdonase fácilmente la traición. Satanás había reclamado otra alma para su reino de tinieblas y la semilla del diablo tenía que ser destruida. El hecho de que Virginio Orsini hubiera sido capturado, torturado y ejecutado en una de las más célebres mazmorras de Nápoles no bastaba ni mucho menos para saciar la sed de venganza del Santo Padre, pues se trataba de una batalla directa entre el vicario de Cristo en la tierra y las huestes de Satanás. Como mandatario de los Estados Pontificios, Alejandro sabía que había llegado el momento de enfrentarse a los caudillos locales, a esos miserables caciques cuya codicia les daba valor incluso para enfrentarse a los dictados de la Iglesia. Pues si la autoridad del sumo pontífice no era honrada y obedecida, si los hombres virtuosos permitían que el mal floreciese a su alrededor, antes o después, la propia autoridad de la Iglesia acabaría por ser puesta en tela de juicio. ¿Y quién libraría entonces del pecado las almas de los hombres de buena voluntad?

La autoridad espiritual debía cimentarse mediante la fortaleza de las armas. Ahora que la Santa Liga había expulsado de la península Itálica a las tropas del rey de Francia, Alejandro sabía que había llegado el momento de aplicar un castigo ejemplar para asegurarse de que nunca más ningún otro caudillo se atreviera a traicionarlo.

Tras largas reflexiones, finalmente decidió valerse del arma más letal de que disponía el sumo pontífice: la excomunión. No tenía otra alternativa. Expulsaría de la comunidad cristiana a todos y cada uno de los miembros de la familia Orsini.

La excomunión era el arma más poderosa de que disponía la Iglesia, pues era un castigo cuyas consecuencias no se limitaban a esta vida, sino que se prolongaban hasta después de la muerte. Una vez que un hombre era expulsado del seno de la Iglesia, nunca podría volver a recibir la gracia de los santos sacramentos y su alma nunca podría liberarse del pecado mediante el sacramento de la confesión, por lo que se le negaba la posibilidad de recibir la absolución. Cuando un hombre era excomulgado, sus hijos no podrían recibir el sacramento del bautismo, y el agua bendita nunca los limpiaría de pecado. Una vez excomulgado un hombre, ni él ni nadie de su familia recibirían la extremaunción ni podrían recibir sepultura en un camposanto. La excomunión era, pues, la más terrible de las condenas, una sentencia en vida que cerraba las puertas del paraíso para toda la eternidad.

Pero, una vez excomulgados los traidores, también era preciso acabar con su poder terrenal. Y así fue cómo, a pesar de las quejas de la esposa de Juan, que estaba encinta por segunda vez, Alejandro mandó llamar a su hijo para que se pusiera al frente de los ejércitos pontificios en la campaña contra la familia Orsini. Además, mientras esperaba la llegada de Juan, Alejandro había enviado un emisario a Pesaro ordenando a su yerno, Giovanni Sforza, que reuniera con presteza a todos los hombres de los que disponía y esperase sus órdenes para incorporarse a la campaña contra los Orsini.

El cardenal César Borgia nunca había perdido la esperanza de que su padre recapacitara sobre el papel que había reservado para él en los asuntos de la familia. Después de todo era él, y no Juan, quien estaba al lado del papa todos los días ayudándolo con los asuntos de Estado. Él conocía la situación de las diferentes ciudades-estado mejor que Juan, que vivía en España, y, por muchas veces que su padre le hubiese reiterado que su futuro estaba en el seno de la Iglesia, César nunca había perdido la esperanza de que algún día el sumo pontífice reconsiderase su decisión.

Cuando Alejandro lo mandó llamar a sus aposentos y le comunicó que Juan estaba de camino a Roma para liderar los ejércitos pontificios en la campaña contra los Orsini, César no pudo contener su ira.

—¿Juan? ¡Juan! —exclamó con incredulidad—. Pero, padre, Juan no sabe lo que es liderar un ejército. Lo desconoce todo sobre la estrategia y sólo se preocupa por su propio bien. Juan sólo sabe seducir a mujeres, dilapidar la fortuna de nuestra familia y ensalzar su vanidad. No está capacitado para liderar un ejército. Como hermano mío que es, le debo lealtad, pero no entiendo vuestra decisión. Sabéis de sobra que yo estoy más capacitado para liderar una campaña militar que mi hermano Juan.

El papa entornó los ojos y se dirigió a su hijo con determinación:

—Así es, César. Tus conocimientos de estrategia militar sin duda superan los de tu hermano, pero tú eres cardenal, un príncipe de la Iglesia, y no un guerrero para el campo de batalla. Y, si tú te vas, ¿quién se queda conmigo para buscar la mejor estrategia? Si queremos que el castigo a los traidores tenga el impacto deseado sobre los demás caudillos de nuestros territorios, esta campaña debe ser liderada por un Borgia. Entonces, ¿quién sino Juan puede ser ese Borgia? ¿Tu hermano Jofre? Ni siquiera consigo imaginarlo blandiendo una espada.

Padre e hijo permanecieron en silencio durante unos instantes.

—¿De verdad creéis que Juan nos conducirá a la victoria? —preguntó finalmente César—. ¿De verdad merece Juan la confianza que depositáis en él? ¿Después del comportamiento que ha demostrado en España, participando en todo tipo de apuestas, rodeándose de cortesanas, olvidando el respeto debido a su esposa y a toda la familia Enríquez, los primos carnales del rey Fernando? ¿Aun así, lo preferís a él?

—En realidad, nuestras tropas estarán al mando de Guido Feltra —intervino el sumo pontífice con su voz de barítono—. Feltra es un *condottiero*, un profesional de la guerra.

César había oído numerosas historias sobre Feltra. Sin duda se trataba de un hombre honesto, de un hombre recto. Era conocido por el mecenazgo que ejercía sobre las artes en su feudo de Urbino, pero, por encima de todo, debía su reputación al hecho de ser el hijo del célebre *condottiero* que había obtenido el ducado de Urbino en recompensa por los servicios prestados a Roma. La realidad era que el joven Guido apenas había participado en algunas batallas y que carecía de la experiencia necesaria para liderar una campaña contra las aguerridas tropas de los Orsini, sobre todo si el enfrentamiento debía tener lugar en la fortaleza de Bracciano, una de las más inexpugnables de toda la península. Pero César no compartió sus pensamientos con su padre, pues sabía que, cuando se trataba de Juan, el sumo pontífice nunca se mostraba razonable.

Incapaz de contener su ira, César envió un mensaje a su hermana esa misma noche. Al día siguiente le pidió a don Michelotto que fuese a Pesaro y acompañase a Lucrecia hasta «Lago de Plata», donde él se reuniría con ella antes de concluir la semana.

Cuando Lucrecia llegó a la propiedad de su padre, César ya la estaba esperando en el palacio. Lucrecia llevaba un vestido de satén azul que resaltaba sus tirabuzones dorados y el color miel de sus ojos. Tenía las mejillas encendidas por el calor y la emoción del encuentro. Pero, a pesar del cansancio, corrió a abrazar a su hermano en cuanto desmontó del caballo.

—¡Te he echado tanto de menos! —exclamó, incapaz de contener la emoción que sentía. Pero no tardó en advertir la angustia que reflejaban los ojos de César—. ¿Qué ocurre, Ces? ¿Qué te pasa?

César se sentó en un banco de cuero. Lucrecia se sentó a su lado y apoyó una mano sobre la de su hermano, intentando reconfortarlo.

—Es una locura, Crecia —dijo él finalmente—. Nuestro padre ha nombrado a Juan capitán general de los ejércitos de Roma. Siento tanta envidia que sería capaz de asesinarlo...

Lucrecia se levantó, rodeó el banco y puso las dos manos sobre las sienes de su hermano, intentando calmar su ira.

—Tienes que aceptar tu destino, Ces —dijo con voz tranquilizadora—. A veces pienso que seguís siendo dos niños compitiendo por las tartas de nuestra madre. Comprendo cómo te sientes, pero esos sentimientos sólo pueden causarte dolor, pues nuestro padre siempre actuará según su voluntad. Ya es demasiado tarde para que cambie.

—Pero yo soy mejor soldado que Juan. Estoy más preparado que él para liderar nuestros ejércitos. Yo podría conseguir la victoria para Roma. No puedo entender por qué nuestro padre prefiere poner su ejército a las órdenes de alguien como Juan, que es incapaz de comportarse como un auténtico líder de hombres y que, además, sólo liderará la campaña en *apariencia*.

Lucrecia se arrodilló delante de César y lo miró fijamente a los ojos.

—Y, dime, Ces, ¿puedes entender por qué su hija debe *aparentar* estar felizmente desposada con un hombre al que aborrece?

Por primera vez, César sonrió.

—Ven, acércate —le pidió a su hermana—. No puedes imaginar hasta qué punto te necesito. Tú eres lo único bello que hay en mi vida, pues aunque yo *parezca* ser un príncipe de la Iglesia, te confieso que temo haber vendido mi alma al diablo. No soy lo que parezco ser y eso hace que mi vida resulte insoportable.

Al principio, besó a su hermana con ternura, pero llevaba tanto tiempo anhelando ese instante que no pudo contener su pasión. La besó una y otra vez, enloquecido, hasta que Lucrecia rompió a llorar.

—Perdóname —dijo él—. Me estoy comportando como un animal.

—No son tus besos lo que me hace llorar —dijo Lucrecia . En el anhelo. Vivo soñando con Roma, con la felicidad de volver a estar cerca de ti.

Después de hacer el amor, cuando Lucrecia apoyó la cabeza en el hombro desnudo de César, él parecía haber recuperado la paz y ella volvía a sonreír.

—¿Crees que nuestro padre tiene razón cuando dice que es voluntad de Dios que vivamos de espaldas al verdadero amor?

—¿Dice eso nuestro padre? —preguntó César mientras mesaba el cabello de su hermana—. Resulta difícil creerlo viendo su ejemplo.

—Yo estoy desposada con un hombre al que nunca he amado —dijo Lucrecia—. Desde luego, Juan no desposó a María Enríquez por amor. Al menos, Jofre parece enamorarse con facilidad. Puede que, por extraño que parezca, Jofre sea el más afortunado de todos nosotros. A ti, sólo la birreta púrpura te ha salvado de un destino como el nuestro.

—No puedes imaginar la carga que supone para mí esa condición —dijo César.

—Pero también tiene ciertos beneficios —le recordó Lucrecia.

Hermano y hermana se levantaron del lecho, cubrieron su desnudez y se sentaron junto a una pequeña mesa de madera. César llenó la copa de Lucrecia con el vino que había traído de Roma y levantó la suya en un brindis.

—Por nuestra felicidad, querida hermana —dijo ahora que volvía a sentirse amado—. Ni siquiera puedo imaginar la vida sin ti.

Además del vino, César había traído un queso fresco y una gran barra de pan con la corteza dorada y crujiente.

—Espero ser capaz de dominarme cuando Juan llegue a Roma —dijo mientras cortaba el queso y el pan—. Hay veces en que me siento incapaz de tratarlo con el respeto que merece un hermano.

—Puede que Juan posea lo que tú más anhelas, César, pero tú tienes algo que él nunca podrá tener.

—Lo sé, querida hermana —dijo César. Después besó a Lucrecia en la nariz—. Créeme que lo sé. Tú eres mi salvación, Lucrecia.

Juan Borgia fue recibido como un héroe por el pueblo de Roma. Entró en la ciudad a lomos de una magnífica yegua zaína, con las riendas engastadas con piedras preciosas y el lomo cubierto con gualdrapas de oro. El hijo del papa vestía un rico traje de terciopelo y una capa con esmeraldas. Su mirada tenía el brillo de aquellos que se sienten poderosos y sus labios estaban arqueados en la mueca insolente de un héroe.

Al llegar al Vaticano, Alejandro lo recibió con un cálido abrazo.

—Hijo mío, hijo mío —repitió mientras estrechaba a Juan entre sus brazos. Después lo condujo a la sala donde estaba convocada la reunión para trazar la estrategia contra los Orsini.

Durante tres días, Alejandro, Guido Feltra, Juan, César y Duarte Brandao analizaron cada detalle de la campaña.

César no pasó por alto el hecho de que, durante todo ese tiempo, Duarte no se dirigiera directamente a Juan ni una sola vez. Cuando creía conveniente hacer algún comentario, el consejero del papa se dirigía personalmente a Alejandro y empleaba el cargo de Juan, capitán general, en vez de referirse a él por su nombre. Fue así como César advirtió el malestar de Duarte para con Juan, aunque su comportamiento era tan sutil que estaba seguro de que nadie más se había dado cuenta de ello.

Pero esa tarde, al quedarse a solas con Duarte Brandao, Alejandro le preguntó a su consejero:

—¿Te parece que estoy cometiendo un error al poner a mi hijo al frente de nuestros ejércitos?

—Simplemente lamento que, por un accidente tan banal como es el orden de nacimiento, alguien con la naturaleza de un príncipe deba convertirse en un guerrero, mientras que el verdadero guerrero deba permanecer oculto bajo la birreta cardenalicia —dijo respetuosamente Duarte.

—¿Acaso no crees en el destino, amigo mío? ¿No crees en la infinita sabiduría de los designios divinos? ¿Acaso no crees en la infalibilidad del Santo Padre?

—Yo no puedo conocer los planes del Padre Celestial. Y, como hombres mortales que somos, ¿acaso no estamos sujetos a la posibilidad de cometer algún error de interpretación? ¿Incluso el más virtuoso y honorable de los hombres? —dijo Duarte Brandao con evidente sarcasmo.

—Duarte —dijo Alejandro—, mi hijo primogénito fue Pedro Luis, que Dios guarde su alma. César es mi segundo hijo. Es costumbre que el segundo hijo sirva a la Iglesia, y te aseguro que es una costumbre acertada, pues limita el poder de las familias de la nobleza al tiempo que les otorga ciertos beneficios. Y ¿acaso no es siempre el destino de un hombre un don y una carga al mismo tiempo? ¿Pues quién no lucha contra su libre voluntad cuando se entrega en oración y pide que se haga la voluntad del Señor en vez de la suya propia?

La carcajada de Duarte resonó en la amplia estancia.

—Espero que Su Santidad perdone mi franqueza —dijo el consejero de Alejandro—. Creedme cuando os digo que mis palabras están llenas de admiración y asombro ante vuestra sabiduría. Y, aun así, ¿cómo podéis saber que César es vuestro segundo hijo? El éxito de Su Santidad con las damas es legendario. Cuesta creer que no tenga otros hijos cuya paternidad desconozca.

Alejandro no pudo contener una carcajada.

—Eres un brillante consejero, Duarte —dijo—, y tu capacidad para la diplomacia no tiene nada que envidiarle a la sabiduría de tus consejos. Si, como dices, el destino del joven cardenal es convertirse en un gran guerrero, sin duda el tiempo se encargará de que así sea. Mientras tanto, el capitán general es Juan y, como tal, es él quien debe liderar nuestras tropas. Ahora sólo nos queda rezar porque Dios nos conceda la victoria.

César oyó la conversación por casualidad al pasar frente a la estancia en la que conversaban Alejandro y Duarte y, por primera vez en muchos años, su corazón recuperó la esperanza. Volvió a sus aposentos lleno de sueños de grandeza. Sí, algún día él lideraría los ejércitos de Roma.

Capitaneadas por Juan Borgia y el *condottiero* Guido Feltra, las tropas del papa acudieron al encuentro del enemigo. Aunque los hombres de los Orsini eran célebres por su valor, la superioridad numérica del ejército de Roma bastó para que las dos primeras fortalezas se rindieran sin apenas ofrecer resistencia.

Al tener noticias de lo ocurrido, Duarte Brandao acudió inmediatamente a transmitirle las felices nuevas al sumo pontífice.

—Sospecho que se trata de una trampa de los Orsini. Quieren que nos confiemos —dijo Duarte tras hacerle saber lo ocurrido—. No me cabe duda de que ahora mismo estarán concentrando todas sus fuerzas para el enfrentamiento final.

Alejandro asintió.

—No parece que tengas demasiada confianza en Feltra —dijo al cabo de unos segundos.

—He visto luchar a los Orsini —contestó Duarte.

—Contéstame con sinceridad, hijo mío. ¿Cuál crees que es realmente nuestra situación? —le preguntó el papa a César, a quien había mandado llamar al tener noticias de lo ocurrido.

—Temo que Feltra no tenga mucha más experiencia en la guerra que el propio capitán general —contestó César con precaución, cuidando de no dejar traslucir sus verdaderos sentimientos—. Temo que Duarte tenga razón y que esas victorias fáciles hagan que Juan y Feltra se confíen, pues no me cabe duda de que los Orsini nos esperan con sus mejores hombres en la fortaleza de Bracciano. Además, Della Rovere se encargará de arengarlos hasta hacerles creer que están librando una guerra santa.

Una vez más, el sumo pontífice se sintió impresionado por la brillantez del análisis de su hijo, aunque todavía no podía saber hasta qué punto era acertado, pues aún faltaban algunos días para que los Orsini se enfrentaran al ejército pontificio con el apoyo de las tropas de Vito Vitelli, el insigne comandante de artillería a quien Della Rovere había pedido que participara en la guerra santa contra el papa Alejandro.

Moviéndose con presteza, las tropas de Vitelli sorprendieron al ejército pontificio en Soriano. Juan y Guido Feltra, incapaces de reaccionar, sufrieron una derrota sin paliativos. Feltra fue hecho prisionero y arrojado a lo más profundo de las mazmorras de los Orsini. Juan, con mejor fortuna, consiguió escapar con tan sólo un corte en la cara.

Al tener las noticias de lo ocurrido, el papa Alejandro se reunió inmediatamente con César y Duarte.

—La guerra todavía no está perdida —reconfortó Duarte al sumo pontífice—. Todavía disponemos de otros recursos.

—Si la situación empeora, siempre podremos solicitar la ayuda de las tropas españolas de Nápoles —añadió César.

—A las órdenes de nuestro viejo amigo Gonzalo Fernández de Córdoba —dijo el papa, haciendo suyos los pensamientos de su hijo—. Sí... Desde luego, es una opción que debemos tener en cuenta.

Pero tras reunirse con los embajadores de España, de Francia y de Venecia y oír sus alegatos a favor de la paz, el papa Alejandro, siempre diplomático, accedió a devolver las plazas conquistadas a los Orsini, aunque, por supuesto, tendrían que pagar un precio por sus fortalezas. Tras largas negociaciones, finalmente se acordó un pago de cincuenta mil ducados, pues, después de todo, las arcas del Vaticano no estaban en una situación que permitiera rechazar una oferta así.

De este modo, mediante las negociaciones, Alejandro consiguió convertir una derrota sin paliativos en una aparente victoria para el papado. Pero a su regreso a Roma, Juan protestó airadamente por lo ocurrido, pues la paz le impedía llevar a cabo futuras conquistas y lo privaba de las propiedades que le hubieran correspondido según los acuerdos previos a la campaña. De ahí que Juan argumentara que los cincuenta mil ducados le correspondían por derecho a él. Ante la incredulidad de César, Alejandro accedió a la petición de su hijo.

Pero todavía más preocupante a ojos de César era la insistencia de Juan en que el papa le permitiera liderar una nueva campaña para liberar Ostia del dominio francés, expulsando a las tropas que el rey Carlos había dejado en esa plaza.

César se apresuró a acudir a los aposentos de su padre para intentar hacerle entrar en razón.

—Sé que la guarnición francesa de Ostia es escasa, padre, pero, si existe alguna manera de fracasar en la toma de la ciudad, sin duda Juan dará con ella y su derrota será el fin de nuestra familia. Sabéis que Della Rovere está al acecho, esperando a que demos un paso en falso.

Alejandro suspiró.

—¿Crees que tu padre es tan estúpido como para no ver lo que dices? Esta vez nos aseguraremos la victoria. Llamaré a Fernández de Córdoba para que encabece la campaña, pues no existe mejor capitán que él.

—Eso no detendrá a Juan —dijo César incapaz de contener su frustración—. Interferirá en las órdenes de Fernández de Córdoba. Sabéis que lo hará. Os lo ruego, padre, reconsiderad vuestra posición.

Pero Alejandro ya había tomado una decisión.

—Juan no interferirá. Ha recibido instrucciones concretas de no hacerlo. Tu hermano se limitará a salir de Roma al frente de nuestras tropas y a regresar portando el estandarte victorioso de los Borgia. Al margen de esos dos momentos de gloria, no dará una sola orden; ni tan siquiera hará una sugerencia.

Por una vez, Juan acató las órdenes del papa. Salió de Roma liderando el ejército pontificio a lomos de un impresionante alazán, pero no participó de ningún modo en la toma de Ostia. Fernández de Córdoba tomó al asalto la guarnición francesa y conquistó la ciudad de Ostia sin apenas sufrir bajas, y los ciudadanos de Roma aclamaron al hijo del papa cuando regresó al frente del ejército victorioso.

Tres días después, el cardenal Ascanio Sforza celebró un gran banquete en el palacio Borgia para celebrar la victoria. Entre los muchos invitados, además de los hijos del papa, estaban los hermanos Médicis, Piero y Gio, amigos de César desde su época de estudiante, que habían tenido que abandonar Florencia como consecuencia de la invasión de las tropas francesas y de los sermones de Savonarola.

El inmenso palacio del cardenal Sforza había pertenecido originalmente al cardenal Rodrigo Borgia, quien, al convertirse en el papa Alejandro, se lo había ofrecido como obsequio a Ascanio. Sin duda, se trataba del palacio más hermoso de la ciudad.

César llegó junto a los hermanos Médicis, con los que había compartido el día anterior una noche de vino y apuestas en la ciudad.

Las paredes del enorme vestíbulo del palacio estaban decoradas con ricos tapices y magníficos aparadores y vitrinas, y los suelos estaban cubiertos por enormes alfombras orientales de vivos colores que hacían juego con el terciopelo y el satén de los divanes.

La sala principal del palacio había sido transformada en un inmenso salón de baile con una orquesta que interpretaba las piezas más actuales para deleite de las parejas de jóvenes que llenaban el salón.

César acababa de bailar una pieza con una bella cortesana cuando vio acercarse al capitán Gonzalo Fernández de Córdoba. Fernández de Córdoba, que siempre tenía el semblante serio, parecía especialmente preocupado. Se inclinó ante César y solicitó su permiso para comunicarle algo en privado.

César se disculpó ante su pareja de baile y condujo al capitán hasta uno de los balcones en los que tantas veces había jugado de niño, cuando vivía con su padre en este palacio.

El balcón daba a un pequeño patio en el que varios invitados conversaban alegremente mientras daban buena cuenta de la comida y las copas de vino que los criados portaban sobre brillantes bandejas de plata.

Pero la jovialidad de los jóvenes del patio contrastaba

abiertamente con el ánimo de Fernández de Córdoba, cuyo rostro parecía contraído por la ira.

—Mi malestar con su hermano Juan es mayor de lo que pueda expresar, eminencia —dijo finalmente el capitán español—. De hecho, es mayor de lo que nadie pueda imaginar.

César apoyó una mano sobre el hombro del capitán en señal de camaradería.

—Decidme, ¿qué ha hecho esta vez mi hermano? —preguntó.

—Sabéis que vuestro hermano no participó de modo alguno en la toma de Ostia, ¿verdad? —preguntó Fernández de Córdoba.

César sonrió.

—Por supuesto, querido capitán. ¿Acaso no vencimos?

—¿Y sabéis que Juan anda diciendo que fue él el artífice de la victoria? —preguntó De Córdoba—. Eso es lo que dice, que fue *él* quien hizo huir a los franceses; ni siquiera tiene la falsa modestia de decir que fuimos *nosotros*.

—El carácter jactancioso de mi hermano es conocido en toda Roma —dijo César—. Nadie creerá sus palabras. Resulta ridículo pensar que fuera así... Pero, de todas formas, debemos hacer algo para corregir la injusticia que ha cometido Juan.

—Si estuviera en España, lo retaría a duelo, pero aquí... —Hizo una pausa para tomar aliento—. La arrogancia de vuestro hermano ha llegado hasta el extremo de encargar acuñar unas medallas de bronce para conmemorar su victoria.

César frunció el ceño. Era la primera noticia que tenía al respecto.

—¿Medallas de bronce?

—Sí, con su perfil y el lema: «Juan Borgia, glorioso libertador de Ostia.»

César estuvo a punto de dejar escapar una carcajada

ante la absurda ocurrencia de su hermano, pero finalmente se contuvo para no enardecer la cólera de Gonzalo.

—No hay un solo soldado, ni en el ejército pontificio ni entre las tropas francesas, que no sepa la verdad, capitán —dijo con diplomacia—. Y la verdad es que el libertador de Ostia no ha sido otro sino Fernández de Córdoba.

Pero los halagos no bastaban para apaciguar la cólera del capitán español.

—¿Juan Borgia, glorioso libertador de Ostia? Ya veremos quién dice la verdad. Debería cerrarle la boca para siempre. Quién sabe, puede que todavía lo haga.

Y, sin más, el español se dio la vuelta y desapareció entre los invitados del salón de baile. César permaneció en el balcón, contemplando la oscuridad de la noche mientras se preguntaba cómo podrían haber nacido de la misma madre dos hombres tan distintos como Juan y él. Sin duda, debía de tratarse de un truco del destino. Cuando se dio la vuelta para reincorporarse al baile, algo en el patio llamó su atención.

Junto a una pequeña fuente, su hermano Jofre conversaba en actitud conspiradora con el capitán Fernández de Córdoba y un joven alto y delgado. De Córdoba escuchaba con evidente interés las palabras susurradas por Jofre mientras su joven compañero miraba a un lado y a otro, como si deseara asegurarse del carácter privado del encuentro. Pero lo que más sorprendió a César fue la actitud de Jofre, pues su rostro, por lo general tan amable y apático, reflejaba una fuerza y una determinación que nunca hubiera creído posible en él.

César estaba a punto de llamar a Jofre cuando sintió una mano sobre su brazo. Al darse la vuelta, don Michelotto se llevó un dedo a los labios pidiéndole silencio y lo obligó a retroceder un par de pasos. Ocultos entre las sombras, los dos observaron la escena en silencio hasta que el capitán español se despidió de Jofre con un apretón de manos y la primera sonrisa que César había visto nunca en su rostro. Cuando Jofre estrechó la mano del joven alto y delgado, don Michelotto pudo advertir el anillo con un gran topacio irregular que éste llevaba en un dedo.

—No olvidéis nunca a ese hombre, eminencia —advirtió a César—. Es un sobrino de Virginio Orsini. Se llama Vanni —continuó diciendo don Michelotto y, de repente, desapareció tan súbitamente como había aparecido.

César buscó a Jofre por todo el palacio, pero su hermano había desaparecido. De vuelta en el salón de baile, saludó a Lucrecia, que danzaba con Giovanni, con un gesto de la mano. A pocos metros de ellos, Juan bailaba con Sancha, completamente ajeno a la escena que acababa de producirse como consecuencia de su ilimitada vanidad.

Capítulo 11

Lucrecia, que había viajado a Roma para celebrar la festividad de Pascua junto a su padre y sus hermanos, estaba eligiendo un vestido con la ayuda de Julia en su palacio de Santa Maria in Portico cuando el chambelán de su esposo se presentó con un mensaje urgente. Giovanni Sforza deseaba que Lucrecia lo acompañase de inmediato a Pesaro, pues el duque no estaba dispuesto a permanecer ni un solo día más en Roma bajo la vigilancia del papa Alejandro.

Lucrecia escuchó al chambelán en silencio. ¿Volver a Pesaro? ¿Ahora que volvía a sentirse rodeada de sus seres queridos en Roma?

—¿Qué debo hacer? —le preguntó a Julia—. Es cierto que el duque es mi esposo, pero también lo es que no me dedica un solo minuto de su tiempo. Ni siquiera me habla y, cuando me mira, sus ojos sólo reflejan indiferencia.

Julia apoyó una mano sobre la de Lucrecia, intentando consolarla.

El chambelán se aclaró la garganta, intentando reunir el valor necesario para hablar.

—El duque de Pesaro me ha pedido que os transmita su más sincero afecto, duquesa —consiguió decir finalmente—. Añora volver a Pesaro, donde puede conducirse libremente, sin necesidad de someter sus deseos a la voluntad del Santo Padre.

—Eso es lo que desea el duque —dijo Lucrecia—. Pero

¿qué será de mí si regreso con él a Pesaro? —se preguntó la hija del papa en voz alta—. Sin duda me marchitaré hasta morir de soledad. No, no hay nada para mí en Pesaro.

Julia, que sabía el malestar que le provocaría al papa la negativa de Lucrecia a acompañar a su esposo, se disculpó y abandonó la estancia.

Apenas un instante después, alguien llamó a la puerta.

—Crecia, soy yo, César. ¿Puedo pasar?

Lucrecia ordenó al chambelán que se escondiera detrás de la mampara y le dijo que no se moviera ni hiciera el menor ruido, pues su vida podía correr peligro si César lo descubría, ya que su hermano sentía una profunda antipatía por su esposo y no quería que le hiciese una escena.

El chambelán se escondió detrás de la mampara y se cubrió con una bata y varias otras prendas de Lucrecia, hasta quedar completamente oculto.

César entró un instante después y besó a su hermana con ternura. Parecía feliz.

—Nuestro padre ha decidido satisfacer tus deseos. No está contento con el comportamiento de Giovanni. Además, ahora que Milán ha vuelto a aliarse con Francia, no hay ninguna razón para prolongar esta situación.

Lucrecia se sentó en el diván y le indicó a su hermano que se sentara junto a ella. Pero, en vez de hacerlo, César, inquieto, empezó a caminar de un lado a otro de la estancia.

—¿Y qué le dirá a Giovanni? —preguntó Lucrecia—. ¿Cómo conseguirá nuestro padre anular nuestros esponsales? Giovanni no es un hereje, ni tampoco ha cometido ningún acto de traición. Su único pecado es haberme hecho desdichada.

—¿Acaso no te parece crimen suficiente? —preguntó César.

—Mucho me temo que no todo el mundo compartirá tu punto de vista —dijo Lucrecia.

—El sumo pontífice no correrá el riesgo de solicitar la

mediación de un tribunal eclesiástico, Lucrecia —explicó César—. Es preferible no montar ningún escándalo. Lo más conveniente es que Giovanni desaparezca.

Lucrecia se incorporó y miró fijamente a su hermano a los ojos.

—César —dijo—, no puedes consentir que ocurra algo así. Giovanni es un bruto, pero no merece un castigo como el que sugieres.

—¿Acaso pretendes contrariar los deseos del sumo pontífice, Lucrecia? —preguntó César con incredulidad—. ¿De verdad estarías dispuesta a condenarte al fuego eterno por salvar la vida de alguien tan despreciable como Giovanni Sforza?

Lucrecia observó a su hermano en silencio.

—¿Le ha preguntado alguien a mi esposo si estaría dispuesto a romper nuestro matrimonio de forma voluntaria? —preguntó al cabo de unos instantes.

—Sí, nuestro padre lo ha hecho personalmente. Giovanni ha rechazado su propuesta.

—Entonces, vuelve a hablar con nuestro padre —insistió Lucrecia con determinación—. Dile que no estoy dispuesta a poner en peligro la salvación de mi alma con un acto como el que sugiere. Dile que no deseo arder eternamente en el infierno. Dile que, a pesar de mis muchos pecados, confío en la bondad de Dios, en que sabrá perdonarme y no me cerrará las puertas del cielo.

César inclinó la cabeza con abatimiento.

—Debemos acabar con esta mascarada de una vez por todas, Lucrecia —dijo.

—No hay nada que desee más que eso, hermano mío —dijo ella con determinación—. Y tú lo sabes mejor que nadie. Pero me preocupa la salvación de nuestras almas. No participaré en una conspiración para acabar con la vida de un hombre con el único objeto de obtener un beneficio terrenal.

César había acudido a ver a su hermana convencido de que Lucrecia se alegraría al oír la decisión del Santo Padre; pero su reacción le había decepcionado. Él sólo pretendía liberarla del hombre que los obligaba a permanecer separados.

—Mediar entre tú y nuestro padre, querida hermana, es como estar atrapado por unas tenazas de hierro. No existe escapatoria. Tan sólo dime qué deseas que haga —preguntó sin ocultar su enojo.

—Sólo deseo que no traiciones tu bondad.

Cuando César abandonó la estancia, Lucrecia se apresuró a liberar al chambelán de su cautiverio, el hombre temblaba de tal manera que su angustia podía apreciarse incluso cubierto por las ropas de la hija del papa.

—¿Has oído algo de lo que hemos dicho? —preguntó ella.

—Ni una sola palabra, duquesa —contestó él, aterrorizado—. Ni una sola palabra.

—Santo Dios —exclamó Lucrecia—. Vete, rápido. Dile al duque lo que ha ocurrido en esta estancia. Dile que se apresure a abandonar la ciudad. No me mancharé las manos con la sangre de mi esposo.

Y, sin más, condujo al chambelán hasta una de las salidas laterales del palacio.

Cuando el chambelán le contó lo ocurrido a su señor, el duque de Pesaro se apresuró a solicitar el permiso del Santo Padre para no acudir a las vísperas, pues deseaba confesarse en la iglesia de San Onofre, situada a las afueras de Roma.

El papa Alejandro no puso ningún impedimento, pues era de todos sabido que, en esta época, un pecador podía esperar especial indulgencia en San Onofre. Además, dado el destino que tenía reservado para Giovanni, se sentía en la obligación de ofrecerle esa última oportunidad para hacer las paces con el Señor.

Pero, al llegar a San Onofre, Giovanni montó en el semental turco que le proporcionó el capitán de sus tropas y, en su compañía, cabalgó sin descanso hasta llegar a Pesaro. Exhausto por el esfuerzo, el caballo se desplomó, muerto, a las puertas de la ciudad.

Giovanni Sforza, que apreciaba más a los animales que a los hombres, ordenó que su caballo fuera enterrado con gran ceremonial y, en señal de luto, ayunó durante varios días. En Pesaro nadie sabía qué le afligía más, si la muerte de su caballo o la pérdida de su joven esposa.

Lucrecia estaba enojada con su padre por haberle ocultado sus intenciones. Al descubrir que el papa había enviado un emisario a Pesaro exigiendo la anulación del matrimonio basándose en una supuesta impotencia del duque, Lucrecia tomó una decisión que, sin duda, desagradaría al Santo Padre. Sabía que si, finalmente, Giovanni se veía obligado a reconocer algo que resultaba al mismo tiempo humillante y falso, sin duda contraatacaría haciendo públicas las sospechas que albergaba sobre la relación incestuosa de su esposa con su hermano César.

Lucrecia no tenía otra opción. Había sido ella quien, tras la primera noche, se había negado a compartir el lecho de Giovanni y apenas había cumplido con sus deberes de esposa en contadas ocasiones. Aunque reconocer una falsa impotencia resultaba menos peligroso que el veneno o el frío acero de una daga, no dejaba de ser un golpe mortal para alguien de la arrogancia del duque de Pesaro. Giovanni haría públicas sus sospechas y, con sus palabras, pondría en peligro a toda la familia Borgia.

A la mañana siguiente, Lucrecia se despertó al alba y se hizo acompañar por varias damas de compañía hasta el convento de San Sixto; el único refugio posible para una mujer que ansiaba escapar tanto de su esposo como de su padre.

Era una decisión sencilla que le permitiría conservar intacta su virtud, una decisión de la que tanto Julia como Adriana habían intentado disuadirla.

—El Santo Padre no tendrá un solo momento de descanso mientras permanezcas en el convento —había dicho Adriana—. No se resignará a perder así a su única hija.

—Ni siquiera mi padre puede impedir que siga los dictados de mi conciencia —había dicho Lucrecia con determinación.

—Al menos dale a tu padre la oportunidad de explicarte en persona por qué ha actuado como lo ha hecho —le había rogado Julia—. Sabes lo infeliz que es cuando no te tiene cerca.

¡Está decidido! ¡No cambiaré de opinión! —había exclamado Lucrecia con enojo—. Estoy segura de que tú sabrás calmar el dolor de mi padre, Julia. Yo ya no deseo complacerlo, pues ha tomado su decisión sin tener en cuenta ni mis deseos ni la voluntad de Dios.

—¿Cuántas veces te has quejado de tu infelicidad, Lucrecia? Y, ahora, cuando tu padre intenta liberarte de tu compromiso con el hombre que es la causa de esa desdicha, tú le das la espalda —había insistido Adriana, intentando hacerla entrar en razón—. No tiene sentido, Lucrecia. No entiendo tu comportamiento.

Pero Lucrecia se había mantenido firme en su decisión, pues de ello dependía el futuro de aquellos a quienes más amaba.

—No le digáis nada al Santo Padre hasta que hayan transcurrido doce horas desde mi marcha —había dicho finalmente—. Si pregunta por mí, decidle que estoy en mi capilla y que no deseo que nadie interrumpa mis oraciones.

Y, sin más, se había despedido de Adriana y de Julia con sendos abrazos. Después le había entregado una carta lacrada a una de sus damas de compañía y le había dicho:

171

—Llévasela a mi hermano, el cardenal. Entrégasela a él personalmente; a nadie más.

El papa Alejandro siempre se había mostrado razonable en cuestiones de Estado o de la Iglesia. Pero no se podía decir lo mismo cuando se trataba de cuestiones familiares. Cuando tuvo noticias de la marcha de Lucrecia y de su intención de recluirse tras los muros del convento de San Sixto, no pudo contener su ira y su pesar.

¿Qué valor tenía ser papa si ni siquiera conseguía hacerse obedecer por su propia hija? ¿Cómo era posible que la dulce Lucrecia desobedeciera de esa forma los deseos de su padre?

Alejandro mandó llamar de inmediato a César, a Duarte Brandao y a don Michelotto.

—Decidme, ¿qué he hecho para merecer que mi propia hija me trate de esta manera?

César agachó la cabeza en silencio.

—Puede que Lucrecia sienta una vocación sincera —arriesgó el consejero del papa.

—Por favor, Duarte —dijo el papa Alejandro—, no me trates como si fuera tonto... Debe de haber ocurrido algo, algo que escapa a mi conocimiento.

—No pretendía tomaros por tonto —dijo Duarte—. Tan sólo intentaba evitar que os culpaseis de la decisión de Lucrecia. Lo cierto es que la hija de Su Santidad ya no es una niña. Sólo existen dos posibilidades: o corre hacia una promesa o huye de una amenaza.

—¿Qué amenaza podría hacer que Lucrecia tomara una decisión así? —le preguntó Alejandro a su hijo César.

Padre e hijo se miraron fijamente, sosteniéndose la mirada hasta que el fuego de los ojos del sumo pontífice quemó las pupilas de su hijo. En todos esos años, nunca habían hablado de aquello que más querido era para César, pues el hijo temía que la llama de ese amor prohibido ardiese con tanta intensidad en el corazón de su padre como en el suyo propio y sabía que nunca podría vencer a su padre si ambos se enfrentaban por el amor de Lucrecia. El sumo pontífice exigía que la lealtad hacia su persona estuviera por encima de cualquier otro sentimiento terrenal, y confesarle la verdad de su relación con Lucrecia sólo conduciría a César a vivir un infierno en vida.

César nunca le había confesado a nadie su amor por Lucrecia, ni siquiera borracho en el lecho de alguna cortesana, y sabía que aquellos de sus criados que conocían la relación que mantenía con su hermana nunca se atreverían a mencionarla; apreciaban demasiado sus cabezas. Pero ¿acaso no podía un padre, el Santo Padre, leer el alma de su hijo? César se preguntó hasta qué punto su padre llegaría a sospechar la realidad.

De repente, la expresión de Alejandro se suavizó.

—Don Michelotto, amigo mío —dijo con una sonrisa—. Necesito que busques a un hombre de confianza que pueda viajar a diario al convento. Debe ser un joven apuesto y de trato amable. Estoy seguro de que Lucrecia acabará por entrar en razón.

Siguiendo las órdenes del papa, don Michelotto eligió como mensajero al joven español conocido como Perotto. Perotto era un joven músico y poeta que servía al papa a cambio de su manutención y la salvación de su alma. Había viajado desde España esperando encontrar en Roma un remanso de paz y belleza, y poseía una educación muy superior a la de la mayoría de los miembros de la corte pontificia. Pero, por encima de todo, era un hombre honesto que servía con devoción al Santo Padre.

La confianza de Alejandro en el joven Perotto llegaba hasta tal punto que, cuando le entregó la primera carta para Lucrecia, lo hizo con la certeza de que sólo la muerte del joven mensajero impediría que aquella misiva llegara a manos de su hija.

Pero cuando Perotto se presentó ante Lucrecia en el jardín del convento, la hija del papa rechazó la carta de su padre.

—No deseo entablar ningún tipo de correspondencia con Su Santidad —dijo escuetamente.

—Comprendo perfectamente sus sentimientos, duquesa —dijo el joven poeta con una sonrisa en los labios. Llevaba el cabello, largo y rubio, recogido en una coleta, y sus ojos brillaban con sincera emoción—. Aun así, creo que es mi deber insistir, pues, sin duda, la carta que os traigo debe de tratar cuestiones de gran importancia.

Lucrecia lo observó durante unos instantes. Después negó con la cabeza, se dio la vuelta y caminó lentamente hasta el banco de piedra que había al otro extremo del jardín.

En vez de darse por vencido, Perotto fue en busca de su guitarra y le pidió permiso a Lucrecia para dedicarle una melodía. La expresión del poeta era tan dulce y la vida en el convento resultaba tan aburrida que Lucrecia finalmente consintió.

Cuando Perotto acabó de cantar, Lucrecia, contagiada por el buen ánimo del joven, le pidió que le entregara la carta de su padre.

Estaba escrita en un tono formal. El papa Alejandro le comunicaba que las negociaciones para la anulación de su matrimonio progresaban a buen ritmo, pues Giovanni parecía dispuesto a considerar los beneficios y las compensaciones que le había ofrecido. También le decía que, si deseaba hacerlo, podía transmitirle sus pensamientos por escrito, pues Perotto volvería al convento al día siguiente con nuevas noticias de Alejandro.

De regreso en su celda, Lucrecia escribió una carta de respuesta escueta y formal. Le decía a su padre que esperaba que se encontrase bien y que agradecía lo que intentaba hacer por ella. Pero firmó la carta como «Lucrecia Borgia», por lo que, al leerla, Alejandro supo que su hija seguía enojada con él.

Al día siguiente, el papa se levantó dispuesto a solucionar de una vez por todas la anulación del matrimonio de Lucrecia. Las cuestiones de estado marchaban razonablemente bien y, una vez concluidas sus oraciones matutinas, el Santo Padre disponía de todo el día para dedicarse a los asuntos familiares.

César también había amanecido con buen ánimo.

—Creo que deberíamos organizar un gran festejo, padre —dijo al reunirse con Alejandro—. Los ciudadanos empiezan a mostrarse inquietos. Necesitan algo que los haga olvidarse de sus miserias. Si no, no tardarán en empezar a matarse entre ellos.

—Así es —le dio la razón Alejandro—. A mí tampoco me vendría mal relajarme, pues los asuntos de Estado me están agriando el carácter.

Precisamente en ese momento, Plandini, el secretario del papa, anunció la llegada de Ludovico Sforza y de su sobrino Giovanni.

Los cuatro se sentaron alrededor de una pequeña mesa de mármol sobre la que se habían dispuesto unas fuentes de queso y fruta y una jarra de vino.

—Ludovico, no podemos seguir dando vueltas en círculos —dijo el papa con semblante adusto tras intercambiar los cumplidos de rigor—. Os he invitado a venir para resolver esta situación de una vez por todas.

—Su Santidad, no creo que sea necesario mostrarse tan drástico —dijo el Moro.

Giovanni asintió en silencio.

El sumo pontífice se levantó de su asiento y empezó a caminar de un extremo a otro de la sala.

—Por supuesto que es necesario, Ludovico. Ya hace varios meses que Giovanni abandonó a mi hija en Roma.

Ludovico se incorporó; Giovanni imitó a su tío.

—Mi sobrino abandonó Roma a causa de las amenazas de vuestro hijo, Santidad —intercedió Ludovico en defensa de Giovanni.

César vació el contenido de su copa sin inmutarse.

—¿Es eso cierto, hijo mío? —preguntó el papa Alejandro—. ¿Amenazaste a tu cuñado?

—Yo nunca he amenazado a nadie —dijo César sin perder la compostura—. Cuando un hombre me agrava, lo reto a duelo, no lo amenazo. —Guardó silencio durante unos instantes—. No recuerdo haberos retado a duelo, Giovanni. ¿O acaso lo he olvidado? —preguntó, mirando a su cuñado con frialdad.

La mutua antipatía entre ambos jóvenes era evidente.

—Desde luego, nunca fuisteis precisamente cortés —dijo Giovanni con arrogancia.

—Su Santidad —dijo el Moro dirigiéndose al Santo Padre con evidente nerviosismo—, Giovanni ha regresado a Roma por propia voluntad. Él y Lucrecia podrían haber tenido una vida dichosa en Pesaro, pero ella nunca puso nada de su parte. Vuestra hija sólo pensaba en volver a Roma, Santidad.

Alejandro condujo a sus huéspedes hasta su estudio y los invitó a tomar asiento.

—Ludovico, amigo mío —dijo—. Podríamos estar discutiendo todo el día, pero estoy seguro de que los dos tenemos otros asuntos que requieren de nuestra atención. Sólo hay una posible solución. Compartimos vuestra preocupación y entendemos vuestros sentimientos, pero por el bien de la Iglesia, es necesario que anulemos los esponsales entre Giovanni y Lucrecia.

—¿Por el bien de la Iglesia? —exclamó el Moro, perplejo.

Ambos se habían levantado y caminaban sin rumbo por el estudio del papa.

—Su Santidad —dijo finalmente el Moro—. Estoy seguro de que mi sobrino daría su consentimiento a la nulidad si ésta se basara en la no culminación del matrimonio.

Alejandro apoyó la mano sobre el hombro de Ludovico.

—Ludovico, amigo mío —dijo—. Ya hace tiempo que deberíamos haber resuelto este desagradable asunto... Mucho me temo que ningún tribunal eclesiástico concedería la anulación con una conjetura tan descabellada como único argumento.

—Siempre podríais redactar una bula —sugirió el Moro, apenas en un susurro.

Alejandro asintió.

—Así es —dijo—. Podría hacerlo... Si Lucrecia no fuera mi propia hija. —El papa miró fijamente al Moro—. El único argumento posible es la impotencia —dijo con autoridad—. Eso sería aceptado por un tribunal. Y también por el pueblo. Lucrecia está dispuesta a atestiguarlo.

Giovanni, indignado, se levantó bruscamente de su asiento. La cólera encendía su rostro.

—Miente —exclamó—. No soy impotente y nunca admitiré lo contrario.

Ludovico se volvió hacia su sobrino.

—Siéntate, Giovanni —le ordenó con severidad—. Estamos aquí para encontrar el modo de complacer al Santo Padre.

El Moro necesitaba el apoyo de Alejandro, pues Milán podía ser invadida en cualquier momento por las tropas del rey de Francia y, para evitarlo, necesitaba la ayuda de los ejércitos del papa y sus aliados españoles.

—Creo que tengo una posible solución —intervino César—. Ya que Lucrecia sostiene una cosa y Giovanni otra, propongo que se realice una prueba para ver quién dice la verdad. Podríamos reunir a los miembros de ambas familias en una amplia sala. En el centro colocaríamos una cama con una bella cortesana; una mujer sana y entusiasta, por supuesto. Si realmente no es impotente, Giovanni podrá demostrar fácilmente su hombría.

Giovanni no podía creer lo que oía.

—¡Delante de las dos familias! ¡Nunca! Jamás me rebajaré a hacer algo tan degradante.

—Entonces, la cuestión queda zanjada —dijo Alejandro, acercándose a Ludovico—. Giovanni ha rechazado la oportunidad de probar su hombría. Debemos, pues, concluir, como lo haría cualquier tribunal, que la versión de Lucrecia es la verdadera. Por supuesto, trataremos a Giovanni con generosidad.

Cuando Giovanni protestó, su tío lo cogió del brazo y lo llevó a un extremo del estudio.

—La familia te repudiará si no das tu consentimiento —lo amenazó—. Perderías tu título y tus tierras. Si aceptas, aunque pierdas la dote de Lucrecia, al menos conservarás tu ducado.

Sentado frente a su escritorio, César leyó la carta que su hermana le había enviado el día anterior. Su apuesto rostro reflejaba el pesar que sentía, pues estar lejos de Lucrecia lo sumía en una profunda melancolía. Pero eso no era lo único que le preocupaba. Leyó la carta una y otra vez.

Y una y otra vez se detuvo en la misma frase, que parecía destacar por encima de todas las demás: «Mi situación no me permite discutir aquello que es más importante para ambos.»

Era la formalidad de las palabras de su hermana, su insistencia en no proporcionarle ninguna información sobre la razón que la había llevado a recluirse en el convento, lo que más preocupaba a César. Lo que le preocupaba era todo aquello que Lucrecia no decía, pues conocía a su hermana lo suficientemente bien como para saber que el secreto que guardaba tenía que ser de una naturaleza terrible.

Capítulo 12

Los invitados de Vanozza Catanei disfrutaban de la hermosa puesta de sol que teñía de rojo las ruinas del foro romano. Vanozza había invitado a sus hijos y a varios amigos a su villa de las afueras de Roma para despedir a César, que debía partir hacia Nápoles como delegado pontificio.

El viñedo de Vanozza, como lo llamaban cariñosamente sus hijos, estaba situado en la colina de Esquilino, al este de la ciudad.

Por una vez, César, Juan y Jofre, sentados a la misma mesa, parecían disfrutar de su mutua compañía. Al observar cómo su madre conversaba con aparente intimidad con un joven guardia suizo, César pensó que Vanozza todavía era una mujer hermosa. Alta, pero de delicado porte, tenía la piel morena y el cabello de color caoba. Esa noche estaba espléndida con su vestido largo de seda negra, adornado con un solitario collar de perlas de tres vueltas; un obsequio personal del papa Alejandro.

César adoraba a su madre y se enorgullecía tanto de su belleza como de su inteligencia, pues Vanozza regentaba sus posadas con tanto o más éxito que cualquier hombre. Volvió a fijarse en el joven guardia y deseó que su madre tuviera fortuna con su conquista.

Para celebrar la ocasión, Vanozza había ordenado a sus mejores cocineros que preparasen un exquisito surtido de manjares. Había ganso salteado con pasas y rodajas de manzana, langostas frescas hervidas a fuego lento con crema de tomate y albahaca y tiernos filetes de ternera con trufas y aceitunas verdes.

Los cardenales más jóvenes, entre los que se encontraba Gio Médicis, aclamaban con entusiasmo la llegada de cada nuevo plato. El cardenal Ascanio Sforza, aun sin demostrar de manera tan patente su entusiasmo, dio buena cuenta de más de una ración de cada plato, al igual que el cardenal Monreal, el primo del papa Alejandro.

Se sirvieron abundantes jarras de vino de las viñas de Vanozza, de las que Juan vació una copa tras otra. Antes de comenzar el baile, un joven alto y delgado con un antifaz negro se acercó a Juan y le susurró algo al oído.

Durante el último mes, César había visto en varias ocasiones al joven enmascarado acompañando a su hermano, pero cuando había preguntado por él, nadie había sabido decirle de quién se trataba. Y cuando se lo había preguntado a Juan, éste había soltado una carcajada y le había dado la espalda sin contestarle. Finalmente, César pudo saber que se trataba de un artista excéntrico de uno de los humildes barrios de Roma a los que Juan acudía a despilfarrar el dinero en alcohol y mujeres.

Notablemente bebido, despeinado y sudoroso, Juan se incorporó con la capa medio caída e intentó proponer un brindis. Levantó su copa y la mantuvo en alto, cada vez más inclinada, hasta que el vino empezó a derramarse. Jofre se levantó para ayudarlo, pero Juan lo apartó con un brusco empujón.

—Brindo por la huida de mi hermano del campamento francés —dijo, arrastrando las palabras al tiempo que se volvía hacia César—. Brindo por su capacidad para eludir el peligro, dondequiera que éste pueda surgir. Ya sea vistiendo los hábitos de un cardenal o huyendo de las tropas del rey de Francia. Algunos lo llaman valor... Yo lo llamo cobardía —concluyó con una sonora carcajada.

Incapaz de contener su ira, César se incorporó de un salto y llevó la mano a la empuñadura de su espada, pero Gio y Jofre lo sujetaron y Vanozza le imploró que cesara en su actitud.

—No sabe lo que dice, César —intentó tranquilizarlo su madre.

—Lo sabe perfectamente, madre —exclamó César sin apartar la mirada de su hermano—. Si no estuviéramos en tu casa, te aseguro que el insolente bastardo de mi hermano ya estaría muerto.

Entre Gio y Jofre obligaron a César a sentarse mientras el resto de los invitados observaban la escena en silencio.

Entonces, el joven del antifaz volvió a acercarse a Juan y le susurró algo al oído. Juan, a quien la escena parecía haber despejado, anunció que debía ausentarse para atender un asunto personal. Y, sin más dilación, se puso la capa de terciopelo azul marino que le trajo su paje y abandonó la villa de su madre acompañado por uno de sus escuderos y el joven del antifaz.

El resto de los invitados no tardaron en seguir su ejemplo. Entre ellos, César, acompañado de Jofre, de Gio y de Ascanio Sforza. Los cuatro montaron en sus caballos y, tras despedirse de Vanozza, a la que seguía acompañando el joven guardia, cabalgaron de vuelta a Roma.

Una vez dentro de las murallas de la ciudad, frente al palacio Borgia, César detuvo su caballo e hizo saber a sus compañeros que no estaba dispuesto a seguir tolerando la arrogancia de su hermano Juan. Hablaría personalmente con él para hacerle comprender la importancia del incidente que había protagonizado delante de su madre y de sus invitados. Y, si era necesario, si Juan no entraba en razón, lo retaría a duelo para acabar con su actitud de una vez por todas. Pues, sabiendo Juan que César lo vencería, se vería obligado a excusarse por su conducta, y no sólo ante César, sino ante todos aquellos a los que había ofendido. Pues el verdadero cobarde era su hermano, y no él, por mucho que Juan hubiera osado dudar de su valor en presencia de su propia madre.

Aprovechando el ánimo inflamado de César, el cardenal Ascanio Sforza le hizo saber que, tan sólo algunas noches antes, Juan, de nuevo ebrio, había dado muerte a su chambelán sin que mediara la menor provocación por parte de éste. Ascanio, indignado, juró que él mismo lo habría retado a un duelo si no hubiera sido el hijo del sumo pontífice.

Jofre, que tan sólo contaba dieciséis años, permaneció en silencio, aunque sus sentimientos hacia Juan eran conocidos por todos. Últimamente, su hermano menor era un misterio para César. Siempre lo había tenido por un niño de escasa inteligencia, pero, después de la transformación que había observado en él aquella noche con Fernández de Córdoba y su joven acompañante, César ya nunca volvería a verlo de la misma manera.

—Creo que iré a pasar un rato agradable con alguna mujer complaciente —dijo Jofre tras despedirse ambos hermanos de Gio y de Ascanio.

César sonrió.

—Desde luego, no seré yo quien te reprenda por ello —dijo—. Disfruta de los placeres de la vida, hermano.

Mientras observaba alejarse a Jofre, César advirtió cómo tres jinetes, que habían permanecido ocultos entre las sombras, seguían a su hermano. Uno de ellos, una figura alta y delgada, montaba un semental blanco.

Esperó unos instantes para que los tres jinetes no se percataran de su presencia y cabalgó hasta la plaza tras la que se abría el barrio popular del Trastevere. No tardó en ver llegar a cuatro jinetes, entre los que reconoció la figura de Jofre. Al ver que conversaban alegremente, dio la vuelta y regresó al Vaticano, convencido de que Jofre no se encontraba en peligro.

Una pesadilla despertó a César en plena noche. ¿Había oído el ruido de unos jinetes cabalgando? Sacudió la cabeza, intentando liberarse del sueño. La lámpara de su mesilla de noche se había consumido, dejando la cámara en la más absoluta oscuridad.

César intentó tranquilizarse. Estaba sudando y el corazón le latía con fuerza. Nada parecía poder aliviar el pánico que sentía. Se levantó y palpó a tientas la mesilla, buscando unos fósforos para encender la lámpara. Las manos le temblaban y su mente estaba poblada por todo tipo de temores irracionales. Llamó a su ayuda de cámara, pero no obtuvo respuesta.

De repente, y sin explicación aparente, la lámpara se encendió e iluminó la cámara. César se recostó, intentando recuperar la calma. Pero las paredes se llenaron de largas sombras que lo acechaban. Tiritando de frío, se envolvió en una manta, pero ni aun así pudo controlar el temblor de su cuerpo. Y entonces oyó la voz de Noni: «La muerte ronda a tu familia...»

Intentó deshacerse de ese pensamiento. Intentó acallar la voz de Noni, pero nada podía liberarlo del terror que sentía. ¿Correría peligro Lucrecia? No, no podía tratarse de ella, se dijo a sí mismo. El convento era un lugar seguro. Además, su padre había ordenado que varios hombres lo vigilaran día y noche. Después pensó en Jofre, pero se tranquilizó al recordar el sonido animoso de su voz, riendo con sus tres compañeros en la plaza del Trastevere.

¿Se trataría de Juan? Aunque, si existía alguna justicia en este mundo, lo que pudiera ocurrirle a Juan nunca le provocaría una pesadilla. Pero ¿y su padre?

César se vistió y corrió a los aposentos del Santo Padre. Dos soldados hacían guardia ante las pesadas puertas de hierro.

—¿Duerme el Santo Padre? —preguntó César, luchando por mantener la compostura.

Fue Jacomino, el criado favorito del papa, quien contestó desde la antesala.

—Hace apenas un minuto que he estado en su cámara —dijo con voz tranquilizadora—. Su Santidad duerme apaciblemente.

César regresó a sus aposentos, pero, incapaz de recuperar la tranquilidad, finalmente decidió salir a cabalgar, como lo hacía siempre que algo angustiaba su corazón. En los establos, un mozo de cuadra cepillaba el caballo de Jofre. El bello animal tenía las patas manchadas con el barro rojizo del río.

—Veo que mi hermano Jofre ha regresado ya.

—Así es, cardenal —dijo el mozo de cuadra.

—¿Ha vuelto también mi hermano Juan?

—No, cardenal —contestó el joven—. El capitán general todavía no ha regresado.

César salió del Vaticano a lomos de su montura. Tenía un mal presentimiento. Galopó por la ribera del Tíber. A su alrededor, el paisaje de Roma parecía salido de un sueño.

La noche era fresca, y la humedad del río no tardó en aclarar sus pensamientos. Más tranquilo, César buscó señales de lucha en la ribera del río. Una hora después, llegó a la zona del río donde la orilla se cubría de arcilla roja. Frente a uno de los grandes muelles de pesca se alzaba el palacio del conde de Mirandella. Todo parecía tranquilo.

César desmontó, buscando a alguien que pudiera haber visto a su hermano, pero no vio a nadie y lo único que se oía era el chapoteo de los peces rompiendo la superficie acristalada del Tíber.

Caminó hasta el final del muelle y observó el avance de la corriente. Había varias barcas fondeadas en el río, pero sus tripulantes o bien estaban dormidos o bien estaban bebiendo en alguna taberna. César se preguntó cómo sería la vida de un pescador, cómo sería la vida de esos hombres que día tras día arrojaban sus redes al río y se sentaban a esperar el botín que les ofrecían las turbias aguas del Tíber. La idea lo hizo sonreír.

Estaba a punto de irse cuando advirtió la presencia de una pequeña barca amarrada a una de las estacas que había junto al muelle. Dentro había un hombre dormido.

Al oír su voz, el hombre se incorporó y miró a César con desconfianza.

—Soy el cardenal Borgia —se presentó César—. Estoy buscando a mi hermano, el capitán general. ¿Has visto algo que debería saber? —preguntó mientras hacía girar un ducado de oro entre sus dedos.

Al ver la moneda, el pescador subió al muelle, dispuesto a ayudar al hijo del papa.

Una hora después, César dejó caer en su mano la moneda de oro.

—Nadie debe saber lo que me has dicho —le advirtió—. Tú y yo nunca nos hemos visto.

—Así será —se apresuró a decir el pescador—. Puede estar tranquilo, eminencia.

César regresó al Vaticano, pero, al llegar, no le dijo a nadie lo que había averiguado.

El papa Alejandro se despertó con una sensación de desasosiego. Esa mañana iba a reunirse con Duarte y con sus hijos para analizar distintas cuestiones. Tras rezar sus oraciones, acudió a la sala donde debía celebrarse la reunión, pero, al llegar, sólo encontró a Duarte.

—¿Y mis hijos, Duarte? Ya deberían estar aquí.

Duarte tragó saliva, buscando las mejores palabras para darle la noticia al Santo Padre.

Esa mañana, uno de los criados de Juan lo había despertado antes del amanecer. El capitán general aún no había regresado a palacio. Tampoco había regresado el escudero que lo había acompañado a la cena en la villa de Vanozza. Incapaz de volver a conciliar el sueño, finalmente Duarte se había vestido y había salido a buscar a Juan Borgia por las calles de Roma, pero nadie había visto al hijo del papa.

Al regresar al Vaticano, había despertado a César y le había preguntado cuándo había visto a su hermano por última vez.

—Abandonó la cena con su escudero y el hombre del antifaz —le había dicho César—. Su escudero había recibido órdenes concretas de llevarlo de regreso al Vaticano, pues Juan había bebido más de la cuenta.

—No han vuelto a palacio —le había explicado Duarte a César—. Ni Juan ni su escudero. Yo mismo he estado buscando al capitán general por toda Roma.

—Avisadme si hay nuevas noticias —había dicho César dando la conversación por concluida.

Al retirarse, Duarte había advertido las manchas de arcilla roja que había en las botas de César.

La angustia del sumo pontífice aumentaba a medida que pasaban las horas sin que hubiera noticias de Juan. Incapaz de permanecer quieto, deambulaba sin rumbo por sus aposentos, aferrado a su rosario de oro.

—Realmente, este hijo mío no tiene remedio —le dijo a Duarte—. Espero, por su propio bien, que tenga una buena justificación para su ausencia.

Duarte intentó tranquilizar al sumo pontífice.

—Juan todavía es joven, Su Santidad, y la ciudad está llena de mujeres hermosas. Lo más probable es que ahora mismo esté dormido en alguna alcoba del Trastevere tras una larga noche de pasión.

Alejandro asintió, pero, en ese preciso instante, César se presentó con noticias preocupantes.

—Padre, hemos encontrado al escudero de Juan. Está malherido. De hecho, sus heridas son tan graves que ni siquiera puede hablar.

—Hablará conmigo —dijo el sumo pontífice con determinación.

—No puede, padre —dijo César, inclinando la cabeza ante Alejandro—. Le han arrancado la lengua.

Alejandro sintió flaquear las rodillas.

—Al menos podrá escribir.

—Mucho me temo que no, padre —dijo César—. También le han cortado las manos.

—¿Dónde han encontrado a ese pobre hombre? —preguntó Alejandro.

—En la plaza de la Giudecca —se apresuró a decir César—. Al parecer, llevaba horas inconsciente en mitad de la plaza, pero nadie se atrevía a informar de lo ocurrido.

—¿Seguimos sin tener noticias de tu hermano? —preguntó el papa al tiempo que tomaba asiento.

—Así es, padre. Aún no sabemos nada de él.

César y Duarte peinaron las calles de Roma buscando a Juan con la ayuda de la guardia pontificia, los soldados españoles y la guardia suiza.

De vuelta en el Vaticano, encontraron a Alejandro frotando nerviosamente las cuentas del rosario. César dejó que fuera Duarte quien hablara, pues pensaba que sería menos doloroso para su padre oír las noticias que traían de boca de un hombre en el que depositaba toda su confianza.

Duarte se acercó al sumo pontífice y apoyó una mano sobre su hombro.

—Su Santidad, acaban de comunicarme que han encontrado el caballo del capitán general. Al parecer, tiene los estribos cortados.

El Santo Padre notó cómo el aliento lo abandonaba.

—¿Y el jinete? —preguntó, mirando al suelo.

—Nadie lo ha visto, padre —intervino César.

El papa Alejandro levantó la mirada hasta encontrar la de César.

—Reúne a la guardia pontificia y haz que registren todas las casas de Roma —le ordenó—. No quiero que regresen hasta que hayan encontrado a tu hermano.

Al salir para cumplir las órdenes de su padre, César se cruzó con Jofre en el corredor.

—Juan ha desaparecido —le dijo—. Nuestro padre está desolado. Ten mucho cuidado con lo que dices cuando estés en su presencia. Y, por tu bien, te recomiendo que no permitas que averigüe dónde estuviste anoche.

—Entiendo —respondió Jofre, pero no dijo nada más.

Los rumores sobre la desaparición de Juan no tardaron en extenderse por la ciudad. El hijo del papa había desaparecido y la cólera del Santo Padre caería sobre todos los ciudadanos de Roma si Juan había sufrido algún daño.

Los comerciantes taparon las vitrinas de sus comercios con tablones de madera mientras cientos de soldados españoles recorrían las calles con las espadas desenvainadas. Temiendo ser culpados por lo ocurrido, los principales rivales del sumo pontífice, los Orsini y los Colonna, se pertrecharon en sus palacios, dispuestos a defenderse de un posible ataque del papa. Mientras tanto, los soldados del pontífice registraban cada casa, cada callejón, cada sótano de la ciudad.

Al rayar el alba del día siguiente, unos soldados despertaron a un pescador que dormía en su barca, amarrada a uno de los muelles de las afueras de la ciudad. El pescador les dijo que la noche anterior había visto a cuatro jinetes tirando de un quinto caballo cargado con un cuerpo. Les dijo que uno de los jinetes llevaba un antifaz y que los cuatro hombres habían arrojado el cuerpo al río junto a las inmundicias de la ciudad.

Los soldados le pidieron que describiera a los cuatro jinetes.

—Estaba muy oscuro... —empezó diciendo el pescador, aunque, ante la presión de los soldados, finalmente reconoció haber oído a uno de los hombres ordenando a sus compañeros que arrojasen unas piedras sobre el cadáver cuando su capa azul volvió a emerger a la superficie.

El pescador también dijo que uno de los caballos era un semental de color blanco, pero, manteniéndose fiel a la promesa que le había hecho a César, no describió al hombre que había dado la orden de arrojar las piedras sobre el cadáver.

Cuando los soldados le preguntaron por qué no había informado de lo ocurrido, el pescador dejó escapar una carcajada. Había visto arrojar al río cientos de cuerpos; si tuviera que informar a las autoridades cada vez que alguien se deshacía de un cadáver en el Tíber no le quedaría tiempo para pescar.

A mediodía, cientos de hombres rastreaban el Tíber con inmensas redes y largos ganchos. Eran las tres de la tarde cuando un pescador encontró algo pesado en el lecho del río. Unos segundos después, el cadáver emergió amoratado a la superficie con su capa de terciopelo azul.

Tenía nueve heridas profundas de daga y un corte sesgándole la yugular.

Todavía llevaba puestas las botas y las espuelas. Sus guantes colgaban sujetos al cinturón y en la bolsa llevaba treinta ducados de oro; desde luego, no se trataba de un robo.

Duarte Brandao acudió inmediatamente a identificar el cadáver. No cabía ninguna duda; era Juan Borgia, el hijo del papa Alejandro.

El cuerpo de Juan fue transportado en barca hasta el castillo de Sant'Angelo. Al ver el cadáver de su hijo más querido, el sumo pontífice se dejó caer de rodillas y clamó desconsoladamente al cielo; sus lamentos se pudieron oír en todo el Vaticano.

Cuando finalmente consiguió contener las lágrimas, Alejandro ordenó que el funeral se celebrara esa misma tarde.

A las seis de la tarde, el cadáver de Juan, vestido con el uniforme brocado de capitán general de los ejércitos pontificios, fue colocado en un magnífico túmulo que los miembros más eminentes de la familia Borgia transportaron a hombros mientras el Santo Padre le daba el último adiós a su hijo desde el castillo de Sant'Angelo.

El cortejo fúnebre iba precedido por ciento veinte hombres con antorchas y escudos. A su paso, miles de ciudadanos de Roma lloraban la muerte del hijo del papa. Varias horas después, el cortejo pasó entre dos filas de soldados españoles con las espadas en alto antes de entrar en la iglesia de Santa Maria del Popolo, donde Juan recibió sagrada sepultura en la capilla que su madre, Vanozza, había hecho construir para albergar su propia tumba.

Al día siguiente, el sumo pontífice mandó llamar a César a sus aposentos.

Al llegar, César encontró a su padre sentado ante su escritorio. Estaba pálido y tenía los ojos enrojecidos por el llanto. César sólo lo había visto así en otra ocasión: cuando, siendo todavía un niño, Juan había sido envenenado.

Al ver entrar a su hijo en la estancia apenas iluminada, Alejandro se acercó a él y se detuvo a apenas unos centímetros de su cuerpo. Estaba fuera de sí.

El sumo pontífice siempre había sabido que César no sentía ningún aprecio por su hermano. Además, sabía que los dos hermanos habían discutido la noche en que Juan había sido asesinado. Ahora, César iba a decirle la verdad. Alejandro necesitaba oírla de sus propios labios.

—Júrame por lo más sagrado que no asesinaste a tu hermano —dijo con la severidad de un juez—. Júramelo por la salvación de tu alma. ¡Que tu alma arda en el infierno durante toda la eternidad si no me dices la verdad!

César no esperaba ser objeto de una acusación tan directa. Aunque no lamentara la muerte de su hermano, él no había tenido nada que ver con lo ocurrido. Y, aun así, no podía culpar a su padre por sospechar de él.

—Yo no maté a Juan, padre —dijo mirándolo fijamente a los ojos al tiempo que se llevaba una mano al pecho—. Os juro que yo no maté a mi hermano. Que mi alma arda eternamente en el infierno si mis palabras no son ciertas... Yo no lo maté, padre —repitió al ver que la duda seguía brillando en los ojos del sumo pontífice.

Alejandro fue quien apartó la mirada primero. Volvió a su escritorio, se dejó caer en una silla forrada de cuero y se cubrió el rostro con las manos, incapaz de contener el llanto. Cuando finalmente habló, apenas lo hizo con un hilo de voz.

—Gracias, hijo mío —dijo—. Gracias. No puedes saber el alivio que siento al oír tus palabras, pues has de saber (y te aseguro que lo que voy a decirte no es una amenaza vacía causada por el dolor de un padre que acaba de perder a su hijo) que si hubieras sido el responsable de la muerte de Juan, habría ordenado que te arrancaran cada miembro del cuerpo en la más dolorosa de las torturas. Y, ahora, déjame solo, pues necesito del consuelo de la oración.

Llega un momento en la vida de todo hombre en que debe tomar una decisión que marcará el sendero de su destino. Es en esa encrucijada cuando optamos por uno de los posibles caminos sin saber lo que nos espera al final del mismo, cuando marcamos para siempre el devenir de nuestras vidas. Y así fue cómo César decidió guardar en secreto que Jofre era el asesino de su hermano Juan.

Al fin y al cabo, Juan había sido el único culpable de su destino. Que hubiera sido Jofre quien finalmente hubiese hecho justicia tan sólo era un guiño del destino. Juan nunca había hecho nada por el bien de los Borgia. Al contrario, con su vanidad había puesto en peligro a toda su familia; su asesinato a manos de su hermano menor parecía una penitencia apropiada para los muchos pecados de los Borgia.

Pero aunque no le sorprendieran, las dudas que había expresado su padre sobre su inocencia hirieron a César más de lo que hubiera creído posible.

Aun así, si ésa había sido la reacción de su padre, no había nada que César pudiera hacer, pues confesándole la verdad sólo hubiera acrecentado su dolor. Como sumo pontífice, su padre debía mostrarse infalible, pues era precisamente esa infalibilidad lo que sustentaba su poder. De confesarle la verdad, César estaría negando la cualidad misma de la que dependía la autoridad del Santo Padre y, con ella, el futuro de todos los Borgia.

César sabía que el papa dudaba de su palabra, pero, aun así, ¿qué sentido tenía hacer que también dudase de sí mismo? Ninguno. Eso sólo le debilitaría y, con él, a todos los Borgia. No, César no estaba dispuesto a ser el responsable de la caída en desgracia de su familia.

Y así fue cómo, tras la muerte de Juan, con su silencio, César se convirtió en el custodio del porvenir de la familia Borgia.

Lucrecia estaba arrodillada ante la gran Virgen de mármol de la capilla del convento cuando fue llamada por una de las novicias. Era una joven nerviosa perteneciente a la familia real de Nápoles, algo nada inusual en el convento, pues en San Sixto había lugar para acoger tanto a jóvenes de la nobleza, cuyas familias contribuían generosamente a cambio del santuario que obtenían para sus hijas, como a jóvenes de condición humilde y sincera vocación religiosa que contribuían orando por la salvación de las almas de los nobles.

La novicia le dijo a Lucrecia que alguien la esperaba con un importante mensaje.

Mientras Lucrecia acudía al encuentro del mensajero, las palpitaciones de su corazón apagaban el retumbar de sus pasos sobre las baldosas de las galerías vacías. ¿Le habría ocurrido algo a su padre? ¿Estaría bien César? ¿Acaso habría abandonado Roma, cansado de esperar su regreso durante todos estos meses? ¿O sería tan sólo otra de las cartas en las que su padre le pedía que regresara?

Aunque sólo había abierto dos de las cartas que le había llevado Perotto, estaba segura de que todas contenían las mismas palabras. Pero por muchas veces que su padre le pidiera que volviera a su lado, por mucho que ella deseara hacerlo, ya no era posible. No podía regresar a Roma en su estado, sobre todo ahora que sabía por el joven Perotto que el papa Alejandro estaba decidido a anular su matrimonio con Giovanni alegando la supuesta impotencia de su esposo.

Lucrecia llevaba puesto un modesto vestido de lana gris y un sencillo jubón de algodón. Todas las mañanas, daba las gracias al Señor por sus modestas vestiduras, pues, al ser tan holgadas, ocultaban la redondez, cada vez más patente, de su vientre.

—¿Cómo íbamos a explicar entonces tu presencia? —dijo en voz alta mientras se acariciaba el vientre.

El vestíbulo era una sala fría con suelos desnudos de mármol. Las ventanas estaban cubiertas con oscuros cortinajes y un crucifijo colgaba en la pared como todo ornamento. Al llegar, Lucrecia dejó escapar una exclamación de sorpresa. No podía creer lo que estaba viendo. Era César. Su hermano César había venido a verla.

—¡César!

Su felicidad era tal que corrió hasta él y se abalanzó en sus brazos, sin importarle lo que pudiera pensar nadie. Pero su hermano interrumpió el abrazo y la miró con gravedad.

—¿Ces? —dijo ella sin comprender lo que ocurría—. ¿Qué ocurre, César?

No podía haberse dado cuenta de su estado tan pronto. Pero mientras ella intentaba encontrar una explicación para la actitud de César, su hermano bajó la mirada y dijo:

—Juan ha muerto. Lo asesinaron al amparo de la noche.

Lucrecia sintió cómo las fuerzas la abandonaban. César la cogió antes de que cayera al suelo, la recostó suavemente sobre las baldosas de mármol y se arrodilló a su lado, contemplando su palidez y las diminutas venas de sus párpados cerrados.

—Crecia —la llamó con ternura—. Crecia.

Pero ella no reaccionaba.

César se quitó la capa de terciopelo y la puso en el suelo para que Lucrecia pudiera descansar la cabeza sobre ella.

Lucrecia parpadeó mientras César acariciaba su vientre, intentando reanimarla con el amor de sus caricias. Cuando por fin abrió los ojos, Lucrecia vio la dulce mirada de su hermano.

—¿Cómo te sientes? —preguntó él.

—Tiene que ser una pesadilla —dijo Lucrecia—. ¿Juan muerto? ¿Y nuestro padre? ¿Cómo está nuestro padre?

—Mal —dijo César—. Muy mal.

De repente, volvió a colocar la mano sobre el vientre de Lucrecia, como si acabara de caer en la cuenta de algo.

—No es posible —exclamó—. Estás encinta.

—Sí, así es.

—Después de esto, nadie creerá que Giovanni sea impotente.

Lucrecia advirtió el tono de reprimenda que contenía la voz de su hermano. Todavía no podía creer que Juan hubiera muerto y el enojo de César sólo aumentaba su confusión.

—Giovanni no es el padre —dijo con frialdad.

César parecía aturdido.

—¿A qué villano tengo que atravesar con mi espada? —dijo por fin mientras acariciaba la mejilla de su hermana.

—¿Es que no lo entiendes? Es nuestro hijo, César —dijo ella, intentando contener las lágrimas—. Tuyo y mío.

—Renunciaré a la birreta cardenalicia —dijo César—. No permitiré que nuestro hijo sea un bastardo.

Lucrecia le cubrió los labios con la mano.

—¿Cómo vas a impedirlo si tu hijo también es hijo de tu hermana?

—Tengo que pensar. Debemos encontrar una solución. ¿Lo sabe alguien más?

—Nadie —dijo Lucrecia—. Abandoné Roma el mismo día que supe que estaba encinta.

A pesar de los insistentes ruegos de Duarte, de don Michelotto, de su hijo César y de todos aquellos que deseaban su bien, tras enterrar a su hijo Juan, el Santo Padre se encerró en sus aposentos. Rechazaba la comida que le llevaban y se negaba a hablar con nadie; ni tan siquiera recibía a su amada Julia. Sus oraciones se oían desde fuera de la cámara, igual que sus lamentos y sus peticiones de perdón.

Pero antes de pedir perdón, el Santo Padre había agitado los puños clamando contra el cielo.

—Dime, Señor —había gritado, cegado por el dolor—, ¿qué sentido tiene convertir tantos miles de almas a la fe cuando la pérdida de una sola es la causa de tanto dolor?

Incluso había dudado de su fe.

—Tomar la vida de mi hijo es un castigo demasiado severo, Señor. ¡Es injusto! Los hombres somos débiles, pero tú, Señor, tú deberías mostrarnos lo que es la piedad.

Temerosos de que el dolor del sumo pontífice pudiera hacerle perder la razón, los cardenales más cercanos a él llamaban una y otra vez a su puerta, pero, una y otra vez, Alejandro les negaba la entrada.

Hasta que una mañana, un grito estremecedor recorrió los corredores del Vaticano.

—Sí, lo sé. ¡Lo sé, Señor! Tú también perdiste a tu hijo.

Y, después, durante dos días, sólo se escuchó el silencio en los aposentos del papa.

Cuando finalmente abrió las puertas, a pesar de su palidez, Alejandro parecía haber recuperado la paz.

—He prometido ante la Virgen que reformaría la Iglesia y pretendo empezar a hacerlo de forma inmediata —les dijo a Duarte y a su hijo César—. Convocad al consistorio. Debo dirigirme a los cardenales de la Iglesia.

En presencia del consistorio, el papa proclamó públicamente su amor por su hijo Juan y comunicó a los cardenales que renunciaría una y mil veces a su tiara si así pudiera recuperarlo. Pero al ser eso imposible, emprendería una reforma eclesiástica, pues la muerte de Juan lo había despertado de su ceguera y le había hecho ver los muchos pecados de la Iglesia. Confesó públicamente su dolor y sus pecados y juró rectificar en su actitud. En presencia de los cardenales, dijo haber ofendido a la Providencia y ordenó que se formase una comisión cardenalicia para proponer las reformas que debían llevarse a cabo.

Al día siguiente, Alejandro escribió misivas a los principales monarcas de la cristiandad, comunicándoles la necesidad de emprender una profunda y urgente reforma de la Iglesia. El dolor del Santo Padre era tan patente que toda Roma se llenó de palabras de condolencia, e incluso el cardenal Della Rovere y el profeta Savonarola le enviaron sendas cartas de condolencia.

Una nueva era estaba a punto de comenzar para la Iglesia.

Capítulo 13

Mientras Alejandro guardaba luto por la muerte de Juan, Duarte Brandao le planteó a César la conveniencia de acudir a Florencia a su vuelta de Nápoles. La ciudad toscana vivía tiempos azarosos desde la invasión francesa y, ahora, para estrechar los lazos con el principal cuerpo legislativo de Florencia, la Signoria, y para controlar la amenaza que suponía Savonarola, alguien de confianza debía comprobar hasta qué punto eran ciertos los rumores que llegaban de dicha ciudad.

—Se dice que los sermones del fraile dominico cada vez son más hostiles —le dijo Duarte a César—. Incluso se rumorea que amenaza con volver al pueblo de Florencia contra el sumo pontífice si vuestro padre no emprende una reforma radical de la Iglesia.

Alejandro ya había hecho público un interdicto prohibiendo que el fraile siguiera predicando si insistía en socavar la fe del pueblo en la Iglesia. Además, había ordenado que el fraile acudiera a Roma para entrevistarse personalmente con él y había amenazado con imponer sanciones a los mercaderes florentinos que insistieran en asistir a los incendiarios sermones de Savonarola. Y, aun así, nada parecía poder detener al falso profeta.

El despotismo de Piero Médicis había alienado a los ciudadanos de Florencia y, ahora, las incendiarias prédicas de Girolamo Savonarola habían sumido al pueblo de Florencia en un clamor de reforma. El creciente poder de algunas familias de plebeyos adinerados, que exigían participar en las decisiones del gobierno de Florencia, empeoraba aún más la situación, amenazando con socavar la autoridad del sumo pontífice en la ciudad toscana.

—¿Estáis seguro de que no me lincharán cuando me vean aparecer en la ciudad? —preguntó César con sarcasmo—. Puede que decidan aplicarme un castigo ejemplar. He oído que, según Savonarola, soy casi tan perverso como mi padre.

—No todos están en contra nuestra. También tenemos amigos en Florencia —aseguró Duarte—. Incluso tenemos algún aliado. Sin ir más lejos, Maquiavelo, el brillante orador, está de nuestra parte. Pero vivimos tiempos azarosos y es necesario que permanezcamos alerta. Debemos aprender a distinguir las verdaderas amenazas de los simples rumores.

—Agradezco vuestra preocupación, amigo mío —dijo César—. Y os prometo que, si nada lo impide, viajaré a Florencia a mi vuelta de Nápoles.

—El púrpura cardenalicio os protegerá de la ira del falso profeta —dijo Duarte—. Y, aun así, para defendernos de él debemos saber de qué nos acusa exactamente.

Y así fue como, consciente de que, ahora que los Médicis habían perdido el poder y se había elegido una nueva Signoria, la autoridad del papa corría un serio peligro en la ciudad toscana, César accedió a viajar a Florencia para comprobar personalmente cuál era la situación.

—En cuanto me sea posible —dijo César— haré lo que me habéis pedido.

En Florencia, Nicolás Maquiavelo acababa de regresar de Roma, adonde había viajado por encargo de la Signoria para investigar el asesinato del hijo del papa.

Maquiavelo estaba de pie, en el centro del enorme salón

del palacio della Signoria, rodeado de extraordinarios tapices y pinturas de maestros del renombre de Giotto y Botticelli, obsequios del difunto Lorenzo de Médicis.

Sentado en un gran sillón de terciopelo rojo y flanqueado por ocho miembros del consejo, el anciano presidente de la Signoria escuchaba con evidente nerviosismo el informe de Maquiavelo. A ninguno le agradaba la perspectiva de escuchar lo que Maquiavelo pronto les revelaría, tanto sobre Florencia como sobre su propio futuro. Pues aunque la capacidad de argumentación de ese joven resultara deslumbrante, para seguir sus razonamientos necesitarían de toda su capacidad de concentración; no podrían despistarse ni un solo instante.

Maquiavelo era un hombre de escasa estatura. Tenía veinticinco años pero parecía incluso más joven.

—En Roma se dice que fue César Borgia quien mató a su hermano Juan, pero yo no creo que fuera así. Puede que hasta el propio papa lo crea, pero yo no. Desde luego, César tenía motivos para dar muerte a su hermano, pues todos sabemos que la relación entre ambos era, como mínimo, tensa. Se dice que ambos hermanos estuvieron a punto de enfrentarse en un duelo la noche en que Juan fue asesinado. Y, aun así, yo sigo manteniendo que César es inocente.

El anciano presidente agitó la mano con impaciencia.

—Me importa un higo toscano lo que digan los romanos, joven. En Florencia somos perfectamente capaces de extraer nuestras propias conclusiones. El propósito de vuestro viaje era evaluar la situación, no contarnos los rumores que se oyen en las calles de Roma.

Maquiavelo sonrió y prosiguió sin alterarse:

—Como acabo de decir, excelencia, no creo que César matase a su hermano. Son muchas las personas que tenían motivos para desear la muerte de Juan Borgia. Los Orsini, sin ir más lejos, que no han olvidado la muerte de Virginio ni la campaña que lideró Juan contra sus feudos. O Giovan-

ni Sforza, a quien el papa pretende que se declare impotente para poder anular su matrimonio con su hija Lucrecia.

—A este paso moriré de viejo antes de que concluyáis
vuestro informe, joven —lo interrumpió el presidente, irritado.

Maquiavelo ni siquiera parpadeó.

—Tampoco debemos olvidar al duque de Urbino, Guido Feltra, que permaneció varios meses en las mazmorras de
los Orsini a causa de la avaricia del capitán general, que se
negó a pagar su rescate. Ni a Gonzalo Fernández de Córdoba, el capitán español que fue privado tanto del dinero
como de la gloria que le correspondía en honor por la conquista de Ostia. Pero, por encima de todos los demás, está el
conde Della Mirandella. Su hija de catorce años fue seducida y mancillada por Juan, quien después alardeó públicamente de su conquista. Todos podemos comprender cómo
debió de sentirse su padre. Además, el cuerpo de Juan Borgia fue encontrado frente al palacio del conde, en las aguas
del Tíber.

Maquiavelo levantó la voz para recuperar la atención
del presidente, que parecía estar a punto de quedarse dormido.

—Pero la lista no acaba ahí... Está el cardenal Ascanio
Sforza, cuyo chambelán fue asesinado por Juan Borgia tan
sólo unos días antes de su muerte. Y tampoco debemos ol-
vidar al último hombre cuya esposa fue seducida por Juan...
—Maquiavelo hizo una pausa perfectamente calculada—.
Su hermano Jofre —dijo finalmente.

—Ya es suficiente —lo interrumpió con enojo el presidente—. Lo que nos concierne es la posible amenaza que
pueda representar para Florencia la actual situación de
Roma —dijo con una sorprendente claridad teniendo en
cuenta su edad—. Juan Borgia, el capitán general de los ejércitos pontificios, ha sido asesinado. Algunos mantienen que
por su propio hermano César. De ahí que resulte razonable

deducir que, si César Borgia es en efecto culpable, Florencia pueda estar en peligro, pues César es un hombre de una ambición ilimitada que, algún día, sin duda intentará acabar con la soberanía de nuestra ciudad. Dicho de otra manera, joven, lo único que necesitamos saber es la respuesta a la siguiente pregunta: ¿asesinó César Borgia a su hermano?

Maquiavelo negó con la cabeza.

—No creo que lo hiciera, excelencia —dijo—. Y os explicaré en qué me baso para emitir mi juicio. Juan Borgia recibió nueve puñaladas por la espalda. Desde luego, ése no es el estilo de su hermano, pues César es un guerrero, un hombre de gran fortaleza física que sólo necesita de un golpe para abatir a un rival. Además, para un hombre como César Borgia, la victoria requiere un enfrentamiento cara a cara. Asesinar a alguien a traición y por la noche no es un modo de actuar que resulte coherente con la naturaleza de César Borgia. Y es esa consideración, por encima de cualquier otra, la que me persuade de su inocencia.

Tras la muerte de Juan, Alejandro se sumió en una profunda depresión. Cuando el dolor se aferraba con más insistencia a su alma, el sumo pontífice se encerraba en sus aposentos, rechazaba cualquier visita y desatendía por completo los asuntos del Vaticano. Al cabo de unos días volvía a salir, lleno de energía e inspiración, dispuesto a entregarse en cuerpo y alma a la reforma de la Iglesia.

Fue en una de esas ocasiones cuando le ordenó a su secretario, Plandini, que convocara una reunión de la comisión cardenalicia. Inmediatamente después, mandó llamar a Duarte y le comunicó que la reforma no se limitaría tan sólo a la Iglesia, sino que también estaba decidido a enmendar sus propias costumbres y las de los ciudadanos de Roma. Para ello no era necesaria ninguna otra autoridad que la que le otorgaba su condición de vicario de Cristo en la tierra.

Sin duda, Roma necesitaba de una reforma. El fraude, el hurto, la lascivia, la homosexualidad y la pedofilia estaban a la orden del día e incluso los cardenales se atrevían a pasear abiertamente por la ciudad acompañados por sus amantes favoritos vestidos con suntuosas ropas traídas de Oriente.

Seis mil ochocientas prostitutas ejercían su comercio en la ciudad, con el consiguiente riesgo para la salud de los ciudadanos de Roma. La sífilis había llegado a convertirse en una auténtica epidemia, pues, tras llegar a Nápoles, se había extendido por toda la península hasta cruzar los Alpes con las tropas francesas. Los ciudadanos más ricos de Roma pagaban fortunas a los comerciantes de olivas para aliviar el dolor de sus pústulas, bañándose en inmensas tinajas de aceite. Después, ese mismo aceite era vendido en los comercios más selectos como «aceite virgen extra».

Pero el papa Alejandro sabía que, antes que nada, debía cambiar las costumbres de la propia Iglesia y para eso necesitaba reunir a la comisión cardenalicia. La Iglesia católica era una inmensa maquinaria que requería de innumerables engranajes para mantenerse en movimiento. La cancillería por sí sola enviaba más de diez mil cartas al año. La cámara apostólica, dirigida por el camarlengo, debía asumir el pago y el cobro de miles de facturas en ducados, florines y otras muchas monedas. El personal de la curia, que todos los años aumentaba en número, debía recibir un salario y había todo tipo de valiosos cargos eclesiásticos que vender e intercambiar, tanto de forma legítima como ilegítima.

Eran muchas las cuestiones que debían ser tenidas en cuenta. A lo largo de los siglos, el sumo pontífice y el Sacro Colegio Cardenalicio habían rivalizado por el control de estos engranajes. Ahora, la reforma implicaría una pérdida de poder por parte del papa y un fortalecimiento de la autoridad de los cardenales.

Y, por ello, era lógico que uno de los puntos de desacuerdo fuera el número de cardenales que podían ser investidos. Inundando el Sacro Colegio Cardenalicio de familiares, un papa podía hacer crecer su poder hasta el punto de controlar el nombramiento del próximo sumo pontífice, garantizando así el futuro bienestar y la riqueza de su familia.

Al contrario, si se limitaba el número de cardenales, los ya existentes verían incrementada su influencia, además de sus ingresos, pues los beneficios del Sacro Colegio Cardenalicio se repartían equitativamente entre todos sus miembros.

Y así fue como la comisión que Alejandro había ordenado formar se reunió en el Vaticano para presentarle sus propuestas al sumo pontífice.

El cardenal Grimani, un veneciano de escasa estatura, se levantó para dirigirse al Santo Padre.

—Tras estudiar las medidas de reforma propuestas por previas comisiones pontificias —empezó diciendo con voz perfectamente modulada—, hemos redactado una lista con aquellas que estimamos más necesarias en el presente momento. Empezaré por las medidas relacionadas con los cardenales —continuó diciendo—. Hemos decidido que debemos privarnos de ciertos placeres terrenales. Debemos limitar el número de cenas en las que comamos carne, y las Sagradas Escrituras deberán ser leídas en cada comida.

Alejandro escuchó pacientemente.

El cardenal Grimani prosiguió proponiendo que se pusiera freno a la simonía y que se prohibiera el cambio de manos de cualquier propiedad que perteneciera a la Iglesia. Además, y dado que la mayoría de los cardenales disponían de fortunas propias, debían limitarse los ingresos que obtuvieran de la Iglesia, aunque no los beneficios procedentes de fuentes familiares o de cualquier otra índole particular.

Paulatinamente, las recomendaciones de Grimani se fueron haciendo más agresivas, como Alejandro sabía que ocurriría.

—Debe ponerse límite al poder del sumo pontífice —dijo en tono conciliador—. Los cardenales tendrán que aprobar los nombramientos de nuevos obispos y su consentimiento será indispensable para que el papa pueda vender o negociar cualquier cargo administrativo de la Iglesia. Al fallecer un cardenal, no se nombrará a ningún sucesor.

Alejandro seguía escuchando en silencio, aunque su semblante cada vez era más grave.

—Ningún príncipe de la Iglesia dispondrá de más de ochenta criados y treinta caballos. Tampoco tendrá a su cargo juglares ni bufones ni malabaristas ni músicos —continuó diciendo Grimani—. Ningún príncipe de la Iglesia empleará a jóvenes como ayudas de cámara. Y, sea cual sea su jerarquía, todos los clérigos renunciarán a tener concubinas bajo pena de excomunión.

Alejandro empezó a frotar las cuentas de su rosario. No eran más que sugerencias inútiles, ninguna de las cuales contribuiría a mejorar realmente la Iglesia. Aun así, continuó guardando silencio.

Al concluir su intervención, Grimani preguntó si el Santo Padre deseaba hacer alguna pregunta.

Pero el entusiasmo de Alejandro por la reforma de la Iglesia había ido disminuyendo durante el último mes y, tras oír las palabras de Grimani, había desaparecido por completo. El Santo Padre se levantó para dirigirse a los miembros de la comisión.

—Tan sólo deseo agradeceros vuestra diligencia. Estudiaré vuestras propuestas con atención y Plandini, mi secretario, os convocará para una nueva reunión cuando yo estime que ha llegado el momento de comunicaros mi decisión.

Y, sin más, Alejandro hizo la señal de la cruz, bendijo a los miembros de la comisión, y abandonó la sala.

Al salir el papa, Sangiorgio, otro cardenal veneciano, se aproximó a Grimani, que aún permanecía de pie junto al estrado.

—Bueno, amigo mío —le susurró en tono de confidencia—, parece que no volveremos a visitar Roma en algún tiempo. Como era de esperar, las ansias reformistas del Santo Padre no han durado mucho.

De vuelta en sus aposentos privados, Alejandro mandó llamar a Duarte. El Santo Padre estaba bebiendo una copa de vino recio cuando Duarte pidió permiso para entrar. Alejandro le dijo que tomara asiento, pues deseaba comentar con él lo acontecido durante la reunión.

Duarte aceptó la copa de vino que le ofreció el Santo Padre y escuchó con atención lo que éste tenía que decirle.

—Resulta sorprendente cómo los principios elevados siempre consiguen volver la naturaleza humana contra sí misma —comenzó diciendo Alejandro.

—Deduzco que Su Santidad no ha oído nada que merezca la pena considerar —intervino Duarte.

Alejandro se levantó y se alejó unos pasos de Duarte. Al darse la vuelta, su semblante tenía una expresión divertida.

—Es increíble, Duarte —exclamó—. No han hecho una sola propuesta que no vaya contra los deseos naturales del hombre. Sin duda, la moderación es una virtud, pero el ascetismo... ¿Qué satisfacción puede hallar Dios en que nosotros nos privemos de todo placer?

—Veo que las propuestas han sido desmesuradas —comentó Duarte.

—Hasta han llegado a sugerir que renunciemos a tener concubinas —exclamó Alejandro—. ¿Puedes creerlo? Si, como sumo pontífice, tampoco puedo desposar a una mujer, ¿quieres decirme qué lugar ocuparía entonces en mi vida la dulce Julia? Jamás lo permitiré. Y, lo que es todavía peor, no puedo entregarle ninguna posesión a mis hijos. ¡Tonterías! Tampoco el pueblo puede divertirse. No tiene ningún sentido, Duarte, y me preocupa que nuestros cardenales demuestren tanta indiferencia ante las necesidades de nuestros súbditos.

—Entonces, ¿me equivoco al asumir que el Santo Padre no tendrá en cuenta las sugerencias de la comisión? —sugirió Duarte con una sonrisa.

Alejandro volvió a sentarse. Parecía más relajado.

—El dolor que me ha causado la muerte de mi querido hijo debe de haberme hecho perder el juicio, amigo mío, pues una reforma eclesiástica sólo serviría para distanciar al sumo pontífice de sus hijos, de sus seres queridos, de su pueblo... Así sólo se conseguiría alejar al rebaño de su pastor. Esperaremos un mes y, después, daremos por zanjado el proyecto de reforma.

—Veo que os han sorprendido las propuestas de la comisión —dijo Duarte mientras se frotaba pensativamente la barbilla.

—La simple idea de ponerlas en vigor resulta aterradora, amigo mío. Aterradora.

Los rumores se extendieron por toda Roma. Se decía que la Providencia había tomado la vida de Juan como precio por los pecados de la familia Borgia, pues tanto los hermanos como el Santo Padre habían yacido con la joven Lucrecia.

Tras verse forzado a aceptar la anulación, Giovanni Sforza había combatido los rumores sobre su impotencia extendiendo el bulo de las incestuosas relaciones de los Borgia. Insistía en que Lucrecia yacía tanto con su hermano César como con su padre, el papa Alejandro. Las acusaciones eran tan escandalosas que pronto traspasaron las puertas de Roma y se extendieron por otras ciudades. En Florencia, Savonarola no tardó en prevenir a sus adeptos del castigo que recaería sobre aquellos que siguieran al papa Alejandro.

Indiferente a las acusaciones, Alejandro reflexionaba sobre el futuro esposo de Lucrecia. De entre todos los posibles pretendientes, Alfonso de Aragón, el hijo del rey de Nápoles, parecía el más ventajoso.

Alfonso era un joven rubio, alto y apuesto de trato agradable. Al igual que su hermana Sancha, era hijo ilegítimo, pero su padre le había otorgado el ducado de Bisceglie para aumentar sus rentas y sus privilegios. Pero lo más importante era que los lazos de sangre que unían a Alfonso con el rey Fernando de Aragón fortalecerían las relaciones entre España y el papado, y situarían a Alejandro en una posición ventajosa en sus disputas con los caudillos de los territorios pontificios que se extendían al sur de Roma.

Mientras los planes de Alejandro iban cobrando cuerpo, el joven Perotto seguía viajando a diario al convento de San Sixto para entregarle a Lucrecia las cartas del sumo pontífice.

Con el tiempo, Lucrecia y el gentil Perotto llegaron a entablar una sincera amistad. Todos los días compartían historias y baladas mientras paseaban por los jardines del convento. Él la animaba a explorar su libertad, pues, por primera vez en su vida, Lucrecia no estaba sometida al yugo de su padre y tenía la oportunidad de ser realmente ella misma.

Lucrecia, todavía tan joven, y el apuesto Perotto caminaban por los jardines cogidos de la mano, compartiendo sus más íntimos anhelos. A veces comían juntos, sentados sobre la hierba, y Perotto tejía trenzas con flores de vivos colores en el largo cabello rubio de Lucrecia. Después de mucho tiempo, Lucrecia volvía a reír, a sentirse joven, a vivir.

El día en que Perotto le comunicó que para consumar la anulación de sus esponsales debía presentarse ante el tribunal de la Rota, Lucrecia, aterrorizada, rompió a llorar desconsoladamente.

Perotto, que nunca le había confesado el amor que sentía por ella, la abrazó con pasión, intentando aliviar su angustia.

—¿Qué ocurre? —preguntó, asustado—. ¿Por qué lloráis así?

La hija del papa se aferró al cuerpo de Perotto y hundió

el rostro en su cuello. ¿Cómo iba a proclamar su virginidad en su estado ante un tribunal eclesiástico? Si su padre descubría la verdad, los esponsales con Alfonso de Aragón nunca llegarían a llevarse a cabo y, lo que era aún peor, tanto su vida como la de su hermano correrían un grave riesgo, pues, con su conducta, habrían puesto en peligro la supervivencia de la propia institución del papado.

Y fue así como, incapaz de soportar por más tiempo el peso de su secreto, Lucrecia le contó la verdad a Perotto. Como el caballero que era, él se ofreció a cargar con la culpa de su estado. Confesaría públicamente que era el padre del niño y, aunque sin duda habría repercusiones, nunca serían tan graves como las de una acusación de incesto.

Aun conmovida como estaba por el sacrificio al que se ofrecía Perotto, Lucrecia rechazó su propuesta.

—Mi padre os haría torturar, pues, a sus ojos, seríais el único responsable de la ruptura de la alianza con la casa real de Nápoles —dijo. Después se acarició el vientre y suspiró.

—Estoy dispuesto a entregar la vida por vos y por la Iglesia —dijo Perotto con sorprendente naturalidad—. Pues no me cabe duda de que, aunque los hombres no lo hagan, el Padre Celestial sabrá apreciar la bondad de mis intenciones.

—Tengo que hablar con mi hermano —dijo Lucrecia con apenas un hilo de voz.

—Cuando lo veáis, decidle lo que estiméis más conveniente para vuestra felicidad —insistió Perotto—. Yo cargaré gustoso con las consecuencias, pues por duro que pueda ser el castigo, no será nada comparado con la dicha que he sentido junto a vos durante estos últimos meses.

Lucrecia fue a su celda a escribirle una carta a su hermano.

—Entregádsela personalmente a mi hermano César. No hace falta que os prevenga de lo que ocurriría si cayera en otras manos —dijo Lucrecia al darle la carta.

Perotto se despidió de la mujer a la que amaba y cabalgó al galope hasta Roma.

Al llegar al Vaticano, pidió audiencia con el sumo pontífice y, en cuanto estuvo en su presencia, le confesó que Lucrecia estaba encinta de seis meses y que él era el padre del niño. Imploró el perdón de Alejandro y juró que acataría el castigo que el Santo Padre decretara para él.

Alejandro escuchó en silencio las palabras de Perotto. Al principio, el sumo pontífice parecía desconcertado. Después, su semblante se relajó y, ante la sorpresa del joven poeta español, se limitó a ordenarle que no hablara de lo ocurrido con nadie.

Lucrecia permanecería en el convento, donde alumbraría al niño con la ayuda de las hermanas; el secreto estaría seguro con ellas, pues se debían a la Iglesia y a su voto de obediencia al Santo Padre. Tan sólo quedaba por decidir qué sería del niño. Desde luego, Alfonso nunca debía conocer su existencia. Ni él ni nadie más, con la excepción de Alejandro, de Lucrecia y, por supuesto, de César. Ni siquiera Jofre lo sabría. En cuanto a Perotto, el joven poeta juró no revelar nunca la verdad, ni siquiera bajo tortura.

—Doy por supuesto que no has hablado con nadie de lo ocurrido —dijo el sumo pontífice cuando Perotto se disponía a abandonar la sala.

—Por supuesto —afirmó el joven español—. Mi amor por vuestra hija sellará mis labios hasta mi muerte, Su Santidad.

—Debes saber que aprecio tu franqueza y tu coraje —dijo Alejandro—. Y, ahora, déjame a solas.

Al abandonar los aposentos del papa, Perotto acudió presto a entregarle la carta de Lucrecia al cardenal Borgia. César palideció mientras leía las palabras de su hermana.

—Dime, ¿cuál es la razón de tu sacrificio? —le preguntó al joven español.

—El amor no necesita de más recompensa —dijo Perotto.

—¿Has hablado de esto con alguien más? —preguntó César.

—Tan sólo con el sumo pontífice.

—¿Y cuál ha sido su reacción? —preguntó, intentando controlar su ansiedad.

—Su Santidad ha recibido la noticia con serenidad —contestó Perotto.

Pero César sabía que cuanta mayor tranquilidad aparentara su padre, mayor era su cólera.

—Ocúltate en la casa más retirada del Trastevere —le ordenó—. Y, si estimas en algo tu vida, no le menciones lo ocurrido a nadie. A nadie —repitió—. Tendrás noticias mías cuando regrese de Nápoles.

Cuando Perotto estaba a punto de abandonar la estancia, César le dijo:

—Eres un hombre de alma noble, Perotto. Que Dios te acompañe.

Lucrecia se presentó ante los doce miembros del tribunal embarazada de siete meses. Aun vestida con ropas de amplio talle, su estado resultaba evidente. Aun así, la hija del Sumo Pontífice se había recogido castamente el cabello con un lazo de oro y se había frotado el rostro hasta conseguir que sus mejillas mostraran el inocente color rosáceo de una niña. Los meses que había pasado en el convento, comiendo con moderación, orando y durmiendo largas horas, le daban una apariencia joven e inocente.

Al verla, tres de los cardenales se susurraron algo al oído. El cardenal Ascanio Sforza, el orondo y mofletudo vicecanciller, levantó inmediatamente la mano demandando silencio y Lucrecia leyó el discurso que le había preparado su hermano César con tanta elocuencia que los doce cardenales cayeron rendidos ante la dulzura de la joven hija del papa.

Lucrecia se cubrió el rostro con su pañuelo de hilo y lloró desconsolada.

—Perdonadme, señorías, si os ruego que os mostréis indulgentes conmigo —dijo entre sollozos. Inclinó la cabeza y, unos segundos después, volvió a mirar a los cardenales con los ojos brillantes por las lágrimas—. Os ruego que consideréis cómo sería mi vida si me negáis la posibilidad de abrazar a un hijo contra mi pecho, cómo sería mi vida si me negáis la posibilidad de sentir el calor de un verdadero esposo. ¿De verdad merezco ser condenada a morir sin haber conocido el amor de un hijo? Os ruego que, en vuestra infinita bondad y misericordia, me dispenséis de este triste destino anulando mis desafortunados esponsales, unos esponsales que, por la propia naturaleza de mi esposo, están condenados a permanecer yermos.

Ni un solo cardenal protestó cuando, dirigiéndose a Lucrecia, Ascanio pronunció con firmeza el veredicto: «*Femina intacta!*» Esa misma tarde, tras ser declarada virgen, Lucrecia regresó al convento a esperar el nacimiento de su hijo.

Cuando Perotto fue a San Sixto para comunicarle a Lucrecia que su matrimonio con Giovanni había quedado anulado y que el Santo Padre había concluido con éxito las negociaciones para sus futuros esponsales con Alfonso de Aragón, la hija del papa Alejandro no pudo contener las lágrimas.

—Me separarán de mi hijo en cuanto nazca —le dijo a Perotto mientras paseaban por el jardín—. Nunca más volveré a verlo. Ni tampoco a ti, mi querido amigo, pues pronto seré la esposa del duque Alfonso. Debería sentirme feliz, ahora que soy libre, pero sólo siento pesar, pues pronto perderé a mi hijo y a mi amigo más querido.

—Estaréis en mi corazón hasta el día en que volvamos a encontrarnos en un mundo mejor —dijo Perotto, apretando la mano de Lucrecia.

—Y vos siempre estaréis en el mío, querido Perotto.

Antes de viajar a Nápoles, César se reunió con el papa Alejandro para discutir la situación de Lucrecia.

César fue el primero en hablar.

—Creo que he resuelto el problema, padre —dijo con firmeza—. Ya que no es posible que se aloje con el Santo Padre ni, menos aún, con su madre, el niño puede vivir conmigo. Diré que es mi hijo y que su madre es una dama desposada cuyo nombre debo mantener en secreto para salvaguardar su honor. El pueblo lo creerá, pues se ajusta a la imagen que tiene de mí.

Alejandro contempló a su hijo con admiración.

—¿Por qué sonreís, padre? —preguntó César—. ¿Os parece gracioso? ¿Acaso no lo creéis posible?

Los ojos del sumo pontífice brillaban, divertidos.

—Desde luego, resulta gracioso, y también es posible —dijo—. Sonrío porque también se ajustaría a la imagen que el pueblo tiene de mí. Sonrío porque acabo de firmar una bula en la que me refiero al niño como *«infans romanus»* y declaro mi paternidad, aunque, por supuesto, tampoco deseo revelar el nombre de la madre.

Alejandro y César se abrazaron y rieron con sonoras carcajadas.

Dado que la bula todavía no se había hecho pública, se decidió que la paternidad de César era la solución más adecuada. El mismo día del nacimiento del niño, el sumo pontífice firmaría una nueva bula en la que se haría saber que César era el padre del *«infans romanus»*. En cuanto a la bula original, permanecería oculta en algún cajón olvidado del Vaticano.

Lucrecia dio a luz un niño varón sano que fue apartado inmediatamente de su lado. Se había dispuesto que, cuando hubiera pasado suficiente tiempo, ella lo reclamaría en su calidad de tía y el niño pasaría a vivir con su verdadera madre. Pero aún quedaba un detalle por resolver.

Aunque no era de su agrado hacerlo, Alejandro no tenía otra alternativa. Mandó llamar a don Michelotto. Cuando éste se presentó en sus aposentos privados una hora antes de la medianoche, el papa lo abrazó, como si de un hermano se tratara, antes de explicarle lo que requería de él.

—Es un joven español de noble comportamiento —dijo finalmente Alejandro—. Y, aun así...

—No es necesario que digáis nada más —lo interrumpió don Michelotto, llevándose un dedo a los labios—. Si ese joven tiene el corazón tan noble como decís, sin duda encontrará abiertas las puertas del cielo.

—He pensado en la posibilidad del destierro —dijo Alejandro—, pues me ha servido con fidelidad, pero no podemos saber a qué tentaciones se enfrentará en el futuro, y una simple indiscreción por su parte podría ser el final de los Borgia.

—Es el deber del Santo Padre alejarlo de cualquier tentación y es mi deber ayudar a cumplir los deseos de la Iglesia.

—Gracias, amigo mío... Mostraos bondadoso con él, pues realmente es un joven de noble espíritu y no podemos reprocharle que se haya dejado seducir por los encantos de una mujer.

Don Michelotto besó el anillo del sumo pontífice antes de retirarse.

Esa misma noche, don Michelotto cabalgó a través de amplias llanuras y abruptas colinas, hasta llegar a las dunas de Ostia, desde donde podía verse la pequeña cabaña con su extensa huerta: fila tras fila de tubérculos, vegetales de extraño aspecto, flores exóticas y arbustos cubiertos de bayas negras y moradas.

Encontró a la anciana detrás de la cabaña. Terriblemente encorvada, apoyaba el peso de su cuerpo sobre un bastón de madera de espino.

Al oír llegar a don Michelotto, la anciana levantó el bastón y lo miró con los ojos entornados.

—Necesito vuestra ayuda, Noni —dijo él con voz tranquilizadora.

—Marchaos —replicó la anciana—. No os conozco.

—Noni —repitió él, acercándose unos pasos a la anciana—. Las nubes son espesas esta noche. Me envía el Santo Padre...

La anciana sonrió.

—Miguel. Veo que los años también han pasado para ti.

—Así es, Noni —dijo él con una carcajada—. Así es. Necesito vuestra ayuda para salvar el alma de un hombre.

Don Michelotto, bajo y fornido, se agachó para ayudar a la anciana con su cesto de mimbre, pero ella se apartó con un gesto brusco.

—Dime, ese hombre del que me hablas, ¿es un hombre de corazón oscuro al que quieres enviar al infierno o acaso es un hombre de alma pura que tan sólo se interpone en el camino de la Iglesia?

—Es un hombre que encontrará abiertas las puertas del cielo.

La anciana asintió y le hizo un gesto a don Michelotto para que la acompañase. Una vez en el interior de la cabaña, Noni palpó varios de los manojos de hierbas que colgaban en la pared antes de decidirse por uno.

—Lo sumirá en un sueño profundo —dijo—. Pero será un sueño dulce, sin sufrimiento. —Roció el manojo con agua bendita y se lo ofreció a don Michelotto—. Ahora, además, será un sueño bendito —dijo.

Mientras observaba alejarse a don Michelotto, Noni inclinó la cabeza y se santiguó.

En la barriada del Trastevere, el dueño de una oscura taberna intentaba despertar a un cliente ebrio. Era la hora de cerrar. El joven cliente apoyaba la cabeza sobre los brazos cruzados, igual que llevaba haciéndolo desde que su compañero de mesa se había marchado hacía ya más de una hora.

El tabernero lo agitó por los hombros. La cabeza del joven golpeó la mesa, pero no se despertó. Tenía la cara azul y los labios amoratados, pero lo peor era su lengua, tan hinchada que sobresalía de la boca, confiriéndole el grotesco aspecto de una gárgola.

Los alguaciles apenas tardaron unos minutos en llegar, pero el tabernero no recordaba el aspecto del hombre que había estado bebiendo con el joven. Tan sólo recordaba que era bajo y fornido; podría ser cualquiera.

Todo lo contrario que el joven y apuesto rubio. Varios vecinos lo reconocieron. Era Pedro Calderón, el español al que todos conocían como «Perotto».

Capítulo 14

El mismo día que coronó al nuevo rey de Nápoles, César recibió un mensaje urgente de su hermana. Lucrecia le pedía que se reuniera con ella en «Lago de Plata», pues debían hablar antes de su regreso a Roma.

Esa misma noche, César asistió al opulento banquete con el que se celebraba la coronación. Toda la nobleza de Nápoles había acudido para conocer al hijo del papa, incluidas las más hermosas damas de la corte que, fascinadas por su apuesto porte y su amable disposición, no le dejaban un solo momento de respiro.

También estaban presentes su hermano Jofre y su cuñada Sancha. A César no le había pasado inadvertido que, desde la muerte de Juan, Jofre parecía distinto, más seguro de sí mismo. Se preguntaba si alguien más se habría dado cuenta. Sancha también había cambiado, pues, aunque no había perdido su hábito de coquetear con los hombres, parecía más dispuesta a complacer los deseos de su esposo y menos fogosa que hacía apenas unos meses.

Y fue precisamente Jofre quien presentó a César a un apuesto joven de ojos azules que impresionó favorablemente al cardenal por su inteligencia y sus buenas maneras.

—Mi hermano, el cardenal —dijo Jofre—. Alfonso de Aragón, el duque de Bisceglie. Creo que no os conocéis.

El futuro cuñado de César era de constitución atlética y poseía un rostro tan apuesto y una sonrisa tan radiante que estar en su presencia era como contemplar una bella pintura.

—Es un honor —dijo Alfonso, inclinándose ante el cardenal. Su voz era tan agradable como su aspecto.

El cardenal y el duque pasaron las siguientes dos horas conversando. Ambos jóvenes compartían una inteligencia superior, y el sentido del humor de Alfonso resultaba refrescante. Hablaron de teología, de filosofía y, por supuesto, de política.

—No me cabe ninguna duda de que seréis un esposo digno de mi hermana. Estoy seguro de que Lucrecia encontrará la felicidad a vuestro lado —dijo César a modo de despedida.

—Haré todo lo que esté en mi mano por que así sea —contestó Alfonso.

César anhelaba el momento de reencontrarse con Lucrecia en «Lago de Plata». Hacía meses que no estaban a solas y, ahora que su hermana se había recuperado del parto, ansiaba volver a compartir su lecho. Mientras cabalgaba a su encuentro, se preguntó qué querría decirle Lucrecia. César no tenía noticias de su padre desde hacía varias semanas, por lo que debía tratarse de algún asunto personal.

Al llegar a «Lago de Plata», permaneció unos minutos contemplando la claridad del cielo, disfrutando de la serenidad del campo, antes de entrar en el palacete. Tras asearse y cambiarse de ropa, se sentó a esperar en uno de los salones mientras bebía una copa de vino.

Habían ocurrido tantas cosas últimamente... Y, aun así, sabía que el futuro todavía le depararía nuevas sorpresas. En cuanto volviera de Florencia, solicitaría del Santo Padre que lo liberase de sus deberes como cardenal. Estaba decidido a renunciar al púrpura. Él había nacido para ser soldado y ya no podía soportar más la hipocresía y frustración que suponían llevar la birreta cardenalicia. Y, aun así, sabía que no sería fácil convencer a su padre y que, con su decisión, aumentaría la tensión que reinaba entre ellos desde la muerte de Juan.

Pero César era un hombre apasionado que anhelaba una vida plena. Además, ahora que su hermana iba a desposarse por segunda vez, César debía pensar en su propio futuro. Alfonso era un hombre honorable, un hombre por el que el hijo del papa había llegado a sentir un sincero afecto, y, aun así, aunque deseara lo mejor para su hermana, no podía evitar sentir celos de él. Pronto, su hermana tendría nuevos hijos, hijos a los que podría amar abiertamente. En cambio, la condición de César convertiría a sus hijos en bastardos.

Intentó tranquilizarse, recordándose a sí mismo que los esponsales entre Lucrecia y Alfonso serían ventajosos para Roma. Y, aun así, cada vez sentía mayor angustia. ¿Por qué no podía él elegir su propio futuro? ¿Por qué tenía que vivir una vida elegida por otros?

Su padre siempre había disfrutado de su vida, su misión eclesiástica siempre lo había llenado de satisfacción. Pero la fe de César nunca había sido tan sólida como la de Alejandro. Pasar todas las noches en los brazos de una cortesana distinta ya no le satisfacía; anhelaba algo más. Hasta su hermano Jofre parecía feliz con Sancha, a pesar de sus muchos excesos. Y, desde luego, Juan había disfrutado de una vida plena, una vida de libertad, de riquezas y privilegios, hasta que había encontrado el final que merecía.

Cuando llegó Lucrecia, César se hallaba sumido en un estado de profunda melancolía, aunque todas sus tribulaciones desaparecieron cuando su hermana corrió hacia él y se abalanzó en sus brazos. Él no notó que Lucrecia había estado llorando hasta que la apartó un poco para poder admirar su belleza.

—¿Qué ocurre? —preguntó—. ¿Qué te pasa, amor mío?

—Nuestro padre ha matado a Perotto —dijo ella.

—¿Perotto está muerto? —exclamó César, incapaz de creerlo—. Le dije que se ocultara hasta mi vuelta. ¿Dónde lo encontraron? —preguntó al cabo de unos segundos.

—En el Trastevere —dijo ella al tiempo que volvía a abrazar a su hermano—. Perotto nunca hubiera ido por propia voluntad a un sitio así. Tenía el alma de un verdadero poeta —añadió.

—Su bondad hace que me avergüence de mí mismo —dijo César—. Por grande que sea mi amor por ti, no creo que pudiera haber hecho lo que hizo él. Existen pocos hombres capaces de realizar semejante sacrificio.

—Sé que Dios es justo —dijo ella—. Perotto tendrá la recompensa que merece.

Cuando hicieron el amor, el placer que sintieron fue mayor de lo que lo había sido nunca. Después, permanecieron largo tiempo en silencio.

—Nuestro hijo es el ángel más hermoso que haya visto nunca —dijo finalmente Lucrecia—. Es la viva imagen de...

—¿De quién? —preguntó César antes de que ella pudiera terminar. Se había apoyado sobre un brazo y miraba fijamente a Lucrecia.

—Es igual que nosotros —dijo ella, riendo—. Igual que tú y que yo. Creo que seremos felices juntos... Aunque a ojos de los demás, tu hijo nunca pueda ser también el mío —concluyó con tristeza.

—Nosotros sabemos la verdad —dijo él—. Y eso es lo único que importa.

Lucrecia se levantó del lecho y cubrió su desnudez con una bata de seda.

—¿Crees que nuestro padre es un hombre malvado? —preguntó de repente.

Un escalofrío recorrió el cuerpo de César.

—Hay veces en que ya ni siquiera sé distinguir la maldad —contestó—. ¿Acaso sabes tú lo que es la maldad?

Lucrecia se volvió hacia su hermano.

—Sí —dijo—. Por mucho que se disfrace, siempre reconozco la verdadera maldad.

Lucrecia regresó a Roma a la mañana siguiente. César permaneció en «Lago de Plata», pues todavía no se sentía capaz de enfrentarse al Santo Padre. Además, ahora que el joven Perotto había muerto, ya no existía ninguna razón para anticipar su retorno.

César cruzó las puertas de Florencia oculto bajo las modestas ropas de un campesino. Parecía haber transcurrido una eternidad desde que había estado en la ciudad. Todavía recordaba aquella vez que había ido a Florencia con su amigo Gio Médicis. Todo había cambiado tanto...

No hacía mucho que Florencia había sido una altiva república, tan orgullosa de su independencia que no permitía que nadie con sangre noble participase directamente en el gobierno de la ciudad. Aun así, los Médicis, gracias al poder y el dinero que les daba su condición de banqueros, gobernaban la ciudad toscana mediante la influencia que ejercían sobre los representantes electos del pueblo. Así, enriqueciendo a quienes ostentaban los principales cargos del gobierno de la república, Lorenzo *el Magnífico* había consolidado el poder de los Médicis.

Para el joven César Borgia, que por aquel entonces sólo contaba dieciséis años, había sido una experiencia nueva conocer una ciudad donde el pueblo parecía adorar a su mandatario. Lorenzo Médicis era uno de los hombres más ricos del mundo y también uno de los más generosos, como atestiguaba el hecho de que obsequiara con dotes a las jóvenes más pobres de Florencia para que pudieran encontrar esposo y de que tuviera a numerosos artistas bajo su mecenazgo; incluso el gran Miguel Ángel había vivido de joven en el palacio Médicis, donde había sido acogido como si de un hijo se tratara.

Lorenzo Médicis había comprado libros procedentes de todos los confines del mundo y había encargado que fueran traducidos y copiados para que los estudiosos de toda la península Itálica pudieran acceder a la sabiduría que contenían, y había sufragado cátedras de filosofía y griego en las principales universidades. Sus versos eran aclamados por los críticos más exigentes y sus composiciones musicales eran interpretadas en carnaval. Además, los más afamados artistas de la época compartían su mesa.

Cuando Gio invitó a César al palacio Médicis, a pesar de su corta edad, Lorenzo había tratado al hijo del papa con gran respeto y cortesía.

Pero sus recuerdos más preciados de Florencia eran las historias sobre el ascenso al poder de la familia Médicis, banqueros del papa y de muchos otros monarcas.

Para consolidar su poder, Lorenzo había sufragado todo tipo de festejos para el pueblo. Había hecho escenificar batallas navales en el río Arno, había decorado los comercios de Florencia con el estandarte de los Médicis, había hecho representar dramas musicales en la gran plaza de Santa Croce y había sacado en procesión las reliquias sagradas de la catedral, incluidos un clavo de la cruz, una espina de la corona de Cristo y una astilla de la lanza que el soldado romano clavó en el costado del hijo de Dios.

Lorenzo era un hombre en el que convivían un carácter jactancioso y una profunda religiosidad. Los días de carnaval paseaba en carroza a las más bellas prostitutas de la ciudad y cada Semana Santa liberaba miles de palomas blancas que llenaban el cielo como si de pequeños ángeles se tratara. Además, asistía a las numerosas procesiones que recorrían las calles de Florencia y a las escenas históricas que había ordenado representar para que el pueblo no olvidara los sufrimientos que les esperaban en el infierno a quienes no respetaran los mandatos divinos.

Lorenzo era probablemente el hombre más feo de Florencia, aunque gracias a su ingenio y a su encanto personal había disfrutado de numerosos idilios. En cambio, Giuliano, su hermano menor, y también su mejor amigo, había sido elegido el hombre más agraciado de la ciudad en un festival popular. Eso había ocurrido en 1475, el día de su vigesimosegundo natalicio, y Giuliano lo había celebrado paseando por la ciudad con un traje diseñado por Botticelli y un casco salido del genio de Veroccio, todo ello con un coste superior a veinte mil florines. En aquella ocasión, los ciudadanos de Florencia se habían sentido orgullosos de su señor al ver cómo abrazaba a su apuesto hermano sin el menor atisbo de envidia.

Pero, en el momento álgido de su poder y su felicidad personal, casado y con dos hijos, Lorenzo tuvo que enfrentarse a una peligrosa conspiración.

Todo había comenzado cuando Lorenzo se había negado a conceder un cuantioso préstamo al Santo Padre, que necesitaba el dinero para adquirir la estratégica población de Imola, en la región de la Romaña. El papa Sixto se había tomado la negativa como una afrenta personal. Él también era un hombre dedicado a su familia. Había investido cardenales a siete de sus sobrinos y deseaba adquirir la población de Imola para ofrecérsela como obsequio a Girolamo, uno de sus hijos bastardos. Tras la negativa de Lorenzo, el papa había solicitado el préstamo a la familia Pazzi, encarnizados rivales de los Médicis.

Los Pazzi gozaban de mayor raigambre en Florencia que los Médicis. Jacapo, el cabeza de familia, un hombre de mayor edad y más sobrio que Lorenzo, se había apresurado a hacer entrega de hasta cincuenta mil ducados al papa y se había ofrecido a mejorar las condiciones de otros préstamos que el Santo Padre tenía con los Médicis, entre los que estaba el correspondiente a las minas de alumbre de «Lago de Plata», situadas a las afueras de Roma. Pero el papa no estaba dispuesto a llegar tan lejos, aunque sólo fuera por los obsequios que le había hecho llegar Lorenzo para aplacar su ira.

Aun así, la tensión entre la Iglesia y los Médicis no dejó de crecer, pues, al poco tiempo, el papa nombró a Francisco Salviati arzobispo de Pisa, una posesión florentina, rompiendo así el acuerdo según el cual todos los nombramientos de cargos eclesiásticos de territorios de Florencia debían ser aprobados por el gobierno de la república. La indignación de Lorenzo llegó hasta el punto de prohibir que el arzobispo tomara posesión de su cargo.

El arzobispo Salviati y Francisco Pazzi, que compartían su odio hacia Lorenzo y una ambición sin límites, unieron sus fuerzas para intentar convencer al sumo pontífice de la necesidad de deponer a Lorenzo, y el papa no tardó en dar su consentimiento.

El plan consistía en asesinar a Lorenzo y a su hermano Giuliano mientras acudían a la misa del domingo, tras lo cual, las tropas de Pazzi se adueñarían de la ciudad.

Para que ambos hermanos acudieran juntos a la catedral, se acordó que el cardenal Rafael Riario visitara a Lorenzo, aunque no se le informó de la conspiración.

Como era de esperar, Lorenzo dispuso la celebración de un gran banquete en honor al cardenal y, a la mañana siguiente, lo acompañó a la catedral. Los acompañaban dos sacerdotes, Maffei y Stefano, con afilados estiletes ocultos bajo sus hábitos.

La señal convenida era el repicar de la campana de la sacristía llamando a la consagración, momento en el cual todos los fieles presentes inclinarían la cabeza en señal de respeto. Pero Giuliano se retrasaba y los conspiradores tenían órdenes de matar a los dos hermanos al mismo tiempo. Así, Francisco Pazzi corrió al palacio de Giuliano para acompañarlo a la catedral. Durante el camino le dio unas palmadas amistosas en el costado con la excusa de una chanza para asegurarse de que no llevaba cota de malla bajo la ropa.

En la catedral, Lorenzo esperaba de pie junto al altar. Su hermano entró en el sagrado recinto, seguido de Francisco Pazzi, justo antes de que sonaran las campanadas de la sacristía. Y, entonces, Lorenzo vio, horrorizado, cómo Francisco empuñaba su estilete y lo clavaba en el cuerpo de Giuliano. Ni siquiera había tenido tiempo de gritar cuando el propio Lorenzo sintió el tacto del acero contra su cuello. Instintivamente, se abalanzó sobre su agresor y levantó la capa para contener el ímpetu de las puñaladas.

Lorenzo desenvainó la espada mientras saltaba la barandilla del altar. Tres de sus fieles partidarios corrieron tras él hasta la sacristía y, una vez dentro, lo ayudaron a atrancar la pesada puerta de hierro. Por el momento, estaban a salvo.

Mientras tanto, el arzobispo Salviati y el asesino, Francisco Pazzi, salieron de la catedral gritando que Florencia por fin era libre, pues los tiranos habían muerto. Pero en vez de unirse a ellos, la mayoría de los ciudadanos de Florencia tomaron sus armas para enfrentarse a las tropas del arzobispo, a las que no tardaron en derrotar.

Aclamado por el pueblo, Lorenzo se aseguró de que el cardenal Riario no sufriera ningún daño, aunque no impidió que el pueblo diera muerte al arzobispo y a Francisco Pazzi. Unos minutos después, los traidores colgaban ahorcados de lo más alto de la catedral.

Los dos sacerdotes, Maffei y Stefano, fueron castrados y, posteriormente, decapitados. El palacio de la familia Pazzi fue saqueado y todos los miembros del clan fueron desterrados de Florencia.

Pero ahora, al volver a atravesar las murallas, tantos años después, César encontró una ciudad completamente distinta de la que recordaba.

Las calles estaban cubiertas de suciedad y aguas residuales. En los callejones se pudrían animales muertos y el hedor era peor incluso que el de Roma, aunque, al menos, la epidemia de peste había remitido, por lo que César no corría peligro de enfermar.

El hijo del papa cabalgó, rodeado de gritos y disputas, hasta llegar a la posada más respetable de la ciudad. Al pedir una habitación, observó con satisfacción que el posadero no lo reconocía; incluso le dijo que no tenía habitaciones, aunque recordó que una acababa de quedar vacía en cuanto César puso un ducado de oro en su mano. Con un trato perfectamente respetuoso, el posadero lo condujo a una habitación limpia, aunque de escaso mobiliario, desde cuya ventana se veía la iglesia de San Marco y el monasterio del profeta Savonarola. César decidió esperar a que cayera la tarde antes de salir en busca de información.

Unos minutos después, el posadero volvió a la habitación con una jarra de vino y una fuente de queso y fruta. César comió un poco y se tumbó a descansar.

No tardó en caer dormido. Soñó con cruces y cálices y hábitos eclesiásticos que giraban una y otra vez a su alrededor, justo fuera de su alcance. Una voz atronadora le ordenó desde el cielo que cogiera un cáliz de oro, pero, cuando lo hizo, se encontró con un arma de fuego en las manos. Aunque intentó controlarla, parecía disparar por voluntad propia. Mientras luchaba por dominarla, el escenario cambió súbitamente y César se encontró a sí mismo sentado en el banquete de los esponsales de su hermana. El arma de oro se disparó, destrozando la cara de Lucrecia. ¿O era la de Alfonso?

César se despertó empapado en sudor. Al oír las voces en la plaza, se levantó, agitado, y se asomó a la ventana para ver lo que ocurría. Sobre un improvisado púlpito de madera, Savonarola rezaba una oración llena de fervor que los ciudadanos que se agolpaban frente a él coreaban con alabanzas al Señor. El fraile no tardó en dirigir sus iras contra Roma.

—Alejandro VI es un falso papa —exclamó con pasión—. Las mentes de los humanistas pueden torcer la verdad y hacer que lo que no tiene sentido parezca tenerlo, pero nosotros sabemos que existe el negro y el blanco, que existe el mal y el bien y todo aquello que no sea obra del Señor es obra de Satanás.

César observaba atentamente a Savonarola. Era un hombre delgado, ascético, con rasgos toscos, aunque no desagradables. Vestido con los hábitos de la orden dominica, movía la cabeza tonsurada con gestos vehementes y sus manos dibujaban amplias parábolas para dar mayor énfasis a sus palabras.

—El papa Alejandro comparte su lecho con cortesanas —gritó ante la multitud—. El papa asesina a sus enemigos. En Roma, los clérigos corrompen a los niños, roban a los pobres para satisfacer los lujos de los ricos y comen en platos de oro mientras el pueblo vive en la pobreza.

Había algo fascinante en ese hombre. Incluso César se sentía seducido por el poder de su oratoria.

Cuando el profeta hablaba, la multitud guardaba un silencio tan respetuoso que podría haberse oído una estrella cayendo en el firmamento.

—Os condenaréis al fuego eterno. Nadie se salvará mientras no renuncie a los mandatos de esta iglesia pagana. Renunciad a vuestros bienes terrenales y seguid el camino que nos mostró santo Domingo.

—En el monasterio coméis los alimentos que os ofrecen los ricos —gritó alguien entre el gentío—. Vuestros platos tampoco son de madera y os sentáis sobre sillas con blandos cojines.

—A partir de hoy rechazaremos el dinero de los ricos. A partir de hoy, los frailes de San Marcos nos alimentaremos con el pan que nos proporcionen los buenos habitantes de Florencia —dijo Savonarola—. Nos bastará con una comida al día. Todo aquello que nos sobre será entregado a los pobres que se reúnen en la plaza todas las tardes. Os prometo que nadie pasará hambre. ¡Pero eso es sólo el alimento del cuerpo! Y el alimento del espíritu exige que renunciéis al papa de Roma. Debéis dar la espalda a ese papa fornicador que comparte lecho con la prostituta de su hija.

César ya había oído suficiente. Cuando informara a su padre de lo ocurrido, el sumo pontífice sin duda acusaría de herejía a ese falso profeta.

Y, aun así, había algo desconcertante en aquel hombre. Era evidente que creía en sus palabras, pero ¿quién sino un loco se condenaría al martirio que sin duda le esperaba a Savonarola? César se preguntó si podía culparse a un hombre por los actos a los que le conducía su demencia. De lo que no cabía duda era de que Savonarola era un hombre peligroso al que había que detener, pues la nueva Signoría de Florencia podría dejarse influir por sus proclamas y el sumo pontífice necesitaba el apoyo de Florencia para someter a los caudillos rebeldes de la Romaña y reincorporar sus territorios a los Estados Pontificios.

César se vistió y salió de la posada. Una vez fuera, mientras se abría camino entre el gentío que llenaba la plaza, un joven de escasa estatura y extrema palidez se acercó a él.

¿Cardenal? —le susurró al oído.

César se volvió al tiempo que sujetaba la empuñadura de la espada que llevaba oculta bajo sus ropas.

Pero el joven, vestido con una amplia capa negra, inclinó la cabeza en señal de respeto.

—Soy Nicolás Maquiavelo —dijo—. Creo que deberíamos hablar. Las calles de Florencia no son un lugar seguro para un cardenal de Roma.

Y, sin una sola palabra más, cogió a César de un brazo y lo condujo lejos de la plaza.

Al llegar a la casa de Maquiavelo, el joven orador condujo a César a una estancia abarrotada de libros y papeles, que cubrían las mesas e incluso se derramaban por las sillas hasta cubrir gran parte del suelo. Un pequeño fuego ardía en la chimenea de piedra.

Maquiavelo quitó los libros que había encima de una silla para que César pudiera tomar asiento. Por alguna razón, el cardenal Borgia se sentía sorprendentemente cómodo en aquella abarrotada estancia. Maquiavelo llenó dos copas de vino y, tras ofrecerle una a César, se sentó frente a él.

—Su vida corre peligro, cardenal —le advirtió de nuevo—. Savonarola cree tener una misión, una misión sagrada, y para cumplirla es necesario acabar con el papa Alejandro y con toda su familia.

—Conozco sus críticas a nuestra conducta «pagana» —dijo César con abierto sarcasmo.

—Savonarola tiene visiones —siguió diciendo Maquiavelo—. Primero vio un sol cayendo del firmamento, justo antes de la muerte de Lorenzo *el Magnífico*. Después tuvo la visión de la espada del Señor golpeando al tirano desde el norte. Eso fue justo antes de la invasión francesa. Los ciudadanos de Florencia están asustados y ese temor les hace creer en las profecías de Savonarola. El profeta dice que el perdón llegará de manos de ángeles con ropas blancas. Dice que eso ocurrirá cuando los hombres se arrepientan de sus pecados y vuelvan a respetar los mandatos divinos.

César pensó que había algo de cierto en el mensaje del falso profeta, aunque no fuera una verdad de este mundo. Pensó que esa verdad nunca podría ser la suya, pues negaba la propia voluntad, el libre albedrío del hombre, el control de su propio destino. Pues ¿qué papel jugaba el hombre si todo estaba en manos del destino? César no estaba dispuesto a participar de esa vida, pues sería como jugar una partida amañada.

—Si Savonarola insiste en su actitud, el sumo pontífice no tendrá más remedio que silenciarlo de una vez por todas —le dijo a Maquiavelo.

Varias horas después, cuando César regresó a la posada,

ya caída la noche, Savonarola seguía arengando a los ciudadanos de Florencia.

—Alejandro Borgia adora a los dioses paganos de Egipto. Vive rodeado de placeres mientras vosotros, los verdaderos fieles, soportáis todo tipo de penurias. La Iglesia de Roma sube los impuestos todos los años para llenar sus arcas. ¡No podéis permitir que os traten como si fuerais bestias de carga! En los tiempos originales de la Iglesia los cálices eran de madera y el corazón de los clérigos de oro. Pero ahora vivimos tiempos tenebrosos. Ahora, los cálices son de oro y la virtud del papa y los cardenales es de madera.

Capítulo 15

Mientras se aproximaba a la villa que Vanozza Catanei tenía a las afueras de Roma, el papa Alejandro pensó en todos aquellos momentos hermosos que había compartido con la madre de sus hijos. Aún recordaba todas aquellas noches que habían cenado al calor de la luz de las velas, todas aquellas calurosas noches de verano que habían compartido, rodeados del aroma del jazmín. Recordaba la paz de aquellas veladas. Recordaba el calor del cuerpo de Vanozza contra el suyo. Y recordaba que había sido entonces, durante esas noches de éxtasis carnal, cuando mayor y más sólida había sido su fe, cuando mayor y más sincera había sido su dedicación a la Iglesia.

Vanozza lo recibió con su acostumbrada cordialidad.

—Cada año estás más hermosa —dijo Alejandro con afecto.

Vanozza le abrazó.

—¿Aunque ya no sea lo bastante joven para ti?

—Ahora soy papa, Vanozza —dijo él con voz reconfortante—. Las cosas han cambiado.

—¿Acaso son distintas con *la bella* Julia? —bromeó ella.

Alejandro se sonrojó.

—No te pongas tan serio, Rodrigo —dijo Vanozza, dirigiéndose al papa por su antiguo nombre—. Sólo estoy bromeando. Sabes que no le guardo ningún resentimiento a Julia. Ni a Julia ni a ninguna de las demás. Fuimos buenos amantes y ahora somos mejores amigos. Y es más difícil encontrar un amigo que un amante.

Vanozza condujo a Alejandro hasta la biblioteca y le ofreció una copa de vino.

—Pero dime, Vanozza, ¿por qué me has llamado? —preguntó él—. ¿Acaso tienes algún problema con tus negocios?

—Al contrario —dijo ella, al tiempo que tomaba asiento frente al Santo Padre—. Los negocios marchan bien. Nunca había ganado tanto dinero. No pasa un solo día sin que agradezca tu generosidad... Aunque te habría amado igual si no me hubieras dado nada. De hecho, de haber podido, habría sido yo quien te hubiera colmado de regalos.

—Lo sé, Vanozza —dijo Alejandro con afecto—. Lo sé. Pero dime, ¿qué te preocupa entonces?

—Es nuestro hijo César, Rodrigo —respondió—. Tienes que aprender a aceptarlo tal como es.

—Lo intento, Vanozza —explicó él—. Sé que es el más inteligente de nuestros hijos. Y sé que, algún día, será el nuevo papa, pues, de no serlo, cuando yo muera su vida correría peligro; todos vosotros correríais peligro.

—César no quiere ser papa, Rodrigo —intervino ella—. Ni siquiera desea ser cardenal. Lo sabes tan bien como yo. Nuestro hijo ha nacido para la guerra y para el amor. Es un hombre que anhela vivir con plenitud. Todas las riquezas y las mujeres del mundo nunca llegarían a satisfacerlo. Se siente vacío, por muchos beneficios y propiedades que pueda tener.

Alejandro guardó silencio durante unos instantes.

—¿Te lo ha dicho él? —preguntó finalmente.

—No tiene necesidad de decirme nada, Rodrigo —dijo ella mientras acercaba su silla a la del Santo Padre—. Soy su madre. Lo sé. Sé lo que siente, igual que deberías saberlo tú.

De repente, la expresión de Alejandro se endureció.

—Sí, debería saberlo... Si realmente fuera su padre.

Vanozza Catanei inclinó la cabeza en actitud paciente. Cuando volvió a levantarla, miró al papa fijamente a los ojos.

—Rodrigo, sólo voy a decirte esto una vez, pues no tengo ninguna necesidad de defenderme. Y, aun así, creo que tienes derecho a oírlo. Sí, es cierto que fui amante de Giuliano della Rovere antes de conocerte. O sería más exacto decir hasta aquel día en que, al verte por primera vez, sentí cómo mi corazón dejaba de pertenecerme. No puedo decir que no conociera varón antes de estar contigo, pues mentiría, pero te juro por mi honor, te juro por la Virgen que César es hijo tuyo y de nadie más.

El sumo pontífice bajó la cabeza.

—Nunca pude estar seguro, Vanozza —dijo—. Lo sabes. Sabes que nunca pude deshacerme de la duda. Por eso nunca pude confiar en lo que sentía por César. Ni tampoco en sus sentimientos hacia mí.

Vanozza tomó la mano de Alejandro.

—Para protegeros, tanto a ti como a César, tuve que permitir que Giuliano creyera que el hijo que llevaba en mi vientre era suyo. Pero puedo jurarte por lo más sagrado que no es así. Tuve que mentir y tú mejor que nadie deberías comprender la razón, pues sabes que Giuliano nunca tuvo un corazón tan generoso como el tuyo. Tuve que hacerle creer que tu hijo era suyo.

—¿Cómo puedo estar seguro? —preguntó Alejandro, luchando contra sus propios sentimientos—. Dime, ¿cómo puedo saber que lo que dices es verdad?

Vanozza levantó la mano cerrada de Alejandro y abrió sus dedos lentamente.

—Quiero que mires bien esta mano, Rodrigo. Quiero que estudies cada detalle de esta mano. Después quiero que hagas lo mismo con la mano de tu hijo. Pues cuando nació César, durante meses viví con la angustia de que alguien apreciara lo que tan evidente era a mis ojos, de que alguien pudiera descubrir mi secreto.

De repente, Alejandro comprendió la razón del odio que le profesaba Della Rovere. De repente comprendió toda su envidia, pues él le había arrebatado todo aquello que el cardenal creía suyo: la tiara papal, a su amante e incluso a su hijo.

No era ningún secreto que Della Rovere sólo había amado a una mujer en su vida. Y esa mujer era Vanozza. Alejandro entendió la humillación que debió de haber sentido cuando esa mujer lo abandonó para estar con él. A partir de ese momento, Della Rovere se había convertido en un hombre adusto, siempre enojado, dominado por la desconfianza. Además, aunque tenía varias hijas, Della Rovere nunca había tenido un hijo varón. Qué dura había sido la prueba a la que lo había sometido el Señor... Suponiendo que lo que decía Vanozza realmente fuera cierto...

Y, ahora, al admitir por primera vez lo que siempre había sospechado, al reconocer sus dudas sobre César, Alejandro se dio cuenta de todo el sufrimiento que podía haber evitado de haberle hecho esa pregunta a Vanozza muchos años antes. Pero nunca hasta ahora se había atrevido a hacerlo, pues, de haberlo hecho, hubiera puesto en peligro su relación con ella, y había amado demasiado a Vanozza como para arriesgarse a perder su amor.

—Pensaré en lo que me has dicho, Vanozza —dijo por fin—. Hablaré con César sobre su vocación... Si es que él aún está dispuesto a hablar conmigo.

—Nuestro hijo Juan ha muerto, Rodrigo —dijo Vanozza con ternura—. Sin él, ya nada volverá a ser igual. Pero César aún vive y lo necesitas para liderar tus ejércitos. ¿Quién iba a hacerlo, sino él? ¿Jofre? No, Rodrigo. Sabes que César es el elegido, pues nuestro hijo tiene el alma de un guerrero, pero antes debes usar tu amor para liberarlo de su sufrimiento. Permite que sea otro hombre quien lleve la tiara papal cuando tú mueras.

Cuando el sumo pontífice se inclinó para besar la mano

de Vanozza, el olor de su perfume se adueñó de sus sentidos. Luchando contra su voluntad, se dio la vuelta para volver a Roma.

—Mira sus manos, Rodrigo. Míralas bien —dijo Vanozza al despedirse de él.

A su regreso de Florencia, César se reunió inmediatamente con su padre y con Duarte Brandao en las estancias privadas del papa. De la pared colgaban bellos tapices sobre los elaborados arcones en los que se guardaban las vestiduras del sumo pontífice.

Al ver a su hijo, Alejandro lo abrazó con una ternura que hizo desconfiar a César.

Duarte fue el primero en hablar.

—¿Es tan peligroso el falso profeta como dicen?

César se sentó frente al papa y su consejero.

—Sin duda se trata de un orador apasionado —dijo—. Los ciudadanos de Florencia acuden masivamente a oír sus sermones. Había tanta gente en la plaza como en un día de carnaval.

—Y, dinos, ¿sobre qué versan esos célebres sermones? —preguntó Alejandro.

—Sobre la reforma de la Iglesia —contestó César—. Sobre los privilegios de los Borgia. Nos acusa de infinidad de actos pecaminosos y amenaza al pueblo de Florencia con todo tipo de castigos divinos si acatan los mandatos del sumo pontífice.

Alejandro se levantó y caminó nerviosamente por la estancia.

—Resulta desafortunado que una mente tan brillante como la de ese fraile esté poseída por tantos demonios —dijo al cabo de unos instantes—. Sus escritos son brillantes. Además, al parecer, es un sincero admirador de la naturaleza. He oído decir que, en más de una ocasión, ha despertado a todos los miembros de su congregación para que salieran a admirar las estrellas.

—No sé cómo sería antes, padre —lo interrumpió César—, pero puedo aseguraros que ahora es una seria amenaza para nosotros. Insiste en la necesidad de llevar a cabo una estricta reforma de la Iglesia. Además, apoya a los franceses y repite una y otra vez que la tiara papal debe volver a ser portada por un hombre virtuoso. No me cabe duda de que ese hombre sería Giuliano della Rovere.

La ira de Alejandro cada vez resultaba más patente.

—Nunca me ha complacido someter a tortura a un hombre para obligarlo a confesar sus pecados, y menos aún cuando ese hombre ha servido fielmente a la Iglesia. Pero mucho me temo que no nos queda otra alternativa —dijo volviéndose hacia Duarte—. Encárgate de resolver esta cuestión con la mayor presteza, pues debemos devolver el orden a las calles de Florencia antes de que sea demasiado tarde.

Duarte se retiró, presto, a cumplir las órdenes del sumo pontífice.

Una vez a solas con César, Alejandro se recostó en un diván y le indicó a su hijo que se acercara. César tomó asiento en la banqueta forrada de terciopelo rojo que había junto al diván. La mirada de Alejandro brillaba con determinación.

—Quiero que me contestes con sinceridad —dijo Alejandro—. ¿Compartes el amor que yo siento por la Iglesia? ¿Deseas dedicar tu vida a servirla, como lo he hecho yo?

César siempre había intentado hacerle comprender a su padre sus verdaderos deseos, siempre había soñado con el día en el que su padre llegara a aceptar que él era un guerrero y no un hombre de la Iglesia. Y, ahora que había llegado ese momento, el hijo del papa meditó cuidadosamente su respuesta. Necesitaba que Alejandro confiase en él. Sabía que su padre nunca había sentido el mismo amor por él que por su hermano Juan, pero, aun así, sabía que lo quería. Pero también conocía los trucos del Santo Padre y la astucia con la que podía conducirse. De ahí que decidiera guardarse dos secretos.

—Padre, debo confesar que tengo demasiados apetitos impíos como para honrar a la Iglesia con la limpieza de corazón que tú desearías que lo hiciera —empezó a decir—. Y no deseo condenarme a las llamas del infierno.

Alejandro se incorporó lo suficiente en el diván como para poder mirar fijamente a su hijo.

—Yo pensaba igual que tú cuando tenía tu edad —dijo—. Nadie hubiera creído que el joven Rodrigo Borgia acabaría por convertirse en papa. Pero trabajé durante cuarenta años hasta convertirme en un hombre mejor, en un sacerdote mejor, y lo mismo podría ocurrirte a ti.

—Pero ése no es mi deseo, padre.

—¿Por qué? Anhelas el poder y el dinero tanto como yo. Y, con tu inteligencia, podrías conseguir cualquier cosa que te propusieras. —De repente, Alejandro guardó silencio—. ¿Acaso escondes algún pecado tan oscuro que no crees ser digno de servir a la Iglesia de Dios?

Y fue entonces cuando César creyó adivinar las intenciones de su padre. Quería que le confesara la verdad sobre su relación con Lucrecia. Pero, si lo hacía, César sabía que su padre nunca lo perdonaría.

—Sí —dijo—, guardo un terrible secreto. Tan terrible que, de confesarlo, os veríais obligado a condenarme.

Alejandro se inclinó hacia César. Su mirada era dura, afilada. Aunque estaba seguro de que el sumo pontífice siempre había sospechado la naturaleza de su relación con *su* Lucrecia, César le sostuvo la mirada con firmeza.

—No hay nada que Dios no sea capaz de perdonar —dijo el Santo Padre.

—No creo en ningún Dios —contestó César, bajando la mirada, pues sabía que sus palabras herirían a Alejandro—. No creo en Jesucristo ni en la Virgen ni en ninguno de los santos de la Iglesia.

Alejandro parecía sorprendido, aunque no tardó en recuperar el dominio de sí mismo.

—Muchos pecadores dicen eso mismo por temor al castigo que les espera al morir —dijo finalmente el sumo pontífice—. El miedo hace que renuncien a la verdad.

—Además, confieso haber fornicado con las esposas de otros hombres, confieso mi ambición y mis ansias de poder, confieso haber mentido y confieso haber asesinado, aunque siempre a hombres que merecían morir. Pero no hay nada que no sepáis, padre.

Alejandro tomó las manos de César en las suyas y las observó con atención.

—Escúchame bien, hijo mío —dijo—. Muchos hombres de buena voluntad pierden la fe. Las injusticias de este valle de lágrimas hacen que pongan en duda la infinita piedad del Señor. Pero la fe puede renacer mediante la acción. Los verdaderos santos fueron hombres de acción. Nunca he sentido ninguna admiración por esos hombres que se encierran en sus monasterios para meditar sobre los misterios de la vida. No hacen nada por la Iglesia. No ayudan a propagar la palabra de Dios. Somos los hombres como tú y como yo quienes debemos encargarnos de eso —continuó diciendo Alejandro mientras señalaba a su hijo con el dedo índice—. Aunque para ello sea necesario que expiemos nuestros pecados en el purgatorio. Pero piensa en todos esos hombres cuyas almas salvaremos con nuestros actos. Piensa en todos esos hombres que aún no han nacido, en todos esos hombres cuyas almas se verían condenadas si no existiera una Iglesia poderosa. Todos los días, cuando confieso mis pecados, ese pensamiento me sirve de consuelo. No importa lo que digan los humanistas, no importa lo que mantengan los seguidores de los filósofos griegos. Este mundo no es todo lo que existe. Existe un Dios y es un Dios bondadoso. En eso se basa nuestra fe y es necesario que la conservemos. Podemos pecar, pero jamás debemos renunciar a la fe, pues es lo único que tenemos.

Pero las palabras de Alejandro no conmovieron a César. La fe no solucionaría sus problemas. Tenía que cimentar su poder en este mundo si no quería que su cabeza acabara decorando los muros del Vaticano. Deseaba tener hijos. Ansiaba tener una esposa. Deseaba poseer riquezas y poder. Y, para conseguirlo, debía cometer actos por los que el Dios de su padre lo condenaría al fuego eterno. ¿Qué sentido tenía creer en un Dios así? Además, a sus veintitrés años, César se sentía tan vivo, el sabor del vino, la comida y las mujeres le hacían hervir la sangre de tal modo que ni siquiera concebía la idea de su propia muerte; por muchas personas a las que hubiera visto morir durante el transcurso de su corta vida.

Inclinó la cabeza.

—Creo en Roma, padre —dijo—. Daría mi vida por Roma si me ofrecierais los medios para hacerlo.

Alejandro suspiró. No podía seguir oponiéndose a los deseos de su hijo, pues sabía que César podría convertirse en su más poderoso aliado.

—Entonces, debemos hablar del futuro, hijo mío —dijo—. Serás capitán general de los ejércitos de Roma. Devolverás el control de los Estados Pontificios a Roma y, como recompensa por tu victoria, obtendrás el ducado de la Romaña. Algún día, tú y yo, hijo mío, unificaremos todas las grandes ciudades de nuestra península. Algún día, los venecianos y esos desagradecidos sodomitas de Florencia y de Bolonia se inclinarán ante la Iglesia de Roma. Pero debemos ir paso a paso. Primero debes convertirte en duque de la Romaña, y, para eso, es necesario que te encontremos una esposa. Convocaré al consistorio cardenalicio para hacer oficial tu renuncia a la senda de la Iglesia. Después te nombraré capitán general de los ejércitos pontificios. Deberás ganarte en el campo de batalla las riquezas a las que renuncias junto a tu birreta de cardenal.

César se inclinó ante el sumo pontífice. Como muestra de gratitud, intentó besarle los pies, pero Alejandro los retiró.

—Muestra más respeto por la Iglesia y menos por tu padre —dijo el sumo pontífice—. Debes demostrarme con hechos, y no con gestos, que no he errado en mi decisión. Eres mi hijo y siempre perdonaré tus pecados..., como lo haría cualquier padre —concluyó diciendo con sincera emoción.

Y, así, por primera vez desde que dejó de ser un niño, César se sintió dueño de su propio destino.

—Desearía tanto volver a oír reír a Lucrecia —le dijo Alejandro a Duarte después de firmar el contrato que concluía las negociaciones para sus esponsales con Alfonso—. Su melancolía ya dura demasiado. Es hora de que vuelva a ser feliz.

Deseoso de mejorar el ánimo de Lucrecia, de acabar de una vez por todas con ese decaimiento en el que permanecía sumida desde que había alumbrado a su hijo, Alejandro había insistido en que Alfonso se presentara en Roma en secreto. No en vano, se decía que el duque de Bisceglie era el hombre más apuesto de Nápoles, por lo que Alejandro deseaba sorprender a su hija con su llegada.

Alfonso entró en Roma acompañado tan sólo por siete hombres. Los otros cincuenta miembros de su séquito esperaban en Marino, a las afueras de la ciudad. Fue recibido por un emisario del papa, que lo acompañó inmediatamente al Vaticano. Una vez que el sumo pontífice pudo comprobar personalmente que era tan apuesto como se decía, dispuso que acudiera al palacio de Santa Maria in Portico.

Lucrecia estaba asomada a su balcón, tarareando una melodía mientras observaba a los niños que jugaban en la calle. Era una hermosa mañana de verano y pronto conocería a su futuro esposo, pues su padre le había dicho que Alfonso llegaría antes de concluir la semana. Esperaba con impaciencia el momento de conocerlo, pues nunca había oído a César hablar tan favorablemente de ningún hombre.

Y, entonces, vio al joven Alfonso y el corazón empezó a latirle con una fuerza con la que nunca lo había hecho antes y las rodillas le temblaron hasta tal punto que tuvo que apoyarse en Julia para no caer al suelo.

—¿Has visto alguna vez a un hombre tan apuesto? —exclamó Julia.

Pero Lucrecia no dijo nada, pues se sentía incapaz de hablar.

En la calle, Alfonso desmontó de su caballo y, al levantar la mirada hacia el balcón, también él pareció quedar paralizado, como si acabara de caer bajo los efectos de algún embrujo.

Durante los seis días que faltaban para la celebración de los esponsales, Alfonso y Lucrecia acudieron a numerosos festejos y pasaron largas horas paseando por el campo o explorando las calles y los comercios de Roma, acostándose tarde y amaneciendo temprano cada nuevo día.

—Padre, ¿cómo puedo agradeceros lo que habéis hecho por mí? —exclamó Lucrecia, arrojándose en los brazos de Alejandro como cuando todavía era una niña—. ¿Cómo podría explicaros lo feliz que soy?

Alejandro también era feliz.

—Tu felicidad es la mía —le dijo a su hija—. Sólo deseo lo mejor para ti.

La ceremonia apenas se diferenció de la de los primeros esponsales de Lucrecia; sólo que esta vez ella hizo sus votos por voluntad propia y apenas si se dio cuenta de la espada desenvainada que el obispo que ofició la ceremonia sostenía sobre su cabeza.

Por la noche, tras el banquete, Lucrecia y Alfonso consumaron su unión ante el papa Alejandro y Ascanio Sforza y, en cuanto el protocolo lo permitió, se retiraron al palacio de Santa Maria in Portico, donde permanecieron en la cámara nupcial durante tres días con sus correspondientes noches. Así, por primera vez en toda su vida, Lucrecia supo lo que era un amor no prohibido.

Tras el banquete, César se retiró pronto a sus aposentos. Pero aunque pensara en su futuro como capitán general, aunque intentara distraerse planeando posibles estrategias militares, en su corazón sólo había amargura.

Se había comportado tal como se esperaba de él durante los esponsales de Lucrecia; incluso había contribuido al buen humor reinante participando con el disfraz del unicornio mágico, que representaba las virtudes de la castidad y la pureza, en la representación teatral que había seguido al banquete.

Antes, Lucrecia y Sancha habían bailado para Alejandro, quien nunca dejaba de disfrutar de la visión de una mujer hermosa bailando las emotivas danzas españolas que le recordaban a su juventud.

César había bebido en abundancia intentando encontrar la paz de espíritu en los vapores del vino. Ahora, a medida que los efectos del alcohol desaparecían, la soledad y la angustia iban ocupando su lugar.

Esa noche, Lucrecia había estado incluso más hermosa que de costumbre. Parecía una emperatriz con su vestido rojo rematado con terciopelo negro, piedras preciosas y centenares de magníficas perlas. Ya no era la niña de sus primeros esponsales, sino una hermosa mujer, una joven regia que se desenvolvía con perfecta soltura en la corte. Hasta aquel día, César no se había dado cuenta de hasta qué punto había cambiado su adorada hermana. Aun así, le había dado su bendición a pesar del dolor y la ira que se acumulaban en su corazón.

Durante el banquete, ella había buscado su mirada en varias ocasiones, obsequiándolo con una de sus dulces sonrisas, pero, a medida que la velada avanzaba, Lucrecia pareció olvidarse de él. Cada vez que César se aproximaba a ella, la encontraba en compañía de Alfonso y, en una ocasión, su hermana ni siquiera había advertido su presencia. Finalmente, Lucrecia había abandonado el gran salón para culminar los esponsales ante el papa Alejandro y Ascanio Sforza sin tan siquiera despedirse de su hermano.

En sus aposentos, César se dijo a sí mismo que, con el tiempo, olvidaría el amor que sentía por su hermana. Sí, cuando hubiera renunciado al púrpura, una vez que hubiera desposado a su propia esposa, cuando tuviera sus propios hijos y hubiera salido victorioso de grandes batallas, dejaría de soñar con Lucrecia. Intentó convencerse de que los esponsales de Lucrecia tan sólo eran una parte de la estrategia de su padre para fortalecer los lazos entre Roma y Nápoles, de tal forma que él, el futuro capitán general, pudiera desposar a una princesa napolitana. Lo más probable es que se tratara de Carlotta, la hermosa hija del rey. Y una vez arraigado en Nápoles, con posesiones y títulos propios, César declararía la guerra a los caudillos de los Estados Pontificios y recuperaría la Romaña para mayor gloria de Roma y de los Borgia.

Así, César intentó conciliar el sueño con visiones de su gloria futura, pero, una y otra vez, se despertaba con su hermana Lucrecia como único objeto de su anhelo.

Capítulo 16

Francis Saluti sabía que el interrogatorio por tortura de Girolamo Savonarola iba a ser el trabajo más importante de su vida.

Savonarola era un clérigo, y no un clérigo cualquiera. Saluti había oído sus sermones en más de una ocasión y sus palabras siempre lo habían conmovido. Pero Savonarola había desafiado a la clase gobernante de Florencia; incluso había puesto en duda la legitimidad del propio papa Alejandro. Savonarola había conspirado con los enemigos de la Iglesia y debía ser procesado por su traición. Pero, antes, él debía arrancarle la verdad mediante la tortura.

Ese día, Saluti llevaba puesto un calzón ajustado y un blusón de un tono azul oscuro que tan sólo se fabricaba en Florencia. Era un color que enaltecía su oficio, pues, aun siendo sobrio, no era tan severo como el negro.

Todo estaba dispuesto en la cámara. Había comprobado personalmente los mecanismos del potro. Las diferentes ruedas, las poleas, las correas y los pesos...; todo estaba en orden. Un pequeño fogón, con varias tenazas apoyadas sobre las ascuas rojas, calentaba la habitación. Saluti estaba sudando, aunque no sabía si era por el calor o por la perspectiva de la generosa paga que obtendría por ese interrogatorio.

Aunque siempre hacía su trabajo a conciencia, Saluti no era un hombre que disfrutara con la tortura. Además, le desagradaba tener que mantener su ocupación en secreto, aunque sabía que era por su propio bien, pues Florencia estaba llena de gente vengativa. Por eso iba siempre armado.

Eran muchos quienes ansiaban su trabajo. Al fin y al cabo, le pagaban sesenta florines al año, el doble de lo que ganaba un empleado de un banco de Florencia, y, además, recibía una bonificación de veinte florines por cada trabajo que le asignaba directamente la Signoria.

A pesar del insomnio y de los dolores de estómago que sufría casi a diario, Saluti era un hombre alegre e inclinado a la reflexión. Asistía al curso sobre Platón que se impartía en la Universidad de Florencia y visitaba asiduamente los estudios de los grandes artistas de la ciudad para contemplar sus obras más recientes. En una ocasión, incluso había sido invitado a visitar los mágicos jardines de Lorenzo Médicis; sin duda, había sido el mejor día de toda su vida.

Saluti no disfrutaba con el sufrimiento de sus víctimas, y quienes lo acusaban de lo contrario mentían. Tampoco le remordía la conciencia. Después de todo, el propio papa Inocencio, infalible en su condición de vicario de Cristo, había firmado una bula donde pronunciaba que la tortura era una herramienta justificada en la persecución de la herejía. Y, aun así, todos los días, los gritos de los reos resonaban en su cabeza hasta que los apagaba con la botella de vino que acostumbraba a beber cada noche para conciliar el sueño.

Pero lo que más le molestaba era la terquedad de sus víctimas. No entendía por qué se resistían a admitir su culpabilidad. No entendía su empeño en sufrir. ¿Por qué se negaban a escuchar los dictados de la razón? Saluti no lo entendía y menos aún en Florencia, donde la belleza y la razón habían florecido con mayor fuerza que en ningún otro lugar, exceptuando posiblemente la antigua Grecia.

Y Saluti lamentaba sinceramente ser un instrumento de ese sufrimiento. Pero ¿acaso no era cierto, como sostenía el propio Platón, que, en algún momento de nuestra vida, por buenas que sean nuestras intenciones, ¿todos nosotros somos la causa del sufrimiento de otra persona?

Además, las leyes eran claras. En la república de Florencia ningún ciudadano podía ser sometido a tortura a menos que existieran pruebas fehacientes de su culpabilidad. Todos los documentos estaban en regla. Habían sido firmados por miembros de la Signoria. Él mismo los había leído. Y, por si eso no bastara, el propio Alejandro VI había dado su consentimiento y había enviado a un alto dignatario eclesiástico como observador. Incluso se rumoreaba que el más poderoso de los cardenales de la Iglesia, el mismísimo César Borgia, había acudido en secreto a Florencia para seguir personalmente el proceso.

En silencio, el hombre que debía darle tortura rezó para que el falso profeta tuviera una muerte rápida mientras esperaba su llegada junto a la puerta de la cámara de tortura. Finalmente, fray Girolamo Savonarola, «martillo de Dios en la tierra», fue arrastrado hasta su presencia. Por su aspecto, no cabía duda de que había sido golpeado por los guardias. Saluti frunció el ceño; era una afrenta a su profesionalidad.

Saluti y su ayudante sujetaron firmemente el cuerpo de Savonarola al potro. A continuación, Saluti hizo girar lentamente las ruedas que movían los mecanismos que separarían las extremidades del cuerpo del falso profeta. El silencio de Savonarola satisfacía a Saluti, que veía la cámara de tortura como una especie de santuario donde sólo había lugar para el silencio, la oración y, finalmente, la confesión del reo.

Saluti no tardó en oír el habitual crujido que indicaba que los brazos del reo se habían desencajado de los hombros. El cardenal de Florencia, que observaba la escena sentado detrás de Saluti, empalideció al oír el ruido.

—Girolamo Savonarola, ¿confiesas haber cometido herejía y haber ofendido al Señor? —preguntó Saluti.

Savonarola sudaba copiosamente, y estaba pálido como un cadáver. Elevó la mirada al cielo, con los mismos ojos de los mártires en los frescos de las iglesias, pero sus labios no emitieron ningún sonido.

El cardenal le hizo una señal a Saluti y él volvió a hacer girar la rueda. Unos segundos después, un grito de dolor más propio de un animal que de un hombre ocultó los desgarradores crujidos de los brazos del fraile al ser separados de su cuerpo.

Saluti volvió a hacer la misma pregunta:

—Girolamo Savonarola, ¿confiesas haber cometido herejía y haber ofendido al Señor?

—Lo confieso —dijo el falso profeta en un susurro apenas audible.

Todo había acabado.

Savonarola había confesado su culpa y, con ello, había dado fin a su tormento. Al día siguiente, nadie en Florencia alzó su voz en defensa del fraile, cuando el cuerpo desmembrado del «martillo de Dios» fue quemado en la hoguera dispuesta a tal efecto en la misma plaza de San Marcos, que había sido testigo de sus heréticas prédicas contra la Iglesia de Roma.

Alejandro acostumbraba a reflexionar sobre los caminos del Señor, sobre las traiciones de las naciones y la falsedad de los hombres, cuyos corazones sólo parecían someterse a los mandatos de Satanás. Y, aun así, el sumo pontífice no perdía la esperanza, pues, como vicario infalible de Cristo, sabía que Dios era todo bondad y que todos los pecadores tenían abiertas las puertas del cielo. Ésa era la creencia en la que se cimentaba su fe, pues sabía que era deseo de Dios que los hombres vivieran dichosos en este mundo terrenal.

Pero la misión de Alejandro era otra muy distinta. Ante todo, debía cimentar el poder de la Iglesia para que ésta pudiera propagar el mensaje de Cristo hasta los últimos confines del mundo conocido, y, lo que era todavía más importante, debía asegurarse de que la Iglesia perdurara en el tiempo, pues cómo si no podría conseguir que la palabra de Dios nunca dejara de oírse en la tierra.

Y, para conseguirlo, necesitaba a su hijo César. Aunque pronto dejaría de ser cardenal, como capitán general de los ejércitos de Roma, César lo ayudaría a unificar los Estados Pontificios. Pero ¿resistiría su hijo las tentaciones del poder? ¿Sabía su hijo lo que era realmente la piedad? Pues de no ser así, podría salvar las almas de incontables hombres y, al mismo tiempo, condenar la suya propia.

Pero, ahora, Alejandro debía ocuparse de otras cuestiones: tediosas cuestiones administrativas. Hoy eran tres los asuntos que debía resolver. Primero debía decidir si perdonarle o no la vida a Plandini, su secretario, quien había sido declarado culpable de vender bulas papales. Después tenía que decidir si canonizar o no a la nieta de un rico mercader veneciano. Y, por último, debía reunirse con César y con Duarte para revisar la estrategia y la manera de obtener los fondos necesarios para la campaña con la que pronto unificaría los Estados Pontificios bajo la única autoridad de Roma.

Esa mañana, Alejandro se había vestido de forma sencilla, pues, para justificar las decisiones que iba a tomar, debía dar una imagen misericordiosa. Llevaba vestiduras blancas con el forro de seda roja y un sencillo solideo de lino y en los dedos tan sólo portaba el anillo de san Pedro, el anillo del pescador. Además, había optado por una estancia de cuyas paredes colgaban pinturas de la Virgen María, la madre que intercede ante Dios por el perdón de sus hijos pecadores.

Alejandro había ordenado a César que estuviera presente, pues sabía que todavía tenía mucho que aprender sobre la virtuosa aplicación de la clemencia.

El primer hombre que entró en la sala fue Stiri Plandini, el secretario de Alejandro. César lo conocía bien, pues Plandini llevaba sirviendo fielmente a su padre desde que él era un niño.

El secretario del papa fue conducido ante su presencia encadenado a una silla de reo, aunque en este caso, y por respeto al Santo Padre, las cadenas se mantuvieran ocultas bajo una gruesa tela.

Alejandro ordenó que le quitasen las cadenas y que le sirvieran una copa de vino, pues, aunque intentaba hablar, Plandini sólo conseguía emitir un ronco gruñido gutural.

—Has sido declarado culpable, Plandini —dijo Alejandro—. Aun así, me has servido fielmente durante todos estos años y, por ello, te he concedido la audiencia que nos has solicitado. Ahora, di lo que tengas que decir.

Como muchos escribanos, Plandini tenía una pronunciada bizquera como consecuencia de las largas horas dedicadas a la lectura. Era tan delgado que apenas ocupaba la mitad de la silla y su semblante mostraba la debilidad de carácter de los hombres que nunca han participado en una partida de caza ni se han puesto una cota de malla.

—Su Santidad, os ruego que os apiadéis de mi esposa y de mis hijos —dijo finalmente con apenas un hilo de voz—. No permitáis que mi familia sufra por mis pecados.

—No sufrirán ningún daño —declaró Alejandro—. Y, ahora, dime, Plandini, ¿has entregado a tus cómplices? —preguntó el Santo Padre.

—Así lo he hecho, Su Santidad —dijo Plandini—. Perdonadme. Os lo ruego. Tened piedad de mí. ¿Qué será de mi esposa y de mis hijos si yo les falto?

Alejandro consideró las palabras de su antiguo secretario. Si lo perdonaba, estaría alentando a otros hombres a cometer actos de traición. Y, aun así, sentía lástima por Plandini. Pensó en todas las cartas que le había dictado, en las chanzas que habían compartido, en todas esas ocasiones en las que le había preguntado por la salud de sus hijos... Plandini siempre había cumplido fielmente con sus deberes para con él y con la Iglesia.

—Siempre te he pagado generosamente, Plandini. Dime, ¿por qué traicionaste mi confianza?

Plandini se cubrió el rostro con ambas manos. Todo su cuerpo temblaba con atormentados espasmos.

—Por mis hijos —exclamó—. Lo hice por mis hijos. Son jóvenes e insensatos. Tenía que pagar sus deudas. Tenía que mantenerlos cerca de mí. Tenía que volver a encauzarlos en el camino de la fe.

Alejandro miró a César, que permanecía impertérrito a su lado. Fuera cierta o no, Plandini no podía haber elegido mejor respuesta, pues el amor que Alejandro sentía por sus hijos era conocido en toda Roma.

Rodeado de imágenes de la Virgen, iluminado por la luz del sol que atravesaba las coloridas vidrieras, Alejandro se sintió misericordioso. Si no hacía nada por evitarlo, en unas horas, el hombre que tenía ante sí colgaría de la horca en una plaza pública, ciego y mudo para siempre a los placeres terrenales, su esposa y sus ocho hijos destrozados por la pena. Pero ¿sería justo perdonarle la vida a su antiguo secretario mientras hacía ejecutar a sus cómplices?

Alejandro se quitó el solideo de la cabeza y ordenó a los guardias que liberasen al prisionero y lo ayudaran a levantarse. Y entonces, al ver su torso deformado y sus hombros retorcidos por el potro, pensó que aquel hombre ya había sufrido bastante.

El sumo pontífice se levantó y se acercó a Plandini.

—La Virgen de la Misericordia ha intercedido en tu favor —dijo—. No morirás. Te perdono. Pero deberás abandonar Roma con toda tu familia antes del anochecer y pasarás el resto de tu vida dedicado a la oración en un monasterio.

Y, sin más, el sumo pontífice ordenó a los guardias que escoltasen a Plandini y a su familia lejos de Roma. Todo iría bien. Este acto de debilidad permanecería en secreto, pues Plandini nunca volvería a Roma y sus cómplices no tardarían en morir ahorcados.

Y, de repente, Alejandro sintió una dicha que pocas veces había sentido, ni siquiera con sus hijos, ni con las mujeres que había amado ni con todas sus riquezas ni todo su poder. Sentía una fe tan pura que, por un instante, todo su ser pareció tornarse luz. Cuando la sensación lo abandonó, el Santo Padre se preguntó si su hijo César podría llegar a sentir alguna vez ese éxtasis de misericordia.

El siguiente asunto del que debía ocuparse Alejandro era de una naturaleza muy distinta. Ahora necesitaría de toda su capacidad diplomática y no podría dar muestras de debilidad. El momento de la piedad había pasado. El sumo pontífice volvió a colocarse el solideo sobre la cabeza.

—¿Padre, queréis que espere en la antesala? —preguntó César, pero Alejandro le indicó que lo acompañara.

—Creo que esto te parecerá interesante, hijo mío —dijo.

Alejandro había elegido una estancia distinta para la segunda audiencia del día: una sala pintada de un intenso color encarnado con pinturas de la crucifixión, retratos de papas guerreros abatiendo a los enemigos de Dios y escenas de santos sufriendo martirio a manos de los infieles. Era el salón de los Mártires, una elección apropiada para la ocasión.

El hombre que se presentó ante el sumo pontífice y su hijo César era el patriarca de los Rosamundi, una noble familia veneciana cuya flota de más de un centenar de buques comerciaba por todo el mundo conocido, aunque, como buen veneciano, su riqueza era un secreto celosamente guardado.

Baldo Rosamundi tenía más de setenta años. Con sus ropajes blancos y negros con piedras preciosas a modo de botones, su apariencia era la de un hombre respetable que no gustaba de andarse por las ramas, como bien podía atestiguar Alejandro, que ya había hecho negocios con los Rosamundi cuando todavía era cardenal.

—Así que creéis que vuestra nieta debe ser canonizada —dijo Alejandro con aparente buena disposición.

—No soy yo quien lo cree, Su Santidad, pues eso supondría un imperdonable pecado de vanidad —dijo de modo respetuoso Baldo Rosamundi—. Son los ciudadanos de Venecia quienes han tomado esta iniciativa. Y como Su Santidad conoce, los tribunales eclesiásticos de Venecia la han sancionado favorablemente. Ahora sólo depende de vos que mi nieta sea canonizada.

El arzobispo responsable de la Protección de la Fe había informado a Alejandro de todos los detalles. Doria Rosamundi podría ser una santa blanca, pero nunca una santa roja, pues había llevado una vida de impecable virtud dedicada a la pobreza, a la castidad y a las buenas obras en la que no faltaban algunos pequeños milagros de naturaleza bastante improbable. La Iglesia recibía cientos de peticiones similares todos los años, pero Alejandro no sentía ninguna estima por los santos piadosos; prefería a aquellos que daban su vida por la Iglesia: los santos rojos.

Despreciando la vida de lujos y riquezas que le correspondía por nacimiento, Doria Rosamundi había dedicado su vida a atender a los pobres. Al no haber suficientes en Venecia, una ciudad donde ni tan siquiera la pobreza estaba permitida, había viajado a Sicilia para cuidar de los niños huérfanos. Además, Doria Rosamundi había permanecido casta, había renunciado a todos los bienes materiales y, lo que era más importante, había cuidado a las víctimas de la peste que asolaba la isla sin importarle la posibilidad del contagio. Y precisamente por ello había fallecido a los veinticinco años como consecuencia de la temida enfermedad. Tan sólo habían transcurrido diez años desde su fallecimiento y su familia ya había empezado los trámites necesarios para solicitar que fuera canonizada.

Como era de esperar, se aportaban numerosas pruebas de sus milagros. Sin ir más lejos, en una ocasión, gracias a sus oraciones, varias víctimas de la peste habían resucitado milagrosamente al ser arrojadas a las hogueras comunales. Además, eran numerosos los enfermos que habían sanado tras acudir a rezar junto a la sepultura de Doria y unos marineros decían haber visto su imagen sobre las aguas del Mediterráneo en mitad de una gran tormenta. Documento tras documento, los milagros se sucedían sin pausa. Cada uno de ellos había sido investigado y en ningún caso se había podido probar su falsedad. Y, por si todo ello no bastara, la riqueza de los Rosamundi se había encargado de superar todas las trabas, hasta conseguir que la reclamación llegara hasta la más alta instancia de la Iglesia.

—Lo que me pedís es de suma trascendencia —dijo el sumo pontífice—. Una vez que vuestra hija sea canonizada, ascenderá a los cielos y se sentará junto al Sumo Hacedor, por lo que podrá interceder por todos aquellos a quienes ame. Vuestra iglesia de Venecia se convertirá en su santuario y acudirán a adorarla peregrinos de todo el mundo. Es una decisión de gran trascendencia —continuó diciendo—. ¿Tenéis algo que añadir a lo que dicen los documentos?

—Sólo puedo decir lo que he visto —dijo Baldo Rosamundi al tiempo que inclinaba la cabeza en señal de respeto al Santo Padre—. Cuando Doria tan sólo tenía siete años, al ver que mis riquezas no me daban la felicidad, me pidió que rezase a Dios, pues él me concedería la dicha que el oro no me había proporcionado. Yo lo hice y, por primera vez, me sentí dichoso. Doria no era una niña como las demás. Nunca se mostró egoísta. Yo le compraba todo tipo de joyas, pero ella las vendía y les entregaba el dinero a los pobres. Después de su muerte, yo caí gravemente enfermo. Los médicos me sangraron hasta dejarme pálido como un espíritu, pero mi salud no mejoraba. Una noche, Doria se presentó ante mí. «Debes vivir para servir al Señor», me dijo.

Alejandro se santiguó. Después se quitó el solideo y preguntó:

—Y, decidme, ¿lo habéis hecho?

—Al menos lo he intentado, Su Santidad —contestó humildemente Baldo Rosamundi—. He ordenado erigir tres iglesias en Venecia. He financiado un hospicio para huérfanos en memoria de mi nieta. He renunciado a los placeres terrenales y he reafirmado mi amor hacia Cristo y hacia la Virgen María. —El patriarca veneciano guardó silencio durante unos instantes—. Decidme qué más debo hacer, Su Santidad. Soy vuestro más humilde servidor —concluyó diciendo con una sonrisa piadosa que Alejandro tardaría tiempo en olvidar.

El sumo pontífice reflexionó sobre lo que había oído.

—Debéis saber que desde que ocupo el solio pontificio mi mayor anhelo es liderar una nueva cruzada para liberar Jerusalén —dijo finalmente.

—Me valdré de todas mis influencias para proporcionaros la flota que merece una causa tan justa, Su Santidad —se apresuró a decir Rosamundi.

Alejandro frunció el ceño.

No deseo interferir en la prosperidad de Venecia —dijo finalmente—. Y eso es precisamente lo que estaría haciendo si aceptara vuestra generosa propuesta, pues al proporcionarme vuestros buques enojaríais al sultán de Turquía y eso pondría en peligro vuestras rutas comerciales. Lo que realmente necesito es oro para pagar a los soldados y comprar las provisiones necesarias para la campaña. Las arcas de la Iglesia no pasan por su mejor momento. Aunque debo reconocer que la situación ha mejorado con los ingresos del Jubileo. Además están las nuevas tasas que hemos impuesto a los clérigos y el diezmo exigido a todas las familias cristianas. Pero aun así, los fondos siguen siendo insuficientes. Así es como podéis servir a Dios —concluyó diciendo con una sonrisa benevolente.

Baldo Rosamundi asintió pensativamente. Incluso arqueó las cejas con aparente sorpresa.

—Decidme cuánto dinero necesitáis, Santidad. Hipotecaré gustosamente mi flota si con ello contribuyo a la mayor gloria de Dios Nuestro Señor —se ofreció finalmente.

Alejandro había estudiado cuidadosamente la suma que podría obtener de Rosamundi. Al fin y al cabo, no había que olvidar que tener una santa en la familia le abriría las puertas de todas las cortes de la cristiandad al comerciante veneciano, proporcionándole una gran ventaja sobre sus competidores. Poco importaba que la Iglesia hubiera tenido casi diez mil santos a lo largo de su historia, pues apenas eran varios centenares los que contaban con el apoyo directo del Vaticano.

—Sin duda, vuestra nieta vivió una vida de santidad. Como cristiana, su comportamiento fue ejemplar y, con ello, contribuyó a aumentar la gloria de Dios. Pero quizá sea demasiado pronto para canonizarla. Al fin y al cabo hay personas que llevan más de cincuenta años esperando ser canonizadas. No desearía precipitarme, pues, al fin y al cabo, la santidad es un privilegio irrevocable.

Baldo Rosamundi, que tan sólo unos momentos antes irradiaba confianza, pareció encogerse en su asiento.

—Quisiera poder rezar ante su santuario antes de morir —dijo apenas con un hilo de voz—, y no me queda mucho tiempo. Ella intercedería por mí ante el Señor. Creo sinceramente que mi nieta fue una mujer santa y deseo que los hombres de buena fe le rindan culto. Os lo ruego, Santidad... Pedidme cuanto deseéis.

Y fue entonces cuando Alejandro vio que el veneciano era sincero, que realmente era un hombre de fe. Y, así, con la tranquilidad de un consumado jugador, el sumo pontífice le pidió el doble de la suma que tenía pensada.

—Aún me faltan quinientos mil ducados para poder sufragar la expedición —dijo—. En cuanto los consiga, los cruzados zarparán para liberar Jerusalén.

Baldo saltó en su asiento y se llevó las manos a las sienes, tapándose los oídos, como si no quisiera escuchar nada más. Y, entonces, de repente, su semblante recobró la serenidad.

—Los tendréis, Santidad —dijo—. Tan sólo os pido que acudáis personalmente a Venecia para bendecir el santuario de mi nieta.

—Me complacerá sumamente hacerlo —contestó Alejandro—. Una santa es más grande que cualquier papa. Y, ahora, recemos juntos para pedirle a vuestra nieta que interceda por nuestras almas.

Capítulo 17

Aquella mañana, César se despertó antes de lo acostumbrado. En apenas unas horas se presentaría ante la comisión cardenalicia convocada por el sumo pontífice para considerar la revocación de sus votos y otorgar su consiguiente renuncia al púrpura cardenalicio. Ya se sentía diferente.

En principio, la comisión debía estar formada por quince cardenales, aunque finalmente dos de ellos no habían podido acudir: un cardenal español enfermo de malaria y un cardenal veneciano que se había caído del caballo.

Ninguno de los trece cardenales presentes se había enfrentado antes a un asunto de similar naturaleza, pues portar la birreta cardenalicia era el sueño de la mayoría de los hombres de la cristiandad. Suponía alcanzar la más alta jerarquía eclesiástica y, lo que era todavía más importante, lo convertía a uno en posible candidato a ocupar el solio pontificio. La mayoría de los cardenales presentes habían tenido que someterse a largos años de intenso trabajo y sacrificio para alcanzar su posición, por lo que la petición de César, además de incomprensible, era una afrenta directa contra su honor y su dignidad.

Los trece cardenales aguardaban sentados en sus asientos de madera de altos respaldos, sus rostros contorsionados por el malestar, tensos, pálidos, fantasmagóricos. La larga línea que dibujaban sus birretas parecía una gran cinta colgada frente a la representación del Juicio Final que presidía la sala.

César se levantó para dirigirse a ellos.

—Estamos aquí reunidos para decidir cuál debe ser mi futuro. Antes que nada, vuestras eminencias deben saber que nunca ha sido mi deseo vivir una vida dedicada a la Iglesia, sino que fue el deseo de mi padre, Su Santidad, Alejandro VI, quien, con las mejores intenciones y movido por su sincero aprecio hacia mí, tomó la decisión. No fue mi elección y nunca será mi vocación.

Sorprendidos por la franqueza de César, los cardenales se movieron nerviosamente en sus asientos.

—Mi deseo es liderar los ejércitos pontificios y, si es necesario, entregar mi vida por la mayor gloria de Roma y de la Iglesia. Además, también quiero formar una familia. Ése es mi más sincero deseo, ésa es mi verdadera vocación. Y por ello solicito humildemente quedar liberado de mis votos y que aceptéis mi renuncia al púrpura cardenalicio.

—Si permitiéramos algo así, correríamos el riesgo de que un cardenal sirviera a un rey que pudiera luchar contra la Iglesia y contra el reino de España —protestó un cardenal español.

Alejandro permaneció en silencio.

Aunque todos los cardenales habían sido informados previamente de los deseos del sumo pontífice, ahora varios de ellos lo miraron, como buscando que los guiara en esta crucial decisión.

—Mi hijo ha tomado su decisión movido por el sincero anhelo de su alma —intervino finalmente Alejandro—. Como él mismo acaba de decir, su verdadera vocación es la vida seglar. Desea formar una familia y, por encima de todo, desea vivir la vida de un soldado. Si no permitimos que renuncie a sus votos, sus apetitos terrenales serán causa de gran vergüenza para la Iglesia, pues César parece incapaz de refrenar sus pasiones mundanas. Todos estaréis de acuerdo conmigo en que un comportamiento así no beneficia a la Santa Iglesia de Roma. Además, no debemos olvidar que, con su decisión, el cardenal Borgia renuncia a treinta y cinco mil ducados en territorios y beneficios y que esos privilegios revertirán en beneficio del consistorio cardenalicio. Por todo ello, os pido que aceptéis la renuncia del cardenal.

El voto fue unánime, pues los beneficios prometidos disiparon toda posible oposición.

A continuación, en una breve ceremonia, el sumo pontífice liberó a su hijo de sus votos y le otorgó su bendición.

Y así fue como César Borgia se despojó de sus vestiduras eclesiásticas y de la birreta cardenalicia en presencia de los trece cardenales y, tras inclinarse ante los miembros del consistorio en señal de respeto y gratitud, abandonó la sala convertido en un nuevo hombre. Por fin era libre para forjar su propio destino.

De vuelta en sus aposentos, Alejandro se sentía triste. Había construido un proyecto con la esperanza de que César se convirtiera en el nuevo papa, pero ahora que Juan estaba muerto había tenido que ceder a sus deseos, pues necesitaba un hombre en quien pudiera confiar para liderar los ejércitos pontificios.

Cada vez más afligido, algo inusual en un hombre de la naturaleza optimista del Santo Padre, Alejandro decidió descansar de sus obligaciones durante el resto del día. Para deshacerse de la melancolía que pesaba sobre su corazón, dispondría que le dieran un masaje, pues los placeres del cuerpo eran el mejor camino para elevar el espíritu.

Mandó llamar a Duarte y le comunicó que, de presentarse algún asunto que requiriese urgentemente de su intervención, lo encontraría en sus aposentos privados. Si alguien preguntaba por la razón de su ausencia, Duarte debía decir que el médico personal del sumo pontífice le había insistido en la conveniencia de recibir un largo masaje.

Apenas había transcurrido una hora cuando Duarte entró en los aposentos privados del papa.

—Alguien desea veros, Su Santidad —anunció el consejero de Alejandro—. Al parecer se trata de una cuestión de gran importancia.

—Ay, Duarte —dijo Alejandro, que yacía boca abajo con una toalla de algodón como toda vestimenta—, tienes que dejar que estas mujeres te den un masaje. Te aseguro que son capaces de expulsar al diablo del cuerpo; es como si tu alma se llenara de luz.

—Conozco otras sendas todavía más relajantes, Su Santidad —rió Duarte.

—Pero dime, amigo mío, ¿quién es esa persona a la que tanto le urge verme? —preguntó Alejandro.

—Georges d'Amboise, el embajador francés —contestó Duarte—. ¿Deseáis que le diga que espere?

—Dile que si lo que desea comunicarme es tan importante tendrá que hablar conmigo tal y como estoy, pues por nada en el mundo estoy dispuesto a renunciar a este momento de éxtasis antes de lo previsto —dijo Alejandro—. Después de todo, incluso un papa tiene derecho a honrar el templo de su cuerpo. ¿O acaso no es también el cuerpo una creación del Señor?

—Como sabe Su Santidad, la teología nunca ha sido mi especialidad —contestó Duarte—. Pero, tratándose de un francés, no creo que se asuste ante los placeres de la carne.

Y así fue como el sumo pontífice recibió desnudo al embajador del rey de Francia con dos atractivas jóvenes frotándole las piernas y la espalda. Duarte se ausentó inmediatamente, pues otra cuestión reclamaba su atención.

Georges d'Amboise, como el hombre sofisticado y diplomático que era, no dejó traslucir su sorpresa al encontrar al sumo pontífice en esa situación.

—Podéis hablar con entera libertad, embajador —dijo Alejandro sin más preámbulos—. Os aseguro que estas jóvenes no sienten el menor interés por las cuestiones de Estado.

—Tengo instrucciones concretas de que nadie excepto Su Santidad escuche lo que debo decir —dijo D'Amboise.

Visiblemente contrariado, Alejandro ordenó a las dos jóvenes que los dejaran solos. Cuando por fin se levantó, el embajador bajó la mirada eludiendo todo contacto con la desnudez del papa.

—Los franceses hacéis de la discreción un modo de vida, pero los rumores flotan en el aire y os aseguro que no hay nada que pueda mantenerse en secreto en una corte, ni en la del rey de Francia ni en la de Roma. Pero ahora estamos solos, tal y como deseabais. Podéis hablar.

Georges d'Amboise se aclaró la garganta repetidamente, intentando encontrar la tranquilidad necesaria para abordar un asunto tan delicado delante de un hombre desnudo.

—Pensaba que los franceses eran célebres por su falta de pudor —dijo Alejandro con una sonrisa divertida mientras observaba su corpulenta desnudez—. Si me concedéis unos instantes, me vestiré. Así recuperaréis vuestra voz.

—El rey Carlos ha muerto —dijo D'Amboise una vez que el papa, ya vestido, lo condujo a su estudio—. Se golpeó la cabeza con una viga de madera en un desafortunado accidente. Perdió la conciencia inmediatamente y, a pesar de los cuidados de sus médicos, falleció pocas horas después. Nada pudimos hacer. Su hermano, Luis XII, es el nuevo rey de Francia. Es él quien me envía para que os comunique, Santidad, que pretende reclamar sus derechos sobre Nápoles y Milán, ya que legítimamente le pertenecen.

—¿Debo entender que vuestro nuevo rey se dispone a invadir la península Itálica?

El embajador D'Amboise asintió.

—Así es, pero mi monarca desea que sepáis que en ningún momento desea perjudicar ni a Su Santidad ni a la Santa Iglesia de Roma.

—¿Y cómo puedo saber que lo que decís es cierto? —preguntó Alejandro.

—Tenéis mi palabra y la de mi soberano —dijo el embajador al tiempo que se llevaba la mano al pecho.

Alejandro reflexionó en silencio sobre la situación.

—Y, decidme, ¿qué espera el rey Luis de la Iglesia a cambio de tan generosa conducta? —preguntó finalmente—. Pues si me ofrece esta información y me asegura su lealtad, sin duda deseará obtener algo a cambio.

—En efecto, hay algo que Su Santidad puede hacer por mi señor —dijo D'Amboise sin más rodeos—. Mi soberano no está satisfecho con su matrimonio con Juana de Francia.

—Mi querido D'Amboise —dijo Alejandro con gesto divertido—, ¿no pretenderéis decirme que vuestro monarca desea anular sus esponsales con la hija deforme de Luis XI? La verdad es que no me sorprende. Aunque he de confesar que me decepciona su falta de caridad. Esperaba una actitud más compasiva de vuestro señor.

Aparentemente ofendido por los comentarios de Alejandro, el tono de voz del embajador se tornó más frío y formal.

—Os aseguro que nada tiene que ver su belleza, Su Santidad —dijo D'Amboise—. La cuestión es que su esposa no ha sido capaz de proporcionarle un heredero.

—Y, decidme, ¿ha pensado ya el rey Luis en una posible sustituta? —preguntó Alejandro, que ya sospechaba la respuesta.

El embajador asintió.

—Desea contraer esponsales con Ana de Bretaña, la viuda de su difunto hermano, el rey Carlos VIII.

Alejandro rió abiertamente.

—Ahora lo entiendo —dijo—. Vuestro rey desea casarse con su cuñada y para eso necesita obtener la dispensa del Santo Padre. A cambio ofrece respetar las tierras de la Iglesia en su camino hacia Nápoles y Milán.

—Así es, Su Santidad —dijo D'Amboise con evidente alivio—. Aunque yo hubiera empleado otras palabras para expresarlo.

—Me planteáis una cuestión sumamente delicada —dijo Alejandro, y su voz de barítono retumbó en las paredes del estudio—. Recordad que en los Diez Mandamientos está escrito que no desearás a la mujer de tu hermano.

—Con vuestro permiso, Santidad, quisiera recordaros que las Sagradas Escrituras pueden ser objeto de interpretaciones más o menos estrictas —dijo el embajador con voz entrecortada.

—Así es, amigo mío. Así es —dijo Alejandro al cabo de unos segundos—. Y, aun así, antes de dar mi consentimiento, hay algo que quisiera pediros, pues lo que vuestro monarca solicita de mí es una gran indulgencia.

D'Amboise permaneció en silencio.

—Sin duda sabréis que mi hijo César ha colgado los hábitos. Ahora, es mi deseo que contraiga matrimonio lo antes posible. La hija del rey Federico de Nápoles, la princesa Carlotta, parece una candidata apropiada y, sin duda, vuestro monarca podría influir favorablemente en su decisión. Supongo que podré contar con el apoyo del rey Luis.

—Haré todo lo que esté en mi mano para que así sea, Su Santidad. Mientras tanto, os rogaría humildemente que meditaseis sobre la petición del rey.

—No me cabe duda de que las cortes de Francia y de Roma pronto celebrarán dos felices esponsales, embajador —dijo finalmente Alejandro, dando la entrevista por zanjada.

César había enviado numerosos mensajes a Santa Maria in Portico pidiéndole a Lucrecia que se reuniera con él, pero su hermana siempre le respondía que tenía otros compromisos y que lo avisaría tan pronto como le fuera posible. El desconsuelo inicial de César no tardó en dar paso a un sentimiento de cólera.

Su hermana no era tan sólo su amante, sino también su

más querida amiga y, ahora que había renunciado a la birreta cardenalicia, César deseaba compartir sus planes con ella. Pero, durante los últimos meses, Lucrecia sólo parecía tener tiempo para su esposo, con quien acudía a todo tipo de banquetes y festejos, donde ambos se rodeaban de poetas y artistas.

César intentaba no imaginar a Lucrecia compartiendo el lecho con Alfonso, aunque no era ajeno a los rumores que aludían a la pasión que envolvía a los recién casados.

El hijo del papa pasaba la mayor parte del tiempo estudiando estrategias militares e intentando determinar cuál sería la alianza matrimonial más conveniente para el papado. Pero anhelaba compartir sus pensamientos con su hermana, pues ¿quién mejor que ella podría ofrecerle su consejo?

Libre de las limitaciones que le imponía el púrpura cardenalicio, César pasaba las noches en compañía de cortesanas y, en alguno de estos imprudentes encuentros, se contagió de la sífilis. El médico del Vaticano experimentó distintas curas con César, por lo que éste tuvo que pasar varias semanas cubriendo sus pústulas con fardos calientes de piedra pómez y con toda clase de hierbas. Fue sajado, frotado y lavado una y otra vez, hasta que sus llagas finalmente desaparecieron y, aunque le quedaron algunas cicatrices, ninguna de ellas estaba en un lugar que no pudiera ocultar bajo sus ropas.

Una vez recuperado, le envió una nueva misiva a Lucrecia pidiéndole que se reuniera con él, pero, dos días después, todavía no había obtenido respuesta. Deambulaba, furioso, por sus aposentos, pensando en acudir personalmente al palacio de su hermana, cuando alguien llamó a la puerta del pasadizo secreto.

Ahí estaba Lucrecia, radiante y más bella que nunca. César la estrechó entre sus brazos con toda su pasión reprimida, pero sus labios apenas se habían encontrado cuando Lucrecia apartó el rostro.

—¿Es esto lo que has venido a ofrecerme? —preguntó César sin disimular sus celos. Después se dio la vuelta sin esperar una respuesta. Lucrecia le rogó que la mirara, pero él se negó.

—César, hermano mío, no te enojes conmigo, por favor. Las cosas han cambiado —dijo—. Amo a mi esposo. Y, ahora que has dejado de ser cardenal, tú también encontrarás una mujer a la que amar.

César se volvió hacia su hermana. Sentía una terrible opresión en el pecho. Sus ojos brillaban enloquecidos.

—Así que es cierto —dijo—. Después de todos estos años, has olvidado el amor que compartimos y has entregado tu corazón a otro hombre.

Lucrecia intentó acercarse a su hermano.

—Alfonso me colma de atenciones —dijo con lágrimas en los ojos—. Es un amor que llena mi vida y mi corazón pero, sobre todo, es un amor que no tengo que ocultar. Es un amor limpio, César, un amor bendecido; algo que a nosotros siempre nos estuvo prohibido.

—¿Qué ha sido entonces de todas tus promesas? Me juraste que nunca amarías a otro como me amabas a mí, pero ahora son otros los labios que besas con pasión, son otras las manos que hacen que tu cuerpo se estremezca.

—Nadie ocupará nunca tu lugar en mi corazón, hermano mío —dijo Lucrecia con voz temblorosa—. Tú fuiste mi primer amor, César. Tú fuiste el primero con el que compartí los secretos de mi cuerpo —continuó diciendo al tiempo que se acercaba a él—. César, tú eres mi hermano y nuestro amor siempre ha estado manchado por el pecado —dijo mirándolo fijamente a los ojos mientras sujetaba su rostro entre sus manos—. Aunque nuestro padre lo permitiera, la nuestra era una relación pecaminosa y tú lo sabes tan bien como yo.

—¡Pecado! —exclamó César—. ¡Nuestro amor nunca fue un pecado! —gritó—. Nuestro amor es lo único limpio que ha habido en mi vida. Viví y respiré por ti, Lucrecia. Era capaz de soportar el amor que nuestro padre le profesaba a Juan porque sabía que al menos tú me amabas a mí. Pero ahora... —continuó diciendo—. Ahora que tú amas a otro hombre, ya no hay lugar para el amor en mi vida.

Lucrecia se sentó en el lecho de César y negó con la cabeza mientras su hermano vagaba sin rumbo por la estancia.

—Nunca amaré a ningún hombre más de lo que te amo a ti —dijo ella—. Mi amor por Alfonso es diferente. Él es mi esposo. Tú también encontrarás ese amor. Pronto serás el capitán general de los ejércitos de Roma. Eso es lo que siempre has deseado. Librarás grandes batallas de las que saldrás victorioso y desposarás a una bella mujer que te dará hijos. Ahora por fin eres libre, hermano mío. Tienes toda una vida por delante. No permitas que yo sea la causa de tu infelicidad, pues no hay nadie en el mundo a quien yo ame más de lo que te amo a ti, ni tan siquiera a nuestro padre.

César se acercó a Lucrecia y la besó; fue un beso lleno de ternura, el beso de un hermano... Pero mientras lo hacía, algo lo abandonó para siempre. Hasta ese día, cada vez que había pensado en el amor había visto a Lucrecia, cada vez que había pensado en Dios la había visto a ella, pero, a partir de ahora, la vería cada vez que pensara en la guerra.

Capítulo 18

César deambulaba por el Vaticano vestido de riguroso negro. Hosco e irascible, esperaba con impaciencia el comienzo de su nueva vida. Contaba cada día, anhelando el momento de recibir la invitación del rey Luis XII. Quería huir de Roma, de su entorno familiar, dejar atrás todos los recuerdos de su hermana y de su antigua vida.

Volvía a tener pesadillas. Incluso intentaba evitar conciliar el sueño por miedo a despertar entre sudores fríos y gritos entrecortados. Pero, hiciera lo que hiciera, no podía liberarse del recuerdo de su hermana. Cada vez que cerraba los ojos, procurando descansar, se imaginaba haciendo el amor con Lucrecia. Cuando su padre le comunicó que su hermana estaba encinta, César, enloquecido por los celos, montó en su caballo favorito y estuvo cabalgando durante un día entero, hasta caer exhausto.

Esa noche, una brillante llamarada amarilla se apareció en sus sueños, dibujando el dulce rostro de Lucrecia. La llama le daba calor, a veces incluso lo abrasaba, y su luz nunca se extinguía. César lo interpretó como una señal, como un icono de su amor, y se hizo la promesa de que, a partir de aquel día, llevaría aquella llama en su estandarte junto al buey de los Borgia.

Y así fue como, desde aquel día, tanto en la guerra como en la paz, la llama de su amor se convertiría en la llama de su ambición.

César partió hacia Francia el mismo día que recibió la invitación del rey Luis. Tenía dos importantes empresas que cumplir. En primer lugar, debía entregarle al monarca francés la dispensa matrimonial que le había concedido el Santo Padre y, después, debía convencer a la princesa Carlotta de que se convirtiera en su esposa.

Antes de su partida, Alejandro mandó llamar a César a sus aposentos, donde abrazó a su hijo y le entregó un pergamino lacrado con su sello personal.

—Ésta es la dispensa para el rey Luis —dijo Alejandro—. Invalida sus anteriores esponsales y lo autoriza a desposar a la reina Ana de Bretaña. Para el rey Luis, este pergamino tiene un valor incalculable, pues no sólo le permitirá desposar a una mujer hermosa, sino que también le permitirá consolidar su poder sobre los territorios de la Bretaña.

—Hay algo que no entiendo, padre —intervino César—. ¿Por qué necesita una dispensa el rey Luis? ¿Acaso no puede solicitar la nulidad de sus esponsales?

—Puede que Juana de Francia sea una mujer deforme, pero te aseguro que no carece ni de carácter ni de inteligencia —dijo Alejandro con una sonrisa—. La buena mujer ha sobornado a varios miembros de la corte, que sostienen que, el día después de su noche de bodas, el rey Luis se vanaglorió públicamente de haber montado a su esposa en más de tres ocasiones. Eso elimina una posible nulidad a causa de la no consumación del matrimonio. Además, aunque Luis mantenga que tenía menos de catorce años cuando desposó a Juana, lo cual lo convertiría en menor de edad, no ha podido encontrar a nadie que esté dispuesto a confirmar sus palabras bajo juramento.

—¿Y cómo habéis solucionado el problema, padre? —preguntó César.

—A veces, ser infalible es una verdadera bendición, hijo mío —suspiró Alejandro con satisfacción—. En la dispensa declaro que, en efecto, Luis era menor de edad. Cualquier evidencia que contradiga mis palabras sería considerada una herejía.

—¿Deseáis que haga algo más por vos durante mi estancia en Francia, padre? —preguntó César.

—Así es —dijo Alejandro y, de repente, su semblante se tornó más grave—. Quiero que le ofrezcas una birreta cardenalicia a nuestro amigo Georges d'Amboise.

—¿D'Amboise desea ser cardenal? —preguntó César, sorprendido.

—De hecho, lo desea desesperadamente —dijo el sumo pontífice—. Aunque tan sólo su amante conozca los verdaderos motivos de su anhelo.

Alejandro abrazó a su hijo con fuerza.

—Te echaré en falta, hijo mío. Pero en Francia serás tratado como un rey. Además, el cardenal Della Rovere se encargará personalmente de proporcionarte todo lo que pueda hacerte falta durante tu visita. Ha recibido instrucciones precisas. Te protegerá de cualquier peligro y cuidará de ti como si fueras su propio hijo.

Después de su fallido y humillante intento de hacerse con la tiara pontificia, Giuliano della Rovere, tras exiliarse a Francia y ponerse al servicio del difunto rey Carlos VIII, había llegado a la conclusión de que su beligerancia no le había creado más que disgustos. Un hombre de su condición debía estar en el Vaticano, donde podría observar de cerca a sus enemigos mientras consolidaba su poder.

Una vez tomada esa decisión, la muerte de Juan le había proporcionado la oportunidad que esperaba para reconciliarse con el sumo pontífice, oportunidad que había aprovechado inmediatamente escribiéndole a Alejandro una sentida carta de pésame. Sobrecogido por el dolor y llevado por sus pasajeras ansias reformistas, Alejandro había acogido la misiva del cardenal con buena disposición. Hasta tal punto había sido así, que le había contestado con una nueva carta en la que, previendo que algún día podría necesitar de su ayuda, le pedía al cardenal que se convirtiese en nuncio apostólico ante el rey de Francia, pues no ignoraba la influencia que Della Rovere tenía en la corte francesa.

Y así fue como, aquel día del mes de octubre, César desembarcó en Marsella acompañado por su numeroso séquito. El cardenal Della Rovere lo esperaba en el puerto para darle la bienvenida.

El hijo del papa vestía un traje de terciopelo negro brocado con hilo de oro y diamantes y un majestuoso sombrero con un penacho de plumas blancas; incluso sus caballos llevaban herraduras de plata. Era tal la ostentación de la que hacía gala, que parecía que hubiera saqueado las arcas pontificias.

El cardenal Della Rovere lo recibió con un abrazo.

—Hijo mío —dijo—, a partir de ahora me aseguraré de que vuestra estancia en Francia sea lo más agradable posible.

Della Rovere había convencido al consejo de Aviñón de que le concediese un préstamo para darle al futuro duque de Valentinos la bienvenida que merecía un hombre de su condición.

Al entrar en Aviñón, el aspecto de César era incluso más suntuoso. Sobre su traje de terciopelo negro, llevaba un jubón brocado con perlas y rubíes, y la silla y la brida de su caballo, un semental gris moteado, estaban tachonadas con oro.

Lo precedían veinte trompetas con trajes escarlata y, detrás de él, desfilaba la Guardia Suiza, con su uniforme púrpura y dorado, seguida, a su vez, por un séquito de treinta escuderos y un número todavía mayor de pajes, mozos y criados, todos ellos brillantemente ataviados. Cerrando la comitiva, avanzaban incontables músicos, malabaristas, contorsionistas, osos, monos y setenta mulas que cargaban con el equipaje de César y con los obsequios que traía para el rey Luis y los principales miembros de su corte.

Antes de abandonar Roma, Duarte había advertido a César sobre la inutilidad de tal despliegue, pues con la ostentación de su poder y su riqueza no conseguiría impresionar a los franceses, sino todo lo contrario, pero César había ignorado sus consejos.

Della Rovere volvió a recibir a César a las puertas de la ciudad, que había sido engalanada para la ocasión con lujosos tapices y arcos triunfales decorados con gran gusto, pues el cardenal había ordenado que el hijo del papa fuese recibido como si de un rey se tratara.

El banquete de bienvenida se celebró en la Casa Consistorial. Della Rovere había invitado a las damas más bellas de la ciudad, pues de todos era conocido que César disfrutaba enormemente de la compañía de hermosas mujeres. Durante los días que siguieron a su llegada, Aviñón agasajó al hijo del papa con un fastuoso banquete tras otro.

Y, así, durante dos meses, mientras viajaba hacia la corte del rey Luis, no hubo un solo día en el que César no disfrutara de un banquete o participase en algún juego de azar.

A pesar del frío y de los vientos del norte, las gentes de cada nueva plaza se agolpaban en las calles para ver al hijo del papa. La humildad nunca había sido una de las virtudes de César, que creía que los súbditos del rey de Francia lo aclamaban con sincera admiración. De hecho, el hijo del papa se mostraba cada vez más arrogante, granjeándose la enemistad de aquellos nobles franceses cuyo apoyo podría necesitar en el futuro.

Cuando César finalmente llegó a Chinon, el rey Luis estaba furioso. Llevaba meses esperando noticias sobre la decisión del papa y César ni siquiera se había dignado a enviarle una misiva comunicándole si era portador de la tan ansiada dispensa matrimonial.

Entró en Chinon acompañado de su imponente séquito y la larga hilera de mulas cargadas con obsequios. Cada uno de los setenta animales de carga iba cubierto con ricos paños amarillos y rojos bordados con el buey de los Borgia y la llama que César había elegido como estandarte. Además, varias de las mulas portaban inmensos cofres que dieron lugar a todo tipo de especulaciones por parte del pueblo. Algunos decían que contenían preciosas joyas para la nueva esposa del hijo del papa. Otros decían que albergaban reliquias sagradas.

Y, aun así, ningún miembro de la corte se sintió impresionado por la ostentación de riqueza de César, pues aunque este llamativo espectáculo pudiera despertar la envidia de los príncipes de su tierra, entre la nobleza francesa sólo provocaba desdén.

El rey Luis era un hombre de hábitos frugales y la corte seguía su ejemplo. Los nobles se reían abiertamente de la vanidad de ese extranjero, pero cegado como estaba por su recién adquirida posición, César, que carecía de la experiencia de su padre y el buen juicio de su hermana, ni siquiera se daba cuenta de lo fatuo de su comportamiento.

—Es un despliegue excesivo —le comentó el rey Luis a su consejero al ver el séquito de César.

Cuando Georges d'Amboise presentó a César a los principales miembros de la corte, el hijo del papa ignoró con altanería las expresiones de sorna que observó en muchos de ellos. Podían reír todo lo que quisieran, pero mientras él tuviera en su poder la dispensa matrimonial, el rey tendría que tratarlo con exquisita corrección.

Corroborando sus pensamientos, el rey Luis amonestó severamente a varios jóvenes de la corte, cuya imprudencia había llegado hasta el punto de mofarse abiertamente de su invitado.

Una vez concluidas las presentaciones, César, el rey Luis y el embajador Georges d'Amboise se retiraron a una de las estancias privadas del rey. Las paredes estaban forradas con seda amarilla y paneles de roble, y las altas ventanas daban a un hermoso jardín donde los pájaros de vivos colores endulzaban el ambiente con sus cantos.

—Como sabréis por vuestro padre, mis tropas respetarán en todo momento los territorios pontificios en su camino hacia Nápoles —empezó diciendo el rey Luis, recordándole a César su parte del acuerdo—. Es más, os ofreceré gustosamente el apoyo de mi ejército si lo estimáis necesario para someter a los caudillos rebeldes de la Romaña.

—Agradezco vuestro generoso ofrecimiento, majestad —dijo César y, sin más dilación, hizo entrega de la dispensa matrimonial al rey Luis.

El monarca francés no intentó ocultar su alegría. Tras corresponder sus palabras de agradecimiento, César le ofreció el segundo pergamino lacrado a Georges d'Amboise. Mientras lo leía, el rostro del embajador pareció iluminarse con la dicha y la sorpresa que le producía la noticia de su pronta incorporación al seno del Sacro Colegio Cardenalicio.

En vista de la generosidad que había demostrado el papa, el rey Luis le comunicó a César que le concedería el ducado de Valentinos, título que le proporcionaría algunas de las mejores fortalezas de Francia, además de tierras de gran valor. César recibió la noticia con gran alivio, pues había gastado gran parte del dinero necesario para sufragar la campaña contra la Romaña en proveer a su ostentoso séquito durante su estancia en Francia. Ahora, gracias a la generosidad del rey Luis, nunca tendría que volver a preocuparse por el dinero.

—Pero decidme, majestad, ¿cuándo conoceré a mi futura esposa? —preguntó César una vez que los tres hombres hubieron sellado su acuerdo con un brindis.

El rey Luis deambuló por la estancia con evidente nerviosismo.

—Existe un pequeño inconveniente —dijo finalmente—. Aunque la princesa Carlotta viva en Francia, pues es una de las damas de compañía de mi adorada reina Ana, en su condición de hija del rey de Nápoles, se debe a la casa de Aragón. Además, Carlotta es una joven con una marcada personalidad. La cuestión es que no puedo ordenarle que os acepte como esposo.

César frunció el ceño.

—¿Podría hablar con ella, majestad? —preguntó al cabo de unos instantes.

—Por supuesto —dijo el rey—. D'Amboise se encargará de arreglar vuestro encuentro.

Esa misma tarde, César y la princesa Carlotta se sentaron en un banco de piedra de los jardines de palacio, rodeados por la fragancia del azahar.

Aunque no fuera ni mucho menos la mujer más hermosa que había conocido César, Carlotta era una joven alta y morena de porte regio. Su peinado, con el cabello recogido en la nuca, le confería una apariencia severa, pero su disposición era alegre. Y, aun así, no parecía dispuesta a considerar la proposición que le había hecho César.

—No pretendo ofenderos —dijo—, pero debéis saber que estoy locamente enamorada de un noble bretón, por lo que me es imposible entregaros el amor que me pedís.

—A menudo, los amores más apasionados conducen a matrimonios desgraciados —intervino César, intentando persuadirla.

—Os hablaré con franqueza —dijo ella—, pues sin duda sois digno de ello. Como hijo del papa y futuro capitán general de sus ejércitos sin duda sabréis que la amistad de Roma es de suma importancia para Nápoles. Es más, estoy segura de que, si insistieseis, mi padre me obligaría a casarme con vos. Pero os ruego que no lo hagáis, pues mi corazón pertenece a otro hombre y nunca sería capaz de amaros como merecéis —concluyó diciendo Carlotta mientras las lágrimas afloraban en sus ojos.

César le ofreció su pañuelo.

—Nunca os forzaría a desposaros con un hombre al que no amáis —dijo con sincero aprecio, pues la franqueza de Carlotta había conquistado su corazón—. Pero si no he conseguido ganar vuestro amor, al menos os pido que me ofrezcáis vuestra amistad. Os juro que si algún día tengo la desgracia de verme sometido a un proceso, solicitaría del tribunal que fuerais vos quien defendiera mi inocencia...

Carlotta rió, divertida, y los dos jóvenes pasaron el resto de la tarde conversando alegremente mientras paseaban por los jardines del palacio del rey de Francia.

César informó al rey Luis de lo ocurrido esa misma noche. Al monarca no pareció sorprenderle la decisión de Carlotta, aunque se mostró feliz ante la reacción de César.

—Os agradezco vuestra comprensión y admiro vuestro buen talante —dijo el rey Luis.

—¿Supongo que no tendréis alguna otra princesa que todavía no haya entregado su corazón? —preguntó César con buen humor.

—No, la verdad es que no —dijo el rey Luis, avergonzado por su incapacidad para cumplir los términos del acuerdo alcanzado con el sumo pontífice—. Pero, para resarciros, quisiera otorgaros el ducado de Dinois.

César inclinó la cabeza en señal de respeto.

—Tenéis mi más sincero agradecimiento, majestad —dijo—, pero lo que realmente deseo es formar una familia.

—Con vuestro permiso, procederé a buscar posibles candidatas entre las casas reales de Francia —dijo el rey

Luis con voz tranquilizadora—. Os aseguro que pronto encontraremos la princesa adecuada.

—Si vuestra majestad me da su permiso, prolongaré mi estancia en Francia hasta que la búsqueda llegue a buen fin.

En Roma, Alejandro tan sólo pensaba en encontrar la esposa adecuada para su hijo César. Envió al cardenal Ascanio Sforza a Nápoles para que intercediera ante el rey Federico, pero el cardenal regresó con las manos vacías. Carlotta seguía oponiéndose al matrimonio y ninguna de las otras posibles candidatas se encontraba disponible.

Pero, en su viaje, el cardenal Sforza había oído ciertos rumores sobre una campaña del rey de Francia contra Nápoles y Milán.

—¿Es cierto lo que se dice en Nápoles sobre una inminente invasión francesa? —le preguntó a Alejandro a su regreso a Roma—. Decidme, Santidad, ¿qué pensáis hacer al respecto?

Furioso al sentirse interrogado por Ascanio e incapaz de confesarle la verdad, Alejandro exclamó:

—Haría algo si mi hijo no fuera rehén del rey de Francia.

—Un rehén voluntario que vive rodeado de todo tipo de lujos, Su Santidad —dijo Ascanio—. Un rehén que parece dispuesto a formar una alianza con nuestros invasores si así consigue una esposa que sea de su agrado.

—Cardenal, os recuerdo que fue vuestro hermano Ludovico quien requirió la ayuda de los franceses no hace demasiados años —exclamó Alejandro, enfurecido—. Es el reino de Aragón quien ha traicionado a la Iglesia al negarnos una alianza matrimonial —continuó diciendo al tiempo que se levantaba del solio pontificio—. Y debéis saber que vuestras palabras rayan en la herejía. Marchaos y rezad por que perdone vuestra imprudencia, pues si no lo hacéis os aseguro que vuestro cuerpo pronto flotará sin vida en las aguas del Tíber.

Cuando el cardenal Ascanio Sforza salió de la estancia, los atronadores gritos del Santo Padre lo siguieron por los corredores del palacio del Vaticano. Esa misma noche abandonó Roma para buscar asilo en Nápoles.

La preocupación de Alejandro llegaba hasta el punto de hacerlo descuidar los asuntos de la Iglesia. Era incapaz de pensar en cualquier cosa que no fuera una nueva alianza matrimonial. Incluso se había negado a recibir en audiencia a eminentes emisarios de Venecia, de Florencia, de Milán y de Nápoles. Sólo recibiría a quien pudiera ofrecerle una esposa para su hijo César.

En Francia, César ya llevaba varios meses en la corte del rey Luis cuando éste lo mandó llamar a su presencia.

—Tengo buenas noticias para vos —dijo—. Todo está dispuesto para vuestros esponsales con Charlotte d'Albret, la hermana del rey de Navarra. Es una joven hermosa e inteligente. Sólo falta que deis vuestro consentimiento.

Feliz, César escribió inmediatamente a su padre, pidiendo permiso para desposar a la princesa navarra.

Después de celebrar la santa misa, Alejandro se postró ante la imagen de la Virgen y pidió su intercesión, pues, durante los treinta y cinco años que llevaba sirviendo a la Iglesia, nunca se había enfrentado a una decisión tan difícil como la que debía tomar después de recibir la carta de su hijo.

La alianza con España siempre había sido la base de su poder. Además, desde que era el sumo pontífice, siempre había sabido equilibrar las fuerzas de España y de Francia, conservando el apoyo de ambos reinos para la Iglesia de Roma.

Pero ahora que su hijo Juan había muerto, su viuda, María Enríquez, había convencido a los reyes Isabel y Fernando de que César Borgia era el asesino de su esposo. De ahí que ninguna familia de las casas de Castilla ni de Aragón estuviera dispuesta a desposar a una de sus hijas con el hijo del papa.

Aunque Alejandro había hablado con decenas de embajadores y había enviado incontables cartas, ofreciendo grandes beneficios, no había conseguido encontrar la ansiada esposa para su hijo. Y Alejandro sabía que el futuro de los Borgia dependía de su éxito.

El sumo pontífice necesitaba el apoyo de los ejércitos de Nápoles y de España para unificar los Estados Pontificios y acabar con el poder de los caudillos rebeldes. Por eso había desposado a Lucrecia con Alfonso de Nápoles, un miembro de la casa de Aragón, pues creía que con esa alianza se estaba asegurando la futura unión entre César y la hermana de Alfonso, la princesa Carlotta.

Pero la princesa Carlotta no había dado su consentimiento y, en vez de desposar a una princesa española, César estaba a punto de comprometerse con una princesa francesa; algo que sin duda pondría en peligro el frágil equilibrio de poder que con tanto esfuerzo había conseguido el sumo pontífice.

Alejandro juntó las manos en actitud de oración e inclinó la cabeza ante la imagen de la Virgen.

—Santa Madre de Dios —dijo—, mi hijo César me pide mi bendición para tomar como esposa a una princesa francesa y su majestad el rey Luis nos ofrece su apoyo para recuperar el control de las tierras que pertenecen en derecho a la Iglesia.

Alejandro reflexionaba en voz alta sobre la situación, buscando el mejor modo de actuar. Si daba su bendición a los esponsales de César con Charlotte, no sólo estaría rompiendo los lazos de Roma con España, con Milán y con Nápoles, sino que, además, estaría poniendo en peligro la felicidad de Lucrecia. Pues su esposo era un príncipe de Nápoles y la alianza de Roma con Francia enfrentaría a ambas familias. Pero ¿qué sería de los Borgia si Alejandro le daba la espalda al rey de Francia? Pues, sin duda, el rey Luis invadiría la península con o sin el consentimiento de Roma y, si no obtenía el apoyo de Alejandro, no dudaría en instalar en el solio pontificio a un hombre más dispuesto a brindarle su colaboración. Y ese hombre, sin duda, sería el cardenal Della Rovere.

¿Y qué sería de su hijo Jofre y de su esposa Sancha si las tropas del rey de Francia tomaban Nápoles?

Por mucho que lo intentaba, Alejandro no encontraba una sola razón para permanecer fiel a España, pues aunque su corazón estuviera más cerca de esa tierra, con el apoyo de las tropas francesas, César no tardaría en someter a los caudillos rebeldes de los Estados Pontificios. Y una vez lograda la victoria, el hijo del papa obtendría el ducado de la Romaña y la familia Borgia se afianzaría definitivamente al frente de una Iglesia poderosa.

Al regresar a sus aposentos privados, Alejandro mandó llamar a Duarte Brandão, pues deseaba comunicarle su decisión.

—Duarte, amigo mío —dijo el papa cuando entró su consejero—. Ven, acércate. He reflexionado largamente sobre la mejor manera de proceder y finalmente he tomado una decisión.

Duarte se acercó al sumo pontífice, que estaba sentado frente a su escritorio. Por primera vez en su vida, Alejandro parecía cansado, incluso envejecido. Y, aun así, su mano no tembló mientras escribía la misiva y se la entregaba a su consejero. «Querido hijo, tienes mi bendición para desposar a Charlotte d'Albret», decía escuetamente la carta.

El día en que César desposó a Charlotte d'Albret en la corte del rey de Francia, Roma se vistió con sus mejores galas para celebrar la ocasión. El sumo pontífice había encargado una enorme exhibición de fuegos artificiales para iluminar la noche con vivos colores y había dispuesto que las calles de Roma fueran alumbradas con miles de hogueras.

En el palacio de Santa Maria in Portico, Lucrecia, acompañada de su esposo, observó cómo encendían una hoguera frente a su balcón. Por supuesto, se sentía dichosa por la felicidad de su hermano, pero temía por lo que pudiera sucederle a su amado esposo.

Alfonso vivía lleno de temor desde que había sabido que el cardenal Ascanio Sforza había huido a Nápoles acompañado de otros cardenales disidentes.

Ahora abrazó a Lucrecia y la estrechó apasionadamente entre sus brazos.

—Mi familia está en peligro —le dijo a su esposa con ternura—. Debo ir a Nápoles, Lucrecia. Debo luchar por defender mi hogar. Mi padre y mi tío me necesitan.

Lucrecia se aferró con fuerza a su marido.

—El Santo Padre no permitirá que los conflictos políticos interfieran en nuestro amor —dijo ella con desesperación.

A sus dieciocho años, Alfonso miró a Lucrecia con profunda tristeza.

—Sabes tan bien como yo que no tiene otra opción, amor mío —dijo mientras le apartaba el cabello de los ojos.

Aquella noche, después de hacer el amor, permanecieron largas horas despiertos. Cuando Lucrecia por fin concilió el sueño, Alfonso se levantó en silencio del lecho y fue a los establos. Cabalgó hacia el sur hasta llegar a la fortaleza de los Colonna, desde donde pretendía continuar camino hacia Nápoles al día siguiente.

Pero Alejandro envió a la guardia pontificia tras él para impedir que llegara a Nápoles.

Día tras día, Alfonso escribía a Lucrecia desde la fortaleza rogándole que se reuniese con él, pero la hija del papa nunca recibió sus cartas, pues, todos los días, eran interceptadas por los hombres de su padre.

Lucrecia echaba enormemente en falta a su esposo. No podía entender por qué Alfonso no le había escrito. Hubiera acudido a Nápoles en su busca, pero en su estado, embarazada de seis meses, no se atrevía a emprender un viaje tan largo, pues ya había perdido a un hijo ese año al caer de su caballo. Además, la guardia pontificia la vigilaba día y noche, impidiendo su posible huida.

Tras los esponsales, César y Charlotte pasaron varios meses en un pequeño palacete situado en el hermoso valle del Loira. Tal y como había prometido el rey Luis, Charlotte era hermosa e inteligente. Además, le proporcionaba gran placer a César en el lecho y su presencia desprendía tal serenidad que incluso calmaba sus ansias de poder y de conquistas. La joven pareja pasaba los días paseando rodeada de hermosos paisajes, navegando por el sosegado río, conversando, leyendo... César incluso intentó enseñar a Charlotte a nadar y a pescar.

—Te amo como nunca he amado a otro hombre —le dijo un día Charlotte.

Y aunque César la creía, aunque luchaba con todas sus fuerzas por enamorarse de ella, el recuerdo de su hermana se lo impedía.

Y, así, todas las noches, después de hacer el amor con su esposa, cuando Charlotte se dormía abrazada a él, César se preguntaba si realmente estaría maldito, como su hermana le había insinuado. ¿Lo habría sacrificado su padre a la serpiente del Edén al hacerlo yacer con su propia hermana?

La misma noche en que Charlotte le dijo que estaba encinta, César recibió un mensaje del papa urgiéndolo a regresar de inmediato a Roma para ponerse al mando de sus ejércitos. Al parecer, los caudillos de los Estados Pontificios planeaban una conspiración contra el sumo pontífice, y los Sforza habían requerido la ayuda de los reyes de España, que se disponían a enviar numerosas tropas a Nápoles.

César le dijo a su esposa que ella debía permanecer en Francia, pues mientras el poder de los Borgia no se hubiera consolidado definitivamente, su vida y la del niño que llevaba en su vientre podían correr peligro en Roma.

El día en que César debía partir, Charlotte intentó mantener la compostura hasta el último momento, pero al ver cómo su esposo montaba en su caballo, se aferró desesperadamente a sus piernas, incapaz de contener el llanto por más tiempo.

César desmontó y la estrechó con fuerza entre sus brazos. El cuerpo de Charlotte temblaba con las convulsiones provocadas por el llanto.

—Enviaré a alguien a buscarte a ti y a nuestro hijo en cuanto Roma sea un lugar seguro —dijo él, intentando tranquilizarla.

Después la besó con ternura, montó en su semental blanco y cabalgó hacia Roma, agitando un brazo en señal de despedida.

Capítulo 19

Alejandro no soportaba ver a su hija desdichada. Cuando estaban en presencia de otros, Lucrecia desafiaba abiertamente su autoridad y, cuando se encontraban a solas, apenas le hablaba. Ni siquiera la compañía de Julia y Adriana, que se habían trasladado al palacio de Lucrecia con el hijo que había dado a luz en el convento, parecía mitigar su dolor. Cada nueva velada transcurría en el más absoluto silencio y el sumo pontífice echaba en falta las animadas conversaciones de antaño; no podía soportar por más tiempo el sufrimiento de su hija.

Lucrecia comprendía la necesidad que sentía su esposo de acudir en ayuda de su familia, igual que comprendía las razones que habían llevado a su padre a formar una nueva alianza con el rey de Francia. Y, aun así, su corazón no podía aceptar que ella y el hijo que pronto alumbraría se vieran obligados a vivir lejos de Alfonso. Intentaba razonar, pero su corazón se oponía a toda razón. Y, todos los días, se preguntaba por qué no le escribía su amado esposo.

Después de varias semanas siendo testigo de la desesperación de su hija, Alejandro estaba fuera de sí. Tenía que hacer algo. Y, así, concibió un plan para ayudarla. Lucrecia era una mujer inteligente y afable, una persona capaz de conseguir todo aquello que se propusiera. Además, había heredado el encanto de su padre. Alejandro siempre había pensado en concederle algunos de los territorios que César conquistase para Roma, pues, en el futuro, podía serle de ayuda tener alguna experiencia en el gobierno de sus súbditos.

Mientras tanto, Alfonso permanecía en la fortaleza de los Colonna, pues, obstinado como era, se negaba a regresar a Roma. No cabía duda de que echaba en falta a Lucrecia, pero al no haber obtenido respuesta a sus cartas, temía que ella lo hubiera olvidado.

Una vez más, Alejandro necesitaba la ayuda del rey de Nápoles, pues él era el único que podría convencer a Alfonso para que regresara junto a su esposa. Y así fue como el sumo pontífice envió a un emisario a Nápoles para que transmitiera sus deseos al rey Federico.

Alejandro estaba impaciente, aunque le preocupaba más su propio malestar que el sufrimiento de la joven pareja. Sólo Dios sabía cuántos amantes podría llegar a tener Lucrecia a lo largo de su vida. Si Alejandro tuviera que preocuparse por cada desencuentro amoroso de su hija, no le quedaría tiempo para hacer su trabajo; ni mucho menos el de Dios.

Tras deliberar con Duarte, el sumo pontífice finalmente resolvió enviar a Lucrecia a Nepi, un hermoso y tranquilo feudo de Ascanio Sforza que Alejandro había reclamado tras la huida del cardenal disidente a Nápoles.

A causa de su avanzado estado de gestación, Lucrecia viajaría en una confortable litera acompañada de un amplio séquito. Además, también iría con ella don Michelotto para asegurarse de que Nepi realmente era un lugar seguro. Por supuesto, Lucrecia también debía contar con un consejero que la ayudase en el gobierno de sus súbditos.

Alejandro sabía que habría sectores de la Iglesia que se opondrían a su decisión, pues, al fin y al cabo, aunque tuviera una habilidad innata para las cuestiones de Estado, Lucrecia no dejaba de ser una mujer. Y, aun así, la sangre de los Borgia corría por sus venas y Alejandro no estaba dispuesto a desperdiciar sus dotes.

El sumo pontífice estaba enojado con la esposa napolitana de su hijo Jofre. Por supuesto, sabía que, en parte, su malestar se debía a que Sancha era sobrina del rey Federico, cuya hija Carlotta se había negado a desposarse con César. Realmente, la arrogancia de la casa de Nápoles era intolerable. Y aunque César se hubiera dejado embaucar por las dulces palabras de Carlotta, el sumo pontífice sabía que, si el rey Federico realmente hubiera deseado esa alianza, habría bastado una palabra suya para que su hija se sometiera a su voluntad. A ojos de Alejandro, era como si el propio rey Federico hubiera rechazado a César.

Sancha siempre había sido una joven obstinada y testaruda y, lo que era aún peor, no le había dado hijos a Jofre. Además, sus coqueteos eran célebres en todo Nápoles. A veces Alejandro pensaba que hubiera hecho mejor invistiendo cardenal a Jofre y desposando a Sancha con César; él, al menos, podría haberla domesticado.

Ese día, Alejandro mandó llamar a Jofre, que por aquel entonces contaba diecisiete años, a sus aposentos privados.

Al ver entrar a su hijo, Alejandro advirtió que caminaba con una ligera cojera.

—¿Qué te ha ocurrido? —preguntó Alejandro, aunque el tono de su voz no demostraba demasiada preocupación.

—No es nada, padre —contestó él—. Una herida en el muslo haciendo esgrima.

A Alejandro siempre le había irritado la falta de destreza de su hijo menor. Jofre no gozaba ni de la inteligencia de su hermana ni del ingenio de Juan ni de la ambición de César. De hecho, cuando lo miraba, Alejandro no veía ninguna cualidad en su hijo. Y eso lo desconcertaba.

—Quiero que acompañes a tu hermana a Nepi —dijo finalmente—. Necesita de alguien que la proteja y la aconseje.

Jofre sonrió.

—Lo haré con sumo placer, padre —dijo—. Sancha también agradecerá el cambio de aires, especialmente si con ello tiene la oportunidad de compartir más tiempo con Lucrecia, a quien aprecia sinceramente.

Alejandro pensaba que la expresión de su hijo cambiaría en cuanto oyese lo que iba a decirle, aunque, por otra parte, Jofre era tan mojigato que probablemente ocultase sus verdaderos sentimientos.

—No creo haber mencionado a tu esposa —dijo escuetamente el Santo Padre—. Sancha no os acompañará a Nepi, tengo otros planes para ella.

Jofre frunció el ceño.

—Así se lo diré, padre, pero estoy seguro de que la noticia no será de su agrado.

Alejandro sonrió, pues, una vez más, tal como esperaba, su hijo había acatado sus deseos sin la menor objeción.

Pero la reacción de Sancha fue muy distinta.

—¿Cuándo empezarás a comportarte como un verdadero esposo, en vez de acatar las órdenes de tu padre como si todavía fueras un niño? —protestó airadamente cuando Jofre le comunicó la noticia.

Jofre la miró sin saber qué decir.

—No es tan sólo mi padre, Sancha. Es el sumo pontífice —se defendió finalmente—. No podemos desobedecer al Santo Padre.

—No estoy dispuesta a permanecer sola en Roma —exclamó ella con rabia mientras unas lágrimas de frustración asomaban en sus ojos—. Me casé contigo en contra de mi voluntad y, ahora que mi amor por ti ha crecido, no voy a permitir que nos separen.

—Hubo un tiempo en que no te importaba estar lejos de mí —dijo Jofre con una sonrisa vengativa—. Preferías estar con mi hermano Juan.

Sancha se secó las lágrimas.

—Tú eras un niño, Jofre, y yo me sentía sola —dijo—. Juan me brindó su consuelo.

—Debías de quererlo mucho, pues en su funeral derramaste más lágrimas que ninguno de nosotros —dijo Jofre secamente.

—No seas niño, Jofre. Lloraba porque temía por mi vida. Nunca he creído que tu hermano muriese a manos de un desconocido.

Los músculos de Jofre se tensaron y su mirada cobró un brillo afilado.

—¿Acaso sabes quién mató a mi hermano? —preguntó.

Incapaz de sostener la mirada de su esposo, Sancha inclinó la cabeza. Y entonces se dio cuenta de que su esposo verdaderamente había cambiado, pues Jofre ya no era aquel niño con el que ella se había desposado. Se acercó a él y le rodeó el cuello con ambos brazos.

—Te lo ruego —le suplicó—, no permitas que tu padre nos separe. Dile que necesito estar cerca de ti.

Jofre mesó el cabello de su esposa y la besó en la punta de la nariz.

—Si quieres decirle algo a mi padre, hazlo tú misma —dijo Jofre que, aunque la amaba, todavía no había sido capaz de perdonarla por su romance con Juan—. Habla tú con él. A ver si tienes más suerte que el resto de nosotros.

Y, así, Sancha fue a las estancias privadas del papa Alejandro y exigió ser recibida de inmediato por el sumo pontífice.

Alejandro estaba sentado en el solio pontificio, donde acababa de recibir en audiencia a un emisario de Venecia.

Sancha se acercó al sumo pontífice y, tras una leve reverencia, empezó a hablar sin besar su anillo en señal de respeto; al fin y al cabo, ella era hija y nieta de reyes.

—¿Es cierto lo que me ha dicho Jofre? —preguntó. Con el cabello despeinado y sus fieros ojos verdes, su imagen no era menos imponente que la de su temido abuelo, el rey Ferrante de Nápoles—. ¿Es cierto que debo permanecer en Roma mientras mi esposo viaja a Nepi con Lucrecia? ¿Acaso pretendéis que permanezca sola en el Vaticano, lejos de todos aquellos cuya compañía me complace? ¿Qué se supone que debo hacer aquí sola?

Alejandro bostezó deliberadamente.

—Harás lo que se te ordene, por mucho que te disguste.

Incapaz de controlar su ira, Sancha dio un pisotón en el suelo. Esta vez el Santo Padre había ido demasiado lejos.

—¡Jofre es mi esposo! —exclamó—. Mi sitio está a su lado. Es a él a quien debo obediencia.

Alejandro rió, pero sus ojos contemplaron a Sancha con enojo.

—Mi querida Sancha, tu sitio está en Nápoles, con ese temerario tío tuyo, en la tierra que vivió bajo el yugo de tu abuelo Ferrante, el rey más cruel que haya conocido nuestra península. Y ahí es adonde volverás si no controlas tu lengua, jovencita.

—Vuestras amenazas no me asustan —exclamó ella—. Yo sólo temo la ira de Dios.

—Te lo advierto, Sancha, no sigas tentando tu suerte. Podría hacerte quemar en la hoguera por hereje y entonces sí que tardarías en reunirte con tu querido esposo.

Sancha contrajo cada músculo del rostro, apretando la mandíbula con furia.

—Podéis quemarme en la hoguera si eso es lo que deseáis, pero no podréis impedir que antes proclame toda la verdad sobre el papa y su Iglesia, pues nada en Roma es lo que parece y el pueblo tiene derecho a conocer la verdad.

Cuando Alejandro se incorporó, Sancha retrocedió un paso. Pero la furia no tardó en detenerla y sostuvo la mirada del sumo pontífice sin bajar la cabeza en ningún momento.

—Viajarás a Nápoles mañana mismo —gritó Alejandro, incapaz de contener su cólera—. Y le darás un mensaje a tu rey. Dile que si él no quiere nada mío, yo tampoco quiero nada suyo.

Al día siguiente, Sancha abandonó Roma con una pequeña escolta y apenas los ducados suficientes para sufragar los gastos del viaje. Antes de partir, le había dicho a Jofre:

—Tu padre tiene más enemigos de los que cree. Antes o después será despojado de su tiara. Sólo ruego a Dios que me permita vivir para verlo.

El rey Luis, vestido con ricos ropajes bordados con abejas doradas, entró en Milán. Lo seguían César, el cardenal Della Rovere, el cardenal D'Amboise, el duque de Ferrara, Hércules d'Este, y una fuerza de cuarenta mil hombres.

Ludovico Sforza había vaciado las arcas del ducado pagando a mercenarios para defender la ciudad, pero sus hombres nunca tuvieron la menor oportunidad frente a las disciplinadas tropas del rey de Francia. Consciente de que su derrota estaba cerca, Ludovico había enviado a sus dos hijos y a su hermano Ascanio a Alemania, donde se habían puesto bajo la protección de su cuñado, el emperador Maximiliano.

Y así fue como, sin apenas resistencia, el rey Luis se convirtió en el legítimo duque de Milán.

Al entrar en la ciudad, el monarca francés acudió directamente a la fortaleza de los Sforza, donde se guardaban los cofres con cerraduras diseñadas por el propio Leonardo da Vinci en los que Ludovico escondía su fortuna. Pero en vez de joyas y oro, el rey Luis encontró los cofres vacíos. Ludovico había huido con sus mejores joyas y al menos doscientos cuarenta mil ducados. Aun así, quedaban suficientes riquezas en la ciudad como para que el rey Luis se sintiera impresionado ante la grandeza de la corte de Ludovico.

Después de la fortaleza, el rey Luis visitó los establos de los Sforza, decorados con magníficos retratos de sus mejores caballos, y el monasterio de Santa Maria, con la impresionante representación de la *Última Cena* pintada por Leonardo da Vinci. Pero, a pesar de su admiración por tan bellas obras de arte, no pudo impedir que sus arqueros emplearan como diana una maravillosa estatua ecuestre de arcilla hecha por Leonardo. Ni tampoco que sus nuevos súbditos pensaran que los soldados franceses eran unos bárbaros, pues escupían en los suelos de los palacios y orinaban y defecaban en plena calle.

Si los Estados Pontificios se hubieran unificado antes, tal vez Luis se hubiera conformado con el ducado de Milán, pero era necesario continuar en su avance, pues el monarca francés se había comprometido a aportar las tropas necesarias para que César expulsara a los caudillos de la Romaña, y la devolviera al control de la Iglesia para mayor gloria y riqueza de los Borgia.

Una vez en Nepi, Lucrecia se entregó en cuerpo y alma al gobierno de sus nuevos súbditos. Formó un nuevo consejo legislador y un cuerpo de guardia para devolver la ley y el orden a las calles de Nepi. Siguiendo el ejemplo de su padre, recibía cada jueves en palacio a los ciudadanos que desearan expresar alguna queja y tomaba las medidas necesarias para remediar su situación. Así, con sus sabias decisiones no tardó en ganarse el aprecio de sus súbditos.

Desde su llegada, Jofre había sido un consuelo para Lucrecia, quien añoraba la compañía de su esposo Alfonso. A su vez, ella le había correspondido ayudándolo a superar el enojo que sentía por el comportamiento de Sancha. Mientras Lucrecia aprendía a gobernar, Jofre pasaba los días cazando y cabalgando por los bellos alrededores de Nepi. Parecía que la vida volvía a sonreírles.

Como recompensa por la excelente labor que Lucrecia había llevado a cabo en Nepi, Alejandro permitió que Alfonso se reuniera con su esposa y otorgó a la joven pareja la plaza, la fortaleza y las tierras que rodeaban Nepi. Felices por el reencuentro, los dos esposos no se plantearon la posibilidad de que el sumo pontífice pudiera pedirles algo a cambio.

Unas semanas después, Alejandro visitó a su hija en Nepi.

Mientras disfrutaban de un copioso almuerzo, el Santo Padre le preguntó a su hija si desearía regresar a Roma. Valiéndose de todas sus dotes de convicción, le dijo a Lucrecia que estaba envejeciendo y que gozar de la compañía de su nieto lo colmaría de felicidad. Llena de dicha, ahora que volvía a estar con su esposo, y feliz ante la perspectiva de volver a estar junto a Julia y Adriana, Lucrecia accedió a volver a Roma.

A su regreso a Roma, acompañada de su esposo y de Jofre, Lucrecia fue recibida a las puertas de la ciudad por malabaristas, músicos y bufones enviados por Alejandro para darles la bienvenida. Además, su palacio había sido decorado con ricos colgantes de seda y magníficos tapices.

Alejandro acudió a su encuentro en cuanto tuvo noticias de su llegada.

—Hoy es un día dichoso para Roma —dijo abrazándola con cariño—. Mi querida hija ha vuelto con nosotros y mi hijo César pronto regresará victorioso de la guerra.

La felicidad de Alejandro era tal que incluso abrazó a Jofre con entusiasmo. Ese día, el sumo pontífice sentía que todas sus plegarias habían sido escuchadas.

A los pocos días, Alejandro recibió una carta de César diciéndole que habían tomado Milán. Después, cuando Lucrecia dio a luz a un niño sano y robusto, al que llamó Rodrigo en honor al Santo Padre, Alejandro pensó que en este mundo no podía haber un hombre más dichoso que él.

Capítulo 20

Vestido con una armadura negra y montado en su magnífico corcel, César Borgia se reunió con sus capitanes a las puertas de Bolonia. El ejército de mercenarios suizos y alemanes, de artilleros y oficiales españoles esperaba listo para emprender la marcha junto a las experimentadas tropas francesas.

El rey Luis había cumplido su palabra.

Los estandartes ondeaban al viento con el buey de los Borgia y la llama de César. Todo estaba dispuesto para emprender camino hacia Imola y Forli.

César llevaba una armadura ligera que le permitía mayor libertad de movimiento sin restarle protección, una armadura con la que incluso podía luchar a pie si era desmontado de su caballo. El buey dorado tallado en su coraza brillaba con el sol del mediodía.

Con sus imponentes armaduras y sus poderosos caballos, los hombres de César eran temibles máquinas de guerra. Los miembros de la caballería ligera, protegidos con cotas de malla y cuero curtido, blandían pesadas espadas y lanzas afiladas.

La infantería estaba compuesta por soldados suizos armados con las tan temidas picas de tres metros, por artilleros de la propia península con poderosos arcabuces y por atezados germanos con mortíferas ballestas.

Y, aun así, los hombres más temidos por el enemigo

eran aquellos que componían la poderosa artillería del capitán Vito Vitelli.

Ferozmente independientes, antaño, los feudos de Imola y Forli habían sido gobernados por el temible Girolamo Riario, heredero de una poderosa familia del norte de la península e hijo del difunto papa Sixto.

Girolamo había desposado a Caterina Sforza, una nieta de Ludovico, cuando ésta tan sólo era una niña. Doce años después, cuando Girolamo murió asesinado, en vez de buscar la paz de un convento, Caterina se había puesto al frente de sus tropas para dar caza a los asesinos de su esposo y, una vez capturados, les había cortado personalmente los genitales para evitar que nunca más esparcieran su semilla, los había envuelto en sendos pañuelos y los había colgado del cuello de los asesinos.

—Aunque nunca deseara gobernarlas sin mi esposo, ahora estas tierras me pertenecen —había dicho Caterina.

Después había permanecido en silencio mientras observaba cómo la sangre de los asesinos manchaba el suelo de púrpura, hasta que éstos se desplomaron y murieron desangrados. ¿De qué no habría sido capaz si realmente hubiera amado a su esposo?

Y así fue como Caterina reclamó los feudos de Imola y Forli en nombre de su hijo, Otto Riario, uno de los ahijados del papa Alejandro.

Pronto, Caterina se hizo famosa en toda la península por su belleza y la mano de hierro con la que gobernaba sus territorios, pues en verdad era tan cruel como el mejor guerrero y tan hermosa como la más delicada duquesa. Su largo cabello dorado enmarcaba un delicado rostro de piel blanca como la porcelana. Pasaba gran parte de su tiempo en compañía de sus hijos y creando lociones para su primorosa piel, decolorantes para hacer su pelo todavía más claro y cremas para su abundante y firme pecho, que gustaba de exhibir prácticamente descubierto. De hecho, en su corte, se decía que Caterina tenía un libro secreto donde guardaba sus hechizos. Además, todos los lugareños sabían que su apetito sexual no desmerecía al del más recio varón. Caterina era, pues, como se decía en el Renacimiento, una verdadera «virago», una mujer sin escrúpulos de un coraje y una inteligencia sin igual.

Contrajo segundas nupcias, pero su segundo esposo también fue asesinado. Y esta vez la venganza de Caterina Sforza fue todavía más cruel, pues hizo que les arrancasen las extremidades en vida a los asesinos antes de descuartizarlos a hachazos.

Tres años después, Caterina se desposó con Giovanni Médicis y, juntos, tuvieron un hijo al que llamaron Bando Neir. Ella era feliz con Gio a pesar de su fealdad, pues, todas las noches, en el lecho, le proporcionaba más placer de lo que lo había hecho ningún otro hombre. Pero aún no había transcurrido un año desde sus esponsales cuando Caterina volvió a enviudar. Tenía treinta y seis años y su crueldad era tal que pronto empezó a ser conocida como *lu Lobu*.

Odiaba a los Borgia por haberla traicionado al morir su primer esposo y no estaba dispuesta a permitir que el papa se hiciera con el control de los territorios que gobernaba junto a su hijo, Otto Riario. Hacía meses que había recibido la bula papal en la que se le exigía el pago de sus tributos a la Iglesia y se la acusaba de retener diezmos que en justicia pertenecían a Roma.

Pero, anticipándose a la estrategia del papa, Caterina había enviado a Roma el dinero de los diezmos apenas unos días antes. Aun así, Alejandro reclamó sus derechos sobre la Romaña, por lo que la Loba se preparó para la batalla.

Cuando sus informadores le comunicaron que César Borgia se dirigía a Imola al frente de un poderoso ejército, Caterina le envió un obsequio al papa: la mortaja negra de un hombre que había muerto a causa de la peste. Ella misma la había introducido en un bastón hueco con la esperanza de que Alejandro enfermara al abrirlo. Pero, al ser capturado y torturado, uno de sus mensajeros confesó, y salvó al sumo pontífice de tan terrible final.

La intención de César era tomar primero Imola y avanzar después hasta Forli.

Cuando el ejército pontificio llegó a las cercanías de Imola, César desplegó a sus hombres, valiéndose de la caballería y la infantería ligera como barrera tras la que avanzaba la artillería.

Pero los preparativos resultaron innecesarios, pues, al llegar a las murallas de la ciudad, las puertas se abrieron sin necesidad de lucha y un grupo de ciudadanos de Imola se rindió a las tropas invasoras.

Caterina Sforza no era la clase de gobernante por quien sus súbditos están dispuestos a dar la vida. De hecho, el ejército pontificio apenas había tenido tiempo para levantar el campamento cuando un herrero de la ciudad pidió una audiencia con César y, como venganza por las afrentas sufridas a manos de Caterina Sforza, le señaló al hijo del papa los puntos débiles de las defensas de Imola.

No obstante, dentro de la plaza había una sólida, aunque pequeña, fortaleza al mando del capitán Dion Naldi, un experimentado soldado que había expresado su voluntad de resistir hasta el final.

El ejército de César se preparó para el asedio.

Vito Vitelli bombardeó la fortaleza día y noche hasta que el capitán Dion Naldi pidió tres días de tregua. Si transcurrido ese plazo no habían llegado los refuerzos que esperaba, entregaría la plaza sin oponer resistencia.

César, que sabía que las negociaciones salvarían vidas y riquezas, esperó los tres días pactados.

Los refuerzos no llegaron y Naldi entregó las armas. Miembro de una célebre familia de soldados, habría luchado hasta la muerte si hubiera sentido alguna fidelidad por su gobernante, pero la realidad era que, incluso entonces, mientras él defendía la plaza, Caterina Sforza retenía a su esposa y a sus hijos como rehenes en la ciudadela de Forli. De ahí que el bravo capitán sólo pusiera una condición a su rendición: que César le permitiera unirse a él en el asedio de Forli.

César había conseguido el primer objetivo de su campaña sin perder un solo hombre.

Forli era el principal baluarte de Caterina Sforza y era ahí donde César tendría que enfrentarse a la Loba. Consciente de su menor edad y experiencia, el hijo del papa avanzó con suma precaución.

Pero en Forli, de nuevo, un grupo de ciudadanos abrió las puertas de las murallas y se rindió al invasor.

En lo alto de la ciudadela, Caterina Sforza contemplaba, altiva, la escena, ataviada con una imponente coraza. Con una mano blandía su espada y con la otra sostenía un halcón. En las almenas, los arqueros de la Loba esperaban con los arcos tensados.

—¡Disparad! —gritó Caterina, enfurecida, al ver huir a sus súbditos—. Abatid a esos cobardes.

Las flechas llenaron el cielo, derribando a los ciudadanos de Forli.

—¡Por Dios misericordioso! —exclamó César, que observaba la escena junto a Vitelli—. Esa mujer está loca. ¿Cómo puede asesinar a su propia gente?

Desde las almenas, uno de los hombres de la Loba gritó que su señora deseaba encontrarse con César Borgia para negociar una rendición honrosa.

—Cruzad el puente levadizo —gritó el soldado—. La condesa os espera en el patio de armas.

El puente levadizo descendió lentamente. César y su capitán español, Porto Díaz, cruzaron el puente, pero cuando el hijo del papa miró hacia la abertura que había en el techo de madera de la galería, unas sombras levantaron sus sospechas. Se dio la vuelta, justo a tiempo para ver cómo varios de los hombres de Caterina izaban el puente. Un segundo después, el rastrillo empezó a descender.

—¡Es una trampa! —le gritó al capitán español.

César saltó sobre la inmensa rueda dentada de hierro que movía el puente, se aferró al borde de éste, y cuando la estructura de madera estaba a punto de aplastarlo, saltó al foso que rodeaba la ciudadela. Docenas de flechas siguieron su caída, pero César consiguió alcanzar a nado el otro extremo del foso.

Mientras lo ayudaban a salir, los mercenarios suizos de César maldijeron a la Loba.

Pero el capitán español no tuvo tanta suerte como César. Había quedado atrapado entre el puente y el rastrillo. Al ver que César había conseguido huir, Caterina ordenó que vertieran aceite hirviendo a través del techo de la galería. A salvo en la orilla, mientras oía los desgarradores gritos del capitán español, César juró que no tendría clemencia con Caterina.

Sabía que la Loba no se rendiría sin ofrecer antes una encarnizada resistencia. Se retiró a su tienda y estudió las posibles estrategias. Varias horas después, cuando salió de la tienda, creía haber encontrado el modo de acabar con la resistencia de Caterina. Hizo que trajeran ante su presencia a los dos hijos de la Loba que habían sido capturados en Imola, y los condujo hasta la orilla del foso.

—Tengo algo que os pertenece —gritó, señalando a los niños—. Os concedo una hora para rendir la plaza y entregarme a mi capitán. De no ser así, daré muerte a vuestros hijos.

Con el sol descendiendo a su espalda, la sombra de Caterina se proyectaba, desafiante, sobre las murallas. La Loba rió con estridencia. Sus carcajadas resonaron en el crepúsculo como una maldición. Entonces, se levantó los faldones hasta la cintura, y dejó al descubierto su cuerpo desnudo.

—Miradme bien, hijo bastardo de Roma —le gritó a César mientras se tocaba las ingles—. ¿Acaso estáis ciego? Aquí tengo todo lo necesario para crear más hijos. Podéis hacer lo que queráis con esos pobres desgraciados.

Entonces, Caterina hizo una señal con el brazo y sus hombres arrojaron un bulto desde las almenas. Unos segundos después, el cuerpo abrasado de Porto Díaz flotaba sin cabeza en el foso.

Y así fue como César Borgia, el hijo del papa Alejandro VI, ordenó que su artillería bombardease la ciudadela de Forli.

—¿Vais a ordenar que maten a esas pobres criaturas? —le preguntó Dino Naldi al caer la noche entre el estruendo de las pesadas piezas de artillería.

El semblante de César adoptó una expresión de sorpresa. Había olvidado a los niños.

—Sólo era una amenaza —se apresuró a tranquilizar a Naldi—. Nunca pensé en cumplirla. Hubiera funcionado con cualquier otra madre. Así, se habrían salvado las vidas de muchos hombres. Ahora, por la obstinación de esa mujer, la tierra se cubrirá de sangre. Pero matar a dos niños inocentes no serviría de nada.

—¿Qué debo hacer con ellos? —preguntó Naldi.

—Lleváoslos —dijo César—. Criadlos como si fueran vuestros hijos.

Naldi se inclinó ante el hijo del papa en señal de respeto y gratitud y se santiguó. Viéndolo postrado así, resultaba difícil creer que aquel hombre fuera uno de los soldados más temibles de la península Itálica.

César ordenó que se reanudase el bombardeo al amanecer del día siguiente. La Loba seguía erguida en lo alto de la ciudadela, blandiendo su espada amenazadoramente. Mientras observaba a su enemiga, César ordenó que se talaran árboles para construir balsas.

—Cada una llevará a treinta soldados —dijo—. Primero abriremos una brecha en las murallas.

Las balas de piedra de los cañones de Vitelli no tardaron en abrir la brecha.

—¡Una brecha! —gritaron las tropas de César—. ¡Una brecha!

El muro norte se había desmoronado.

Naldi condujo a sus hombres hasta las balsas que esperaban en la orilla del foso. Remando rápidamente, trescientos hombres accedieron a la ciudadela. En cuanto bajaron el puente levadizo, César entró al galope seguido de la caballería.

Y fue entonces cuando Caterina se fijó en los barriles de pólvora y municiones que se almacenaban en el patio de armas. Cogió una gran antorcha sujeta al muro y la arrojó sobre la montaña de pólvora. ¡Haría volar Forli antes que entregársela al enemigo! La explosión sacudió violentamente la ciudadela, destruyó hogares y comercios, y acabó con la vida de más de cuatrocientos súbditos de la condesa.

Pero César salió ileso, igual que lo hicieron la mayoría de sus soldados. Los hombres de Caterina no tardaron en abandonar las almenas, los tejados, los balcones. Incapaces de seguir obedeciendo las órdenes de su señora, se rindieron ante las tropas de César.

Para su desgracia, Caterina Sforza también salió ilesa de la explosión y fue hecha cautiva por un oficial francés. Al atardecer, tras celebrar la victoria, César le hizo entrega de los treinta mil ducados que el oficial había pedido como rescate por la Loba.

Ahora, Caterina Sforza estaba en manos del hijo del papa.

Después de cenar, César se dio un largo baño, se puso una bata de seda negra y se tumbó en el lecho de la cámara principal de la ciudadela, que había salido intacta de la explosión.

Caterina estaba encerrada en una oscura mazmorra, custodiada por dos guardias de confianza de César.

A medianoche, César bajó a las mazmorras vestido con su bata negra. Los gritos y las maldiciones de la Loba resonaban en los muros. Caterina Sforza movía la cabeza salvajemente, tumbada boca arriba con las muñecas y los tobillos sujetos por correas de cuero a un catre de hierro. La Loba estaba atrapada.

Al ver a César, dejó de gritar, levantó la cabeza y le escupió.

—Mi querida condesa —dijo César cortésmente—, podríais haberos salvado, a vos misma y a vuestros súbditos, pero, al parecer, el odio os impide razonar con claridad.

Ella volvió la cara y lo miró fijamente con sus ojos asombrosamente azules. Tenía el rostro desencajado por la ira.

—¿Qué horrible tortura habéis pensado para mí, maldito bastardo romano? —dijo en tono desafiante.

—Ahora mismo lo sabréis —contestó César con frialdad.

Y, sin más, se despojó de su bata y se encaramó sobre la Loba, montándola con violencia. Esperaba oírla gritar, maldiciéndolo, pero ella permanecía en silencio. Lo único que se oía eran los susurros de los dos guardias que permanecían en la mazmorra.

Cada vez más airado, César la poseía furiosamente, hasta que de repente el cuerpo de Caterina empezó a moverse con el de su violador, arqueando la espalda, presionando las caderas contra su pelvis... Seguro de su victoria, César continuó hasta sembrar su semilla. Tumbada bajo su cuerpo, Caterina respiraba pesadamente con el cabello empapado en sudor y las mejillas encendidas.

—Deberíais darme las gracias —dijo César al tiempo que se bajaba del catre.

—¿Es eso todo lo que vais a hacer conmigo? —preguntó ella.

Pero César no le contestó.

Durante las dos noches siguientes, César visitó a Caterina a medianoche y repitió el silencioso acto de humillación. El resultado fue el mismo. Y todas las noches, ella le hizo la misma pregunta:

—¿Es eso todo lo que vais a hacer conmigo?

Pero la cuarta noche, mientras César la montaba, ella exclamó:

—No tenéis valor para desatarme. ¿Acaso tenéis miedo de una mujer?

La Loba estaba desnuda, por lo que no podía esconder ningún arma. Además, los guardias de César acudirían en su ayuda si fuera preciso.

César soltó sus correas. Ella movió la cabeza en señal de agradecimiento y, por primera vez, su mirada se suavizó. Después, cuando César volvió a poseerla, la Loba le rodeó el cuerpo con las piernas y lo atrajo hacia sí con los brazos, obligándolo a penetrarla más profundamente. Después lo sujetó del pelo y lo obligó a besarla, deslizando su lengua alrededor de los labios de César antes de introducirla hasta lo más profundo de su boca. Momentos después, Caterina gemía con placer mientras ambos alcanzaban un éxtasis enloquecido.

Al día siguiente, Caterina se negó a comer a menos que le permitieran darse un baño perfumado. Los guardias la condujeron encadenada a los baños, donde fue lavada por una de sus damas de compañía. Pero ésa fue la única ocasión en la que abandonó su lecho de hierro.

César bajaba cada medianoche y la liberaba de sus ataduras para poseerla. Los guardias permanecían en todo momento en la mazmorra, pues el hijo del papa no podía estar seguro de que ella no intentara atacarlo.

Hasta que una noche, César y Caterina empezaron a hablar.

—Debéis reconocer que incluso una violación puede causar placer —dijo César.

Caterina se rió.

—¿De verdad creéis que me habéis violado? —preguntó ella con astucia—. Os aseguro que, si es así, os equivocáis, bastardo hijo de Roma. Desde el momento en que os vi supe que, si no os mataba, os poseería. Si hubiera sido yo quien os hubiera capturado, os aseguro que habría hecho con vos exactamente lo que vos habéis hecho conmigo. No importa quién esté atado; el resultado final es el mismo.

Caterina poseía un verdadero don para la estrategia. Afirmando que la voluntad de César era la suya propia, había conseguido equilibrar el poder de ambos, desarmando al hijo del papa sin necesidad de luchar.

En cuanto a César, se sentía tanto vencedor como vencido.

—¿Me llevaréis encadenada por las calles de Roma para que vuestro pueblo me arroje objetos y me golpee como lo hacían en la Antigüedad los súbditos del emperador? —le preguntó Caterina el día que partían hacia Roma.

César sonrió. La Loba estaba realmente hermosa, sobre todo teniendo en cuenta que había estado encerrada en una mazmorra durante casi un mes.

—No se me había ocurrido, pero ahora que lo decís...

—Sé que el papa Alejandro me hará quemar en la hoguera por intentar asesinarlo —dijo ella.

—Son muchos los que han intentado asesinar al Santo Padre —dijo César—. Lo cierto es que él no le da demasiada importancia, pues los asesinos nunca logran su objetivo. Además, cuando lleguemos a Roma le diré que me he asegurado personalmente de que recibierais un justo castigo.

—¿Y os creerá? —preguntó ella.

—A ojos de mi padre, la violación es un castigo más severo que la muerte, pues forzar a una mujer daña su espíritu, mientras que la tortura o la muerte tan sólo dañan el cuerpo.

Caterina sonrió.

—Para eso tendría que creer que las mujeres tenemos alma.

—Os aseguro que lo cree, pues mi padre admira a las mujeres como ningún hombre —dijo César sonriendo—. De cualquiera de las maneras, mientras mi padre toma su decisión, permaneceréis en Belvedere, pues, al fin y al cabo, sois una Sforza. Ahora, esa fortaleza me pertenece. Tiene bellos jardines y una hermosa vista de la ciudad. Allí seréis tratada como un huésped de honor. Aunque un huésped vigilado, por supuesto.

Capítulo 21

César fue recibido en Roma como un verdadero héroe. El gran desfile que se celebró en su honor fue el más sobrecogedor que se recordaba en la ciudad. Todos los miembros del ejército de César iban vestidos de un negro riguroso. Incluso los carros habían sido cubiertos con lienzos negros y el buey de los Borgia había sido bordado sobre un estandarte con el fondo negro. Al frente de sus hombres, cabalgando con su armadura negra sobre un semental azabache, César parecía un príncipe de las tinieblas. A su lado, cuatro cardenales con vestidura púrpura ofrecían un contraste estremecedor.

Al llegar al Vaticano, César se arrodilló ante el sumo pontífice, le besó el anillo y le ofreció las llaves de las plazas que había conquistado.

Con el rostro encendido por el orgullo, Alejandro levantó a su hijo del suelo en un caluroso abrazo. El gentío aclamó a los Borgia con júbilo.

César había cambiado mucho durante el tiempo que había estado lejos de Roma. Al darse cuenta de que los miembros de la corte del rey Luis lo despreciaban por su ostentación y sus aires de grandeza, al no conseguir vencer la voluntad de Carlotta, al no encontrar la felicidad ansiada en compañía de su esposa, incapaz de librarse del recuerdo de

Lucrecia, finalmente había jurado que nunca volvería a mostrar sus emociones.

Y, desde aquel momento, rara vez dejó entrever una sonrisa y sus ojos nunca volvieron a reflejar ira ni desdén. La enfermedad había marcado su rostro para siempre, pues no hacía mucho que la sífilis se le había reproducido en un episodio aún más severo que la primera, surcándole las mejillas con profundas marcas y llenándole la nariz y la frente de cicatrices que ya nunca desaparecerían. Y aunque en el campo de batalla no tuviera importancia, ahora que volvía a estar rodeado de bellas mujeres suponía una auténtica maldición, pues, a sus veinticinco años de edad, César se había convertido en un hombre cuyo aspecto provocaba repulsión en quienes lo rodeaban.

Mandó cubrir todos los espejos de sus aposentos privados con paños negros y ordenó a sus criados que nunca los retirasen. Para evitar las pesadillas que volvían a acecharlo, dormía durante el día y permanecía en vela toda la noche. Cada vez pasaba más horas cabalgando al amparo de la oscuridad.

Anhelaba el momento de volver a ver a Lucrecia. ¡Llevaba tanto tiempo esperándolo! En cada batalla que había librado, ella había sido su inspiración. Habían pasado casi dos años desde la última vez que la había visto. ¿Habría cambiado también su hermana? ¿Despertaría todavía los mismos sentimientos en él? César tenía la esperanza de que ella ya no amase a su esposo, pues ahora que las alianzas de Roma habían cambiado, Alfonso se había convertido en una amenaza para la familia Borgia.

Y ahora estaba a punto de verla. Mientras cabalgaba hacia el palacio de Santa Maria in Portico, César, el hombre sin sentimientos, se preguntaba si su hermana aún lo amaría.

Al verlo, Lucrecia corrió hacia él y se abalanzó en sus brazos, hundiendo el rostro en el cuello de César.

—¡Te he echado tanto de menos! —exclamó Lucrecia con lágrimas en los ojos.

Y cuando se apartó de su hermano para poder verlo mejor, no sintió repulsión, sino lástima.

—Mi querido César —exclamó, sujetando la cara de su hermano entre sus manos—. Cuánto debes de haber sufrido.

César apartó la mirada. Su corazón palpitaba con la intensidad de antaño, como nunca lo había hecho con ninguna otra persona.

—Sigues igual de hermosa —dijo con ternura, incapaz de ocultar sus sentimientos—. ¿Todavía eres feliz?

Ella le cogió de la mano y lo llevó hasta el diván.

—Sólo en el cielo podría sentir una felicidad mayor —dijo Lucrecia—. Soy tan feliz que todas las mañanas me levanto temiendo despertar de este ensueño.

—He visto a Giovanni —dijo César con sequedad—, veo que nuestro hijo no parece más a ti que a mí. Sin duda, sus bucles dorados y sus ojos claros delatan quién es su verdadera madre.

—Así es —dijo ella con una gran sonrisa—. Pero también tiene tus labios y tu sonrisa y tus manos, que son iguales que las de nuestro padre. —Lucrecia levantó una de las manos de César y la observó con dulzura—. Desde tu marcha, Adriana me visita todos los días con nuestro hijo. Es un niño inteligente y sensato, aunque también tiene tus ataques de mal genio —concluyó diciendo, incapaz de contener su dicha.

—¿Y tu otro hijo? —preguntó César.

—Rodrigo todavía es un bebé —dijo Lucrecia con una radiante sonrisa—. Pero es tan hermoso y dulce como su padre.

—Veo que sigues siendo feliz al lado de tu esposo —dijo César sin que ni su voz ni su rostro reflejaran el más mínimo sentimiento.

Lucrecia tardó unos segundos en contestar. Sabía que tenía que cuidar sus palabras, pues si decía que no, Alfonso podría perder su protección, pero si decía que sí lo era, si insistía demasiado en el amor que sentía por su esposo, podría ser aún peor.

—Alfonso es un hombre bueno y virtuoso —dijo finalmente—. Es bondadoso conmigo y con los niños.

—¿Consentirías que nuestro padre anulase vuestros esponsales? —preguntó César.

Lucrecia no pudo contener sus emociones.

—Me moriría, César. Si nuestro padre está considerando esa posibilidad debes decirle que no podría vivir sin Alfonso... Igual que no podría vivir sin ti —añadió tras un breve silencio.

César se separó de su hermana con sentimientos encontrados. Le dolía aceptar que Lucrecia siguiera amando a Alfonso y, aun así, se sentía feliz ahora que sabía que los sentimientos de su hermana hacia él no habían cambiado.

Aquella noche, mientras yacía a oscuras en su lecho, iluminado tan sólo por la luz de la luna que entraba por el ventanal, César evocó una y otra vez el aspecto de Lucrecia, su olor, sus palabras... Hasta que recordó la mueca de repulsión apenas perceptible que se había dibujado en su rostro al separarse de él para poder verlo mejor. Y oyó la lástima en su voz cuando, sujetando su cara entre sus manos, había dicho: «Cuánto debes de haber sufrido.» Y entonces se dio cuenta de que Lucrecia no sólo había visto las cicatrices de su rostro, sino también esas otras, mucho más profundas, que tenía en su corazón.

Y fue entonces cuando César juró que, a partir de aquel día, cubriría su rostro con una máscara, para que nadie pudiera ver el precio que había pagado por sus pecados. Así, cubierto de misterio, dedicaría el resto de su vida a la guerra, pero a partir de ahora no lucharía por el Dios de su padre, sino contra todo lo que ese Dios representaba.

Un mes después del regreso de César a Roma, en una solemne ceremonia presidida por el sumo pontífice en la basílica de San Pedro, Alejandro despojó a su hijo del manto francés de duque de Valentinos y, en su lugar, le impuso la capa de *gonfaloniere* y capitán general de los ejércitos pontificios y le hizo entrega del bastón de mando.

César se arrodilló ante su padre y, con su mano sobre la Biblia, juró obediencia a la Santa Iglesia de Roma, a la que nunca traicionaría, ni siquiera bajo tortura o amenaza de muerte.

A continuación, Alejandro bendijo a su hijo y le entregó la Rosa Dorada.

—Recibe esta rosa como símbolo de felicidad, pues has demostrado ser poseedor de nobleza y fortaleza. Que el Padre Celestial te bendiga y te guarde del peligro.

Esa noche, el Santo Padre mandó llamar a César y a Duarte a sus aposentos privados y le comunicó a su hijo que había decidido concederle la oportunidad de obtener nuevos títulos y riquezas.

—Te ofrezco esta nueva oportunidad debido a la confianza de la que has demostrado ser digno, pues ha llegado el momento de liberar de una vez por todas los territorios de la Romana. Ahora que Imola y Forli vuelven a rendirnos la debida obediencia, debemos liberar Faenza, Pesaro, Carmarino y Urbino. Es mi deseo que recuperes todas las plazas rebeldes y establezcas un gobierno eficaz que asegure la unidad y la lealtad futura de la Romaña.

Y, sin más, Alejandro se retiró a su cámara, pues había dispuesto que esa noche lo visitara su cortesana favorita.

El Jubileo sólo se conmemora una vez cada veinticinco años. Así pues, Alejandro sólo dispondría de una oportunidad para celebrarlo con toda la fastuosidad que merecía un acontecimiento así. Peregrinos de toda Europa acudirían a Roma para escuchar el sermón de Pascua del sumo pontífice, y llenarían las arcas de la Iglesia con sus ofrendas. Alejandro no podía desperdiciar esta ocasión, pues necesitaba todo el dinero que pudiera obtener para sufragar la campaña contra la Romaña.

Alejandro deseaba que las celebraciones fueran de tal majestuosidad que llegasen incluso a reflejar la grandeza del Padre Celestial. Pero no iba a ser fácil conseguirlo. Sería necesario construir amplias avenidas y derribar las barriadas para erigir nuevos edificios para alojar a los peregrinos.

Alejandro llamó a César a sus aposentos y, tras pedirle que se hiciera cargo de los preparativos, le recordó que el éxito del proyecto y las consiguientes ganancias redundarían en su beneficio, pues se destinarían a sufragar su próxima campaña.

César aceptó, pero antes de retirarse le dijo a Alejandro que debía darle una mala noticia.

—Debéis saber que hay dos traidores en el Vaticano —dijo escuetamente—. El primero es vuestro maestro de ceremonias, Johannes Burchard.

—¿Herr Burchard?

—Así es. Está al servicio del cardenal Della Rovere. Su diario está repleto de difamaciones sobre los Borgia y os aseguro que algunas resultan absolutamente escandalosas —dijo César tras aclararse la garganta.

Alejandro sonrió.

—Hace tiempo que conozco ese diario, hijo mío, pero debes saber que, a pesar de sus defectos, Burchard es un hombre valioso para nosotros.

—¿Valioso?

—Aunque sus obligaciones como maestro de ceremonias parezcan frívolas, Herr Burchard nos proporciona un servicio de gran valor, pues, cuando deseo que Della Rovere tenga conocimiento de algo no tengo más que decírselo a Burchard. Es un sistema tan sencillo como eficaz —concluyó diciendo Alejandro con una sonrisa de satisfacción.

—Pero ¿habéis leído el diario, padre? —preguntó César, sorprendido.

Alejandro soltó una carcajada.

—Por supuesto, hijo mío. Realmente hay partes muy interesantes, aunque si fuéramos tan depravados como él nos hace parecer, deberíamos haber disfrutado más de la vida. También hay partes divertidas, aunque algunos fragmentos denotan una preocupante falta de inteligencia.

—¿No os preocupa que Della Rovere pueda divulgarlo algún día para socavar vuestro poder?

—Nuestros enemigos han aireado tantos escándalos sobre los Borgia que realmente no creo que uno más tenga demasiada importancia —declaró el sumo pontífice.

—Pero vos podríais acallar esos rumores.

Alejandro permaneció en silencio durante unos instantes.

—Roma es una ciudad libre, hijo mío —dijo finalmente—. Y yo valoro la libertad.

César miró a su padre con recelo.

—¿Pretendéis decirme que los calumniadores y los embusteros deben permanecer en libertad mientras quienes gobiernan ni siquiera gozan de la libertad necesaria para defenderse a sí mismos? —preguntó—. Si de mí dependiera, castigaría de forma ejemplar a los responsables de esas calumnias.

Alejandro encontraba divertida la indignación de su hijo. Como si un papa pudiera impedir que el pueblo expresara su opinión. Además, siempre es mejor saber lo que piensan tus súbditos que permanecer en la ignorancia.

—La libertad no es un derecho, sino un privilegio, hijo mío. Y yo he decidido otorgarle ese privilegio a Herr Burchard —dijo con seriedad Alejandro—. Puede que algún día cambie de idea, pero ahora considero que es la forma más acertada de proceder.

César no pudo evitar reflejar cierto nerviosismo al hacer

la segunda acusación, pues sabía lo que significaría para su hermana.

—He sabido que alguien de nuestra familia está conspirando con nuestros enemigos —dijo finalmente.

—¿No irás a decirme que es tu pobre hermano Jofre? —preguntó Alejandro.

—No, padre —se apresuró a decir César—. Es Alfonso, el amado esposo de Lucrecia.

Una expresión de sospecha ensombreció el rostro del sumo pontífice.

—Un rumor malicioso, hijo mío. Sin duda no es más que eso. No quiero ni pensar en cómo reaccionaría Lucrecia si esto llegara a su conocimiento. Y, aun así, haré algunas averiguaciones.

Una música festiva procedente de la calle interrumpió al sumo pontífice. Alejandro se acercó a un ventanal y comenzó a reírse.

—Ven, César. Tienes que ver esto.

Unos cincuenta hombres enmascarados desfilaban por la plaza. Todos ellos iban vestidos de negro y, de cada máscara, en lugar de una nariz, sobresalía un enorme pene erecto.

—¿Qué significa esta fantochada? —preguntó César.

—Sospecho que es en tu honor, hijo mío —dijo Alejandro, divertido.

Durante los meses siguientes, mientras esperaba el momento de partir hacia la Romaña al frente de sus ejércitos, César escribió varias cartas a su esposa. Le decía cuánto echaba en falta su compañía y le aseguraba que pronto volverían a estar juntos. Aun así, todavía no era seguro que se reuniera con él en Roma.

César parecía vivir impulsado por su insaciable ambición y, al mismo tiempo, atormentado por sus miedos. Llevado por sus ansias de lucha, acostumbraba a recorrer los pueblos de los alrededores de Roma, donde, disfrazado, desafiaba a los mozos más fornidos a combates de boxeo o de lucha libre de los que siempre salía victorioso.

Como muchos hombres de su tiempo, César creía en la astrología. A sus veintiséis años, había visitado a los más prestigiosos astrólogos de la corte y todos ellos coincidían en afirmar que su final sería sangriento. Sin embargo, estos augurios no le preocupaban en absoluto, ya que estaba seguro de que podría engañar a los astros si era lo bastante astuto.

—Los astros dicen que corro peligro de morir de forma violenta —le dijo un día a su hermana mientras almorzaban juntos—. Te lo digo para que aproveches el tiempo que aún te queda para amarme.

—No digan eso, César —lo reprendió Lucrecia—. Sabes que sin ti estaría perdida. Y nuestro hijo también. Debes tener cuidado. Si no lo haces por nosotros, hazlo por nuestro padre. Él también te necesita.

Tentando al destino, antes de concluir la semana, César ordenó que se soltaran seis toros en un cercado erigido especialmente para la ocasión en la plaza de San Pedro.

El hijo del papa entró en el recinto montado en un majestuoso corcel blanco y, con una lanza como única arma, se enfrentó a los toros uno a uno. Los cinco primeros no tardaron en morir atravesados por la lanza de César. El sexto toro era un poderoso animal del color del ébano, más rápido y musculoso que los cinco anteriores. César cambió la lanza por una pesada espada de doble filo y, reuniendo todas sus fuerzas, separó la cabeza astada del cuerpo del toro de un solo golpe.

Cada día necesitaba superar retos más difíciles, obligándose a sí mismo a realizar proezas imposibles. Su máscara, su evidente desprecio por su propia vida y su misterioso modo de conducirse no tardaron en sembrar el temor y la desconfianza entre el pueblo de Roma.

Pero cuando Duarte acudió a Alejandro para transmitirle la preocupación del pueblo, el Santo Padre se limitó a decir:

—Es cierto que se ha convertido en un joven vengativo, Duarte, pero os aseguro que mi hijo es un hombre de buena voluntad.

Capítulo 22

El príncipe Alfonso de Aragón se comportaba siempre de forma regia; incluso cuando abusaba del vino, como había sucedido esa noche.

De ahí que a nadie le sorprendiera que se retirase en cuanto concluyó la cena en los aposentos privados de Alejandro, alegando que debía regresar a su palacio para ocuparse de ciertos asuntos personales. Antes, se había despedido de Lucrecia con un beso, prometiéndole que aguardaría impaciente su regreso.

La realidad era que, después de sus encuentros con el cardenal Della Rovere, Alfonso se encontraba incómodo en presencia de los Borgia. Llevado por su ambición, Della Rovere, que ansiaba obtener el apoyo de Alfonso, se había acercado a él en dos ocasiones con el pretexto de advertirle del peligro que corría en su actual situación. Debía pensar en el futuro, en lo que le ocurriría cuando los Borgia perdieran el poder y él se convirtiera en el sumo pontífice. Entonces, Nápoles no tendría nada que temer, pues el rey francés sería expulsado de la península. Algún día, sin duda, la corona de Nápoles sería de Alfonso.

A Alfonso le aterraba la posibilidad de que Alejandro llegara a tener conocimiento de esas reuniones. Desde su vuelta de la fortaleza de los Colonna, tenía la sensación de que los Borgia observaban cada paso que daba, pues, sin duda, sospechaban de su traición.

Mientras Alfonso atravesaba la plaza desierta de San Pedro, de repente, el ruido de pisadas se multiplicó sobre el empedrado. Una nube ocultaba la luna, sumiendo la plaza en una penumbra casi completa. Alfonso se dio la vuelta, pero no vio a nadie. Respiró hondo, intentando tranquilizarse. Pero algo iba mal. Lo presentía.

Cuando la luna volvió a iluminar la plaza, vio a tres hombres enmascarados que corrían hacia él. Intentó huir, pero los hombres lo alcanzaron y lo arrojaron contra el empedrado. Cada uno de ellos sujetaba un zurrón de cuero lleno de hierros, los primitivos *scroti*, el arma más temida de las calles de Roma. Alfonso se encogió, intentando protegerse de los golpes, pero los *scroti* caían una y otra vez sobre su cuerpo, acallando incluso sus gritos de dolor. Hasta que uno de los *scroti* le golpeó en el rostro y Alfonso escuchó el crujido de su nariz justo antes de perder el conocimiento.

Uno de los enmascarados clavó su daga en el cuello del duque. Mientras la hacía descender hasta su vientre, un miembro de la guardia pontificia dio la voz de alarma. Los tres agresores huyeron al amparo de las sombras.

Al llegar, el soldado dudó si debía atender al herido o perseguir a sus agresores. Hasta que se dio cuenta de que el hombre que yacía a sus pies era el yerno del sumo pontífice.

Gritó pidiendo socorro. Después se agachó y cubrió la herida del duque con su capa, intentando detener la sangre que manaba a borbotones de su pecho.

Sin dejar de gritar, cargó con el cuerpo inerte de Alfonso hasta las dependencias del cuerpo de guardia, lo posó con sumo cuidado sobre una dura litera de hierro y corrió en busca de ayuda.

El médico del papa apenas tardó unos minutos en llegar. Afortunadamente, la puñalada no era profunda. Ninguno de los órganos vitales había resultado dañado y la rápida reacción del soldado había salvado al joven príncipe de morir desangrado.

Tras mirar a su alrededor, el médico le indicó a uno de los miembros de la guardia que le diera la botella de coñac que había sobre un estante. Vertió el alcohol sobre la herida abierta y empezó a suturarla. Pero no había nada que pudiera hacer por el rostro del joven duque, por ese joven rostro que ya nunca más volvería a ser el de un hombre atractivo; tan sólo poner una gasa sobre la nariz destrozada y rezar a Dios por que cicatrizase con el menor daño posible.

Al tener noticias de lo ocurrido, Alejandro ordenó que su yerno fuera trasladado a sus aposentos privados y dispuso que dieciséis de sus mejores hombres se turnasen en dos grupos haciendo guardia día y noche frente a la puerta.

A continuación, ordenó a Duarte que enviara un mensaje urgente al rey de Nápoles, explicándole lo ocurrido y pidiéndole que enviase a Roma a su médico. También debía venir Sancha, para cuidar de su hermano y para consolar a Lucrecia.

Por mucho que le doliera hacerlo, ahora el sumo pontífice debía comunicarle lo ocurrido a su hija. Volvió a la estancia en la que habían cenado y se acercó a la silla que ocupaba Lucrecia.

—Unos canallas acaban de atacar a tu esposo en la plaza —dijo Alejandro sin más preámbulos.

La conmoción de Lucrecia era evidente.

—¿Dónde está? ¿Se encuentra bien? —preguntó al tiempo que se levantaba.

—Las heridas son graves, hija mía —dijo Alejandro—, pero con la ayuda del Señor se salvará.

Lucrecia se volvió hacia sus hermanos.

—César, Jofre, tenéis que ayudarme —suplicó—. Tenéis que dar caza a esos villanos. Y cuando lo hagáis, dádselos como comida a una jauría de perros salvajes. —Permaneció en silencio durante unos segundos, como si no supiera qué debía hacer a continuación—. Llevadme con él, padre —exclamó por fin, incapaz de contener el llanto por más tiempo.

Alejandro condujo a su hija hasta la cámara donde yacía su esposo. César y Jofre los siguieron.

Alfonso seguía inconsciente. La sábana que cubría su cuerpo mostraba un surco rojo allí donde la daga le había abierto la carne y tenía el rostro cubierto por la sangre que no cesaba de manar de sus heridas.

Al verlo, Lucrecia dejó escapar un grito desgarrado y perdió el conocimiento. Jofre la cogió antes de que cayera al suelo y la recostó sobre un diván.

Aunque César llevaba la cara cubierta con una máscara de carnaval, su tranquilidad resultaba evidente.

—¿Quién podría tener motivos para hacerle algo así a Alfonso? —le preguntó Jofre a su hermano.

Los ojos de César brillaban como el carbón detrás de su máscara.

—Todos tenemos más enemigos de lo que suponemos —dijo—. De todas maneras, veré lo que puedo averiguar —dijo finalmente sin demasiado entusiasmo antes de abandonar la estancia.

Al recuperarse, Lucrecia pidió a los criados que le trajesen vendas limpias y agua caliente. Mientras esperaba, levantó cuidadosamente la sábana que cubría el cuerpo de Alfonso, pero al ver la herida, tuvo que sentarse para no desmayarse de nuevo.

Jofre permaneció toda la noche junto a su hermana, esperando a que Alfonso recobrara el conocimiento, pero todavía tendrían que pasar dos días antes de que Alfonso abriera los ojos.

Antes habían llegado Sancha y el médico personal del rey de Nápoles. Destrozada por el dolor, al ver a su hermano, Sancha se había inclinado para besarlo, pero al no encontrar un solo lugar donde hacerlo, finalmente le había cogido una mano y había besado con desesperación sus dedos amoratados mientras las lágrimas cubrían su rostro.

Después había besado a Lucrecia y a Jofre, quien, incluso en esas circunstancias, no había podido contener la dicha que sentía al verla de nuevo. A sus ojos, su esposa estaba más hermosa que nunca, con el cabello largo y ondulado, las mejillas encendidas y los ojos brillantes por las lágrimas.

Sancha se sentó junto a Lucrecia y cogió su mano.

—Mi dulce Lucrecia —dijo—. ¿Cómo puede haber alguien capaz de hacerle algo así a nuestro amado Alfonso? Pero, ahora, estoy aquí para ayudarte. Debes descansar. Yo velaré a tu esposo mientras duermes.

Lucrecia no pudo contener las lágrimas.

—¿Dónde está César? —preguntó Sancha mientras mesaba el cabello de su cuñada—. ¿Ha capturado ya a esos villanos?

El cansancio de Lucrecia era tal que sólo pudo negar con la cabeza.

—Tienes razón —dijo finalmente—. Necesito descansar. Pero sólo unas horas. Quiero que mi rostro sea lo primero que vea Alfonso cuando abra los ojos.

Jofre la acompañó hasta el palacio de Santa Maria in Portico, donde, tras besar a sus hijos y a Adriana, Lucrecia se retiró a descansar en su lecho. Pero cuando estaba a punto de conciliar el sueño, de repente recordó algo que la hizo temblar.

Era su hermano César. Recordó que apenas se había movido cuando su padre les había dicho lo que había ocurrido. Era como si no le hubiera sorprendido. Pero eso... No, no podía ser.

Algunos días después, Jofre y Sancha se retiraron juntos a descansar. No habían estado a solas desde que Sancha había llegado de Nápoles y, aunque Jofre comprendía el sufrimiento de su esposa, también anhelaba su compañía.

Mientras Sancha se desnudaba para acostarse, Jofre se acercó a ella y le rodeó la cintura con los brazos.

—No sabes cuánto te he echado de menos —dijo con ternura—. Entiendo lo que debes de estar sufriendo y créeme que lamento lo que le ha ocurrido a tu hermano.

Sancha rodeó el cuello de Jofre con sus brazos y apoyó la cabeza contra su hombro.

—Es de tu hermano de quien tenemos que hablar —dijo al cabo de unos segundos.

Jofre se alejó un poco de su esposa para poder verle la cara. Estaba más hermosa que nunca.

—¿Qué te preocupa? —preguntó.

Sancha se acostó y le hizo un gesto a su esposo para que acudiera junto a ella. Desnuda, se apoyó sobre un brazo, observando cómo Jofre se despojaba de la ropa.

—Hay muchas cosas que me preocupan sobre César —dijo—. Ahora que lleva esas horribles máscaras resulta imposible saber lo que siente.

—Son para ocultar las cicatrices de la sífilis —intervino Jofre—. Se avergüenza de su aspecto.

—Pero no es sólo eso, Jofre —dijo ella—. Desde que ha vuelto de Francia, César vive rodeado de misterio. Tu hermano ha cambiado. No sé si será por su enfermedad o por el veneno del poder, pero noto que ha cambiado. Y temo por todos nosotros.

—Su deseo es protegernos, Sancha —la tranquilizó Jofre—. Para eso debe consolidar el poder de Roma y unificar los Estados Pontificios bajo la autoridad del Santo Padre.

—No tengo por qué ocultarte que no siento ningún aprecio por tu padre desde que me expulsó de Roma —dijo Sancha, levantando por primera vez el tono de voz—. Si la vida de mi hermano no hubiera estado en peligro, te aseguro que nunca habría vuelto a pisar Roma. Si hubieras deseado estar conmigo, tú podrías haber venido a Nápoles. No confío en tu padre, Jofre —concluyó diciendo tras un breve silencio.

—Sigues enojada con él, Sancha —dijo Jofre—. Y lo comprendo. Pero olvidarás tu odio con el tiempo.

Sancha sabía que no era así, pero, por una vez, decidió callar, pues también sabía que tanto ella como Alfonso corrían peligro. Y, aun así, no pudo evitar preguntarse qué debía de pensar realmente Jofre sobre su padre, si es que tan siquiera se atrevía a tener una opinión sobre él.

Mientras tanto, Jofre se había acostado a su lado.

Como tantas otras veces, Sancha se sorprendió ante la inocencia de la mirada de su joven esposo.

—Nunca te he ocultado que cuando me obligaron a desposarme contigo me parecías un niño sin apenas inteligencia —dijo acariciándole la mejilla—. Pero, con el tiempo, he aprendido a apreciar tu bondad y ahora sé que eres capaz de amar de una manera que el resto de tu familia ni siquiera puede concebir.

—Lucrecia ama a Alfonso —objetó Jofre y, al recordar la lealtad con la que César había guardado su secreto, pensó que su hermano también sabía lo que era el amor, pero no dijo nada.

—Sí, Lucrecia sabe lo que es el amor —dijo Sancha—, y esa será su perdición, pues la ambición de tu hermano y de tu padre acabarán por destrozar su corazón. ¿Es que no te das cuenta, Jofre?

—Mi padre cree en la Iglesia a la que sirve —Jofre interrumpió a su esposa—. Y César desea devolverle el esplendor a Roma, como en tiempos de aquel emperador que llevaba su mismo nombre. Su vocación es la guerra.

Sancha sonrió.

—¿Y has pensado alguna vez en cuál es tu vocación? —preguntó con ternura—. ¿Te ha preguntado alguna vez tu padre por tus anhelos? La verdad es que no comprendo cómo puedes no odiar a ese hermano que te roba la atención de tu padre, o a ese padre que nunca se ha esforzado por saber quién eres realmente.

Jofre acarició el suave hombro de su esposa. El tacto de su piel siempre le había proporcionado un gran placer.

—De niño siempre soñé que, cuando creciera, me convertiría en cardenal. Cuando mi padre me cogía en brazos, el olor de sus vestiduras me llenaba de amor por Dios y de deseos de servirle. Pero antes de que yo pudiese decidir, mi padre encontró un sitio para mí en Nápoles... Junto a ti, Sancha. Y así fue como llegué a amarte a ti con el amor que guardaba para Dios.

La devoción que sentía por ella hacía que Sancha quisiera protegerlo, que intentara hacerle comprender de cuántas cosas le había privado el sumo pontífice.

—Tu padre es un hombre despiadado —le dijo a Jofre—. ¿Puedes ver al menos eso, Jofre? Aunque su crueldad esté envuelta en el manto de la fe. ¿No te das cuenta de que la ambición de tu hermano raya en la locura? ¿Es que no puedes ver lo que con tanta claridad veo yo?

Jofre cerró los ojos.

—Veo mucho más de lo que crees, amor mío.

Sancha lo besó apasionadamente. Después hicieron el amor. Con los años, y su ayuda, Jofre se había convertido en un amante cuidadoso que, más que en su propio placer, pensaba en el de ella.

Después, yacieron largo tiempo en silencio. Pero Sancha necesitaba prevenirlo, aunque sólo fuera para protegerse a sí misma.

—Amor mío —dijo—. Es posible que tu padre o tu hermano intentaran matar a Alfonso. Antes tu padre me expulsó de Roma con el único fin de obtener una ventaja política. ¿Y, aun así, piensas que nosotros no corremos ningún peligro? ¿Cuánto tiempo pasará antes de que nos separen, Jofre?

—Nunca permitiré que nos separen, Sancha —dijo él con firmeza y, más que como una declaración de amor, sus palabras sonaron como una promesa de venganza.

César había pasado la mañana indagando en las calles de Roma sobre la agresión contra Alfonso. ¿Había visto u oído alguien algo que pudiera facilitar la captura de los agresores? Finalmente, había vuelto al Vaticano con las manos vacías.

Al día siguiente, almorzó en el palacio del cardenal Riario para hablar de los preparativos del Jubileo y le hizo saber que la Iglesia recompensaría generosamente su esfuerzo por preparar los festivales y encargarse de organizar la limpieza de las calles de Roma.

Tras el almuerzo, fueron al comercio de un negociante de arte que vendía antigüedades. El cardenal Riario tenía una selecta colección privada y estaba considerando la posibilidad de comprar una exquisita escultura que acababa de llegar a manos del comerciante.

Se detuvieron ante una pesada puerta de madera tallada y el cardenal llamó con insistencia. Les abrió un anciano con el cabello blanco, una pronunciada bizquera y una sonrisa astuta.

El cardenal hizo las presentaciones.

—Giovanni Costa —dijo—. El capitán general de nuestros ejércitos, el gran César Borgia, desea ver tus esculturas.

Tras hacer una reverencia, Costa los condujo a través de varias estancias hasta llegar a un patio lleno de esculturas. El suelo estaba cubierto de polvo y entre el desorden reinante podían contemplarse brazos, piernas, bustos inacabados y todo tipo de piezas de mármol esculpido. En un rincón apartado había una pieza cubierta con una tela negra.

—¿Qué escondes bajo esa sábana negra? —preguntó César.

El comerciante los condujo hasta la esquina y, con un gesto lleno de teatralidad, retiró la sábana.

—Probablemente sea la mejor pieza que jamás haya tenido en mi poder —dijo Costa.

Al ver el magnífico Cupido tallado en mármol, César

contuvo por un momento la respiración. La figura tenía los ojos entornados y los labios dulcemente arqueados en una expresión de ensueño y, al mismo tiempo, de melancolía. La pieza parecía poseer una luz propia y las alas eran tan delicadas que daba la sensación de que el querubín podría echar a volar en cualquier momento. César nunca había visto algo tan bello, tan perfecto.

—¿Cuánto pedís por esta pieza? —preguntó.

—Es un auténtico tesoro —dijo el comerciante—. Si quisiera podría venderla por una auténtica fortuna.

—¿Cuánto? —repitió César, que estaba pensando en cuánto disfrutaría Lucrecia al verla.

—Por tratarse de vos, tan sólo dos mil ducados.

Antes de que César pudiese contestar, el cardenal Riario se acercó a la escultura y la estudió con atención, pasando la mano una y otra vez por su delicada superficie. Después se dio la vuelta y se dirigió al comerciante.

—Mi querido amigo —dijo—. Esta pieza no es antigua. De hecho, estoy convencido de que no hace mucho tiempo que acabó de tallarse.

—Tenéis buen ojo, eminencia —se apresuró a decir Costa—. Nunca he dicho que fuera antigua. De hecho, fue tallada hace un año por un joven talento florentino.

El cardenal negó con la cabeza.

—No me interesan las obras contemporáneas, y menos aún a un precio tan desorbitado —dijo.

Pero César había quedado fascinado por la belleza de aquel dulce Cupido.

—Me da igual lo que cueste o cuándo fuera tallada —dijo—. Debe ser mía.

—El dinero no es sólo para mí —se apresuró a decir Costa, excusándose por el alto precio—. Debo entregar su parte al artista. Y también a su representante. Además, no hay que olvidar el coste del transporte...

—No es necesario que digas nada más —lo interrumpió

César con una sonrisa—. Ya he dicho que debe ser mía. Así pues, te daré lo que pides. Tendrás dos mil ducados. —Guardó silencio durante unos instantes, pero en el último momento, cuando estaba a punto de abandonar el patio, pareció recordar algo—. ¿Y cómo se llama ese joven talento florentino? —preguntó.

—Buonarroti —dijo Costa—. Miguel Ángel Buonarroti. Os aseguro que volveréis a oír su nombre.

Los rumores corrían por las calles de Roma. Al principio se decía que César había intentado dar muerte a otro hermano, y cuando César proclamó públicamente su inocencia, un nuevo rumor no tardó en sustituir al anterior. Ahora se decía que, agraviados por el gobierno de Lucrecia en Nepi, los Orsini se habían vengado en la persona de su esposo, quien, además, era un aliado de sus más encarnizados enemigos, los Colonna.

Pero dentro de los muros del Vaticano eran otras las preocupaciones. Alejandro, que había sufrido varios síncopes, se veía obligado a guardar cama y Lucrecia había dejado a su esposo al cuidado de Sancha para atender a su padre, a quien tan sólo su presencia parecía consolar.

—Decidme la verdad, padre —le preguntó un día—. No tuvisteis nada que ver con el ataque contra Alfonso, ¿verdad?

—Mi dulce niña —dijo Alejandro al tiempo que se incorporaba en su lecho—. Nunca podría hacerle daño al hombre que tan feliz hace a mi hija. Por eso, precisamente, he ordenado que mis hombres hagan guardia día y noche ante su puerta.

Lucrecia se sintió aliviada.

Mientras Alejandro disipaba las dudas de su hija, Sancha entraba acompañada de dos napolitanos en la cámara en la que yacía su hermano. Alfonso se recuperaba rápidamente y, ese día en concreto, se sentía especialmente animado. Aunque sólo habían pasado dos semanas desde el brutal asalto, ya era capaz de levantarse, aunque todavía no podía andar.

Alfonso saludó efusivamente a los dos hombres y le pidió a su hermana que los dejara a solas para que pudieran conversar como lo hacen los amigos cuando no hay mujeres presentes; al fin y al cabo, no se veían desde que él había estado en Nápoles por última vez, hacía ya varios meses.

Feliz de ver a su hermano con tan buen ánimo, Sancha decidió ir a visitar a los hijos de Lucrecia en Santa Maria in Portico. Sólo estaría fuera una hora y no cabía duda de que Alfonso estaría a salvo en compañía de los dos napolitanos.

Aquel soleado día de agosto hacía más calor incluso de lo normal. César estaba paseando por los jardines del Vaticano, disfrutando con el color de las flores, la serenidad de los altos cedros, el suave murmullo de las fuentes y el alegre trinar de los pájaros. Hacía tiempo que el hijo del papa no sentía tanta paz. El calor no le molestaba. Al contrario, disfrutaba con él; sin duda, un privilegio de su ascendencia española. Estaba sumido en sus pensamientos, reflexionando sobre la información que le acababa de ofrecer don Michelotto, cuando vio una exótica flor roja. Se inclinó para admirar su belleza y apenas había pasado un instante cuando escuchó el susurro de una flecha justo encima de su cabeza. La flecha se clavó en el cedro que había detrás de la flor.

Instintivamente, César se lanzó al suelo justo antes de que la segunda flecha cortara el aire encima de él. Y, mientras gritaba llamando a la guardia, se dio la vuelta rodando por el suelo para poder ver de dónde procedían las flechas.

Ahí, en uno de los balcones del palacio, estaba su cuñado Alfonso, sostenido por los dos napolitanos. Uno de sus compañeros cargaba su ballesta mientras Alfonso apuntaba una flecha directamente a César.

—¡Traición! ¡Traición! —gritó César—. ¡Hay un traidor en palacio!

De forma instintiva, su mano sujetó la empuñadura de la espada mientras se preguntaba cómo podría alcanzar a Alfonso antes de que una de sus flechas lo alcanzara a él.

Cuando los soldados de la guardia llegaron en auxilio de César, Alfonso había desaparecido del balcón.

César arrancó la segunda flecha, que se había clavado en la tierra, y mandó llamar al médico del Vaticano. Éste no tardó en confirmarle lo que César sospechaba. La punta de la flecha había sido impregnada con un veneno letal; un rasguño hubiera sido suficiente para darle muerte.

Al regresar a las dependencias privadas de su padre, encontró a Lucrecia lavando cuidadosamente las heridas de su esposo. Inmóvil, con el pecho descubierto, Alfonso permanecía en silencio. Sus dos cómplices habían desaparecido, pero la guardia del Vaticano pronto les daría caza.

César no le dijo nada a su hermana. Alfonso parecía agitado, pues no podía saber con certeza si César lo había reconocido desde el jardín. Pero César no tardó en despejar sus dudas.

—Lo que habéis comenzado concluirá esta misma noche —le susurró al oído sin que Lucrecia pudiera oírlo.

Después le dio un beso a su hermana y se marchó.

Horas después, Lucrecia y Sancha conversaban animadamente junto al lecho de Alfonso, haciendo planes para pasar una temporada en Nepi. Allí podrían pasar más tiempo con los niños mientras Alfonso se recuperaba de sus heridas. Desde que Sancha había vuelto de Nápoles, las dos mujeres habían forjado una sincera amistad.

Alfonso se había quedado dormido mientras ellas hablaban. De repente, el sonido de alguien llamando insistentemente a la puerta lo despertó. Lucrecia abrió la puerta. Era don Michelotto.

—Primo Miguel —dijo Lucrecia—. Me sorprende veros aquí.

—He venido a ver a vuestro esposo. Debo tratar ciertos asuntos con él —dijo don Michelotto mientras recordaba con afecto los tiempos en los que había llevado a Lucrecia sobre sus hombros cuando la hija del papa todavía era una niña—. Vuestro padre me ha pedido que os dijera que desea veros.

Lucrecia vaciló unos instantes.

—Por supuesto —dijo finalmente—. Iré a verlo ahora mismo. Mientras tanto, Sancha velará por Alfonso, pues esta noche mi esposo está muy débil.

—Es importante que hable con él en privado —dijo don Michelotto con expresión afable.

Mientras tanto, Alfonso fingía dormir. Tenía la esperanza de que, al verlo así, don Michelotto abandonase la estancia sin interrogarlo sobre lo ocurrido esa tarde en el balcón.

Lucrecia y Sancha abandonaron la estancia, pero antes de que hubieran llegado al final del corredor, oyeron la voz de don Michelotto, que las urgía a regresar.

Alfonso seguía tumbado en su lecho, pero su tez había adquirido un tono azulado. Estaba muerto.

—Debe de haber sufrido una hemorragia —explicó don Michelotto con aparente preocupación—. De repente, dejó de respirar.

Pero no dijo nada sobre las poderosas manos con las que había rodeado el cuello de Alfonso.

Lucrecia se arrojó sobre el cuerpo sin vida de su esposo, llorando desconsoladamente. Pero Sancha se abalanzó sobre don Michelotto, maldiciéndolo mientras lo golpeaba una y otra vez en el pecho. Cuando César entró en la estancia, Sancha saltó sobre él.

—¡Bastardo! —gritó—. ¡Maldito bastardo! Impío hijo del diablo —gritó mientras le arañaba el cuello. Después empezó a tirarse del pelo sin parar de chillar, arrancándose un mechón tras otro de su largo y oscuro cabello.

Jofre no tardó en llegar. Abrazó a su esposa y aguantó sus golpes enloquecidos hasta que Sancha cesó en su actitud y empezó a llorar desconsoladamente. Entonces la cogió en brazos y la llevó a sus estancias privadas.

Cuando César le pidió a don Michelotto que lo dejase a solas con Lucrecia, ella levantó la cabeza del pecho sin vida de su esposo y se volvió hacia su hermano.

—Nunca te perdonaré por lo que has hecho, César. Nunca —dijo, incapaz de contener el llanto—. Me has arrancado el corazón, pero nunca podrá ser tuyo, pues ya ni siquiera es mío. Todos sufriremos por lo que has hecho, hermano, incluso nuestros hijos.

César intentó acercarse a su hermana, intentó explicarle que Alfonso había intentado acabar con su vida primero, pero al ver el odio en el rostro de Lucrecia las palabras no salieron de sus labios.

Lucrecia corrió a las estancias de su padre.

—Nunca os perdonaré, padre —amenazó al sumo pontífice en cuanto estuvo en su presencia—. Me habéis causado más dolor del que podáis imaginar. Si fue vuestra la orden de acabar con la vida de mi esposo, deberíais haber callado por el amor que decís sentir por mí. Y, si el culpable es mi hermano, deberíais haberlo detenido. Nunca volveré a amaros, a ninguno de los dos, pues habéis traicionado mi confianza.

El papa Alejandro la miraba con sorpresa.

—¿Por qué hablas así, Lucrecia? ¿Qué ha ocurrido?

—Me habéis arrancado el corazón —dijo ella con los ojos llenos de odio—. Habéis roto un pacto que estaba sellado en el cielo.

Alejandro se levantó y se acercó lentamente a su hija. No intentó abrazarla, pues sabía que ella rechazaría su roce.

—Mi querida niña —dijo—, nunca quise hacerle ningún daño a tu esposo. Fue él quien intentó asesinar a tu hermano César. Y, aun así, ordené que fuera protegido. Pero nadie podía evitar que tu hermano se protegiera de su agresor —añadió finalmente al tiempo que inclinaba la cabeza.

Al ver la angustia en el rostro de su padre, Lucrecia se dejó caer de rodillas a sus pies.

—Debéis ayudarme a comprender, padre —dijo sin dejar de llorar al tiempo que se cubría el rostro con las manos—. ¿Qué clase de demonio habita en este mundo? ¿Qué clase de Dios es éste que permite que muera un amor como el nuestro? ¡Es una locura! Decís que mi esposo intentó matar a mi hermano y que mi hermano asesinó a mi esposo. Entonces, sin duda, sus almas arderán en el infierno y yo nunca volveré a verlos. Los he perdido a los dos para siempre.

Alejandro apoyó una mano sobre el cabello de su hija, intentando calmar su dolor.

—No llores, hija mía. No llores. Dios es misericordioso. Los perdonará. Si no fuera así, no habría razón para su existencia. Algún día, cuando esta tragedia terrenal llegue a su final, volveremos a estar juntos en el cielo.

—No puedo esperar a la eternidad para ser feliz —dijo Lucrecia, y, sin más, se levantó y salió corriendo de la estancia.

Esta vez, los rumores eran ciertos: César había dado muerte al esposo de su hermana. Pero, antes, el napolitano había intentado matarlo a él en los jardines del Vaticano, por lo que el pueblo de Roma justificó la acción de su capitán general.

Los dos napolitanos fueron capturados, confesaron y fueron ahorcados en la plaza pública.

Pero la ira de Lucrecia no iba a apagarse tan fácilmente.

Aquel día, Alejandro y César estaban en los aposentos privados del sumo pontífice. Lucrecia irrumpió en la sala y acusó a César de haber matado primero a su hermano y después a su esposo. Alejandro intentó calmar a César, pues no deseaba que la brecha que se había abierto entre sus dos hijos favoritos se hiciera aún más pronunciada, pero la acusación de su hermana había herido profundamente a César, quien nunca se había defendido ante ella de esa acusación, pues nunca podría haber sospechado que Lucrecia lo creyera culpable del asesinato de Juan.

Habían pasado varias semanas desde la muerte de Alfonso y Lucrecia seguía llorando desconsoladamente a su esposo. Incapaces de presenciar su dolor, Alejandro y César empezaron a evitarla. Cuando Alejandro le dijo a su hija que debía volver junto a sus hijos al palacio de Santa Maria in Portico, Lucrecia insistió en dejar Roma y viajar a Nepi en compañía de los niños y de Sancha. Jofre también podía acompañarla, si ése era su deseo, pero César no sería bienvenido. Antes de partir, al despedirse de su padre, le hizo saber que no deseaba volver a hablar con César en toda su vida.

César luchó contra su propio corazón para no seguir a su hermana a Nepi. Deseaba explicarle lo que sentía, por qué había obrado como lo había hecho, pero sabía que todavía no era el momento adecuado para hacerlo. Así, se entregó en cuerpo y alma a planear la nueva campaña contra la Romaña. Lo primero que debía hacer era viajar a Venecia para conseguir que sus ejércitos no acudieran en defensa de Rímini, Faenza y Pesaro, pues los tres feudos contaban con la protección de los venecianos.

Tras varios días de travesía, César finalmente divisó Venecia desde la cubierta de su buque. La bella ciudad emergía de las oscuras aguas con el esplendor de un dragón mítico. Ahí estaba la plaza de San Marcos.

Al atracar, fue llevado a un imponente palacio bizantino situado junto al Gran Canal, donde varios nobles venecianos lo agasajaron con obsequios. En cuanto estuvo instalado, el capitán general de los ejércitos pontificios solicitó ser recibido por el Gran Consejo, a cuyos miembros propuso un acuerdo tras explicar la posición del papado: los ejércitos pontificios defenderían Venecia de producirse una invasión de la flota del sultán de Turquía; a cambio, Venecia renunciaría a brindar su apoyo a los caudillos de Rímini, de Faenza y de Pesaro.

En una brillante y colorida ceremonia, el Gran Consejo dio su visto bueno al acuerdo e invistió a César con la capa de ciudadano de honor de Venecia. Ahora, el capitán general también era un «caballero veneciano».

Los dos años que Lucrecia había compartido con Alfonso habían sido los más felices de su vida. Durante ese breve período de tiempo, todas las promesas que le había hecho su padre cuando era niña parecían haberse convertido en realidad. Pero ahora, el dolor que la afligía trascendía la muerte de su querido esposo, la pérdida de su dulce sonrisa, de su alegre disposición, de su felicidad junto a él. Con la muerte de su esposo también había perdido la confianza en su padre y en su hermano, hasta en la mismísima Iglesia. Ahora se sentía abandonada, tanto por su padre como por Dios.

Finalmente había ido a Nepi acompañada por Sancha, Jofre, sus dos hijos, Giovanni y Rodrigo, y un reducido séquito de cincuenta criados de su confianza.

Hacía tan sólo un año que Alfonso y ella habían pasado días felices en ese mismo lugar, haciendo el amor, eligiendo bellos muebles y deliciosos tapices para decorar sus estancias, paseando entre los altos robles de la bella campiña de los alrededores.

Nepi era una población pequeña, con una plaza con una bella iglesia erigida sobre el templo de Júpiter y estrechas calles con edificios góticos y algún palacete señorial. Alfonso y Lucrecia habían paseado incontables veces cogidos de la mano por aquellas calles que, ahora, parecían tan tristes y melancólicas como el ánimo de Lucrecia.

Pues daba igual que mirara el negro volcán de Bracciano o la azulada cordillera de Sabina, Lucrecia sólo veía a Alfonso.

Un hermoso día soleado, Sancha y Lucrecia salieron a dar un paseo con los niños. Lucrecia parecía más animada que de costumbre, hasta que el balido de una oveja y el tono lastimero de la flauta de un pastor hicieron que las lágrimas volvieran a aflorar en sus ojos.

Por las noches, a veces se despertaba con la sensación de salir de una pesadilla. Entonces alargaba el brazo, buscando el cuerpo de su esposo, pero sólo encontraba sábanas vacías y soledad. Todo su ser suspiraba por Alfonso. Apenas comía. Nada parecía poder aliviar su dolor. Todas las mañanas se levantaba más fatigada que el día anterior y tan sólo la presencia de sus hijos conseguía dibujar una leve sonrisa en sus labios. Durante el primer mes de estancia en Nepi, Lucrecia tan sólo había sido capaz de encargar a su costurera que le hiciera unos nuevos trajes a sus hijos. Incluso jugar con ellos le resultaba agotador.

Decidida a ayudar a su cuñada, finalmente Sancha intentó dejar a un lado su propio dolor y se entregó en cuerpo y alma a Lucrecia y a los niños. Jofre la ayudaba consolando a Lucrecia y cuidando de los niños; jugaba con ellos, les leía cuentos y, todas las noches, los acostaba con una dulce canción.

Y fue durante ese tiempo cuando Lucrecia empezó a reflexionar sobre sus sentimientos hacia su padre, hacia su hermano y hacia Dios.

César llevaba una semana en Venecia y estaba listo para regresar a Roma y reunir a sus tropas para emprender la campaña contra la Romaña. La noche anterior a su partida, cenó con varios de sus antiguos compañeros de la Universidad de Pisa, disfrutando de los viejos recuerdos y el buen vino.

Aun brillante y majestuosa como lo era durante el día, con su gentío, sus coloridos palacios, sus tejados almenados, sus magníficas iglesias y sus bellos puentes, de noche Venecia era una ciudad siniestra.

La humedad de los canales envolvía la ciudad en una espesa bruma en la que resultaba difícil no extraviarse. Los callejones surgían como patas de arañas entre los palacios y los canales, dando refugio a todo tipo de villanos.

Mientras César caminaba por el estrecho callejón que conducía a su palacio, un poderoso haz de luz lo iluminó desde el canal. Se dio la vuelta, pues había oído el chirrido de los goznes de una puerta, pero, cegado por la luz, no vio a los tres hombres vestidos con sucias ropas de campesinos hasta que casi estuvieron a su lado. Los destellos de sus dagas cortaban la niebla.

César se dio la vuelta, buscando un camino por donde huir, pero otro hombre se acercaba a él desde el otro extremo del callejón.

Estaba atrapado.

Sin pensarlo, saltó a las oscuras aguas del canal, sobre las que flotaban todo tipo de desechos e inmundicias, y nadó bajo la superficie, aguantando la respiración hasta que creyó que el pecho le iba a estallar. Hasta que finalmente volvió a salir a la superficie en la otra orilla del canal.

Dos de sus perseguidores corrían atravesando un puente con antorchas en las manos.

César se llenó los pulmones de aire y volvió a sumergirse. Esta vez emergió entre dos de las góndolas que había amarradas debajo del puente. Sin apenas sacar la cabeza del agua, rezó por que sus agresores no lo encontraran.

Los hombres corrían por la orilla del canal, entrando y

saliendo en cada pequeño callejón, registrando cada esquina, iluminando cada recodo con sus antorchas...

Cada vez que se acercaban a donde estaba, César se sumergía bajo el agua y aguantaba la respiración hasta que no podía hacerlo por más tiempo.

Finalmente, los hombres se reunieron encima del puente.

—Maldito romano —oyó César que decía uno de ellos—. Ha desaparecido.

—Se habrá ahogado —contribuyó la voz de otro hombre.

—Yo preferiría ahogarme que nadar entre toda esa porquería —dijo otro.

—Ya hemos hecho suficiente por esta noche —dijo una voz cargada de autoridad—. Nero nos ha pagado por cortarle el cuello a un hombre, no por perseguir a un fantasma hasta que amanezca.

César escuchó cómo se alejaban las pisadas de sus perseguidores.

Preocupado ante la posibilidad de que hubieran dejado a alguien vigilando, nadó pegado a la oscura orilla hasta llegar al palacio donde se alojaba. Un miembro de la guardia asignada personalmente por el dux para proteger a César observó con sorpresa cómo el distinguido romano salía temblando de las hediondas aguas del Gran Canal.

Después de darse un baño caliente y de vestirse con ropa limpia, César reflexionó sobre la mejor manera de proceder mientras bebía una taza de jerez caliente. Finalmente ordenó a sus criados que lo dispusieran todo para partir al amanecer.

No concilió el sueño en toda la noche. Al rayar el alba, montó en la gran góndola tripulada por tres hombres armados que lo esperaba en el muelle. Estaban soltando las amarras cuando un hombre corpulento con un uniforme oscuro se acercó corriendo a ellos.

—Excelencia —dijo, luchando por recuperar el aliento—, soy el alguacil jefe de esta zona de Venecia. Antes de vuestra partida, quería disculparme por el desagradable incidente de anoche. Desafortunadamente, Venecia no es un lugar seguro una vez caída la noche. Hay cientos de ladrones al acecho.

—Sin duda ayudaría que alguno de vuestros hombres se dejara ver por las calles —dijo César con evidente disgusto.

—Sería de gran ayuda que nos acompañaseis al callejón donde fuisteis atacado —se apresuró a decir el alguacil—. Sólo serían unos minutos. Vuestra escolta podría esperaros aquí mientras registramos las casas más cercanas. Tal vez reconozcáis a alguno de los agresores.

César se debatió en la duda. Por un lado deseaba partir inmediatamente hacia Roma. Por otro, deseaba saber quién había intentado acabar con su vida. Y, aun así, las pesquisas podrían durar horas y él no tenía tiempo que perder. Ya obtendría esa información por otros medios. Ahora, debía regresar a Roma.

—Bajo circunstancias normales, estaría encantado de ayudaros, pero me temo que mi carruaje me está esperando en tierra firme y debo alcanzar Ferrara antes del anochecer, pues los caminos son tan peligrosos como sus callejones.

El alguacil sonrió y se ajustó el casco.

—¿Volveréis a honrarnos pronto con vuestra presencia en Venecia, excelencia?

—Eso espero —dijo César.

—Entonces, quizá en vuestra próxima visita podáis ayudarnos. Podéis encontrarme en el cuartel que hay junto al puente de Rialto. Me llamo Bernardino Nerozzi, pero todo el mundo me llama Nero.

Mientras viajaba hacia Roma, César no dejó de pensar en quién podría haber sobornado a un alguacil para que acabara con su vida. Pero sus reflexiones resultaban inútiles, pues había demasiados candidatos. Divertido, pensó que, si los asesinos hubieran logrado su objetivo, la lista de sospechosos habría sido tan extensa que nunca se podría haber sabido quién había ordenado el asesinato.

Podría haber sido un pariente aragonés de Alfonso que deseara vengar su muerte. Podría haber sido Giovanni Sforza, humillado por la anulación y por la afrenta de su supuesta impotencia. Podría haber sido algún miembro del clan de los Riario, encolerizados por la captura de Caterina Sforza. Incluso podría haber sido el propio Giuliano della Rovere, cuyo odio hacia los Borgia no conocía límites. O algún caudillo de la Romaña, intentando detener la campaña contra sus feudos. O alguien que deseara vengarse de alguna afrenta del Santo Padre. O... La lista era interminable.

Cuando finalmente llegó a Roma, sólo estaba seguro de una cosa: debía vigilar bien sus espaldas, pues no cabía duda de que alguien deseaba su muerte.

Igual que al yacer con César por primera vez había visto las puertas del paraíso, ahora, la muerte de Alfonso había conducido a Lucrecia hasta las puertas del infierno. Ahora, por primera vez, veía su vida y a su familia tal como eran verdaderamente.

Y esa pérdida de inocencia había sido devastadora para Lucrecia, pues hasta entonces había vivido y había amado en un reino mágico. Pero, ahora, todo eso había cambiado. Ahora todo había acabado. A veces intentaba recordar el principio, pero era inútil, pues el principio no existía.

Cuando todavía no era más que un bebé, su padre solía sentarla sobre su regazo y contarle maravillosas leyendas sobre los dioses y los titanes del Olimpo. Y entonces ella pensaba que su padre era como Zeus, el más grande de todos los dioses. ¿Acaso no era su voz el trueno? ¿Acaso no eran sus lágrimas la lluvia? ¿Acaso no era su sonrisa el sol que brillaba en su cara? ¿Acaso no era ella entonces Atenea, la hija de Zeus, o Venus, la diosa del amor?

Y cuando su padre le leía la historia de la creación con gestos elocuentes de las manos y palabras llenas de luz, entonces, ella era Eva, tentada por la serpiente, y también era la Virgen María, la madre del hijo de Dios.

En los brazos de su padre Lucrecia se había sentido libre de todo peligro, se había sentido fuera del alcance del diablo. Y por eso nunca había temido la muerte. Porque estaba segura de que estaría a salvo en los brazos del Padre Celestial, igual que lo estaba entonces en los brazos de su padre. Pues ¿acaso no eran lo mismo?

Y había hecho falta que portara el velo negro de una viuda para que el velo de la ilusión dejara de ocultar la realidad a sus ojos.

Pues al besar los labios fríos de su esposo había sentido por primera vez el vacío de la muerte y había comprendido que la vida era sufrimiento y que ella también moriría. Ella y su padre y César; todos compartirían el mismo final. Hasta ese momento, en su corazón, todos sus seres queridos habían sido inmortales y ahora lloraba por todos ellos.

Eran muchas las noches durante las que no conciliaba el sueño. De día, pasaba las horas vagando sin rumbo por sus aposentos, incapaz de encontrar un solo momento de paz. Las sombras del miedo y la duda parecían haberla seducido e, igual que cuestionaba todo aquello en lo que había creído, Lucrecia no tardó en cuestionar su fe.

—¿Qué me está pasando? —le preguntó, asustada, a Sancha un día, cuando el dolor y la desesperación ya ni siquiera le permitieron levantarse del lecho.

Sentada al borde de la cama, Sancha mesó el cabello de Lucrecia y se inclinó para besarle la frente.

—Te estás dando cuenta de que no eres más que un peón que tu padre mueve a su antojo —le dijo a su cuñada—. De que eres como esos feudos que tu hermano conquista para la mayor gloria de los Borgia. Y ésa es una verdad difícil de aceptar, querida Lucrecia.

—Eso no es cierto —protestó Lucrecia—. Mi padre siempre se ha preocupado por mi felicidad.

—¿Siempre? —preguntó Sancha—. Sinceramente, yo nunca lo he visto. Pero da igual. Ahora, lo importante es que te recuperes. Debes ser fuerte, pues tus hijos te necesitan.

—Dime, Sancha —dijo Lucrecia—. ¿Es bondadoso contigo tu padre? ¿Te trata como mereces?

—No es ni bondadoso ni cruel —dijo ella tras un largo silencio—, pues has de saber que mi padre perdió la razón cuando los franceses invadieron Nápoles. Y, aun así, puede que ahora sea más piadoso que antes. Vive en una torre del palacio. Todos intentamos cuidarlo. Hay noches en que sus gritos dementes resuenan por todo el palacio. «Oigo a Francia —grita—. Los árboles y las rocas llaman a Francia.» Y, a pesar de su demencia, es más bondadoso que el sumo pontífice. Pues, incluso antes de enfermar, yo ya no compartía su mundo ni él era todo lo que había en el mío. Tan sólo era mi padre, y mi amor por él no me hacía más débil.

Lucrecia rompió a llorar de nuevo, pues sabía que Sancha decía la verdad. Aferrada a las sábanas, intentaba recordar cuándo había cambiado su padre.

Su padre siempre hablaba de un Dios misericordioso y alegre, pero, como sumo pontífice, servía a un Dios vengativo, a un Dios despiadado. Lucrecia no podía entender cómo ese Dios permitía que hubiera tanto dolor en el mundo.

Y fue entonces cuando empezó a dudar de la sabiduría de su padre. ¿De verdad eran ciertas sus enseñanzas? ¿De verdad era la palabra de Dios aquello por lo que luchaba su padre? ¿De verdad era su padre el vicario de Cristo en la tierra? ¿De verdad eran todos sus deseos los deseos de Dios? Pues el Dios bondadoso que vivía en el corazón de Lucrecia no se parecía al Dios vengativo cuya voz oía su padre.

No había pasado un mes aún desde la muerte de Alfonso, cuando el sumo pontífice empezó la búsqueda de un nuevo esposo para Lucrecia. Aunque a ella pudiera parecerle una decisión cruel, Alejandro debía asegurarle una posición, pues no deseaba que, cuando él muriera, su hija se viera obligada a mendigar comida en platos de barro.

Ese día, Alejandro mandó llamar a Duarte para estudiar a los posibles pretendientes.

—¿Qué te parece Luis de Ligny? —le preguntó el Santo Padre a su consejero—. Después de todo, se trata de un primo del rey de Francia.

—No creo que Lucrecia lo encuentre aceptable, Santidad —contestó Duarte con sinceridad.

Alejandro le envió una carta a su hija a Nepi.

Lucrecia no tardó en responderle. «No viviré en Francia», decía la escueta misiva.

El siguiente candidato era Francisco Orsini, el duque de Gravina.

«No deseo desposarme con ningún hombre», decía la segunda misiva de Lucrecia.

Cuando Alejandro le envió otra carta preguntando por sus razones, la respuesta de Lucrecia fue igual de rotunda: «Todos mis esposos son desafortunados. No deseo que la desdicha de otro hombre pese sobre mi conciencia.»

El papa volvió a llamar a Duarte.

—No sé qué hacer, amigo mío —le dijo a su consejero—. No consigo hacer entrar en razón a mi hija. No se da cuenta de que yo no viviré para siempre. Y, cuando yo muera, sólo quedará César para cuidarla.

—Lucrecia parece confiar en Jofre y en su esposa Sancha, Su Santidad —intervino Duarte—. Puede que sólo necesite algo más de tiempo para recuperarse de su dolor. Decidle que vuelva a Roma. Así podréis explicarle vuestros sentimientos cara a cara. Todavía hace muy poco tiempo que el joven Alfonso pasó a mejor vida. Además, Nepi está demasiado lejos de Roma.

Las semanas transcurrían lentamente mientras Lucrecia intentaba recuperarse de su dolor y encontrar una razón por la que seguir viviendo. Una noche, Jofre entró en su cámara y se sentó junto a su hermana. Aunque era tarde, ella leía, incapaz de conciliar el sueño.

Jofre llevaba el cabello rubio oculto bajo un sombrero de terciopelo verde. Tenía los ojos enrojecidos por la falta de sueño. Esa noche, después de la cena, se había retirado pronto a descansar, por lo que a Lucrecia le sorprendió verlo de esa manera, como si estuviera a punto de salir. Pero su hermano empezó a hablar antes de que ella pudiera preguntarle por su atuendo.

—He cometido un terrible pecado, hermana mía —empezó a decir Jofre, luchando por pronunciar cada palabra—. Sólo yo lo conozco. Sé que ningún Dios me perdonaría por lo que he hecho. Sé que nuestro padre jamás me perdonaría y, aun así, yo nunca lo he juzgado a él por sus pecados.

Lucrecia se incorporó en el lecho. Tenía los ojos hinchados por el llanto.

—¿Qué puedes haber hecho tú que nuestro padre no pueda perdonarte? De los cuatro hermanos tú siempre fuiste el que menos cariño recibió y, aun así, eres el más dulce de todos nosotros.

Al mirarlo a los ojos, Lucrecia vio la lucha interna en la que se debatía su hermano.

¡Jofre llevaba tantos años deseando compartir su culpa! Y, de todas las personas que lo rodeaban, Lucrecia era en quien más confiaba.

—No puedo seguir cargando con esta culpa —dijo finalmente él—. Lleva demasiados años conmigo.

Lucrecia cogió la mano de su hermano y, por un momento, el dolor que se reflejaba en la mirada de Jofre hizo que incluso olvidara su propia desdicha.

—Dime, hermano mío, ¿qué es lo que tanto te aflige?

—Me odiarás si te lo digo. Si se lo dijera a cualquiera que

no fueras tú, no me cabe duda de que pronto acabarían con mi vida. Pero si no lo comparto con alguien temo volverme loco y, lo que es peor, temo por la salvación de mi alma.

—¿Qué pecado puede ser tan terrible como para hacerte pronunciar esas palabras, hermano mío? —preguntó ella sin ocultar su confusión—. Sabes que puedes confiar en mí. Te juro que tu secreto estará a salvo conmigo, pues nunca saldrá de mis labios.

—No fue César quien mató a nuestro hermano Juan —dijo por fin Jofre con voz entrecortada.

Lucrecia se apresuró a apoyar los dedos de una mano sobre los labios de su hermano.

—No digas más —le suplicó—. No pronuncies las palabras que oigo en mi corazón, pues te conozco desde que eras un bebé. Pero ¿qué podría ser tan querido para ti como para llevarte a cometer un acto tan desesperado? —preguntó tras un largo silencio.

Jofre apoyó la cabeza en el pecho de su hermana.

—Sancha —suspiró mientras Lucrecia lo abrazaba—. Mi alma está unida a la de mi esposa de maneras que a veces ni siquiera yo comprendo. Sin ella, no soy capaz de respirar.

Al pensar en su amor por Alfonso, Lucrecia comprendió lo que quería decir Jofre. Entonces pensó en César. Cuánto debía de haber sufrido. Sintió compasión por todos aquellos cuyo amor no era compartido, pues a veces el amor podía ser más traicionero incluso que la guerra.

César tenía que ver a su hermana antes de partir hacia la Romaña. Debía hacerle entender la razón de sus actos, debía pedir su perdón, debía recuperar su amor.

Cuando llegó a Nepi, Sancha intentó impedirle el paso, pero él la apartó de su camino y entró en los aposentos privados de su hermana.

Lucrecia estaba sentada, interpretando una triste melo-

340

día en un laúd. Al ver a César, sus dedos se congelaron en las cuerdas del instrumento y las notas de su canción se detuvieron en el aire.

César se arrodilló delante de ella y apoyó las manos en sus rodillas.

—Maldigo el día en que nací por haber sido la causa de tu desdicha —exclamó—. Maldigo el día en que supe que te amaba más que a mi propia vida. Necesitaba verte antes de acudir al campo de batalla, pues sin tu amor no existe guerra que merezca ser librada.

Lucrecia apoyó una mano sobre la cabeza de su hermano y le alisó el cabello hasta que él reunió el valor necesario para mirarla.

—¿Podrás llegar a perdonarme algún día? —preguntó César.

—¿Cómo no iba a perdonarte? —contestó ella con dulzura.

Los ojos de César se humedecieron.

—Entonces, ¿no he perdido tu amor? ¿Me sigues amando más que a nadie en este mundo?

Lucrecia suspiró.

—Te quiero, hermano mío, pues tú también eres un peón en manos del destino —dijo finalmente—. Y por eso me compadezco de los dos.

César se levantó, confuso por las palabras de Lucrecia. Y, aun así, agradeció su perdón.

—Ahora que he vuelto a verte, he recuperado la paz necesaria para acudir a la lucha y conquistar nuevos territorios para la gloria de Roma.

—Ve con cuidado, César —le dijo su hermana—, pues no podría soportar la pérdida de otro ser querido.

Cuando César la abrazó, a pesar de todo lo que había ocurrido, ella se sintió en paz entre los brazos de su hermano.

—Cuando volvamos a reunirnos espero haber cumplido todo lo que he prometido —dijo él.

Lucrecia sonrió.

—Con la ayuda de Dios, pronto volveremos a reunirnos en Roma —dijo.

Lucrecia pasó los meses siguientes dedicada a sus hijos y a la lectura. Leyó las vidas de santos, de héroes y heroínas y estudió a los grandes filósofos. Llenó su mente de sabiduría hasta que, finalmente, comprendió que todo se reducía a una pregunta.

¿Viviría la vida o se la quitaría?

Pero si vivía, ¿encontraría algún día la paz que ansiaba? Se había jurado que, por muchas veces que su padre la desposara, nunca volvería a amar a otro hombre como había amado a Alfonso.

Para encontrar la paz, antes debía perdonar a todos aquellos que habían sido injustos con ella, pues si no lo hacía, la cólera de su corazón le robaría su libertad.

Habían pasado tres meses desde su llegada a Nepi cuando volvió a abrir las puertas del palacio para escuchar los ruegos y las quejas de sus súbditos, intentando servir con justicia tanto a los pobres como a aquellos que portaban monedas de oro en sus bolsas. Pues Lucrecia había decidido dedicar su vida a los desamparados, a aquellos que, como ella, sabían lo que era el sufrimiento, a aquellos cuyo destino estaba en manos de otros hombres más poderosos.

Si aprovechaba el poder de su padre y se servía de él en el nombre del bien, igual que su hermano lo empleaba para la guerra, todavía podría encontrar una razón para vivir. Como los santos que entregaban sus vidas a Dios, ella entregaría la suya a los demás, y lo haría con tal devoción que, cuando llegara el día de su muerte, el Padre Celestial la acogería a su lado a pesar de sus muchos pecados.

Y fue entonces cuando el sumo pontífice insistió en que Lucrecia regresara a Roma.

Capítulo 23

En Roma, las tropas de César estaban listas para emprender la nueva campaña. En esta ocasión, la mayoría de los hombres procedían de Italia y de España. Los soldados de infantería llevaban cascos de metal y jubones púrpura y dorados sobre los que había sido bordado el escudo de armas de César. Al frente de la infantería cabalgaban capitanes españoles de contrastado valor y veteranos condotieros, entre los que estaban Gian Baglioni y Paolo Orsini. César había nombrado comandante en jefe a Vito Vitelli, quien aportaba veintiún poderosos cañones al ejército pontificio. En total, César contaba con dos mil doscientos soldados a caballo y cuatro mil trescientos soldados de infantería. Además, Dion Naldi, el antiguo capitán de Caterina Sforza, se había unido al ejército de César con un poderoso contingente de hombres.

El primer objetivo era la ciudad de Pesaro, que aún gobernaba el primer esposo de Lucrecia, Giovanni Sforza, a quien Alejandro había excomulgado al descubrir que estaba negociando con los turcos para defenderse de las tropas pontificias.

Al igual que en Imola y en Forlì, los súbditos de Giovanni Sforza no parecían dispuestos a sacrificar sus vidas y sus posesiones para defender a su señor. Al saber que las tropas pontificias se acercaban, algunos de los hombres más distinguidos de Pesaro secuestraron a Galli, el hermano de Giovanni. Temeroso de enfrentarse con su antiguo cuñado, Giovanni huyó a Venecia.

César entró en Pesaro seguido de ciento cincuenta hombres con uniformes rojos y amarillos. Bajo la lluvia, fue aclamado por los ciudadanos, que se apresuraron a hacerle entrega de las llaves de la plaza. César era el nuevo señor de Pesaro.

Y fue así como César ocupó sin lucha la fortaleza de los Sforza y se instaló en los mismos aposentos donde había vivido Lucrecia. Durante dos noches durmió en su lecho, soñando con su amada hermana. El tercer día, antes de continuar su marcha, confiscó los setenta cañones con los que contaba el arsenal de Pesaro, y los incorporó a la poderosa artillería de Vitelli.

La mayor dificultad a la que tuvieron que enfrentarse las tropas pontificias en su avance hacia Rímini fueron las lluvias torrenciales. En esta ocasión, al tener noticias de la cercanía de los hombres de César, los propios habitantes de Rímini se encargaron de expulsar a sus crueles señores, los hermanos Pan y Carlo Malatesta.

Una nueva plaza se había rendido a los ejércitos de Roma.

Pero Astorre Manfredi, el jovencísimo señor de Faenza, demostró ser un rival más digno que los anteriores. Faenza no sólo disponía de una poderosa fortaleza rodeada por altas murallas almenadas, sino que, además, contaba con las tropas de infantería más célebres de toda la península y, lo que era todavía más importante, con la lealtad de sus valerosos súbditos.

La batalla no comenzó bien para César. Aunque, tras insistentes bombardeos, los cañones de Vitelli lograron abrir una pequeña brecha en la muralla, cuando intentaron tomar la plaza al asalto, las tropas de César fueron rechazadas por la infantería de Astorre Manfredi, y sufrieron numerosas bajas.

En el campamento de César, los condotieros y los capitanes españoles se culpaban mutuamente de la derrota sufrida. Gian Baglioni, enfurecido por las acusaciones de los españoles, abandonó el asedio y regresó con sus hombres a su feudo de Perugia. Y, para colmo de males, con la proximidad del invierno, el frío empezaba a ser un problema.

Consciente de que, en esas condiciones, nunca conseguiría tomar Faenza, César decidió esperar hasta la llegada de la primavera. Dejó un reducido contingente de tropas sitiando la plaza y distribuyó al resto de sus hombres entre las pequeñas poblaciones de los alrededores. Los soldados tenían órdenes de esperar hasta la llegada de la primavera, cuando se reanudaría la campaña contra la plaza rebelde.

César se trasladó a Cesena, cuyos gobernantes habían huido a Venecia al enterarse de su llegada. Cesena contaba con una gran fortaleza y sus ciudadanos eran conocidos en toda la península por su valor en la guerra y su amor por la diversión en la paz. Instalado en el palacio de los antiguos señores de Cesena, César invitó a sus nuevos súbditos a que pasearan por las bellas y lujosas estancias donde habían vivido y amado éstos, mostrándoles así lo que habían conseguido con todo su trabajo y sacrificio.

Porque, al contrario que los antiguos señores, César gustaba de mezclarse con el pueblo. Durante el día, participaba en los tradicionales torneos, enfrentándose a los nobles que habían permanecido en la ciudad, y, por las noches, acudía a bailes y festejos populares. Los ciudadanos de Cesena disfrutaban con la presencia de César, cuya compañía era un motivo de orgullo para ellos.

Una noche, en la plaza, se levantó un cuadrilátero de madera para que los hombres de Cesena demostraran su fortaleza mediante combates de lucha libre. Al llegar César, dos jóvenes musculosos se aferraban, el uno al otro, sudorosos, sobre el suelo cubierto de paja.

César miró a su alrededor, buscando un contrincante digno de su fortaleza. Junto al cuadrilátero vio a un hombre calvo de gran envergadura y tan ancho como un muro de piedra que al menos le sacaba una cabeza de estatura. Cuando preguntó por él, le dijeron que era un granjero. Se llamaba Zappitto y era el hombre más fuerte de la comarca.

—Pero esta noche no luchará —se apresuró a decir el hombre a quien César había preguntado.

César se aproximó al granjero.

—Buen hombre —dijo César—. Conozco tu reputación. ¿Me honrarías concediéndome un combate en esta hermosa noche?

Zappitto sonrió, mostrándole a César sus dientes ennegrecidos, pues sabía que todos lo admirarían si derrotaba al hijo del papa Alejandro.

Los dos contendientes se despojaron de sus chaquetas, sus blusones y sus botas y subieron al cuadrilátero. Los bíceps de Zappitto doblaban en grosor los de César. Al ver a su oponente con el torso desnudo, el hijo del papa pensó que por fin había encontrado el desafío que anhelaba.

—Quien tumbe dos veces a su oponente será el vencedor —exclamó el hombre encargado de arbitrar el combate.

El gentío enmudeció.

Los dos hombres empezaron a moverse, sin apartar los ojos de su rival, dando vueltas dentro del cuadrilátero, midiéndose, hasta que el corpulento granjero se precipitó sobre César. Pero el hijo del papa consiguió agacharse a tiempo y se abalanzó contra las piernas de Zappitto. Entonces, aprovechando el empuje de su adversario, lo levantó en el aire y lo lanzó contra una esquina del cuadrilátero. Sin tan siquiera saber cómo había ocurrido, el granjero cayó de espaldas contra el suelo. César se dejó caer inmediatamente sobre el pecho de su rival, ganando así el primer punto.

—¡Asalto para el aspirante! —gritó el hombre encargado del arbitraje.

César y Zappitto retrocedieron a esquinas opuestas del cuadrilátero y esperaron a recibir la señal.

De nuevo los dos hombres giraron, midiendo las fuerzas de su rival, pero esta vez Zappitto no atacó sin pensar. Continuó dando vueltas en el cuadrilátero hasta que César saltó sobre él, golpeándole las rodillas con ambas piernas. Pero fue como si le hubiera dado una patada a un tronco; no ocurrió nada.

Mostrando más agilidad de la que César esperaba, Zappitto le agarró un pie y empezó a dar vueltas en círculos. Después lo sujetó de los muslos y lo elevó sobre sus hombros, donde hizo girar a César otras tres veces antes de arrojarlo contra el suelo. Instantes después, el corpulento granjero se dejó caer contra el pecho del hijo del papa y le dio la vuelta, obligándolo a apoyar la espalda contra el suelo.

La multitud rugió con entusiasmo.

—¡Asalto para el campeón!

César tardó unos segundos en recuperarse del golpe, pero cuando el encargado del arbitraje dio la señal, corrió rápidamente hacia su rival.

Tenía pensado sujetarle la mano y forzar sus dedos hacia atrás, tal y como había aprendido a hacerlo en Génova. Cuando Zappitto retrocediera con la presión, él le golpearía detrás de las rodillas al tiempo que lo empujaba, y lo haría caer de espaldas.

Pero cuando presionó sobre los dedos de Zappitto, éstos se mantuvieron tan rígidos como si fueran de hierro. Zappitto cerró los dedos alrededor de la mano de César, y le trituró los nudillos. César contuvo el grito de dolor que pugnaba por salir de su garganta e intentó rodear la cabeza de su rival con el otro brazo, pero el corpulento granjero también le cogió esa mano y, mirando fijamente al hijo del papa, apretó con todas sus fuerzas, hasta que César pensó que iba a romperle todos los huesos de las manos.

A pesar de la intensidad del dolor, César saltó, rodeando la descomunal cintura de su rival con sus musculosas piernas, y apretó con todas sus fuerzas en un intento desesperado por dejar a Zappitto sin respiración. Con un sonoro gruñido, el granjero arrojó todo su cuerpo hacia adelante y César cayó de espaldas contra el suelo.

Un instante después, Zappitto estaba encima de él.

—¡Asalto y combate!

Cuando el hombre encargado del arbitraje levantó el brazo de Zappitto en señal de victoria, la multitud aclamó a su campeón.

César estrechó la mano de Zappitto y le dio la enhorabuena.

—Ha sido un buen combate —dijo.

Después bajó del cuadrilátero, sacó su bolsa de un bolsillo de la chaqueta y, con una solemne reverencia y una encantadora sonrisa, se la entregó a Zappitto.

La multitud rugió con júbilo, aclamando a su nuevo señor, quien no sólo los trataba con bondad, sino que, además, compartía sus entretenimientos; danzaba, luchaba y, lo que era más importante, se mostraba benévolo incluso en la derrota.

Aunque César disfrutaba participando de los festejos y los torneos, sobre todo lo hacía para ganarse el corazón de sus súbditos, pues eso formaba parte de su plan para unificar la Romaña y llevar la paz a todas sus gentes. Pero la buena voluntad no era suficiente. De ahí que César hubiera prohibido a los soldados de su ejército que abusaran de mujer alguna o saquearan ninguna propiedad de los nuevos territorios conquistados.

Una fría mañana, justo una semana después de su combate con Zappitto, llevaron ante su presencia a tres soldados de infantería encadenados.

El sargento de guardia, Ramiro da Lorca, un recio veterano de Roma, le informó de que los tres hombres habían estado bebiendo toda la noche.

—Pero lo peor es que han robado dos pollos y una pata de cordero de una carnicería y han golpeado al hijo del carnicero cuando éste ha intentado evitar el hurto —dijo el sargento.

César se acercó a los tres soldados, que esperaban acobardados a las puertas del palacio.

—¿Es cierto lo que dice el sargento? —preguntó.

—Sólo nos hemos procurado un poco de comida, señor —dijo con voz implorante el mayor de los tres, que debía de tener unos treinta años—. Teníamos hambre, señor. Sólo...

—No son más que mentiras, señor —lo interrumpió el sargento—. Estos hombres reciben su paga con regularidad, al igual que toda la tropa. No tienen ninguna necesidad de robar.

Alejandro siempre le había dicho a César que para gobernar era necesario tomar decisiones, decisiones difíciles.

El hijo del papa miró a los tres hombres que tenía ante él y al gentío que se había reunido a las puertas del palacio.

—Colgadlos —ordenó.

—Pero... Sólo son dos pollos y un poco de carne, señor —susurró entre dientes uno de los soldados.

César se acercó a él.

—Te equivocas —le dijo—. Es mucho más que eso. Por orden expresa del Santo Padre, cada uno de vosotros recibe una generosa paga. Y recibís ese dinero para que no robéis o abuséis de las gentes cuyas plazas conquistamos. Os proporcionamos suficiente comida y un lecho resguardado donde descansar para que no tengáis que obtenerlos a costa de nuestros súbditos, pues no deseamos provocar su odio. No tienen que amarnos, pero al menos, debemos mostrarnos dignos de su respeto. Y lo que vosotros habéis hecho, estúpidos ignorantes, va en contra de mis deseos y los de Su Santidad el papa Alejandro VI.

Al anochecer, los tres soldados fueron colgados en la plaza como ejemplo para todas las tropas pontificias y como gesto de disculpa ante los ciudadanos de Cesena.

Después de la ejecución, en cada casa y cada taberna de Cesena, los nuevos súbditos de César celebraron lo ocurrido, convencidos de que habían llegado tiempos mejores, pues César Borgia, su nuevo señor, era un hombre justo.

Con la proximidad de la primavera, un contingente de tropas francesas enviadas personalmente por el rey Luis se unió al ejército pontificio. También viajó a Cesena el prestigioso artista, ingeniero e inventor Leonardo da Vinci, que había sido altamente recomendado a César como experto en los métodos de la «guerra moderna».

Al llegar al palacio de los Malatesta, Da Vinci encontró a César estudiando un mapa de las fortificaciones de Faenza.

—Estas murallas parecen repeler las bombas de nuestros cañones con la misma facilidad con la que un perro se sacude el agua —se lamentó César—. Necesito abrir una brecha lo suficientemente grande como para permitir que la caballería gane el interior de la fortaleza.

Da Vinci sonrió y varios mechones castaños cayeron sobre surostro.

—Es fácil, excelencia. Sí, realmente, el problema que planteáis tiene una fácil solución.

—Por favor, explicaos, maestro —lo urgió César.

—Bastará con una torre móvil con una rampa —empezó a decir Leonardo—. Sí, ya lo sé. Estáis pensando que se llevan usando torres de sitio desde hace siglos y que nunca han demostrado una gran utilidad, pero os aseguro que mi torre es diferente. Está compuesta por tres secciones independientes y puede ser empujada hasta las murallas de la fortaleza. En el interior, la escalera conduce a una plataforma cubierta con capacidad para albergar a treinta hombres.

Por delante, los soldados están protegidos por una barrera de madera que puede hacerse descender, como un puente levadizo, creando una rampa que permita a los hombres acceder a lo más alto de la muralla blandiendo sus armas mientras otros treinta soldados ocupan su lugar en el interior de la torre. En tres minutos, pueden acceder a las murallas hasta noventa hombres. En diez minutos más, puede haber trescientos soldados luchando contra el enemigo —concluyó Leonardo.

—¡Es una idea brillante, maestro! —exclamó César.

—Pero lo mejor de mi torre es que no será necesario emplearla.

—No entiendo qué queréis decir —dijo César, desconcertado.

Leonardo sonrió.

—Veo en vuestro diagrama que las murallas de Faenza tienen diez metros de altura. Algunos días antes de la batalla debéis hacer circular el rumor de que vais a emplear mi nueva torre y que, con ella, es posible tomar un muro de hasta doce metros de alto. ¿Podréis conseguir que esas noticias lleguen a oídos del enemigo?

—Por supuesto —dijo César—. Las tabernas están llenas de hombres que acudirán raudos a Faenza a contar lo que han oído.

—Entonces debemos comenzar inmediatamente la construcción de la nueva torre —dijo Leonardo mientras desplegaba un pergamino con un plano bellamente dibujado de la inmensa torre—. Aquí podéis ver el diseño. Es vital que esté a la vista del enemigo.

César examinó el pergamino con atención, pero cada sección del plano estaba acompañada por unas explicaciones escritas en un extraño lenguaje.

Al ver el desconcierto en su semblante, Leonardo volvió a sonreír.

—Es un truco del que me sirvo a menudo para confundir a quienes intentan plagiar mi trabajo —explicó—. Nunca se sabe quién puede intentar robar la obra de uno. Para poder leer las explicaciones, basta con poner un espejo delante.

César sonrió, pues admiraba a los hombres precavidos.

—Supongamos que el enemigo ya ha oído todo tipo de noticias sobre nuestra imponente torre y que observa cómo va progresando la construcción —continuó diciendo Leonardo—. Saben que no les queda mucho tiempo. La torre pronto será una realidad y, como sus murallas sólo tienen una altura de diez metros, no podrán detener a los hombres de nuestra torre. ¿Qué harán entonces? Harán las murallas más altas. Apilarán piedra tras piedra sobre los muros hasta conseguir hacerlos tres metros más altos. Pero habrán cometido un terrible error. ¿Por qué? Porque para aumentar la altura de un muro es necesario aumentar el grosor de su base; si no, el peso añadido hace que el muro deje de ser estable. Pero cuando se den cuenta de su error, vuestros cañones ya estarán trabajando.

César reunió a todos sus hombres en Cesena y se aseguró de que no hubiera un solo soldado que no oyera la buena nueva de la gran torre con la que tomarían Faenza. Acto seguido, y tal y como Da Vinci había sugerido, comenzaron las obras de construcción de la torre a la vista de la fortaleza rebelde.

Cuando César llegó a las afueras de Faenza al frente del grueso de sus tropas, vio cómo el enemigo se afanaba colocando una enorme piedra tras otra en lo alto de las murallas. El hijo del papa mandó llamar a su presencia a Vito Vitelli, el capitán de artilleros.

—Cuando dé la orden quiero que bombardeéis con todos vuestros cañones la base de la muralla —dijo, divertido, mientras contemplaba la fortaleza desde la puerta de su tienda—. Exactamente entre esas dos torres —continuó diciendo al tiempo que señalaba una zona lo suficientemente ancha como para que su caballería pudiera atravesar los muros al galope.

—¿La base, capitán? —preguntó Vitelli con incredulidad—. Pero eso es exactamente lo que intentamos antes del invierno y, como sabéis, no obtuvimos el menor resultado. ¿No sería mejor dirigir los cañones contra las almenas? Al menos, así crearemos algunas bajas entre el enemigo.

Pero César no deseaba compartir con nadie la estrategia de Leonardo da Vinci, pues siempre podría volver a serle útil en el futuro.

—Haced lo que os ordeno —dijo—. Y recordad que debéis dirigir todos los disparos contra la base de la muralla.

—Como ordenéis, capitán, pero será un gasto inútil de munición —dijo Vitelli sin ocultar su desconcierto. Después se inclinó ante César y se marchó.

Desde su tienda, César podía ver cómo Vitelli transmitía las órdenes a sus hombres. Pronto, los cañones estuvieron dispuestos y los artilleros hicieron descender sus bocas hasta el ángulo más bajo en el que era posible disparar.

Vestido con su armadura negra, César dispuso a la infantería detrás de los cañones y ordenó a los soldados de caballería que subieran a sus monturas y que aguardasen su orden para entrar en acción. Fueron muchos los soldados que se quejaron entre dientes. ¿Acaso esperaba el capitán general que durmieran y comieran sobre sus monturas? Pues, sin duda, el cerco duraría al menos hasta el verano.

Tras comprobar que todos sus hombres estaban dispuestos, César le dio la señal a Vitelli para que comenzara el bombardeo.

—¡Fuego! —gritaron los condotieros—. ¡Fuego!

Los cañones bramaban escupiendo fuego sin cesar mientras las balas golpeaban contra las murallas a apenas un metro del suelo. Mientras el bombardeo proseguía de forma implacable, Vitelli miró a César, interrogándolo con la mirada, pero éste le ordenó que continuara disparando.

Hasta que, de repente, empezó a oírse un ruido sordo, cada vez más y más pronunciado, como el sonido de una tormenta al acercarse, y una sección de varios metros de ancho de la muralla se desplomó sobre sí misma, levantando una inmensa nube de polvo. Al cesar el estruendo, tan sólo se oyeron los gemidos lastimeros de los pocos soldados apostados en esa sección de la muralla que habían logrado sobrevivir.

—¡Al ataque! —gritó César.

Entre atronadores gritos de entusiasmo, la caballería ligera traspasó las murallas seguida por la infantería, que tenía órdenes de desplegarse en abanico en cuanto hubiera accedido a la fortaleza.

Los soldados de Faenza que acudieron a defender la brecha fueron aplastados sin piedad por los hombres de César.

Atrapados entre dos fuegos, los soldados que permanecían en la parte intacta de la muralla tampoco tardaron en ser derrotados.

Hasta que un capitán del ejército de Faenza gritó:

—¡Nos rendimos! ¡Alto el fuego! ¡Nos rendimos!

Al ver cómo el enemigo arrojaba las armas al suelo y levantaba los brazos en señal de rendición, César ordenó a sus capitanes que interrumpieran la lucha. Y así fue como Faenza fue conquistada por el ejército pontificio para la mayor gloria de Roma.

César le ofreció un salvoconducto al príncipe Astorre Manfredi, pero, ante su sorpresa, sediento de aventuras e impresionado como estaba por la demostración de poder del ejército pontificio, Manfredi solicitó su permiso para unirse con sus hombres a las tropas de Roma. César accedió. Manfredi tan sólo contaba dieciséis años de edad, pero era un joven inteligente y juicioso que contaba con su aprecio.

Tras unos breves días de descanso, César lo dispuso todo para conducir a sus hombres hacia una nueva victoria.

Recompensó a Leonardo da Vinci con una considerable suma de ducados y le pidió que acompañase a su ejército durante el resto de la campaña.

Pero Da Vinci movió la cabeza de un lado a otro.

—Debo volver a las artes —dijo—. Porque ese joven cortapiedras, Miguel Ángel Buonarroti, no cesa de recibir encargos mientras yo malgasto mi tiempo en el campo de batalla. Admito que tiene talento, pero carece de profundidad, de misterio. Sí, debo regresar lo antes posible.

Montado en su corcel blanco, César se despidió de Leonardo antes de partir hacia el norte. En el último momento, el maestro le ofreció un pergamino.

—Es la lista de los diversos oficios que ejerzo: cuadros, frescos, desagües para aguas fecales... La tarifa siempre es negociable. Además, he pintado un fresco de la Última Cena en Milán que creo que sería del gusto del sumo pontífice —añadió tras un breve silencio.

César asintió.

Lo vi cuando estuve en Milán —dijo—. Es una pintura realmente magnífica. El Santo Padre tiene un especial interés por las cosas hermosas. No me cabe duda de que admiraría su obra, maestro.

Y, sin más, César enrolló el pergamino, lo guardó en el bolsillo de su capa y, levantando el brazo en señal de despedida, espoleó a su magnífico corcel hacia el norte.

Capítulo 24

El ejército pontificio avanzó hacia el norte por el camino que unía Rímini con Bolonia. Cabalgando junto a César, Astorre Manfredi demostró ser un joven dispuesto y de trato agradable. Todas las noches, cenaba con César y sus capitanes, amenizando las veladas con irreverentes canciones populares, y, todas las mañanas, escuchaba con atención cómo Cesar analizaba las posibles estrategias y planeaba cada nueva jornada.

Pues, tras la toma de Faenza, César se enfrentaba a un grave problema estratégico. Ahora que la campaña para someter los principales feudos de la Romaña a la autoridad del sumo pontífice había tocado a su fin, no podía avanzar sobre Bolonia, pues esta ciudad gozaba de la protección directa del rey de Francia. Incluso si pudiera haber tomado tan importante plaza, no deseaba enemistarse con el rey Luis, ni mucho menos con su padre, quien sin duda no aprobaría una iniciativa así.

Pero César tenía un as escondido en la manga: los Bentivoglio, los señores de Bolonia, ignoraban todo lo anterior. Además, su verdadero objetivo no era la plaza en sí, sino el castillo Bolognese, una poderosa fortaleza emplazada a las afueras de la ciudad. Pero ni siquiera sus principales capitanes conocían sus verdaderas intenciones.

Tras largas reflexiones, y demostrando gran astucia, finalmente César dispuso que sus hombres acamparan a escasos kilómetros de las puertas de Bolonia. El señor de Bolonia, Giovanni Bentivoglio, un hombre de gran corpulencia, se acercó al campamento de César cabalgando sobre un semental majestuoso. Lo seguía un soldado con su estandarte: una sierra roja sobre un fondo blanco.

Aunque gobernaba Bolonia con mano de hierro, Bentivoglio era un hombre razonable.

—César, amigo mío —dijo al tiempo que se acercaba al hijo del papa—. ¿De verdad es necesario que nos enfrentemos? Es improbable que consigáis tomar Bolonia e, incluso en el caso de conseguirlo, vuestros amigos franceses nunca os lo perdonarían. Sin duda, tiene que haber alguna manera de persuadiros para que desistáis de vuestro insensato propósito.

Tras veinte minutos de intensas negociaciones, César accedió a no atacar Bolonia. A cambio, Bentivoglio le entregaría el castillo Bolognese y aportaría hombres a las futuras campañas de los ejércitos pontificios.

Al día siguiente, los hombres de César ocuparon el castillo Bolognese, una fortaleza de poderosos muros con almacenes espaciosos que alojaban munición abundante y unas estancias inusualmente confortables tratándose de una fortaleza militar.

Satisfecho, esa noche César obsequió a sus capitanes con un espléndido cabrito asado bañado en una salsa de higos y pimientos. También se sirvió una ensalada de una lechuga roja llamada achicoria aliñada con aceite de oliva y hierbas de la región. Los capitanes cantaron, rieron y bebieron grandes cantidades de vino de Frascati.

Antes, César se había mezclado con la tropa, congratulando a sus hombres por la nueva victoria. Los hombres de César sentían un gran afecto por el hijo del papa, a quien servían con la misma fidelidad que los ciudadanos de las plazas conquistadas.

Después de la cena, César y sus capitanes se desnudaron para sumergirse en los baños termales del castillo, que estaban alimentados por un manantial subterráneo. Tras pasar unos minutos en las aguas sulfurosas, se lavaron con el agua limpia del pozo. Tan sólo César y Astorre Manfredi permanecieron unos minutos más en los baños termales.

Pasados unos minutos, César sintió una mano en la parte interior del muslo. Borracho como estaba, tardó en reaccionar mientras los dedos ascendían, acariciándolo suavemente.

Hasta que apartó la mano de Astorre.

—No comparto vuestras apetencias, Astorre —dijo sencillamente, sin aparente enojo.

—No es la lascivia lo que me impulsa a acercarme a vos —se apresuró a decir Astorre—. Estoy enamorado. No puedo esconder por más tiempo mis sentimientos.

César se incorporó contra el borde de los baños, intentando pensar con claridad.

—Astorre —dijo—, he llegado a apreciaros como a un amigo. Vuestra compañía me agrada y os admiro. Pero veo que eso no es suficiente para vos —añadió tras un breve silencio.

—No —dijo Astorre con tristeza—, no es suficiente. Os amo, igual que Alejandro Magno amaba a aquel niño persa, igual que el rey Eduardo II de Inglaterra amaba a Piers Gaveston. Y, aunque pueda parecer una locura, estoy seguro de que mi amor por vos es verdadero.

—Astorre —dijo César con calidez y firmeza al mismo tiempo—, debéis renunciar a ese amor. Conozco a muchos hombres de honor, soldados, atletas, incluso cardenales, que disfrutan con la clase de relación de la que me habláis, pero yo no soy uno de ellos. No puedo corresponder a vuestros deseos. Os ofrezco mi amistad, pero no puedo ofreceros nada más.

—Lo entiendo —dijo Astorre al tiempo que se levantaba, patentemente azorado—. Mañana mismo viajaré a Roma.

—No tenéis por qué hacerlo —dijo César—. No os desprecio porque me hayáis declarado vuestro amor.

—Debo irme —dijo Astorre—. No puedo permanecer junto a vos. Debo aceptar lo que me habéis dicho y renunciar a mi amor por vos. Si no lo hiciera, si me engañara a mí mismo y permaneciera junto a vos, sin duda intentaría acaparar vuestra atención y, al final, sólo conseguiría que os disgustaseis conmigo. Y eso es algo que no podría soportar. No —concluyó diciendo—, debo marcharme.

Al día siguiente, tras despedirse de los capitanes, Astorre se acercó a César y le dio un sincero abrazo.

—Adiós, amigo mío —le susurró al oído—. Siempre estaréis presente en mis sueños.

Y, sin más, montó en su caballo y cabalgó hacia Roma

Esa misma noche, después de cenar, César se sentó a reflexionar sobre cuál debía ser su próximo paso. Una vez cumplidos todos los objetivos fijados por su padre, sabía que se acercaba el momento de regresar a Roma. Pero, al igual que sus hombres, César todavía tenía sed de conquistas. Vito Vitelli y Paolo Orsini habían intentado convencerlo de que atacara Florencia, pues Vitelli despreciaba a los florentinos y Orsini quería restaurar el poder de los Médicis, tradicionales aliados de su familia. César siempre había sentido afecto por los Médicis y, aun así, dudaba.

Amaneció y César seguía sin tomar una decisión. Posiblemente Vitelli y Orsini tuvieran razón. Posiblemente pudieran tomar Florencia y devolver el poder a los Médicis, aunque sin duda se perderían muchas vidas, pero en la práctica, atacar Florencia era lo mismo que declararle la guerra a Francia. Además, el rey de Francia nunca le permitiría conservar la ciudad toscana.

Finalmente, César decidió seguir una estrategia similar a la que tan buen resultado le había dado en Bolonia.

Así, condujo a sus hombres hacia el sur, hasta el valle del Arno, y levantó campamento a escasos kilómetros de las murallas.

El comandante de las tropas florentinas acudió a parlamentar con César. Lo seguía un pequeño contingente de soldados vestidos con armaduras. Al llegar, César observó con satisfacción cómo sus miradas se desviaban nerviosamente hacia los cañones de Vitelli. No cabía duda de que estaban dispuestos a negociar para evitar el enfrentamiento. En esta ocasión, César se contentó con un considerable pago anual, la promesa de fidelidad al sumo pontífice y el apoyo de Florencia en caso de guerra.

No fue una victoria espectacular, pero probablemente fue una decisión acertada. Había muchas otras tierras que conquistar.

Esta vez, César condujo a sus hombres hacia el suroeste, hasta la población de Piombino, al final del golfo de Génova. Incapaz de hacer frente al poderoso ejército pontificio, una nueva plaza capituló ante las tropas de Roma.

Mientras paseaba por los muelles de Piombino, César, ávido de nuevas conquistas, vio a lo lejos la silueta de la isla de Elba. ¡Con sus ricas minas de hierro, la isla sería una espléndida conquista! ¡Qué mejor colofón para su campaña! Aunque parecía un objetivo imposible para el hijo del papa, pues César no tenía experiencia naval.

Mientras consideraba distintas posibilidades, tres hombres se acercaron cabalgando hacia él. Eran su hermano Jofre, don Michelotto y Duarte Brandao.

Jofre se adelantó a sus dos compañeros para saludar a su hermano. Con su jubón de terciopelo verde y sus abigarradas calzas, parecía más corpulento que la última vez que lo había visto César. Su largo cabello rubio asomaba bajo una birreta de terciopelo verde.

—Nuestro padre te felicita por tu heroica campaña y espera con impaciencia tu regreso —le dijo a César—. Me ha pedido que te diga que añora tu presencia y que debes regresar a Roma sin más demora, pues la estrategia que has empleado en Bolonia y en Florencia ha levantado el recelo del rey de Francia —continuó diciendo—. César, nuestro padre me ha pedido que te diga que no debes volver a intentar nada parecido. Debes regresar inmediatamente a Roma.

A César le molestó que su padre se hubiera servido de su hermano menor para transmitirle su mensaje. Además, no cabía duda de que Brandao y don Michelotto habían acompañado a Jofre para asegurarse de que él cumpliera las órdenes del sumo pontífice.

Le dijo a Duarte que deseaba hablar con él en privado. Mientras paseaban por los muelles, César señaló hacia Elba, cuya silueta se distinguía perfectamente a pesar de la bruma.

—Sin duda habéis oído hablar de las minas de hierro de Elba —le dijo al consejero de su padre—. Con la riqueza que nos proporcionarían esas minas podríamos financiar una campaña para unificar toda la península. Sé que el sumo pontífice no se opondría a la conquista de Elba, pero yo no poseo ninguna experiencia naval. Y, si no la tomamos ahora, no me cabe duda de que el rey de Francia pronto añadirá esa isla a sus territorios.

Duarte permaneció en silencio mientras contemplaba el horizonte. Después se giró hacia los ocho galeones genoveses que había amarrados en el muelle.

—Quizá pueda ayudaros —dijo finalmente—. Aunque ya hace muchos años de eso, hubo un tiempo en que yo capitaneaba armadas en grandes batallas navales.

Y, por primera vez en su vida, César creyó apreciar cierta añoranza en la mirada de Duarte. Aun así, vaciló unos instantes.

—¿En Inglaterra? —preguntó por fin.

El gesto de Duarte se endureció.

—Perdonadme —se apresuró a decir César mientras rodeaba al consejero de su padre con un brazo—. No es asunto mío. Entonces, ¿me ayudaríais a conquistar Elba para mayor gloria de la Santa Iglesia de Roma?

Ambos hombres observaron la isla en silencio. Hasta que, de repente, Duarte señaló hacia los galeones genoveses.

—Esos viejos buques nos pueden servir. Sin duda, los habitantes de la isla estarán más preocupados por los piratas que por una invasión desde tierra adentro. Habrán concentrado sus defensas (cañones, redes de hierro y buques incendiarios) en el puerto, que sin duda es donde atacarían los piratas. Seguro que podremos encontrar una bahía tranquila donde desembarcar al otro lado de la isla.

—¿Cómo transportaremos los caballos y los cañones? —preguntó César.

—No lo haremos —dijo Duarte—. Los caballos provocarían todo tipo de destrozos y, de resbalar, los cañones podrían abrir una brecha en el casco y causar el hundimiento de los buques. No, no llevaremos ni cañones ni caballos. Tendrá que bastar con la infantería —concluyó diciendo.

Tras estudiar detenidamente las cartas de navegación genovesas, todo estuvo dispuesto para partir en dos días. Los soldados de infantería subieron a los galeones y la pequeña flota navegó hacia Elba.

Pero la alegría duró poco, pues el balanceo del barco no tardó en afectar a la mayoría de los soldados, que vomitaban en la cubierta, incapaces de contener las náuseas. El propio César tuvo que morderse los labios durante toda la travesía. Ante su sorpresa, el movimiento de los pesados buques no parecía afectar ni a Jofre ni a don Michelotto.

Demostrando gran destreza, Duarte condujo los galeones hasta una bahía tranquila de arenas blancas y suaves. Detrás de la playa se abría un camino que atravesaba las colinas flanqueado por arbustos grisáceos y olivos de ramas retorcidas. No había nadie a la vista.

Los galeones se aproximaron todo lo posible a la orilla,

pero, aunque apenas había una profundidad de dos metros, la gran mayoría de los soldados no sabían nadar. Finalmente, César ordenó que se atara un pesado cabo a la proa de cada galeón y ocho marineros nadaron hasta la orilla, donde tensaron los cabos alrededor de recios olivos.

Duarte le dijo a César que ordenase que la mitad de los hombres se atasen las armas con correas a la espalda para poder ganar la orilla. El resto de los soldados permanecería a bordo de los galeones hasta que el primer contingente hubiera sitiado la plaza.

Para doblegar la reticencia de los soldados, el propio Duarte se deslizó por la proa del buque, sujetó el cabo con las dos manos, se dejó caer al agua y avanzó sujeto al cabo hasta alcanzar la orilla.

César fue el siguiente y, siguiendo su ejemplo, un soldado tras otro fueron desembarcando, pues cualquier cosa era mejor que permanecer en esos horribles buques a los que, incluso en la bahía, el mar sometía a un continuo balanceo.

Una vez a salvo en la playa, César esperó a que sus hombres se secaran antes de conducirlos por el empinado camino. Una hora después, llegaron a la cima de la colina, desde donde se divisaba la ciudad y el puerto de la isla de Elba.

Como Duarte había previsto, los inmensos cañones de hierro estaban apuntalados a la entrada del puerto, apuntando hacia el mar. Tras observar la ciudad durante una hora desde lo alto de la colina, no vieron ninguna pieza de artillería móvil, tan sólo un reducido batallón de la milicia en la plaza principal.

César ordenó a sus hombres que descendieran la colina en silencio y, cuando llegaron a las puertas de la ciudad, dio la orden de atacar.

—¡Al ataque! —gritó—. ¡Al ataque!

Los soldados de infantería no tardaron en llegar hasta la plaza consistorial, donde las milicias locales apenas opusieron resistencia.

Atemorizados, los habitantes de Elba corrieron a refugiarse en sus casas.

Pocos minutos después, el estandarte de los Borgia ondeaba en lo alto del asta de la casa consistorial.

César recibió a una delegación de hombres notables de Elba y, tras identificarse, les comunicó que no sufrirían ningún perjuicio por parte de sus tropas y que, desde ese momento, la isla estaba bajo el control del sumo pontífice.

A continuación, César ordenó que se encendiera una gran hoguera; la señal acordada para hacer saber a Duarte que la plaza había sido tomada y que era seguro entrar en el puerto. Los ocho galeones no tardaron en entrar en la bahía con el estandarte de César Borgia ondeando al viento.

Tras inspeccionar personalmente las minas y dejar un contingente de sus mejores hombres a cargo de la isla, César y el grueso de sus tropas volvieron a embarcar rumbo al continente.

Y así fue como, tan sólo cuatro horas después del desembarco, el capitán general de los ejércitos pontificios abandonó la isla de Elba.

Al llegar a Piombino, César, don Michelotto, Jofre y Duarte partieron al galope camino de Roma.

Capítulo 25

Los cardenales Della Rovere y Ascanio Sforza se reunieron para almorzar en secreto. Sobre la mesa había una fuente con jamón curado, pimientos asados aderezados con aceite de oliva, clavo y ajo, una crujiente hogaza de pan de sémola y vino en abundancia.

Ascanio fue el primero en hablar.

—No debería haberle dado mi voto a Alejandro en el cónclave—dijo—. Aunque nadie puede poner en duda su capacidad como hombre de Estado, es un padre demasiado indulgente. A este paso, sus hijos llevarán a la Iglesia a la bancarrota. La campaña de César para someter a los caudillos de la Romaña ha dejado vacías las arcas del Vaticano y no hay reina o duquesa que goce de un vestuario más amplio y lujoso que el de su hijo Jofre.

El cardenal Della Rovere sonrió con malicia.

—Mi querido Ascanio —dijo—, no creo que me hayáis hecho llamar para hablar de los pecados de Alejandro. Además, no hay nada que podáis decirme que yo no sepa ya.

Ascanio se encogió de hombros.

—¿Qué puedo deciros? Mi sobrino Giovanni ha sido humillado por César Borgia, que además se ha convertido en el nuevo señor de Pesaro. Mi nieta Caterina, una auténtica «virago», como sin duda sabréis, está retenida en uno de los castillos de los Borgia y sus territorios han sido conquistados por las tropas pontificias. Incluso mi propio hermano,

Ludovico, está cautivo en una mazmorra desde que el rey de Francia se apoderó de Milán. Y ahora se dice que Alejandro ha firmado un pacto secreto con Francia y España para dividir Nápoles en dos y coronar rey a César. ¡Es intolerable!

—¿Y qué pensáis hacer al respecto? —preguntó Della Rovere.

Hacía meses que Della Rovere esperaba que Ascanio se decidiera a acudir a él y, ahora, sólo debía esperar unos minutos más, pues tratándose de un acto de traición, prefería que fuera él quien llevara la iniciativa; en los tiempos que corrían toda precaución era poca.

Además, aunque los criados hubieran jurado absoluta discreción, un puñado de ducados bastaría para devolverle la vista a un ciego y el oído a un sordo, pues cuando uno es pobre, el oro hace más milagros que las oraciones.

Así, cuando Ascanio por fin se atrevió a hablar, lo hizo en un susurro apenas audible.

—Todo cambiará cuando Alejandro deje de ocupar el solio pontificio —dijo—. No hay duda de que, si se celebrara un nuevo cónclave, seríais vos el elegido.

—No hay ningún indicio de que Alejandro vaya a renunciar al solio —dijo Della Rovere tras escuchar las palabras de su compañero. Sus ojos, entrecerrados en un gesto de gran concentración, parecían dos oscuras rendijas en su pálido rostro—. Goza de buena salud y, si alguien intentara atentar contra su persona, tendría que enfrentarse a su hijo César; creo que no es necesario que os explique lo que significaría eso.

Ascanio Sforza se llevó una mano al pecho y habló con sinceridad.

—Eminencia, no malinterpretéis mis palabras. El sumo pontífice tiene numerosos enemigos que estarían encantados de acabar con su poder. En ningún momento he querido sugerir que participemos de forma directa en un acto que pueda mancillar nuestras almas. Nunca sugeriría nada que pudiera ponernos en peligro —continuó diciendo—. Sólo digo que creo que ha llegado el momento de reflexionar sobre una posible alternativa al actual sumo pontífice.

—¿Estáis sugiriendo que el sumo pontífice podría caer repentinamente enfermo? ¿Quizás a causa de la ingestión de un vaso de vino, o de almejas en mal estado? —preguntó Della Rovere.

Al responder, Ascanio habló lo suficientemente alto como para que los criados pudieran oírlo.

—Sólo el Padre Celestial sabe cuando ha llegado el momento de llamar a uno de sus hijos junto a él.

Della Rovere repasó mentalmente la lista de los principales enemigos de los Borgia.

—¿Es verdad que Alejandro está planeando un encuentro con el duque de Ferrara, para convenir los esponsales de su hija Lucrecia con su hijo Alfonso? —preguntó finalmente.

—Algo he oído decir —contestó Ascanio—. De ser cierto, mi sobrino Giovanni sin duda lo sabrá, pues no hace mucho que ha estado en Ferrara. Aunque no me cabe duda de que el duque de Ferrara rechazará cualquier propuesta relacionada con la tristemente célebre Lucrecia, pues no podemos olvidar que la hija de Alejandro es un «bien usado».

Incapaz de contener su nerviosismo, Della Rovere se levantó de su asiento.

—César Borgia se ha apoderado prácticamente de toda la Romaña —dijo—. Ferrara es el único feudo que no ha sido sometido a la autoridad de Alejandro. Si esa alianza se llevara a cabo, ninguno de nosotros estaría libre del yugo de los Borgia. Conociendo al sumo pontífice, no me cabe duda de que preferirá vencer mediante una alianza que mediante la guerra. Es evidente que pondrá todo su empeño en llevar a buen fin los nuevos esponsales de su hija. Nuestra tarea es asegurarnos de que no logre su objetivo.

Ahora que toda su familia volvía a estar en Roma, Alejandro se entregó por completo a negociar los esponsales de Lucrecia con el joven Alfonso d'Este, el futuro duque de Ferrara.

Situado entre la Romaña y Venecia, el ducado de Ferrara era un territorio de gran importancia estratégica, tanto por su emplazamiento como por sus sólidas fortificaciones y su poderoso ejército.

Los D'Este eran una de las familias más poderosas y respetadas de la aristocracia, además de una de las de más rancio abolengo. De ahí que, a pesar de las riquezas y el poder de los Borgia, resultara difícil concebir que los D'Este estuvieran dispuestos a entablar una alianza con una familia española recién llegada a la península. No, nadie creía que el sumo pontífice pudiera llevar su proyecto a buen fin. Nadie excepto Alejandro.

Ercole d'Este, el padre de Alfonso, era un hombre práctico y poco dado al sentimentalismo. Consciente del poder y la capacidad estratégica de César, sabía que, de no consumarse la alianza matrimonial, sus hombres deberían enfrentarse antes o después a las temibles tropas pontificias.

Una alianza con los Borgia podía convertir a un enemigo potencial en un poderoso aliado en su lucha contra los venecianos. Además, después de todo, Alejandro Borgia era el vicario de Cristo en la tierra y, como tal, el hombre más poderoso de la Iglesia. Desde luego, ésas eran razones más que suficientes para considerar la posibilidad de los esponsales, a pesar del origen español y la escasa sofisticación de los Borgia.

Y, por si todo ello no fuera suficiente, la familia D'Este debía obediencia al rey de Francia y el rey Luis le había hecho saber personalmente a Ercole que apoyaba los esponsales entre su hijo Alfonso y Lucrecia Borgia.

Así, las complejas negociaciones siguieron adelante hasta que, finalmente, llegó el momento de abordar la cuestión del dinero.

Ese día, Duarte Brandao se unió a Alejandro y a Ercole d'Este en una sesión en la que todos esperaban alcanzar un acuerdo definitivo. Los tres hombres estaban sentados en la biblioteca de Alejandro.

—Su Santidad —comenzó diciendo Ercole—, no he podido dejar de advertir que en vuestras magníficas estancias sólo tenéis obras de Pinturicchio; ni un solo Botticelli ni un Bellini ni un Giotto. Ni tan siquiera un Perugino o una pintura de fray Filippo Lippi.

Pero Alejandro tenía sus propias ideas sobre el arte.

—Me gusta Pinturicchio —dijo—. Algún día será reconocido como el pintor más grande de nuestros tiempos.

Ercole sonrió.

—Mucho me temo que sois el único hombre de la península que piensa de esa forma —dijo con aire paternalista.

Duarte creyó adivinar las intenciones de Ercole. Con sus palabras estaba recalcando la sofisticación de la familia D'Este, dejando constancia del abismo que los separaba del escaso bagaje cultural de los Borgia.

—Quizá tengáis razón, excelencia —intervino astutamente el consejero de Alejandro—. Las plazas que hemos conquistado en la Romaña contienen numerosas obras de los artistas que habéis mencionado. César deseaba traerlas al Vaticano, pero Su Santidad se opuso. Todavía albergo la esperanza de poder convencer al sumo pontífice del valor de esas obras, pues evidentemente enaltecerían el Vaticano. De hecho, no hace mucho que hablábamos de la colección de arte del duque, sin duda la más valiosa de toda nuestra península, y de cómo aumenta el prestigio y la riqueza de Ferrara, pues no todo son monedas.

Ercole dudó unos instantes, antes de abordar la cuestión a la que Duarte apuntaba con sus palabras.

—Bueno —dijo finalmente—, quizá haya llegado el momento de hablar sobre la dote.

—¿En qué cifra habéis pensado, Ercole? —preguntó Alejandro, incapaz de contener su ansiedad.

—Creo que trescientos mil ducados sería una suma adecuada, Su Santidad —sugirió el duque de Ferrara.

Alejandro, que pensaba iniciar la puja con treinta mil ducados, estuvo a punto de atragantarse con el vino.

—¿Trescientos mil ducados?

—Una cifra inferior sería una afrenta para mi familia —intervino con presteza Ercole—. No debemos olvidar que mi hijo Alfonso es un apuesto joven con un futuro extraordinario. Como sin duda sabréis, son muchas las familias que desearían desposar a sus hijas con el futuro duque de Ferrara.

Durante la siguiente hora, ambas partes presentaron todo tipo de argumentos sobre las excelencias de su oferta, hasta que, finalmente, cuando Alejandro se negó rotundamente a pagar la suma solicitada por Ercole, éste se levantó y amenazó con marcharse.

Al ver que los esponsales peligraban, Alejandro le propuso una cifra intermedia.

Ercole rechazó la oferta del Santo Padre. Entonces fue Alejandro quien hizo ademán de retirarse, aunque no tardó en dejarse convencer por el duque de Ferrara de la necesidad de llegar a un acuerdo satisfactorio para ambos.

Finalmente, el duque de Ferrara aceptó doscientos mil ducados, dote que Alejandro seguía considerando desorbitada. Además, Ercole insistió en que se suprimiera el impuesto que Ferrara pagaba anualmente a la Iglesia.

Y así fue como finalmente se selló el pacto para celebrar los esponsales más grandiosos que se presenciaron en toda la década.

Una de las primeras cosas que hizo César al regresar a Roma fue preguntar a Alejandro sobre su prisionera, Caterina Sforza. Al parecer, la Loba había intentando escapar del palacio de Belvedere, tras lo cual había sido trasladada al castillo de Sant'Angelo, un lugar más seguro, aunque sin duda mucho menos confortable.

César acudió inmediatamente a visitarla.

El castillo de Sant'Angelo era una gran fortaleza circular. Aunque el piso superior disponía de estancias lujosamente decoradas, Caterina Sforza estaba retenida en una de las celdas de las mazmorras que ocupaban los enormes sótanos de la fortaleza. César ordenó que condujeran a la prisionera a las estancias del piso superior, donde la recibió en un magnífico salón de audiencias. Tras meses enteros sin ver la luz del sol, Caterina apenas era capaz de abrir los ojos. Aun así, todavía estaba hermosa.

César la saludó afectuosamente y se inclinó para besar su mano.

—Amiga mía — dijo con una amplia sonrisa—, veo que sois aún más imprudente de lo que había imaginado. ¿Dispongo que os alojéis en uno de los palacios más elegantes de toda Roma y vos me recompensáis intentando escapar? Esperaba un comportamiento más juicioso por vuestra parte. Me habéis decepcionado.

—Sin duda, sabíais que lo intentaría —dijo ella sin dejar traslucir el menor sentimiento.

César se sentó en un diván lujosamente bordado y le ofreció asiento a Caterina, pero ella lo rechazó.

—En efecto, debo admitir que pensé en ello —dijo César—. Pero teniendo en cuenta vuestra inteligencia, supuse que preferiríais vivir en la comodidad de un palacio que en una lúgubre mazmorra.

—Por muchos lujos que tenga, un palacio no deja de ser una prisión —dijo ella con frialdad.

A César le agradaba ver que la Loba no había perdido su espíritu guerrero.

—Pero, decidme, ¿qué habéis pensado hacer? —le preguntó a su prisionera—. Pues, sin duda, no deseareis pasar el resto de vuestros días en una oscura mazmorra...

—¿Qué alternativa me proponéis? —preguntó ella con ademán desafiante.

—Sólo tenéis que firmar un documento renunciando a cualquier derecho, presente o futuro, sobre los feudos de Imola y Forlì —dijo César—. Daré orden de que seáis liberada de inmediato y podréis acudir libremente al lugar que deseéis.

Caterina sonrió con astucia.

—Puedo firmar los documentos que deseéis —dijo—, pero ¿de verdad creéis que eso evitará que intente recuperar lo que en justicia me pertenece?

—Puede que otra persona menos noble lo hiciera —replicó César—, pero me cuesta creer que vos estuvierais dispuesta a firmar algo que no creéis poder cumplir. Por supuesto, siempre podría ocurrir, pero en ese caso tendríamos el documento que demostraría que somos los legítimos dueños de esos territorios.

—¿De verdad lo creéis? —preguntó ella con una carcajada—. Me cuesta creer que eso sea todo. Sin duda hay algo que me ocultáis.

César sonrió.

—La verdad es que se trata de una cuestión sentimental —dijo—. Nada tiene que ver con el buen juicio. Simplemente me disgusta pensar que una criatura tan bella como vos pueda pasar el resto de sus días pudriéndose en una mazmorra; sería una verdadera lástima.

Aunque Caterina encontraba la compañía de César estimulante, no estaba dispuesta a permitir que sus sentimientos interfiriesen en su buen juicio. Poseía un secreto que sin duda sería de gran interés para el hijo del papa, aunque no sabía si le convendría compartirlo con él. Necesitaba tiempo para tomar esa decisión.

—Volved mañana —dijo finalmente—. Pensaré en lo que me habéis propuesto.

Al día siguiente, César envió a unas criadas para que asearan y peinaran a Caterina antes de volver a reunirse con ella.

Cuando Caterina entró en la sala de audiencias del castillo de Sant'Angelo, César se acercó a ella para recibirla; esta vez, en vez de retroceder, la Loba acudió a su encuentro. César la cogió de la cintura y la besó apasionadamente al tiempo que la tumbaba sobre un diván. Pero cuando ella apartó el rostro, él no la forzó.

—He decidido aceptar vuestra oferta —dijo mientras deslizaba sus dedos por el cabello de César—, aunque, sin duda, os dirán que no debéis confiar en mi palabra.

César la miró con afecto.

—Me lo han dicho en muchas ocasiones —dijo—. Debéis saber que, si de mis capitanes dependiera, ya haría mucho tiempo que estaríais flotando muerta en las aguas del Tíber. Pero, decidme —preguntó tras un breve silencio mientras cogía la mano de Caterina—, ¿adónde iréis?

—A Florencia —contestó ella—. Ya que no puedo regresar a Imola ni a Forli, iré a Florencia. Cualquier cosa antes que convivir con mis parientes milaneses. Florencia al menos es un lugar interesante. Y, quién sabe, hasta puede que encuentre un nuevo esposo. ¡Que Dios lo acoja en su seno!

—Quienquiera que sea, sin duda será un hombre afortunado —dijo César con una agradable sonrisa—. Os haré llegar los documentos esta misma noche, y mañana mismo podréis partir. Por supuesto, contaréis con una escolta digna de vuestra condición.

Se levantó para marcharse, pero al llegar a la puerta del salón, pareció dudar. Finalmente, se volvió hacia su prisionera.

—Cuidaos, Caterina —dijo.

—Y vos también —dijo ella.

Cuando César se marchó, la Loba sintió una tristeza que hacía tiempo que no recordaba. En ese momento supo que nunca volvería a verlo y que él nunca entendería que los documentos que iba a firmar no tenían ningún valor, pues llevaba en su vientre un hijo de César y, como madre de su legítimo heredero, algún día los territorios de Imola y Faenza volverían a pertenecerle.

Filofila escribía los versos más ultrajantes de Roma. Bajo el mecenazgo secreto del cardenal Orsini, quien le pagaba generosamente, la pluma de Filofila era capaz de atribuir los crímenes más groseros a los hombres más santos, aunque cuando más disfrutaba era cuando atacaba a hombres de infame comportamiento, siempre, claro está, que pertenecieran a la más alta jerarquía. Y su pluma tampoco temblaba cuando se trataba de vilipendiar a ciudades enteras.

Florencia, sin ir más lejos, era una ramera de grandes senos, una ciudad llena de hombres ricos y grandes artistas, pero sin recios guerreros. Los florentinos eran avaros prestamistas, cómplices de los turcos y experimentados sodomitas. Además, con la virtud de una prostituta, Florencia flirteaba con las potencias extranjeras en vez de emparejarse con sus ciudades hermanas.

Venecia, por supuesto, era la ciudad de los secretos, la sigilosa e implacable ciudad de los dux, quienes no dudaban en comerciar con la sangre de sus ciudadanos para enriquecerse. Venecia era la mezquina ciudad en la que un hombre podía perder la vida por decirle a un extranjero el precio de la seda en Extremo Oriente. Venecia era una gran serpiente, siempre al acecho de cualquier negocio lucrativo, una ciudad sin artistas ni artesanos, sin grandes libros, sin bibliotecas, una ciudad ciega a la luz de la verdad, una ciudad experta en traiciones.

Nápoles era la ciudad de la sífilis. Milán, siempre experta en calumnias, se había vendido al rey francés.

Pero el blanco predilecto de Filofila era la familia Borgia.

Componía versos de exquisita elocuencia sobre las orgías que se celebraban en el Vaticano y sobre los asesinatos cometidos por los hermanos Borgia, y su prosa nunca era tan poderosa como cuando denunciaba la simonía de la que se había servido Alejandro para ocupar el solio pontificio o la concupiscencia que le había proporcionado veinte hijos naturales. El sumo pontífice había empleado los fondos destinados a una nueva cruzada a sufragar las campañas de su hijo César, a quien incluso había tenido la osadía de convertir en el nuevo señor de la Romaña.

Y, todo ello, ¿con qué objetivo?

Para mantener a su familia, a sus hijos bastardos, a sus meretrices, para financiar sus orgías... Y por si yacer incestuosamente con su hija no fuera suficiente, había enseñado a Lucrecia a envenenar a sus rivales del consistorio cardenalicio y la había vendido repetidas veces en matrimonio, como si de una simple mercancía se tratase, para forjar alianzas con poderosas familias de la nobleza; aunque su propio hermano, César, se hubiera encargado de dar fin a sus últimos esponsales.

La pluma de Filofila nunca era más afilada que cuando dedicaba sus versos a César Borgia. Recreándose en cada detalle, describía cómo César llevaba esas horribles máscaras para esconder su rostro desfigurado por las supurantes pústulas de la sífilis. Decía de él que había engañado tanto al rey de Francia como al de España, al tiempo que traicionaba a las ciudades de Italia. Decía que, además de con su propia hermana, cometía incesto con su cuñada. Decía que César había convertido a uno de sus hermanos en un cornudo y al otro en un cadáver. Decía que disfrutaba violando a mujeres y que la única diplomacia que conocía era el asesinato.

Pero ahora que se aproximaban los esponsales de Lucrecia con Alfonso d'Este, Filofila cargó todas sus iras contra la hija del sumo pontífice. Acusó a Lucrecia de haber yacido con su padre y con su hermano y de tener relaciones sexuales con perros, con monos y con mulas; de que, en una ocasión, al ser descubierta por uno de sus criados, lo había envenenado para que no pudiera revelar su secreto. Y, ahora, incapaz de soportar por más tiempo la vergüenza de tener una hija así, Alejandro la había vendido a los D'Este para consolidar la alianza con la ilustre familia de Ferrara.

Sí, realmente, Filofila se había superado a sí mismo con sus versos sobre Lucrecia. De hecho, su éxito fue tal, que fueron copiados y pegados en los muros de Roma y el poeta no tardó en recibir encargos de Florencia y de ricos mercaderes venecianos.

Pues aunque Filofila no osara firmar sus obras con su nombre, los dos cuervos que dibujaba al final de cada verso graznándose entre sí bastaban para que todo el mundo identificara sus versos.

Esa tarde, el poeta se vistió con sus mejores ropas, dispuesto a reunirse con su mecenas, el cardenal Orsini, que le había proporcionado una pequeña casa erigida en los jardines de su palacio; como todos los hombres poderosos, el cardenal vivía rodeado de familiares y fieles servidores que acudirían en su defensa si fuera necesario, y Filofila era tan diestro en el manejo de la daga como lo era con la pluma.

Al oír las pisadas de unos caballos, Filofila se asomó a la ventana. Una docena de hombres armados se acercaban a su casa.

Todos llevaban armadura, excepto el hombre que iba en cabeza, que vestía completamente de negro. El jubón, las calzas, los guantes, el sombrero... Incluso la máscara era negra. Filofila reconoció inmediatamente a César Borgia, que se acercaba a su casa con una mano en la empuñadura de su espada.

Unos segundos después, observó con alivio cómo un grupo de soldados de Orsini se acercaba andando a los jinetes. Ignorándolos, César se bajó de su montura y caminó hacia la casa de Filofila. El poeta salió a encontrarse con él; era la primera vez que se veían cara a cara.

Le sorprendió la altura y la corpulencia de César.

—Maestro, he venido a ayudaros con vuestras rimas —dijo César con exagerada cortesía—. Aunque, pensándolo bien, aquí hay demasiada gente para trabajar. Será mejor que me acompañéis a un lugar más tranquilo.

Filofila correspondió a las palabras de César con una respetuosa inclinación de cabeza.

—Mucho me temo que no me va a ser posible, excelencia, pues mi señor, el cardenal Orsini, me espera —dijo—. Pero estaré encantado de acompañaros en cualquier otra ocasión.

Sin perder un solo instante, César cogió a Filofila de la cintura, lo levantó en el aire y lo arrojó sobre su caballo como si de un muñeco de trapo se tratara. Después montó en el caballo y estrelló su puño contra el rostro del poeta. Sólo fue un golpe, pero bastó para dejar inconsciente a Filofila.

Cuando recobró el sentido, Filofila vio unas rugosas vigas de madera y una pared cubierta de trofeos de caza: jabalíes, osos, bueyes... Pensó que debía de estar en un pabellón de caza.

Al girar la cabeza y ver al hombre que había a su lado, tan sólo el pánico le impidió gritar. Don Michelotto, el famoso estrangulador, estaba afilando un largo estilete.

—Debéis saber que la guardia del cardenal Orsini castigará a cualquier hombre que se atreva a hacerme daño —dijo el poeta cuando consiguió reunir el valor necesario para hablar.

Don Michelotto continuó afilando el estilete en silencio.

—Supongo que intentaréis estrangularme... —dijo Filofila con voz temblorosa.

Esta vez, Michelotto sí le contestó.

—No —dijo—. Sería una muerte demasiado rápida para un hombre tan cruel como vos. Ya que queréis saberlo, os diré lo que voy a hacer —continuó diciendo—. Primero os cortaré la lengua, después las orejas y la nariz y los genitales y, por supuesto, los dedos, uno por uno. Después, si me siento compasivo, puede que os haga el favor de estrangularos.

Al día siguiente, alguien arrojó un gran fardo empapado de sangre por encima de los muros del palacio Orsini. El soldado de la guardia que lo abrió, no pudo contener una arcada. Dentro estaba el cuerpo mutilado de Filofila; sus genitales, su lengua, sus dedos, su nariz y sus orejas estaban envueltos cuidadosamente en distintos versos del poeta.

En Roma, nunca más volvió a saberse de Filofila; se rumoreaba que había viajado a Alemania por problemas de salud.

Capítulo 26

Aquella primavera, el campo resplandecía especialmente hermoso en «Lago de Plata». César y Lucrecia estaban paseando junto a la orilla. Ella llevaba una capa bordada con piedras preciosas. Él iba vestido de terciopelo negro y llevaba un sombrero con bellas plumas. Habían viajado a ese lugar donde siempre habían sido dichosos, pues no había mejor sitio donde compartir el escaso tiempo que les quedaba antes de que Lucrecia se desposara por tercera vez.

El cabello de César brillaba con destellos cobrizos y, a pesar de su máscara negra, su sonrisa delataba el placer que sentía al poder estar junto a su hermana.

—La semana que viene serás una D'Este —bromeó César—. Formarás parte de una familia «distinguida».

—Siempre seré una Borgia, César —dijo Lucrecia—. Y no debes sentir celos, pues sé que nunca amaré a mi nuevo esposo. Sólo es una alianza política. Además, tengo entendido que Alfonso siente tan poco entusiasmo ante la idea de desposarme como el que siento yo ante la perspectiva de ser su esposa. Aun así, ambos somos hijos de nuestros padres y les debemos obediencia.

César miró con ternura a su hermana.

—Las desventuras te han hecho una mujer todavía más hermosa —dijo con cariño—. Por otro lado, este matrimonio te permitirá dedicarte a las actividades que más te complacen, pues Ferrara es célebre por su arte y su cultura. Allí serás feliz. Además, para mí es una suerte que Ferrara se encuentre junto a mis dominios de la Romaña y que el rey Luis controle al duque con mano firme.

—¿Te asegurarás de que no les falte nada a mis hijos en Roma? No soporto la idea de tener que separarme de ellos, aunque sólo sea durante una temporada, mientras me establezco en Ferrara. Cuida bien de ellos y deja que sientan el calor de tus brazos. ¿Me prometes que los tratarás a los dos por igual?

—Sabes que lo haré —la tranquilizó él—, pues uno de ellos tiene más de mí y el otro más de ti. ¿Cómo no iba a quererlos siendo así?

»Lucrecia —continuó diciendo tras un breve silencio—, si nuestro padre no te hubiera prometido con Alfonso D'Este, ¿habrías pasado el resto de tu vida llorando la muerte de tu esposo en Nepi?

—He reflexionado cuidadosamente antes de dar mi consentimiento —dijo ella—. Si no hubiera deseado complacer los deseos de nuestro padre, habría sido fácil refugiarme en un convento. Pero he aprendido a gobernar y creo sinceramente que encontraré mi destino en mi nuevo hogar. Además, también tenía que pensar en mis hijos y en ti y, desde luego, un convento no hubiera sido el mejor lugar para educar a dos niños.

César miró a su hermana con admiración.

—¿Acaso hay algo que no hayas considerado? ¿Existe algo a lo que no seas capaz de adaptarte con gracia e inteligencia?

Una sombra de tristeza cruzó el rostro de Lucrecia cuando dijo:

—La verdad es que hay un pequeño problema para el que no soy capaz de encontrar una solución y, aunque se trata de algo insignificante comparado con todo lo demás, no puedo negar que me provoca gran turbación.

—¿Es preciso que te torture para que me digas de qué

se trata? —bromeó César—. ¿O me lo dirás voluntariamente y permitirás que te ayude?

Lucrecia inclinó la cabeza.

—No sé cómo llamar a mi futuro esposo —dijo finalmente—. No puedo llamarlo Alfonso sin que mi corazón se estremezca, pero no sé de qué otro modo puedo dirigirme a él.

—No hay problema, por grande que sea, que yo no sea capaz de resolver por mi hermana —dijo César con evidente regocijo—. Tengo la respuesta a tus súplicas. Simplemente llámalo esposo. Si se lo dices con ternura la primera vez que compartas lecho con él, estoy seguro de que lo tomará como un apelativo cariñoso.

Caminaron hasta el final del viejo muelle, donde solían bañarse cuando eran niños mientras su padre los vigilaba desde la orilla. César recordó la dicha y la seguridad que sentía entonces; era como si nada malo pudiera ocurrirles mientras su padre estuviera presente.

Ahora, después de tantos años, César y Lucrecia volvieron a sentarse en ese mismo muelle y miraron las ondas que se formaban en la superficie del lago, reflejando el sol de la tarde como si de un millón de pequeños diamantes se tratara. Lucrecia se apoyó contra el cuerpo de César y él la rodeó con sus brazos.

—He oído lo que le ha ocurrido al poeta Filofila —dijo ella.

—¿Y? —preguntó César sin demostrar ningún sentimiento—. ¿No irás a decirme que lamentas su muerte? Te aseguro que no le tenía ningún aprecio a la vida; de lo contrario, nunca hubiese escrito esos versos.

Lucrecia se giró y acarició el rostro de su hermano.

—Lo sé, César —dijo—. Lo sé. Y supongo que debería agradecerte todo lo que haces para protegerme. No, no es el poeta quien me preocupa, eres tú. Es tu comportamiento, la facilidad con la que eres capaz de matar a un hombre. ¿No te preocupa la salvación de tu alma?

—Si Dios es tal como lo describe nuestro padre, entonces no es contrario a la muerte, pues ¿acaso no bendice las guerras santas? —razonó César—. «No matarás», dicen los Mandamientos, pero lo que realmente quiso decir el Señor es que matar se convierte en un pecado cuando no existe una causa honorable y justa para hacerlo. ¿O acaso es un pecado ahorcar a un asesino?

—¿Y si lo fuera? —preguntó ella al tiempo que se separaba de César para poder mirarlo a los ojos—. ¿Quiénes somos nosotros para decidir lo que es justo y honorable? Para los infieles es justo y honorable matar a los cristianos, pero para los cristianos lo honorable es matar a los infieles.

Como había hecho tantas veces a lo largo de su vida, César miró a Lucrecia con admiración.

—Hermana mía —dijo—, nunca he matado por gusto. Siempre que lo he hecho ha sido por el bien de la familia.

—Entonces habrá más muertes... —dijo Lucrecia y, al hacerlo, sus ojos se llenaron de lágrimas.

—Sin duda las habrá —dijo él—, pues a menudo es necesario acabar con la vida de un hombre para obtener un bien mayor.

Entonces, César le contó a su hermana cómo había ordenado ahorcar a los tres soldados que habían robado a un carnicero en Cesena.

Lucrecia tardó en responder.

—Me preocupa que puedas usar ese «bien mayor» como excusa para deshacerte de hombres cuya presencia interfiere en tus planes o simplemente te resulta molesta —dijo finalmente.

César se levantó y contempló las aguas del lago durante unos segundos.

—Realmente es una suerte que no seas un hombre, Lucrecia, pues tus dudas te impedirían tomar las decisiones necesarias.

—Sin duda tienes razón, César, aunque no estoy segura

de que eso fuera malo —dijo ella pensativamente y, de repente, se dio cuenta de que ya no estaba segura de poder reconocer el mal, sobre todo si éste se escondía en los corazones de aquellos a quienes amaba.

Cuando el sol empezó a teñir de rosa las aguas plateadas del lago, Lucrecia tomó la mano de su hermano y lo condujo hasta el viejo pabellón de caza. César encendió un fuego y ambos hermanos se tumbaron desnudos sobre la suave alfombra de pieles blancas. César observó la plenitud de los senos de Lucrecia mientras palpaba su suave vientre, maravillado ante la mujer en la que se había convertido su hermana.

— Por favor, quítate la máscara —dijo ella con ternura—. Quiero verte cuando te bese.

De repente, la sonrisa se borró de los labios de César.

—No podría soportar que tus ojos me mirasen con lástima —dijo él al tiempo que bajaba la cabeza—. Puede que ésta sea la última vez que hagamos el amor, querida hermana, y no podría soportar el recuerdo de tu mirada.

—Te prometo que no te miraré con lástima —dijo ella—. Te quiero desde que abrí los ojos por primera vez y tú estabas a mi lado, sonriendo. Hemos jugado juntos desde que éramos niños. Te he visto brillar con tanta belleza que he tenido que bajar la mirada para no delatar el amor que sentía por ti, y también te he visto sufrir y la tristeza de tu mirada ha llenado mis ojos de lágrimas. Y te aseguro que unas cicatrices en el rostro nunca podrán cambiar el amor que siento por ti.

Entonces se inclinó sobre su hermano y al posar los labios sobre la boca de César su cuerpo se estremeció, lleno de deseo.

—Sólo quiero tocarte —dijo—. Deseo ver cómo tus párpados se entornan con placer. Deseo deslizar suavemente mis dedos por tu rostro. No quiero barreras entre nosotros, hermano mío, mi amante, mi mejor amigo, porque, desde esta noche, todo lo que queda de mi pasión vivirá en ti.

Lentamente, César se quitó la máscara.

Una semana después, Lucrecia se desposó por poderes en Roma. Junto a los documentos oficiales, Alfonso d'Este había enviado un pequeño retrato que mostraba a un hombre alto y de mirada severa que no carecía de cierto atractivo. Vestía como un hombre de Estado, con un traje oscuro lleno de medallas. Bajo su nariz larga y afilada lucía un bigote que parecía hacerle cosquillas en el labio superior, y llevaba el cabello perfectamente peinado. Lucrecia no podía imaginarse a sí misma haciendo el amor con ese hombre.

Tras la ceremonia, viajaría a Ferrara, donde viviría con su nuevo esposo. Pero antes debían celebrarse los festejos en Roma y en esta ocasión serían más costosos incluso que los que habían tenido lugar para celebrar los dos primeros esponsales de la hija del papa. De hecho, serían los festejos más extravagantes que los ciudadanos de Roma recordarían haber visto jamás.

El sumo pontífice parecía dispuesto a vaciar las arcas del Vaticano. Las familias nobles de Roma recibieron generosas retribuciones para compensar los costes de las fiestas y la ornamentación de sus palacios y se decretó que todos los trabajadores de la ciudad disfrutaran de una semana de descanso. Se celebrarían desfiles y espectaculares comitivas recorrerían las calles de Roma. Y, por supuesto, también se encenderían hogueras frente al Vaticano y los principales palacios de la ciudad, incluido el de Santa Maria in Portico, donde ardería la más grande de todas ellas.

Una vez firmado el contrato, Alejandro bendijo a su hija, que llevaba un velo de hilo de oro con pequeñas piedras preciosas. Después, Lucrecia salió al balcón del Vatica-

384

no y arrojó el velo a la multitud que se había reunido en la plaza. Lo cogió un bufón que se puso a saltar y a correr por la plaza mientras gritaba una y otra vez: «¡Larga vida a la duquesa de Ferrara! ¡Larga vida al papa Alejandro VI!»

A continuación, César demostró su condición de gran jinete encabezando las tropas pontificias en un gran desfile por las calles de Roma.

Por la noche, en un banquete al que sólo asistió la familia y los amigos más cercanos de los Borgia, Lucrecia representó una danza española para su padre. Alejandro observaba a su hija con evidente orgullo mientras acompañaba la música con palmas. A la derecha del sumo pontífice, César disfrutaba de la danza con el rostro cubierto por una máscara carnavalesca de oro y perlas. A su izquierda estaba Jofré.

De repente, Alejandro, ataviado con sus más lujosos ropajes, se incorporó y, ante el deleite de los presentes, se acercó a su hija.

—¿Honrarías a tu padre con un baile? —le preguntó a Lucrecia con una magnífica sonrisa.

Lucrecia hizo una reverencia y cogió la mano que le ofrecía su padre. Los músicos volvieron a tocar. Alejandro rodeó a su hija por la cintura y empezaron a bailar. Lucrecia se sentía feliz. Su padre la dirigía con firmeza y suavidad. Viendo su radiante sonrisa, Lucrecia recordó aquella ocasión en la que, cuando era una niña, había colocado sus pequeños pies enfundados en zapatillas de raso rosa sobre los de su padre y habían bailado deslizándose de un lado a otro de la estancia. De niña, Lucrecia había amado a su padre más que a la propia vida. De niña, su vida había sido como un sueño donde todo era posible, donde la palabra sacrificio todavía no tenía significado.

Al levantar la cabeza que apoyaba en el hombro de su padre, vio a su hermano César detrás de él.

—¿Puedo, padre? —preguntó César.

Alejandro, sorprendido, se dio la vuelta. Al ver a su hijo, sonrió.

—Por supuesto, hijo mío.

Pero en vez de soltar la mano de su hija y entregársela a César, Alejandro se volvió hacia los músicos y les pidió que tocaran una melodía ligera y alegre.

Sujetando la mano de cada hijo en una de las suyas, con una amplia sonrisa en los labios, el sumo pontífice empezó a bailar, dando una vuelta tras otra, arrastrando con una increíble energía a César y a Lucrecia con él.

Contagiados de la felicidad del Santo Padre, los asistentes acompañaron la música con palmas y alegres risas y, poco a poco, fueron uniéndose al baile, hasta que el salón se llenó de hombres y mujeres que danzaban jovialmente.

Tan sólo hubo una persona que no se unió al baile; Jofre, el hijo menor de Alejandro, que permanecía de pie observando la escena con gesto adusto.

Cuando faltaban pocos días para que Lucrecia partiera hacia Ferrara, Alejandro celebró una fiesta para hombres a la que invitó a los más notorios de Roma. Decenas de bailarinas amenizaban la velada con sus danzas y había mesas de juego repartidas a lo largo y ancho del salón.

Alejandro, César y Jofre presidían la mesa principal, a la que también estaban sentados el duque de Ferrara, Ercole d'Este, y sus dos jóvenes sobrinos. Alfonso d'Este, el novio, había permanecido en Ferrara para gobernar la ciudad en ausencia de su padre.

Se sirvieron todo tipo de suculentos platos y el vino corrió copiosamente, contribuyendo al buen ánimo y la jovialidad de los asistentes.

Cuando los criados retiraron los platos, Jofre, que había bebido más de lo recomendable, se incorporó y levantó su copa en un brindis.

—En nombre del rey Federico de Nápoles y de su familia, y en honor de mi nueva familia, los D'Este, tengo el gusto de ofreceros una diversión muy especial... Se trata de algo que no se ha visto en Roma desde hace muchos años...

Alejandro y César se miraron sorprendidos por el anuncio y avergonzados por el presuntuoso comportamiento de Jofre al referirse a los D'Este como su «nueva familia». ¿En qué consistiría la sorpresa de Jofre? Los huéspedes miraban a su alrededor con evidente expectación.

Las grandes puertas de madera se abrieron y entraron cuatro lacayos que, en completo silencio, esparcieron castañas de oro por el suelo de la estancia.

Al darse cuenta de lo que se trataba, César miró a su padre.

—No, Jofre ¡No lo hagas! —exclamó, pero ya era demasiado tarde.

Acompañado del sonido de trompetas, Jofre abrió una puerta lateral del salón, dando paso a veinte cortesanas desnudas con el cabello suelto y la piel untada con aceites. Cada una de ellas llevaba una pequeña bolsa de seda colgando de una cinta que rodeaba sus caderas.

—Lo que veis en el suelo son castañas de oro macizo —explicó Jofre, luchando por mantener el equilibrio—. Estas bellas señoritas estarán encantadas de ponerse a cuatro patas para que podáis disfrutar de ellas. Será una nueva experiencia... Al menos para algunos.

Los invitados rieron a carcajadas.

César y Alejandro se levantaron, intentando detener la obscena exhibición antes de que fuera demasiado tarde.

—Caballeros, podéis montar a estas yeguas tantas veces como deseéis —continuó diciendo Jofre, a pesar de las señas que le hacían su padre y su hermano—. Pero siempre debéis hacerlo de pie y por detrás. Por cada monta que realicéis con éxito, vuestra dama recogerá una castaña de oro del suelo y la depositará en su bolsa. Huelga decir que las damas se quedarán con todas las castañas que recojan como obsequio por su generosidad.

Las cortesanas empezaron a agacharse, agitando sensualmente los traseros desnudos ante los comensales.

Ercole d'Este observaba la vulgar escena con incredulidad. Cada vez parecía más pálido.

Y, aun así, los nobles romanos fueron levantándose y, uno a uno, se acercaron a las cortesanas y acariciaron lujuriosamente sus curvas femeninas antes de montarlas.

Durante su juventud, Alejandro había disfrutado de este tipo de orgías, pero ahora se sentía avergonzado ante tan grotesco espectáculo. Además, estaba convencido de que eso era exactamente lo que pretendía el rey de Nápoles al mandar esas treinta cortesanas, pues sin duda debía tratarse de una advertencia del rey Federico.

El sumo pontífice se volvió hacia Ercole d'Este, y le pidió disculpas por tan bochornoso espectáculo.

El duque de Ferrara se limitó a negar con la cabeza mientras se decía a sí mismo que, si no fuera porque ya se habían celebrado, cancelaría inmediatamente los esponsales y renunciaría a los doscientos mil ducados. Incluso estaría dispuesto a enfrentarse a los ejércitos de Francia y de Roma. Desgraciadamente, su hijo ya había desposado a Lucrecia y él ya había invertido el dinero de la dote, por lo que se limitó a abandonar el salón mientras les susurraba a sus sobrinos:

—Los Borgia no son mejores que unos simples campesinos.

Esa misma noche, César recibió una noticia todavía más preocupante. El cuerpo de Astorre Manfredi había sido encontrado flotando en el Tíber. Dado que César le había ofrecido un salvoconducto después de la toma de Faenza, su muerte podría hacer pensar que el hijo del papa Alejandro había roto su palabra. Una vez más, César se convertiría en sospechoso de haber cometido un asesinato. Desde luego, podría haber matado a Astorre si hubiera deseado hacerlo, pero ése no era el caso. Ahora debía averiguar quién lo había hecho y por qué.

Dos días después, Alejandro se despidió de su hija en el salón del Vaticano que se conocía como la sala del Papagayo. A Lucrecia le apenaba tener que volver a separarse de su padre. El sumo pontífice intentaba mostrarse jovial, ocultando sus verdaderos sentimientos, pues sabía cuánto iba a añorar la presencia de su amada hija.

—Si alguna vez estás triste, envíame un mensaje —le dijo—. Me valdré de toda mi influencia para arreglar la situación. No te preocupes por los niños. Adriana cuidará de ellos.

—Estoy asustada, padre —dijo ella—. A pesar de todo lo que he aprendido sobre el arte de la diplomacia, me asusta la idea de vivir en una corte donde, sin duda, me recibirán con recelo.

—En cuanto te conozcan, aprenderán a amarte como te amamos nosotros —la tranquilizó Alejandro—. Si me necesitas, sólo tienes que pensar en mí. Yo sabré que lo estás haciendo, igual que lo sabrás tú cada vez que yo piense en ti. Y, ahora, vete, porque resultaría indecoroso que el sumo pontífice derramara lágrimas ante la marcha de su hija —concluyó diciendo tras besarla en la frente.

Alejandro observó cómo su hija salía del palacio desde el balcón.

—No permitas que tu ánimo decaiga —gritó al tiempo que agitaba una mano en señal de despedida—. Recuerda que cualquier deseo que tengas ya te ha sido concedido.

Montando un caballo español con la silla y las bridas tachonadas en oro, Lucrecia partió hacia Ferrara acompañada por un séquito de más de mil personas. Los miembros de la nobleza, suntuosamente ataviados, viajaban a caballo o en elegantes carruajes, mientras que los criados, los músicos, los juglares, los bufones y el resto del séquito lo hacían en rústicos carros, a lomos de burros o incluso a pie.

La comitiva se detuvo en cada una de las plazas que César había conquistado en la Romaña, donde Lucrecia era recibida por niños que corrían a su encuentro vestidos de púrpura y amarillo: los colores de César. Y, en cada plaza, Lucrecia tenía la oportunidad de bañarse y lavarse el cabello antes de acudir a los bailes y los banquetes que se celebraban en su honor.

Así transcurrió un mes antes de que la lujosa comitiva llegara a Ferrara tras dejar vacías las arcas de más de un anfitrión.

Ercole d'Este, el duque de Ferrara, era célebre por su avaricia. Así, a nadie le sorprendió que, a los pocos días de la llegada de su nuera, mandara de vuelta a Roma a su numeroso séquito; Lucrecia incluso se vio obligada a luchar por conservar a su lado a los criados que consideraba más indispensables.

Por si eso fuera poco, cuando el séquito se disponía a abandonar la ciudad, Ercole le ofreció a Lucrecia una contundente demostración de cómo se hacían las cosas en Ferrara.

Condujo a su nuera por una pequeña escalera de caracol hasta una estancia situada en lo más alto del castillo y, al llegar, le mostró una mancha marrón que había en el suelo.

—Uno de mis antecesores decapitó aquí a su esposa y a su hijastro al descubrir que eran amantes —dijo con una desagradable risotada—. Ésta es la mancha de su sangre.

Lucrecia sintió un escalofrío.

Lucrecia se quedó encinta a los pocos meses de llegar a Ferrara. En el castillo, la noticia fue acogida con júbilo, pues el ducado pronto tendría un nuevo heredero. Desgraciadamente, el verano fue muy húmedo y con los abundantes mosquitos también llegó el paludismo. Lucrecia cayó enferma.

Alfonso d'Este envió un mensajero al sumo pontífice comunicándole que su esposa tenía fiebre y sufría temblores y sudores fríos. También le decía que Lucrecia había caído en un grave delirio y que lo comprendería si el Santo Padre estimaba conveniente enviar a su médico personal para atenderla.

Alejandro y César ni tan siquiera eran capaces de concebir que pudiera ocurrirle algo a Lucrecia. La idea de que pudieran haberla envenenado los horrorizaba. De ahí que Alejandro enviara instrucciones escritas de su puño y letra indicando que su hija tan sólo debía ser tratada por el médico que él enviaba.

Disfrazado de moro, con la tez oscurecida y una chilaba, César partió inmediatamente hacia Ferrara junto al médico de su padre.

Cuando llegaron al castillo, tanto Ercole como Alfonso permanecieron en sus aposentos mientras un lacayo conducía a los recién llegados hasta la cámara de Lucrecia.

Lucrecia estaba pálida y la fiebre había agrietado sus labios. Además, sufría dolores de vientre, pues, al parecer, llevaba dos semanas vomitando prácticamente a diario. Al reconocer a su hermano, intentó saludarlo, pero su voz era tan ronca, tan débil, que César no pudo comprender lo que decía.

Cuando el lacayo abandonó la cámara, César se inclinó para besar a su hermana.

—Mi dulce princesa —bromeó, intentando levantar su ánimo—, estás un poco pálida esta noche. ¿Acaso te es esquivo el amor?

Lucrecia sonrió pero, aunque intentó acariciar el rostro de su hermano, ni siquiera tenía fuerzas para levantar el brazo.

Tras examinarla, el médico le dijo a César que su estado era crítico.

César se acercó al lavamanos, se despojó de la chilaba y se lavó la cara. Después llamó al lacayo y le ordenó que fuera en busca del duque.

Ercole d'Este no tardó en llegar. Parecía alarmado.

—¡César Bórgia! —exclamó apenas sin aliento—. ¿Qué hacéis vos en Ferrara?

—He venido a visitar a mi hermana —contestó César escuetamente—. Pero, por lo que veo, mi visita no es de vuestro agrado. ¿Acaso hay algo que no deseáis que sepa?

—No, por supuesto que no —se apresuró a decir Ercole—. Simplemente... me ha sorprendido veros.

—No debéis preocuparos, mi querido duque —dijo César—. No permaneceré mucho tiempo en Ferrara; tan sólo el necesario para entregaros un mensaje y cuidar de mi hermana.

—Os escucho —dijo el duque, entrecerrando los ojos, en un gesto que reflejaba más temor que desconfianza.

César se acercó a Ercole y apoyó la mano en la empuñadura de su espada en un ademán que daba a entender que estaba dispuesto a luchar con quien osara enfrentarse a él. Pero cuando habló, su voz sólo transmitía frialdad.

—No hay nada que el sumo pontífice y yo deseemos más que una pronta recuperación de Lucrecia, pero debéis saber que, si mi hermana muere, os haremos responsables de ello. ¿Me he expresado con suficiente claridad?

—¿Acaso me estáis amenazando? —se defendió Ercole.

—Llamadlo como queráis —dijo César con mayor serenidad de la que sentía realmente—, pero rezad para que mi hermana no muera, pues os aseguro que, si eso sucede, no morirá sola.

César permaneció varios días en Ferrara. El médico personal de su padre había decidido que Lucrecia debía ser sangrada, pero ella se oponía.

—No quiero que me sangre —protestaba, sacudiendo la cabeza con las escasas energías que le quedaban.

César se sentó junto a ella y la abrazó, intentando tranquilizarla, convenciéndola de que fuera valiente.

—Debes vivir por mí —le dijo—, pues tú eres la única razón por la que vivo yo.

Finalmente, Lucrecia apretó el rostro contra el pecho de César para no ver lo que le iban a hacer. El médico le practicó varios cortes, primero en el tobillo y después en el empeine, hasta que estuvo satisfecho con la cantidad de sangre que manaba de las heridas.

Antes de marcharse, César le prometió a su hermana que regresaría pronto a verla, pues iba a establecerse en Cesena, a tan sólo unas horas de Ferrara.

Lentamente, Lucrecia fue recuperándose. La fiebre había remitido y ella cada vez permanecía despierta más tiempo. Aunque había perdido al hijo que llevaba en las entrañas, poco a poco iba recuperando la salud y la vitalidad.

Sólo lloraba al hijo que había perdido cuando estaba sola en su alcoba, en el silencio de la noche, pues la vida le había enseñado que el tiempo dedicado a llorar la pérdida de un ser querido era un tiempo baldío, y ya había habido demasiado dolor en su vida. Para sacarle el mayor partido a aquello que tenía, para hacer todo el bien que estuviera en sus manos, debía centrarse en aquello que todavía podía hacer, no en aquello que ya nunca podría cambiar.

Al cumplirse un año de su llegada a Ferrara, Lucrecia ya había empezado a ganarse el cariño y el respeto de sus súbditos y de esa extraña y poderosa familia con la que vivía: los D'Este.

El viejo duque Ercole había sido el primero en apreciar su inteligencia, como demostraba el hecho de que, a medida que fueron pasando los meses, empezó a valorar sus consejos incluso más que los de sus propios hijos. Y así fue como Lucrecia empezó a tomar importantes decisiones y a encargarse de tareas relacionadas con el gobierno de sus súbditos.

Capítulo 27

Jofre y Sancha yacían profundamente dormidos en sus aposentos del Vaticano cuando, de repente y sin dar ningún tipo de explicación, unos soldados de la guardia pontificia entraron en su alcoba y se llevaron a Sancha. Ella se resistía, enfurecida.

—¿Qué significa esto? —gritó Jofre—. ¿Sabe mi padre lo que está ocurriendo?

—Cumplimos órdenes del sumo pontífice —dijo un joven teniente.

Jofre se apresuró a acudir a los aposentos privados de su padre, donde encontró a Alejandro sentado frente a su escritorio.

—¿Qué significa esto, padre? —preguntó.

Alejandro levantó los ojos y contestó a su hijo con patente mal humor:

—Podría decirte que la causa es la moral relajada de tu esposa, pues con esa mujer cerca nadie puede estar a salvo, o que lo he hecho por tu incapacidad para dominar su genio —dijo—. Pero la verdad es que la razón es otra muy distinta. Por mucho que lo he intentado, no consigo hacer entrar en razón al rey Federico, que además cuenta con el apoyo del rey Fernando de España. Nápoles es vital para los intereses de la monarquía francesa y el rey Luis ha solicitado mi intervención.

—¿Qué tiene que ver Sancha con todo eso? —preguntó Jofre—. No es más que una muchacha inocente.

—¡Por favor, Jofre! No te comportes como un eunuco sin cabeza—exclamó el Santo Padre con impaciencia—. Lo que está en juego es el futuro de tu hermano. Para sobrevivir, debemos cuidar nuestras alianzas. Y, en este momento, el rey de Francia es nuestro principal aliado.

—Padre —dijo Jofre con la mirada encendida—, no puedo permitir que mi esposa sea ultrajada, pues Sancha nunca podría amar a un hombre que permitiera que la encierren en una mazmorra.

—Espero que tu querida esposa le haga llegar un mensaje a su tío, el rey Federico, pidiéndole su auxilio —dijo Alejandro.

Jofre tuvo que bajar la mirada para que su padre no viera el odio que reflejaba su rostro.

—Padre —dijo finalmente—, sólo voy a pediros esto una vez, como hijo vuestro que soy. Dejad en libertad a Sancha, pues, si no lo hacéis, será el final de mi matrimonio. Y eso es algo que no estoy dispuesto a permitir.

Alejandro miró, sorprendido, a su hijo. ¿Cómo osaba hablarle así? Su esposa sólo había causado problemas desde el primer día y Jofre nunca había sido capaz de controlar su comportamiento. ¿Y ahora se atrevía a decirle a su padre, al Santo Padre, cómo debía gobernar la Iglesia de Roma? Alejandro nunca hubiera creído capaz a Jofre de semejante insolencia.

Pero la voz del sumo pontífice no dejó traslucir ninguna emoción cuando volvió a dirigirse a su hijo.

—Te perdono tu insolencia porque eres mi hijo —dijo—. Pero si alguna vez vuelves a hablarme así, sea cual sea la razón, te juro que haré clavar tu cabeza en una pica por hereje. ¿Lo has entendido?

Jofre respiró profundamente.

—¿Cuánto tiempo tendréis encerrada a mi esposa? —preguntó.

—Pregúntaselo al rey de Nápoles —contestó Alejandro con impaciencia—. Todo depende de él. Tu esposa será liberada en el momento que su tío acepte que es Luis quien debe llevar la corona de Nápoles sobre su cabeza.

Jofre se dio la vuelta para marcharse.

—Desde hoy serás custodiado día y noche —añadió el sumo pontífice cuando su hijo estaba a punto de abandonar la estancia—. Así te evitaré cualquier posible tentación.

—¿Podré verla?

—Me sorprende que me hagas esa pregunta —dijo Alejandro al cabo de unos segundos—. ¿Qué clase de padre sería si impidiese que mi hijo viera a su esposa? ¿Acaso piensas que soy un monstruo?

Al volver a sus aposentos, Jofre no pudo contener las lágrimas, pues esa noche no sólo había perdido a su esposa, sino también a su padre.

Llevaron a Sancha al castillo de Sant'Angelo y la encerraron en las mazmorras. Desde su celda, la joven napolitana podía oír los llantos, los gemidos, los gritos desesperados y los obscenos insultos de quienes compartían su triste destino.

Quienes la reconocieron se burlaron de ella y aquellos que no sabían quién era se preguntaron cómo una joven distinguida podría haber llegado a una situación así.

Sancha estaba furiosa. Esta vez, Alejandro había ido demasiado lejos. Al dar la orden de encerrarla, el sumo pontífice había sellado su destino, pues ella misma se aseguraría de que fuera privado del solio pontificio. Así, Sancha juró que si era necesario daría la vida para conseguir su objetivo.

Cuando Jofre llegó a las mazmorras de Sant'Angelo, Sancha había volcado el catre, esparciendo la paja por el suelo de la celda. Además, había arrojado el agua, el vino y la comida que le habían llevado contra la pequeña puerta de madera.

Pero al ver a su esposo, corrió hacia él y lo abrazó con fuerza.

—Tienes que ayudarme —le rogó—. Si me amas, ayúdame a hacerle llegar un mensaje a mi tío. Tiene que saber lo que ha ocurrido.

—Te ayudaré —dijo Jofre, sorprendido por el recibimiento que le había dispensado Sancha. La abrazó con ternura y pasó los dedos entre su largo cabello—. Haré algo más que eso. Y, mientras tanto, estaré contigo en esta celda todo el tiempo que lo desees.

Jofre levantó el catre del suelo y los dos se sentaron. Él la rodeó con un brazo, intentando consolarla.

—¿Puedes conseguir papel? —preguntó ella—. Es importante que mi tío reciba el mensaje lo antes posible.

—Lo conseguiré y me aseguraré de que tu tío reciba el mensaje, pues no puedo soportar estar alejado de ti.

Sancha sonrió.

—Somos como una sola persona —dijo él—. El daño que te hagan a ti también me lo hacen a mí.

—Sé que odiar es un pecado —dijo ella al cabo de unos segundos—, pero estoy dispuesta a mancillar mi alma por el odio que siento hacia tu padre. Me da igual que sea el sumo pontífice; a mis ojos no es más que un ángel caído.

Jofre no defendió a su padre.

—Escribiré a César —dijo—. Estoy seguro de que nos ayudará cuando regrese a Roma.

—En el pasado nunca lo ha hecho —dijo ella sin ocultar su hostilidad—. ¿Por qué piensas que iba a hacerlo ahora?

—Tengo mis razones —dijo él—. Confío en que él pueda sacarte de este infierno.

Al despedirse, Jofre besó a su esposa largamente.

Pero aquella misma noche, cuando Jofre se marchó, los guardias de Sant'Angelo entraron en la celda de Sancha y la violaron. A pesar de su resistencia, le arrancaron la ropa y la forzaron de uno en uno, pues una vez que había sido encerrada entre ladrones y prostitutas, Sancha dejaba de estar bajo la protección del sumo pontífice, por lo que los guardias no temían sufrir ninguna represalia por sus actos.

A la mañana siguiente, cuando Jofre llegó a Sant'Angelo, Sancha estaba vestida y aseada, pero no pronunciaba palabra. Daba igual lo que Jofre dijera, ella no le contestaba. Y, lo que era peor, esa intensa luz que siempre había brillado en sus ojos había desaparecido de su mirada, que ahora era turbia, gris, como si estuviera clavada en algún punto indefinido de la eternidad.

Aunque César Borgia ya controlara la Romaña, todavía quedaban ciudades por conquistar para llegar a realizar su sueño de unificar toda Italia. Estaba Camerino, gobernada por la familia Varano, y estaba Senigallia, gobernada por la familia Della Rovere. Y, sobre todo, estaba Urbino, gobernada por el duque Guido Feltra; aunque Urbino parecía una plaza demasiado poderosa para que los ejércitos de César pudieran tomarla. Precisamente por eso deseaba conquistarla. Por eso y porque bloqueaba su salida al Adriático, cortando el paso entre los territorios de Pesaro y Rímini y el resto de las posesiones de César.

La campaña de César continuaba...

El primer objetivo fue Camerino. Un ejército marcharía hacia el norte desde Roma para reunirse con las tropas al mando de uno de los capitanes españoles de César.

Pero, para lograr su objetivo, César requería la colaboración de Guido Feltra, pues la artillería de Vito Vitelli necesitaba atravesar sus territorios, y de todos era conocido el escaso afecto que Feltra sentía por los Borgia.

Sin embargo, la inteligencia de Guido nunca estuvo a la altura de su reputación como condotiero. Así, para evitar un enfrentamiento inmediato, y ocultando su intención de apoyar a Alessio Verano en la defensa de Camerino, Feltra le concedió permiso a César para atravesar sus territorios.

Desgraciadamente para el duque, los espías de César no tardaron en descubrir sus verdaderas intenciones y, antes de que Feltra pudiera reaccionar, la poderosa artillería de Vito Vitelli se reunió con las tropas romanas de César y las tropas lideradas por el capitán español y, juntas, se dirigieron a Urbino.

La visión de los poderosos ejércitos pontificios liderados por César cabalgando sobre un magnífico corcel con su armadura negra bastó para que Guido Feltra, temiendo por su vida, huyera de la plaza.

Y así, ante el asombro, no sólo de los gobernantes de Italia, sino los de toda Europa, Urbino, que hasta entonces era considerada una plaza inexpugnable, se rindió ante las tropas de César Borgia.

A continuación, César avanzó hasta Camerino que, sin la ayuda de Guido Feltra, se rindió sin apenas ofrecer resistencia.

Ahora que tanto Urbino como Camerino habían caído en manos de los ejércitos pontificios, ya nada parecía poder detener a César; pronto, el sumo pontífice regiría el destino de toda la península.

Aquella tarde de verano, el sol parecía un humeante disco rojo dispuesto a derretir la ciudad de Florencia.

Las ventanas del palacio de la Signoria permanecían abiertas de par en par, invitando a una brisa inexistente, aunque tan sólo las moscas entraban en la sofocante sala. Sudorosos e inquietos, los miembros de la Signoria se mostraban impacientes por comenzar la sesión, pues cuanto antes lo hicieran antes podrían regresar a sus casas, donde los esperaba un refrescante baño y una copa de vino frío.

El principal asunto que había que tratar era el informe de Nicolás Maquiavelo, que acababa de volver del Vaticano, adonde había sido enviado por la Signoria para recabar información sobre la situación. De sus palabras podía depender el futuro de Florencia, pues César Borgia ya se había atrevido a sitiar Florencia durante su última campaña militar y, ahora, los principales hombres de Florencia temían que la próxima vez no resultara tan fácil satisfacer sus pretensiones.

Maquiavelo se levantó para dirigirse a los miembros de la Signoria. A pesar del calor, llevaba un jubón de seda gris perla y un inmaculado blusón blanco.

—Ilustres señores, es por todos conocido que Urbino se ha rendido a César Borgia —empezó diciendo con dramatismo y elocuencia—. Algunos dicen que la maniobra de los ejércitos pontificios fue un acto de traición, pero, de ser así, fue una traición correspondida, pues el duque estaba conspirando en contra de los Borgia y ellos se limitaron a corresponder ese engaño. Yo diría que se trata de un claro ejemplo de *frodi onorevoli*, o fraude honorable —continuó diciendo mientras se paseaba frente a su distinguida audiencia—. Y yo pregunto: ¿en qué posición se encuentra ahora César Borgia? Su ejército es poderoso y disciplinado. Además, sus hombres le son leales. Yo aún diría más, lo adoran, como pueden corroborar los súbditos de cualquiera de las plazas que ha conquistado. César Borgia se ha apoderado de toda la Romaña y ahora también domina Urbino. Hizo temblar a la mismísima Bolonia y, a decir verdad, también a nosotros. —Con un gesto grandilocuente, Maquiavelo se llevó una mano a la frente, subrayando la gravedad de lo que iba a decir a continuación—. Y, lo que es peor, no podemos confiar en que los franceses nos brinden su ayuda —dijo con énfasis—. Es cierto que el monarca francés receló de los Borgia durante la rebelión de Arezzo y que expresó su malestar cuando los ejércitos pontificios amenazaron primero Bolonia y después nuestra ilustre ciudad. —Maquiavelo guardó silencio durante unos segundos—. Pero no debemos olvidar que el rey Luis todavía requiere el apoyo del sumo pontífice para negociar con España y con Nápoles. Y, teniendo en cuenta la fuerza y el poderío que han demostrado las tropas de César Borgia, no es de extrañar que el monarca francés no desee enfrentarse a Roma. Pero, ahora, quisiera compartir cierta información que poseo —dijo Maquiavelo bajando repentinamente el tono de voz—. César ha visitado en secreto al rey de Francia. Ha acudido a su presencia solo, sin hacerse acompañar ni tan siquiera por una pequeña escolta, y le ha ofrecido sus disculpas por lo sucedido en Arezzo. Al ponerse en manos del rey Luis, César ha acabado con cualquier posible tensión que pudiera existir entre Francia y el papado. Por eso, creo poder decir, sin riesgo a equivocarme, que, si César decidiera atacar Bolonia, el rey Luis lo apoyaría. No puedo saber lo que ocurriría si su osadía llegara al extremo de atacar Florencia.

Uno de los miembros de la Signoria se incorporó, sudoroso.

—¿Estáis sugiriendo que nada detendrá a César Borgia? —preguntó mientras se secaba el ceño con un pañuelo de lino—. Oyendo vuestras palabras, parecería que lo más aconsejable sería huir de la ciudad y refugiarnos en nuestras villas de las montañas.

—No creo que la situación sea tan trágica, señoría —dijo Maquiavelo con voz tranquilizadora—. Al fin y al cabo, no debemos olvidar que nuestra relación con César Borgia es amistosa y que el hijo del sumo pontífice siente un sincero aprecio por nuestra bella ciudad. Pero existe otro factor que debemos tener en cuenta, pues se trata de algo que podría cambiar el equilibrio de la presente situación —continuó diciendo tras una breve pausa—. César ha desafiado, incluso ha humillado, expulsándolos de sus territorios, a algunos de los hombres más poderosos de nuestra península. Aunque sus tropas le sean leales, y aunque, como acabo de decir, sus soldados lo adoren, no estoy tan seguro de la lealtad de sus condotieros; al fin y al cabo, no hay que olvidar que se trata de hombres violentos y ambiciosos cuyas lealtades son impredecibles. Pues la verdad es que, al convertirse él ahora en el hombre más poderoso, César Borgia se ha creado una interminable lista de enemigos.

La conspiración empezó a gestarse en Magioni, una fortaleza perteneciente a los Orsini. Giovanni Bentivoglio, de Bolonia, estaba decidido a encabezar la conjura. Era un hombre corpulento, de cabello fuerte y rizado y toscas facciones, que gozaba de una gran capacidad de persuasión y siempre parecía presto a sonreír. Pero Giovanni también tenía un lado oscuro. Cuando todavía era un adolescente había formado parte de un grupo de bandoleros que habían dado muerte a cientos de hombres. Pero, con el tiempo, había llegado a convertirse en un gobernador justo; hasta que la humillación sufrida a manos de César Borgia hizo renacer sus instintos más sangrientos.

Poco tiempo después del primer encuentro, Bentivoglio reunió a los conspiradores en su castillo de Bolonia.

Estaba presente Guido Feltra, el ultrajado duque de Urbino, bajo y fornido, que hablaba prácticamente en un susurro, de tal manera que era necesario inclinarse hacia él para escuchar lo que decía, aunque todo el mundo sabía que, tratándose de Feltra, cada frase contendría una amenaza.

También habían acudido dos de los principales condotieros del ejército de César: Paolo y Franco Orsini. Paolo era un demente, mientras que Franco, prefecto de Roma y duque de Gravina, era un hombre de edad avanzada que se había ganado la reputación de ser un soldado despiadado al exhibir la cabeza de uno de sus adversarios clavada en la punta de su lanza durante varios días después de haberle dado muerte. Los Orsini siempre se habían mostrado deseosos de acabar con el poder de los Borgia.

Pero más sorprendente aún era la presencia de dos de los capitanes que más fielmente habían servido a César: Oliver da Fermo y, sobre todo, Vito Vitelli, quien, enfurecido, se había unido a los conspiradores tras obligarlo César a renunciar a los territorios de Arezzo. Y, lo que era aún más importante, además de estar al frente de una parte vital de los ejércitos pontificios, Vitelli se encontraba lo suficientemente cerca de César como para que éste compartiera con él todos sus planes.

Y así fue como los conspiradores forjaron su estrategia. Lo primero que debían hacer era conseguir nuevos aliados. Una vez que hubieran reunido suficientes hombres, decidirían dónde y cuándo atacarían a César. Todo hacía pensar que los días de César Borgia estaban contados.

Ajeno al peligro que corría, César se encontraba en Urbino, sentado ante la chimenea de los aposentos que aún no hacía mucho que había convertido en suyos, disfrutando de una copa del excelente oporto de las bodegas de Guido Feltra cuando su ayuda de cámara le comunicó que un caballero deseaba verlo. Al parecer, había cabalgado sin descanso desde Florencia para comunicarle algo de suma importancia. Su nombre era Nicolás Maquiavelo.

Maquiavelo fue conducido inmediatamente a los aposentos de César. Mientras se despojaba de su amplia capa de color gris, César observó que el florentino tenía el semblante pálido, parecía agotado. Le indicó que se sentara y le ofreció una copa de oporto.

—Decidme, amigo mío, ¿a qué debo el honor de vuestra visita en la oscuridad de la noche? —preguntó César con una sonrisa cordial.

El rostro de Maquiavelo reflejaba inquietud.

—Debéis saber que Florencia ha sido invitada a participar en una conspiración de gran envergadura contra vuestra persona —dijo Maquiavelo sin más preámbulos—. Algunos de vuestros mejores capitanes forman parte de la conspiración. Quizá sospechéis de alguno de ellos, pero sin duda os sorprenderá saber que el propio Vito Vitelli se ha unido a los traidores.

César permaneció en silencio mientras el eminente florentino le daba los nombres de los conspiradores.

—¿Por qué me habéis hecho partícipe de la conspiración? —preguntó César sin dejar traslucir ni la sorpresa ni la indignación que sentía—. ¿Acaso no sería más beneficioso para Florencia que los conspiradores tuvieran éxito?

—La Signoria de Florencia ha debatido largamente sobre esta cuestión —contestó Maquiavelo con sinceridad—. ¿Acaso son los conspiradores menos peligrosos que los Borgia? No ha sido fácil, pero, finalmente, el Consejo de los Diez ha decidido apoyaros.

»Al fin y al cabo, vos sois una persona razonable y también lo son vuestros objetivos; al menos aquellos que habéis confesado públicamente. Además, todo hace pensar que no deseáis enemistaros con el rey Luis, lo cual sin duda ocurriría si intentaseis tomar Florencia y así se lo hice saber a los miembros de la Signoria.

»Tampoco debemos olvidar que los conspiradores no son precisamente personas en cuyas buenas intenciones se pueda confiar —continuó diciendo Maquiavelo tras una breve pausa—. Paolo Orsini es un demente y de todos es sabido que los Orsini odian a los actuales gobernantes de Florencia. Vito Vitelli no sólo odia a los gobernantes, sino a la propia ciudad y todo aquello que Florencia representa.

»Y, por si eso no fuera razón suficiente, sabemos que Orsini y Vitelli intentaron convenceros para que atacaseis Florencia. También sabemos que vos os negasteis. Desde luego, esa muestra de lealtad ha sido determinante en la decisión del Consejo de los Diez.

»Pero eso no es todo. Si la conspiración triunfara, si los

405

conspiradores acabaran con vuestra vida, después depondrían a vuestro padre y un cardenal de su elección ocuparía el solio pontificio. Y si llegara a ocurrir algo así, tengo la absoluta seguridad de que los conspiradores no dudarían en atacar Florencia; incluso es posible que saquearan nuestra hermosa ciudad.

»Por último, he hecho saber a los miembros de la Signoria que, antes o después, vos descubriríais la conspiración, pues esos hombres son incapaces de mantener un secreto, y, con vuestra célebre capacidad para la estrategia, sofocaríais la conjura. Así que propuse que fuéramos nosotros quienes os advirtiéramos del peligro —dijo finalmente—. A cambio, no me cabe duda de que vos nos corresponderéis con vuestra buena voluntad.

César no pudo contener una sonora carcajada. Se acercó al florentino y le dio una palmada en la espalda.

—Verdaderamente, sois increíble, Maquiavelo. Simplemente increíble. Vuestra sinceridad es asombrosa, y vuestro cinismo, una verdadera delicia.

Consciente de lo delicado de la situación, César actuó con presteza. Trasladó a sus hombres más leales a las principales fortalezas de la Romaña y envió delegados que cabalgaron día y noche por toda Italia en busca de nuevos condotieros para reemplazar a aquellos que lo habían traicionado; necesitaba capitanes experimentados y mercenarios cualificados que, de ser posible, contaran con sus propias piezas de artillería. Además, César movilizó la célebre infantería de Val di Lamone, que gozaba de merecida fama en toda Italia y cuyos territorios, próximos a Faenza, habían sido gobernados de forma justa y equitativa desde que habían pasado a manos de César. Por último, César envió una misiva al rey Luis con la esperanza de que éste le proporcionara tropas francesas.

Esa misma semana, Maquiavelo envió su informe por escrito al Consejo de los Diez: «Existe la firme convicción de que el rey de Francia ayudará al capitán general de los ejércitos pontificios enviándole hombres y, sin duda, el sumo pontífice se encargará de suministrarle el dinero que pueda necesitar. La tardanza de sus enemigos a la hora de actuar ha concedido ventaja a César Borgia, pues ha tenido tiempo para abastecer las principales plazas de la Romaña y reforzarlas con importantes guarniciones.»

Los conspiradores no tardarían en comprobar lo acertado de las palabras de Maquiavelo. Y, así, la conjura se deshizo cuando apenas había comenzado.

Bentivoglio fue el primero en solicitar el perdón de César y jurarle lealtad. Al poco tiempo, Orsini le manifestó sus deseos de paz, y le aseguró que si los demás conspiradores insistían en su actitud, él no los apoyaría. Guido Feltra fue el único que no se acercó a César.

Uno a uno, César se reunió con los miembros de la conjura y les aseguró que no tomaría ninguna represalia contra ellos. Su única exigencia era que le devolvieran de forma inmediata las plazas de Camerino y Urbino, que habían sido ocupadas por los ejércitos conspiradores. Bentivoglio podría seguir gobernando Bolonia, ya que el sumo pontífice estaba dispuesto a renunciar a esa plaza, complaciendo así los deseos del rey Luis. A cambio, Bentivoglio proveería a César con lanceros y soldados de caballería siempre que éste los solicitara para una campaña militar.

En cuanto a los condotieros, Orsini, Vitelli, Gravina y Da Fermo fueron perdonados y volvieron a ocupar sus puestos bajo las órdenes de César.

La paz volvía a reinar. Así, cuando llegaron las tropas francesas que el rey Luis había enviado en apoyo de César, éste las envió de vuelta a Francia con su más sincero agradecimiento para el monarca francés.

Sin embargo, en Roma, y sin que César lo supiera, el sumo pontífice ya había tomado sus propias medidas para proteger a su hijo. Alejandro sabía que Franco y Paolo Orsini no podrían recibir su justo castigo mientras el cardenal Antonio Orsini estuviera vivo, pues, como patriarca de la familia, la venganza del cardenal sería terrible y Alejandro no estaba dispuesto a perder otro hijo.

Así, el sumo pontífice invitó al cardenal al Vaticano con el pretexto de hablar con él sobre la posibilidad de concederle un nombramiento eclesiástico a uno de sus sobrinos.

Antonio Orsini acogió la invitación con recelo, aunque la aceptó con aparente humildad y agradecimiento.

Alejandro lo recibió en sus aposentos privados y lo obsequió con una opípara cena acompañada por abundantes y excelentes vinos. Hablaron sobre diversas cuestiones políticas y bromearon sobre algunas cortesanas que habían compartido; alguien que no los conociera nunca habría sospechado lo que escondían los corazones de aquellos dos hombres de la Iglesia.

El cardenal Orsini, siempre cauteloso cuando de los Borgia se trataba, fingió un supuesto malestar para no beber vino, pues temía ser envenenado; el agua era transparente, por lo que no podía esconder ninguna intención turbia. Sin embargo, al ver que así lo hacía su anfitrión, comió con apetito.

Y, aun así, al poco tiempo de concluir la cena, el cardenal Orsini sintió un fuerte malestar. Se llevó las manos al estómago, deslizándose en su asiento hasta caer al suelo y miró el techo con los ojos en blanco, como uno de los mártires de los frescos que decoraban la estancia.

—No lo entiendo —dijo apenas en un susurro—. No he bebido vino.

—Pero habéis comido la tinta de los calamares —replicó Alejandro, desvelando sus dudas.

Aquella misma noche, los soldados de la guardia pontificia transportaron el cuerpo del cardenal Orsini hasta el panteón de su familia, y al día siguiente, el propio Alejandro ofició el funeral, pidiendo al Padre Celestial que acogiera al cardenal en su reino celestial.

No habían transcurrido dos días, cuando el Santo Padre ordenó confiscar todos los bienes del difunto cardenal, incluido su palacio; después de todo, siempre eran necesarios nuevos fondos para sufragar las conquistas de César. Cuando los soldados de la guardia de Alejandro encontraron a la anciana madre de Orsini llorando la muerte de su hijo en sus aposentos, la expulsaron del palacio.

—Pero necesito a mis criados —exclamó ella.

Asustada, tropezó y cayó al suelo, pero ninguno de los soldados la ayudó a levantarse. Se limitaron a expulsar también a los criados.

Aquella noche nevó. El viento era terrible, pero nadie ofreció cobijo a la anciana, pues temían enojar al Santo Padre.

Dos días después, el sumo pontífice ofició un nuevo funeral en el Vaticano; esta vez por el alma de la madre del cardenal Orsini, que había sido encontrada muerta hecha ovillo en un portal, con su bastón pegado por el hielo a su mano marchita.

En diciembre, de camino a Senigallia, César se detuvo en Cesena para hacer algunas averiguaciones sobre Ramiro da Lorca, de cuyo gobierno no parecían estar satisfechos los súbditos de César.

Al llegar, convocó una vista pública en la plaza principal para que Da Lorca pudiera defenderse.

—Se os acusa de haber empleado una crueldad extrema contra el pueblo de Cesena. ¿Qué tenéis que decir en vuestra defensa?

Una gran melena pelirroja rodeaba la cabeza de Da Lorca como un halo de fuego. El gobernante de Cesena frunció sus gruesos labios.

—No creo que haya sido excesivamente cruel, excelencia —dijo con una voz tan aguda que, más que hablar, parecía chillar—. La realidad es que nadie me escucha y mis órdenes no son obedecidas.

—¿Es verdad que ordenasteis quemar vivo a un paje en la hoguera?

—Tenía razones para hacerlo —dijo Da Lorca al cabo de unos segundos.

—Me gustaría que me las explicascis —dijo César al tiempo que apoyaba la mano en la empuñadura de su espada.

—Ese paje era un descarado. Además de un torpe —respondió Da Lorca.

—¿Y eso os parece razón suficiente para enviar a alguien a la hoguera?

César sabía que Da Lorca había participado en la fallida conspiración contra él, pero, ahora, lo que más le importaba era el bienestar de sus súbditos, pues una crueldad injustificada en el gobierno podría minar el poder de los Borgia en la Romaña. Da Lorca debía ser castigado.

Ordenó que fuera encerrado en las mazmorras de la fortaleza e hizo llamar a Zappitto, a quien nombró nuevo gobernador de Cesena tras darle una bolsa llena de ducados y órdenes muy concretas.

Ante la sorpresa de todos, Zappitto puso en libertad al despiadado Da Lorca en cuanto César abandonó Cesena. Aun así, el pueblo se sentía feliz, pues Zappitto era un gobernante clemente.

La mañana del día de Navidad, el caballo de Ramiro da Lorca apareció en el mercado con el cuerpo sin cabeza de su amo atado a lasilla.

Y, entonces, todo el mundo pensó que hubiera sido mejor para él permanecer cautivo en las mazmorras.

César preparó el ataque contra Senigallia. Hacía tiempo que deseaba tomar esa plaza portuaria del Adriático gobernada por la familia Della Rovere. Avanzó con sus fieles tropas hasta la costa, donde se reunió con los antiguos conspiradores al frente de sus propios ejércitos. Tanto quienes se habían mantenido fieles a él como los condotieros que habían formado parte de la conspiración parecían satisfechos de volver a luchar en el mismo bando.

Aunque Senigallia se rindió sin ofrecer resistencia, Andrea Doria, el capitán de la fortaleza, insistió en que sólo se entregaría a César en persona.

César dispuso que sus tropas más leales se desplegaran alrededor de la plaza, mientras que las que habían formado parte de la conspiración esperaban un poco más alejadas. Siguiendo sus instrucciones, sus más fieles capitanes se reunieron con él a las puertas de las murallas. Paolo y Franco Orsini, Oliver Da Fermo y Vito Vitelli formaban parte del grupo.

Y, así, cruzaron las murallas, dispuestos a reunirse con Andrea Doria para acordar las condiciones de la rendición.

Al entrar en la ciudadela, cuando las enormes puertas se cerraron ruidosamente tras ellos, César rió.

—Parece que Doria no está dispuesto a correr el riesgo de que nuestros hombres saqueen la ciudad mientras negociamos la rendición —comentó a sus capitanes.

Una vez en el palacio, fueron conducidos hasta un gran salón octogonal con las paredes de color melocotón. El salón tenía cuatro puertas y en el centro había una gran mesa rodeada de sillas de terciopelo, también de color melocotón.

César se dirigió al centro de la sala y se despojó de su espada, dando a entender que se trataba de un encuentro pacífico. Sus capitanes siguieron su ejemplo mientras esperaban la llegada de Andrea Doria. Vitelli era el único al que parecía preocupar que las puertas de la ciudadela se hubieran cerrado a su paso, separándolo así del grueso de sus tropas.

César les indicó que tomaran asiento.

—Senigallia siempre ha sido un puerto célebre —dijo a sus capitanes—, pero estoy convencido de que, a partir de hoy, lo será aún más. Vuestro comportamiento merece una recompensa y, sin duda, la tendréis —continuó diciendo—. De hecho tengo la firme intención de no demorarla por más tiempo.

Y, de repente, dos docenas de soldados armados irrumpieron en el salón por cada una de las cuatro puertas. Un minuto después, Paolo y Franco Orsini, Oliver da Fermo y Vito Vitelli habían sido atados a sus asientos.

—Y ahora quisiera presentaros a mi buen amigo don Michelotto. Estoy seguro de que él os dará la recompensa que merecéis.

Don Michelotto, que había entrado con los soldados, se acercó a los conspiradores y, tras sendas reverencias, cogió la soga que le ofreció un lacayo y, ante la mirada aterroriza da de los traidores, fue estrangulándolos uno a uno.

A su regreso a Roma, César fue recibido como un héroe a las puertas de la ciudad. Desde que había conquistado la Romaña, el hijo del sumo pontífice se mostraba más satisfecho, más dispuesto a sonreír. La dicha de Alejandro no era menor, pues, pronto, todas las ciudades de la península estarían bajo su poder.

Cuando se reunieron en sus aposentos privados, Alejandro le hizo saber a César su intención de coronarlo rey de la Romaña o incluso de cederle el solio pontificio. Pero antes era preciso conquistar la Toscana, algo a lo que, hasta entonces, Alejandro se había mostrado reacio.

Esa noche, mientras César descansaba en sus aposentos, disfrutando de los recuerdos de sus victorias, un criado le entregó un cofre con una nota de Isabel d'Este, la hermana del duque de Urbino, a quien César había privado de sus posesiones.

Al tomar Urbino, César había recibido un primer mensaje de Isabel, en el que le pedía que le devolviera dos esculturas que, al parecer, tenían un gran valor sentimental para ella. Una era un Cupido; la otra, una imagen de Venus. Dado que Isabel era la nueva cuñada de Lucrecia, César había accedido a sus ruegos y le había hecho llegar ambas esculturas.

Ahora, Isabel le agradecía su gesto y le pedía que, a cambio, aceptara el modesto obsequio que le había enviado.

César abrió el gran cofre envuelto con cintas de seda y lazos dorados con el nerviosismo de un niño que abre un regalo el día de su cumpleaños. Quitó el envoltorio cuidadosamente y, al abrir el cofre y retirar el pergamino que cubría el contenido, descubrió cien máscaras. Había máscaras de carnaval de oro y piedras preciosas, máscaras de seda púrpura y amarilla, misteriosas máscaras negras y plateadas, máscaras con rostros de santos y con forma de dragón y de demonio...

César reía mientras se probaba las máscaras delante de un espejo, feliz ante cada nueva imagen que se reflejaba ante sus ojos.

Un mes después, César y Alejandro estaban en los aposentos del sumo pontífice, esperando a Duarte, que acababa de regresar de Florencia y Venecia.

Mientras aguardaban la llegada del consejero, Alejandro, entusiasmado, le explicó a César sus planes para embellecer el Vaticano.

—Aunque no ha resultado fácil, finalmente he convencido a Miguel Ángel para que diseñe los planos para la nueva basílica de San Pedro —dijo Alejandro—. Quiero que sea un templo sin igual, una basílica capaz de reflejar toda la gloria de la cristiandad.

—No conozco su trabajo como arquitecto —dijo César—, pero el Cupido que adquirí no deja lugar a dudas; Miguel Ángel es un artista extraordinario.

Duarte entró en la habitación, se inclinó ante el sumo pontífice y le besó el anillo.

—¿Habéis averiguado la identidad de esos canallas de Venecia? —preguntó César—. ¿Qué noticias traéis de Florencia? Supongo que dirán que soy un despiadado asesino después de lo ocurrido en Senigallia...

—Lo cierto es que la mayoría de la gente piensa que hicisteis lo que debíais y que demostrasteis poseer gran astucia e inteligencia. Como dicen en Florencia, fue un *scelleratezzi glorioso,* un glorioso engaño. La gente adora la venganza, sobre todo cuando está cargada de dramatismo.

Pero la sonrisa de Duarte desapareció de sus labios al dirigirse al sumo pontífice.

—Su Santidad —dijo con gravedad—, mucho me temo que seguís corriendo un grave peligro.

—¿A qué te refieres, Duarte? —preguntó Alejandro.

—Puede que los conspiradores hayan muerto —dijo el consejero—, pero estoy convencido de que sus familiares intentarán vengar su muerte. —Guardó silencio durante unos instantes, y finalmente se volvió hacia César—: Nunca perdonarán vuestra ofensa —dijo—, y si no pueden vengarse en vuestra persona, sin duda intentarán hacerlo en la del Santo Padre.

Capítulo 28

En Ostia, el cardenal Giuliano della Rovere caminaba, enfurecido, por su palacio. Acababa de saber que César Borgia había conquistado Senigallia. Ahora, los Borgia mandaban incluso en aquellos territorios que pertenecían a su familia. Pero eso no era lo peor.

Las tropas que César había dejado atrás habían saqueado la plaza y habían violado a todas las mujeres; ni siquiera su dulce nieta Ana, de doce años de edad, había podido eludir tan terrible destino.

La furia del cardenal era tal que ni siquiera le permitía entregarse a la oración. Finalmente, cogió una pluma y, de pie ante su escritorio, temblando de la ira, escribió un mensaje para Ascanio Sforza: «El mal seguirá reinando mientras nuestras almas sigan aferrándose a la virtud. Por el bien de Dios y de la Santa Iglesia de Roma, debemos enmendar las afrentas que se han cometido contra nuestras familias.» Después escribió la hora y el lugar donde deseaba reunirse con él.

Con las manos temblorosas, sujetó el lacre sobre una vela y observó cómo las gotas rojas caían sobre el pergamino. Después cogió el sello con la cabeza de Cristo Mártir y lo presionó contra el lacre caliente.

Estaba a punto de llamar a su ayuda de cámara para que se encargara de hacerle llegar la misiva al cardenal Sforza cuando, de repente, sintió un dolor punzante en las sienes.

El dolor se tornó tan agudo que, presionándose la cabeza con ambas manos, Della Rovere se dejó caer de rodillas. Intentó gritar, pero la imagen que se presentó ante sus ojos ahogó su grito.

Primero vio el estandarte del papa Alejandro, con el toro rojo bordado sobre un fondo blanco. De repente, el estandarte cayó al suelo y mil caballos pasaron por encima de él, convirtiéndolo en un montón de jirones embarrados.

Era una señal. El poder de los Borgia tocaba a su fin.

Della Rovere se levantó, aturdido. Las rodillas le temblaban hasta tal punto que tuvo que apoyarse contra el escritorio. Unos minutos después, cuando recuperó las fuerzas, volvió a coger la pluma y escribió un mensaje tras otro. Cada vez que lacraba un pergamino recitaba una oración. Escribió al rey Federico de Nápoles y a Fortunato Orsini, que, tras la muerte del cardenal Orsini, se había convertido en el patriarca de la familia. Escribió al cardenal Coroneto, al cardenal Malavoglia, a Caterina Sforza y a la reina Isabel de Castilla.

Había llegado el momento que había esperado durante tantos años.

Como todos los días, Jofre descendió la escalera que llevaba a las mazmorras del castillo de Sant'Angelo. Como todos los días, pasó frente a la estancia donde los guardias dormían y se dirigió a la miserable celda en la que estaba encerrada su esposa.

Uno de los guardias le abrió la puerta.

Sancha estaba sentada en el catre, inmóvil y silenciosa como una estatua, con el cabello enmarañado sobre la cara. Como todos los días, ni tan siquiera pareció advertir la presencia de su esposo. Al verla así, los ojos de Jofre se llenaron de lágrimas. Se sentó a su lado y cogió su mano. Ella seguía sin moverse; ni tan siquiera lo miraba.

—Sancha, amor mío —suplicó él—. No puedes seguir así. Tienes que luchar. Le he enviado tu mensaje a tu tío. Estoy seguro de que pronto vendrá a por ti. Sancha, por favor...

Ella empezó a tararear una melodía con la mirada perdida en el techo.

Jofre sabía lo que tenía que hacer, pero no sabía cómo hacerlo.

Porque, desde el día en el que Alejandro había ordenado encerrar a Sancha en las mazmorras, la guardia personal del sumo pontífice lo vigilaba día y noche. Tan sólo lo dejaban solo cuando, todos los días, descendía a las mazmorras del castillo de Sant'Angelo.

César, que acababa de regresar a Roma, le había dicho que necesitaba un poco de tiempo para razonar con su padre, aunque le había prometido que conseguiría persuadirlo y que Sancha pronto volvería a estar libre.

Ahora Jofre miraba a su esposa y sólo era capaz de llorar. Si César no convencía pronto a su padre, la propia Sancha se liberaría de su terrible cautiverio. Y él no podía soportarlo.

Un guardia abrió la puerta y llamó a Jofre por su nombre. Aunque al principio no lo reconoció, había algo en su voz que le resultaba familiar. El guardia tenía los ojos azules y el cabello oscuro y sus pronunciadas facciones transmitían una sensación de gran fortaleza.

— ¿Te conozco? —preguntó Jofre.

El hombre asintió, tendiéndole la mano. Y fue entonces cuando Jofre vio el gran anillo.

—¡Vanni! —exclamó—. Pero... ¿Cómo has conseguido entrar?

Vanni sonrió.

—Parece que mi disfraz ha funcionado —dijo con una sonrisa—. Pero ahora debemos hablar. No disponemos de mucho tiempo.

Varios días después, dos hombres se reunieron al atardecer frente a un gran establo. Ambos vestían hábitos cardenalicios. Al cabo de unos minutos, uno de ellos, el más alto, se acercó a los cuatro jinetes enmascarados que esperaban a unos metros del establo ocultos bajo largas capas negras.

—Haced exactamente lo que os he ordenado —dijo—. No debe quedar nada en pie. Nada —repitió.

Los cuatro enmascarados cabalgaron por las dunas hasta la cabaña de la anciana. Al oírlos llegar, Noni salió de la cabaña con su cesta y su bastón de madera de espino.

Uno de los jinetes desmontó y, tras acercarse a la anciana, le susurró algo al oído. Ella asintió, mirando hacia un lado y hacia otro. Después caminó lentamente hasta la huerta y recogió un puñado de bayas oscuras. Cuando volvió a la cabaña, las puso en una pequeña bolsa de cuero y se la entregó al hombre enmascarado.

—*Grazie* —dijo él cortésmente.

Después desenvainó su espada y, con un diestro movimiento, partió en dos el cráneo de la anciana.

Tras prender fuego a la cabaña con el cadáver de Noni dentro, los cuatro jinetes se alejaron al galope.

El cardenal Corneto ofreció un espléndido banquete para celebrar las conquistas de César y el undécimo aniversario del ascenso de Alejandro al solio pontificio. Aquel día, Alejandro se despertó intranquilo; la noche anterior apenas pudo conciliar el sueño. Se sentó en la cama e intentó tranquilizarse antes de ponerse de pie. Buscó su amuleto para frotarlo y rezar sus oraciones, como hacía cada mañana. Cuando se palpó el cuello y vio que no tenía nada, se asustó, pero enseguida se puso a reír en voz baja. Seguro que se había dado la vuelta, y que estaría colgando por su espalda. No se podía haber perdido, ya que hacía años que se lo hizo soldar a la cadena, y, desde entonces, jamás se le había caído del cuello. Sin embargo, aquella mañana no lo encontraba por ninguna parte y Alejandro estaba desconcertado. Llamó a todos sus criados a voz en grito y mandó avisar a Duarte, César y Jofre, pero aunque se buscó el amuleto por todos los rincones de la habitación, éste no aparecía.

—No saldré de mis aposentos hasta que no encontremos el amuleto —les dijo, con los brazos cruzados.

Le aseguraron que lo buscarían por el subterráneo, por la catedral e, incluso, por el bosque si era necesario; no cesarían su búsqueda hasta encontrarlo.

Cuando llegó la noche, la joya todavía no había aparecido. El cardenal Coroneto comunicó al papa que todos le esperaban para dar inicio la celebración y Alejandro accedió a asistir a la misma. Sin embargo, antes de marcharse, les advirtió a todos:

—Si mañana por la mañana el amuleto no está en mi poder, suspenderé todos los asuntos eclesiásticos.

Las mesas habían sido dispuestas en el jardín, frente al estanque con fuentes de aguas cristalinas que caían sobre miles de coloridos pétalos de rosa. Se había servido venado en salsa de bayas de enebro, deliciosas gambas genovesas en salsa de limón y una magnífica tarta de frutas con miel. Además, un popular cantor napolitano y un grupo de bailarinas sicilianas amenizaban la velada mientras los criados rellenaban de vino una y otra vez las grandes copas de plata.

Cuando el orondo cardenal romano alzó su copa para brindar por los Borgia, los treinta comensales imitaron su gesto.

Alejandro, de un magnífico humor, bromeaba con sus hijos, que estaban sentados a ambos lados de él. Cuando los rodeó con sus brazos en un cálido abrazo, Jofre se inclinó hacia su hermano para decirle algo y, ya fuera por accidente o a propósito, golpeó la copa que César sujetaba en la mano, y derramó el vino, brillante como la sangre, sobre la camisola de seda dorada de César.

Cuando uno de los criados se apresuró a limpiarle la mancha, César lo apartó de su lado con un gesto impaciente.

Alejandro no tardó en sentirse indispuesto. Fatigado, y cada vez más acalorado, acabó por retirarse. César tampoco se sentía demasiado bien, aunque estaba más preocupado por la salud de su padre, que cada vez estaba más pálido y había empezado a sudar copiosamente.

Al llegar al Vaticano, Alejandro, febril, apenas podía hablar.

Su médico personal, el doctor Michele Marruzza, fue llamado inmediatamente.

Tras examinar al sumo pontífice se dirigió a César moviendo la cabeza de un lado a otro.

—Creo que es malaria —dijo. Después, observó a César en silencio durante unos instantes—. Vos tampoco tenéis buen aspecto. Os recomiendo que descanséis. Mañana vendré a veros a primera hora; a Su Santidad y a vos.

Cuando volvió, al día siguiente, resultaba evidente que tanto el padre como el hijo se encontraban gravemente enfermos.

El doctor Marruzza, que no estaba seguro de si estaba luchando contra la malaria o contra algún veneno, procedió a sangrarlos con sanguijuelas. Él mismo las había traído en un frasco, donde las escurridizas y delgadas criaturas se deslizaban pegadas al cristal.

Frunciendo las cejas en un gesto de concentración, Marruzza sacó las viscosas criaturas del frasco sujetándolas cuidadosamente con unas pequeñas pinzas de metal. Las sanguijuelas tenían una ventosa en cada extremo del cuerpo; una para aferrarse a la carne y la otra para chupar la sangre.

Marruzza colocó una sanguijuela en un pequeño plato de latón y se la mostró a César.

—Son las mejores sanguijuelas de toda Roma —explicó con orgullo—. Las he adquirido a un alto precio en el monasterio de San Marcos, donde las crían con gran dedicación.

César se estremeció al ver cómo Marruzza colocaba las dos primeras sanguijuelas en el cuello de su padre. Inmediatamente, las criaturas empezaron a adquirir una tonalidad más oscura al tiempo que su cuerpo se hacía más corto y voluminoso. Cuando Marruzza colocó la cuarta sanguijuela, la primera estaba tan llena de sangre que parecía a punto de explotar. Redonda y amoratada como una baya, se desprendió del cuello del sumo pontífice y cayó sobre las sábanas de seda blanca.

—Debemos darles tiempo para que absorban la sangre enferma de Su Santidad —explicó Marruzza—. Eso ayudará a que sane antes.

César sentía náuseas.

Algunos minutos después, cuando Marruzza consideró que las sanguijuelas ya habían succionado suficiente sangre enferma, procedió a retirarlas cuidadosamente.

—Creo que Su Santidad ya se encuentra mejor —dijo.

De hecho, la fiebre de Alejandro había remitido, aunque ahora el sumo pontífice estaba frío y sudoroso y su piel tenía un tono mortecino.

—Ahora es vuestro turno —dijo Marruzza al tiempo que se acercaba a César y le mostraba una de las sanguijuelas para que pudiera admirarla de cerca. César apartó la cabeza.

Al caer la noche, a pesar del optimismo del doctor, resultaba evidente que el estado de Alejandro había empeorado.

En sus aposentos, situados en la planta superior del palacio, César fue informado por Duarte de que su madre, Vanozza, había visitado al Santo Padre y de que, al parecer, había abandonado la cámara llorando. También había estado junto al lecho de César, pero al ver que dormía había preferido dejarlo descansar.

César insistió en que lo llevaran a los aposentos de su padre. Incapaz de andar, fue trasladado en una camilla y depositado suavemente sobre un amplio sillón situado junto al lecho del sumo pontífice. La cámara olía a podredumbre.

César cogió la mano del Santo Padre y la besó.

Tumbado boca arriba, Alejandro respiraba con dificultad, mientras entraba y salía de un sueño intranquilo. A veces, su mente parecía nublarse, pero el resto del tiempo razonaba con claridad.

Al volver la cabeza, el Santo Padre vio a su hijo César sentado junto a su lecho. Estaba pálido, ojeroso, y tenía el cabello lacio, sin vida. La preocupación que transmitía su rostro le enterneció.

Entonces, Alejandro pensó en sus hijos. ¿Los habría educado bien? ¿O acaso los habría tratado con demasiada autoridad, corrompiéndolos, desarmándolos?

De repente, todos los pecados de los que había hecho partícipes a sus hijos pasaron ante sus ojos en una serie de imágenes tan reales, tan nítidas y tan llenas de sentimiento que Alcjandro no pudo negar la evidencia. Y, entonces, el Santo Padre lo comprendió todo.

—Te ruego que me perdones, hijo mío —dijo, apretando la mano de César—, pues he sido injusto contigo.

César sintió por su padre una mezcla de compasión y recelo.

—¿Por qué decís eso? —preguntó, mirando al sumo pontífice con una ternura que casi hizo llorar a Alejandro.

—Siempre te hablé del peligro del poder —dijo el Santo Padre, esforzándose por llenar sus pulmones de aire—, pero nunca te expliqué por qué. Te advertí del peligro, pero nunca te expliqué lo que ocurriría si no lo empleabas al servicio del amor.

—No os comprendo, padre —dijo César.

De repente, Alejandro se sintió joven y lleno de fuerza, como cuando todavía era cardenal y se sentaba junto a sus hijos para hablarles sobre la vida.

—Si no amas algo, el poder se convierte en una aberración y, lo que es más importante todavía, en una amenaza, pues el poder es peligroso y puede ponerse en contra de uno en el momento menos esperado.

Y, entonces, el sumo pontífice imaginó a su hijo al frente de los ejércitos pontificios y lo vio venciendo grandes batallas y vio la sangre derramada, las masacres y la devastación de los vencidos.

Hasta que oyó la voz de su hijo que lo llamaba desde algún lejano lugar.

—¿Acaso no es el poder una virtud? —preguntaba César—. ¿Acaso no ayuda a salvar las almas de los hombres?

—Hijo mío —murmuró Alejandro, despertando de su ensueño—, el poder en sí mismo no posee ningún valor. No es más que el ejercicio fútil de la voluntad de un hombre sobre la de otro. El poder por sí solo no es un ejercicio de virtud.

César apretó la mano de su padre.

—Ahora debéis descansar, padre. No os conviene hablar.

Alejandro sonrió y, aunque a sus ojos era una sonrisa radiante, César sólo vio una pequeña mueca en su rostro.

—Sin amor, el poder convierte a los hombres en animales —dijo el Santo Padre, esforzándose por llenar sus pulmones de aire—. Sin amor, el poder nos aleja de nuestra parte divina, nos aleja de los ángeles.

La tez del sumo pontífice cada vez tenía un tono más gris. Sus pulmones silbaban luchando por cada bocanada de aire. Y, aun así, cuando Marruzza entró en la cámara para interesarse por su estado, Alejandro rechazó sus atenciones con un gesto de la mano.

—Vuestro trabajo aquí ha acabado —dijo y, sin prestarle más atención al médico, se volvió de nuevo hacia su hijo—: ¿Has amado alguna vez a alguien más que a tu propia vida? —le preguntó.

—Sí, padre —dijo César—. Lo he hecho.

—¿A quién? —preguntó Alejandro.

—A mi hermana, padre —dijo César evitando la mirada de Alejandro, pues las lágrimas pugnaban por aflorar en sus ojos.

—Lucrecia —dijo Alejandro apenas en un susurro y una sonrisa iluminó su rostro, pues aquel nombre era como música para sus oídos—. Sí —continuó diciendo—, ése fue mi pecado. Mi pecado y tu maldición y la fuerza de Lucrecia.

—Le diré cuánto la queríais, porque sé que ella hubiera deseado estar a vuestro lado en este momento más que ninguna cosa en este mundo.

—Dile a tu hermana que siempre ha sido la flor más preciada de mi vida —dijo Alejandro con una expresión que no podía contener falsedad alguna—. Una vida sin flores no es una vida, pues la belleza es más necesaria de lo que muchos hombres imaginan.

César miró a su padre y, por primera vez en su vida, lo vio como el hombre que era. No como el padre, el cardenal o el sumo pontífice, sino como un hombre imperfecto y tan lleno de dudas como cualquier otro. Porque César y Alejandro nunca habían hablado entre sí con libertad y, ahora, lo único que deseaba César era conocer a aquel hombre que era su padre.

—¿Y vos, padre? ¿Habéis amado a alguien más que a vuestra propia vida?

—Sí, hijo mío... Claro que sí —dijo Alejandro, y sus palabras sonaron llenas de melancolía.

—¿A quién? —preguntó César, al igual que lo había hecho antes su padre.

—A mis hijos, César. A todos vosotros. Y, aun así, a veces pienso que eso también ha sido mi pecado, pues, como sumo pontífice, debería haber amado más a Dios...

—Cada vez que os he visto oficiando misa frente al altar, cada vez que habéis levantado el cáliz áureo y habéis mirado hacia el cielo, he visto cómo vuestros ojos brillaban llenos de amor hacia Dios.

Alejandro empezó a toser y los espasmos retorcieron su cuerpo en una dolorosa convulsión.

—Cada vez que he elevado el cáliz, cada vez que he bendecido el pan y el vino que simbolizan el cuerpo y la sangre de Jesucristo, en mi mente sólo veía el cuerpo y la sangre de mis hijos —dijo Alejandro cuando los espasmos remitieron—. Pues igual que Dios creó al hombre, yo os he creado a vosotros e, igual que él sacrificó la vida de su hijo, yo he sacrificado las vuestras. Cuánta arrogancia, cuánta ambición. Y, aun así, nunca lo vi con tanta claridad como lo veo ahora.

Alejandro rió ante la ironía oculta en sus palabras; hasta que un nuevo acceso de tos convulsionó su cuerpo atormentado.

—Si necesitáis mi perdón, padre, debéis saber que lo tenéis —dijo César, intentando consolar a su padre a pesar de su propia debilidad—. Tenéis mi perdón, igual que siempre habéis tenido mi cariño.

Al oír las palabras de su hijo, por un momento, el sumo pontífice pensó que podría recuperarse de su enfermedad.

—¿Dónde está tu hermano Jofre? —preguntó al tiempo que fruncía el ceño con preocupación.

César llamó a Duarte y le pidió que acudiera inmediatamente en busca de Jofre.

Al entrar en la cámara, Jofre permaneció de pie detrás de su hermano, lejos del lecho de su padre. Su mirada, fría e impenetrable, no mostraba ningún dolor.

Acércate, hijo mío —dijo Alejandro—. Quiero sentir tu mano en la mía.

Jofre se acercó a su padre y extendió la mano con reticencia.

—Acércate más, hijo mío —pidió Alejandro—. Hay algo que debo decirte.

Jofre vaciló durante unos instantes, hasta que finalmente se inclinó junto al borde del lecho.

—He sido injusto contigo, hijo mío —dijo Alejandro—. Ahora sé que eres mi hijo, pero, hasta esta noche, la vanidad de mi corazón nunca me permitió ver la verdad.

Jofre miró a través de la neblina que cubría los ojos de su padre.

—No puedo perdonaros, padre —dijo—, pues vos sois el culpable de que nunca me haya perdonado a mí mismo.

—Sé que ya es tarde para lo que voy a decirte, pero antes de morir quiero que lo escuches de mi boca —dijo Alejandro—. Tú deberías haber sido el cardenal, pues tú siempre fuiste la persona de mejor corazón de la familia.

—Ni siquiera me conoces, padre —dijo Jofre moviendo la cabeza de un lado a otro.

Alejandro sonrió al oír las palabras de su hijo, pues, cuando se ven las cosas tan claras, no existe lugar para el error.

—De no haber existido Judas, Jesucristo nunca hubiera dejado de ser un simple carpintero y hubiera muerto pacíficamente en su lecho —dijo el Santo Padre. Después dejó escapar una sonora carcajada, pues de repente, la vida le parecía algo absurdo.

Jofre le dio la espalda y salió de la habitación.

César sujetó la mano de su padre entre las suyas y sintió cómo iba perdiendo el calor.

Alejandro, agonizante, no oyó los suaves golpes con los que llamaban a la puerta. No vio a Julia Farnesio cuando ésta entró en la habitación con una capa negra y un velo.

—Tenía que verlo por última vez —le explicó a César mientras se inclinaba para besar la frente de Alejandro.

—¿Estáis bien? —le preguntó César.

—Vuestro padre ha sido mi vida —dijo ella—, la piedra angular de mi existencia. He tenido muchos amantes, pero la mayoría de los hombres no son más que niños inexpertos en busca de gloria —continuó diciendo—. Con todos sus defectos, vuestro padre era un verdadero hombre.

De repente, las lágrimas inundaron sus bellos ojos.

—Adiós, amor mío —susurró al oído de su amante. Después abandonó rápidamente la cámara.

Una hora después, César mandó llamar al confesor de Alejandro para que su padre recibiera la extremaunción. Al salir el confesor, César se sentó junto a su padre y volvió a cogerle la mano.

Una sensación de gran paz envolvió a Alejandro al tiempo que el rostro de César iba desapareciendo ante sus ojos.

Y, en su lugar, el Santo Padre vio el deslumbrante rostro de la muerte y, acariciando las cuentas de oro de su rosario, paseó por los bosques de «Lago de Plata», inmerso en un baño de luz. Nunca se había sentido tan bien. Su vida estaba llena de gloria.

El cadáver del sumo pontífice, amoratado y rígido, se hinchó hasta tal punto que rebosó por ambos lados del ataúd. Tuvieron que encajarlo a presión y cerrar el féretro con clavos, pues, por muchos hombres que intentaran mantenerlo cerrado, sus esfuerzos siempre eran en vano.

Y así fue como, al final de sus días, el papa Alejandro VI, grande en vida, lo fue incluso más en la muerte.

Capítulo 29

La misma noche en que murió Alejandro, numerosos grupos de hombres armados se adueñaron de las calles de Roma, apaleando, asesinando y saqueando los hogares de todos los «catalanes» que encontraban a su paso, pues así se conocía a las personas de ascendencia española.

A pesar de su juventud y su fortaleza, César seguía gravemente enfermo. Había estado varias semanas en cama, luchando contra la enfermedad, resistiéndose a la llamada de la muerte. Y, aun así, no mejoraba. Finalmente, y pese a sus reiteradas negativas, Duarte había ordenado a Marruzza que lo sangrara.

César estaba tan débil que ni siquiera había podido tomar las medidas necesarias para proteger sus propiedades y, mientras los principales miembros de las familias cuyos territorios había conquistado se reunían forjando nuevas alianzas, él apenas era capaz de mantenerse despierto. Sus enemigos no tardaron en reconquistar Urbino, Camerino y Senigallia, mientras otros gobernantes depuestos volvían a ocupar sus antiguos feudos sin apenas resistencia. Incluso los Colonna y los Orsini unieron sus fuerzas y enviaron sus tropas a Roma para influir en la elección del nuevo pontífice. Pero César ni siquiera era capaz de levantarse de su lecho.

A lo largo de los años, César y su padre habían planeado las medidas que se debían tomar a la muerte de Alejandro para proteger a la familia y para que ésta conservara sus riquezas, sus títulos y sus territorios. Pero, ahora, César estaba demasiado enfermo para llevarlas a cabo.

De no haber sido así César habría concentrado sus tropas más leales en Roma y sus alrededores, se habría asegurado que las principales plazas y fortalezas de la Romaña recibieran las tropas de refuerzo necesarias para defenderse de los ataques de sus enemigos y, sobre todo, habría reforzado sus alianzas. Pero su salud no se lo permitía. Le había pedido a Jofre que se encargara de tomar las medidas necesarias, pero su hermano se había negado a hacerlo, profundamente afligido como estaba, no por la muerte de su padre, sino por la de su amada esposa, que se había dejado morir en las mazmorras del castillo de Sant'Angelo antes de ser liberada.

Finalmente, César mandó llamar a Duarte para que reuniese un ejército de hombres leales, pero el Sacro Colegio Cardenalicio, que ya no estaba bajo el control de los Borgia, ordenó que todas las tropas armadas abandonaran la ciudad de Roma de manera inmediata.

Ahora, lo más importante era elegir al nuevo vicario de Cristo y la presencia de tropas armadas en Roma podría influir en la decisión de los miembros del cónclave; incluso las tropas de los Orsini y los Colonna tuvieron que abandonar la ciudad.

El Sacro Colegio Cardenalicio sin duda era un poderoso enemigo. César envió mensajeros solicitando el apoyo de los reyes de Francia y de España, pero, tras la muerte de Alejandro, todo había cambiado; ambas monarquías le negaron su apoyo, pues no deseaban tomar partido en las disputas internas de Italia; preferían aguardar acontecimientos.

Duarte visitaba a César a diario para transmitirle las condiciones del acuerdo que ofrecían los enemigos de los Borgia.

—Podría ser peor —le dijo un día a César—. Al menos podréis conservar vuestras riquezas, aunque todos los territorios conquistados deben ser devueltos a sus antiguos señores.

Pero, más que generosos, los gobernantes de los territorios conquistados estaban siendo precavidos, pues aún temían a César. Desconfiaban de su enfermedad, incluso pensaban que podía ser fingida, que les estuviese tendiendo una trampa, como ya lo había hecho en Senigallia.

Además, los súbditos de las distintas plazas de la Romaña eran leales a César, que había gobernado con más justicia y generosidad que sus antiguos señores. Así, si César aceptaba la oferta de sus enemigos, éstos no tendrían que sufrir la humillación de ver cómo sus antiguos súbditos mostraban públicamente su apoyo a César.

Aunque éste retrasó su respuesta todo lo posible, sabía que, si no ocurría un milagro, se vería obligado a aceptar las condiciones impuestas por sus enemigos.

Aquella noche, a pesar de su debilidad, César se levantó de su lecho y escribió una carta a Caterina Sforza a Florencia. Si tenía que devolver las plazas conquistadas, las de Caterina serían las primeras. Redactó un edicto ordenando la inmediata devolución tanto de Imola como de Forlì a Caterina y a su hijo Riario. Pero cuando despertó a la mañana siguiente, sintiéndose con más fuerza, decidió guardar tanto la carta como el edicto. Él también esperaría acontecimientos.

«¡El papa ha muerto! ¡El papa ha muerto!», gritaban los pregoneros en Ferrara. Lucrecia, soñolienta, se levantó del lecho y se asomó al balcón.

Antes de que pudiera darse cuenta de lo ocurrido, pues el sueño aún pesaba sobre sus párpados, don Michelotto entró en sus aposentos. Había cabalgado toda la noche, hasta que finalmente había llegado a Ferrara justo detrás de las noticias.

—¿Miguel? —dijo Lucrecia—. ¿Es cierto lo que oigo? ¿De verdad ha muerto mi padre?

Incapaz de hablar, don Michelotto inclinó la cabeza, abatido.

Lucrecia permaneció en silencio, aunque, en su corazón, sus gritos se oyeron por todo Ferrara.

—¿Quién lo ha matado? —preguntó con aparente tranquilidad.

—Al parecer fue la malaria —contestó él.

—¿Y vos lo creéis? —preguntó ella—. ¿Lo cree César?

— Vuestro hermano también está enfermo —dijo don Michelotto—. Tan sólo su juventud y su fortaleza han impedido que compartiera el destino de Su Santidad.

Lucrecia cada vez respiraba con mayor dificultad.

—Debo ir a su lado —dijo finalmente.

Su padre había muerto y su hermano la necesitaba.

Un instante después, llamó a una de sus damas de compañía para que se encargara de los preparativos del viaje.

—Necesito un vestido negro y calzado apropiado —le ordenó.

Pero don Michelotto se opuso.

—Vuestro hermano me ha pedido que os mantenga alejada de Roma —dijo—. Lejos del peligro. Las calles de Roma no son seguras. Hay disturbios y se han saqueado las casas de numerosos españoles.

—Miguel, no podéis pedirme que permanezca lejos de César y de mis hijos —dijo ella—. No podéis pedirme que renuncie a ver por última vez a mi padre antes de que reciba sepultura.

Y, de repente, los ojos de Lucrecia se llenaron de lágrimas de rabia y de dolor.

—Vuestros hijos han sido trasladados a Nepi —dijo don Michelotto—. Allí estarán a salvo. Adriana cuida de ellos y Vanozza no tardará en llegar. César me ha pedido que os dijera que, en cuanto se recupere de su dolencia, se reunirá con vos en Nepi.

—Pero... ¿Y mi padre? —exclamó ella entre sollozos—. Tengo que ver a mi padre.

Don Michelotto no quería pensar en cómo se sentiría Lucrecia si llegaba a ver el cuerpo hinchado y amoratado del sumo pontífice, pues si aquella imagen se había grabado en su retina, dejándole una profunda sensación de tristeza y repugnancia, ¿qué efecto tendría en aquella delicada criatura?

—Podéis rezar por el alma de vuestro padre desde Ferrara —dijo finalmente—. El padre celestial os escuchará.

Ercole d'Este y su hijo Alfonso no tardaron en acudir a los aposentos de Lucrecia para brindarle su consuelo, pero no había consuelo posible para ella.

Lucrecia dispuso que sus criados prepararan una alcoba para que don Michelotto descansara y le dijo que acudiría a Nepi en cuanto su hermano la llamara.

Ercole y don Michelotto no tardaron en abandonar la estancia, pero, ante la sorpresa de Lucrecia, su esposo permaneció junto a ella. Desde que Lucrecia se había trasladado a Ferrara, Alfonso había pasado la mayor parte del tiempo en el lecho de alguna cortesana o jugando con su colección de armas de fuego, mientras Lucrecia se rodeaba de artistas, músicos y poetas o atendía las peticiones de sus nuevos súbditos.

Pero, ahora, Alfonso se acercó a ella de forma afectuosa.

—¿Hay algo que pueda hacer por vos? —preguntó—. ¿O preferís que os deje a solas?

Lucrecia permaneció en silencio. Era incapaz de pensar, de moverse, de hacer nada. Hasta que, finalmente, todo empezó a nublarse a su alrededor.

Alfonso la sujetó antes de que cayera al suelo. La sentó sobre el lecho y la abrazó, acunándola suavemente entre sus brazos. Hasta que ella volvió a abrir los ojos.

—Habladme, esposo mío —le rogó a Alfonso—. Decidme cualquier cosa que pueda ayudarme a olvidar mi dolor.

Las lágrimas de Lucrecia eran tan profundas que ni tan siquiera conseguía hacerlas brotar.

Alfonso estuvo con su esposa todo el día y toda la noche y todos los días y las noches que siguieron, consolando su dolor, acunando sus lamentos.

La elección de un nuevo papa no podía retrasarse por más tiempo y César debía encontrar la manera de detener a Giuliano della Rovere, el eterno enemigo de los Borgia.

César apoyaba la elección del cardenal francés Georges d'Amboise, pero para los cardenales italianos sólo existía un posible candidato y ése era Della Rovere. Por su parte, los cardenales españoles tenían su propio candidato.

Los florentinos, que eran muy amantes del juego, pronto empezaron a hacer apuestas sobre quién sería el próximo sumo pontífice. El pueblo hacía sus apuestas, pero, sobre todo, eran los bancos florentinos quienes apostaban verdaderas fortunas.

Las apuestas por D'Amboise se pagaban cinco contra uno. Della Rovere, en cambio, estaba a tres contra uno. Del resto de posibles candidatos, ninguno superaba los veinte contra uno. Pero, tratándose de un cónclave, el desenlace era impredecible, pues no sería la primera vez que el principal candidato no llegaba a ocupar el solio pontificio.

Y, en esta ocasión, tras los primeros recuentos, resultó evidente que ni D'Amboise ni Della Rovere conseguirían los votos suficientes.

Hicieron falta otras dos votaciones para que la fumata por fin se tornara blanca. Ante la sorpresa de todos, el nuevo sumo pontífice era el cardenal Francesco Piccolomini. Aunque no fuera su candidato, César recibió la noticia con satisfacción.

Piccolomini tomó el nombre de Pío III. Aunque no siempre hubiera apoyado las decisiones de Alejandro, el nuevo vicario de Cristo era un hombre benévolo y bondadoso. César sabía que trataría a los Borgia de forma justa y que los protegería de sus enemigos; al menos mientras esa protección no fuese en contra de los intereses de la Santa Iglesia de Roma.

Y así fue como, de forma casi milagrosa, el peligro de un sumo pontífice hostil a los Borgia fue conjurado.

César fue recuperando paulatinamente las fuerzas. Al principio, lo suficiente como para andar por sus aposentos privados, después como para pasear por los jardines... Hasta que, finalmente, volvió a cabalgar sobre su corcel.

Una vez recuperado, empezó a concebir una estrategia para conservar sus territorios de la Romaña y derrotar a sus enemigos.

Hasta que un día, al regresar de cabalgar, César encontró a Duarte esperándolo en sus aposentos.

—Tengo malas noticias —dijo el consejero—. Pío III ha muerto.

Tan sólo había llevado la tiara pontificia durante veintiséis días.

El futuro volvía a tornarse oscuro para los Borgia. Tras la muerte de Pío III, la posibilidad de contar con la protección del sumo pontífice, o incluso con su imparcialidad, se tornó cada vez más remota. Conscientes de ello, los Orsini no tardaron en unirse a los Colonna para atacar a César.

Tras enviar a Vanozza a Nepi, pues su vida era más valiosa que sus posadas y sus viñedos, César reunió a sus tropas más leales y se hizo fuerte en el castillo de Sant'Angelo.

Esta vez, nada podría detener al cardenal Della Rovere. La fecha en la que volvería a reunirse el cónclave se acercaba y las apuestas volvían a señalarlo como claro favorito. Incluso César daba por supuesta su elección. De ahí que reuniera a todas sus tropas y se preparase para hacer frente al nuevo sumo pontífice.

Y así fue como César se reunió con Giuliano della Rovere y, sirviéndose de su influencia sobre los cardenales españoles y franceses y de la expugnabilidad del castillo de Sant'Angelo, consiguió llegar a un acuerdo con el cardenal.

César apoyaría su elección como sumo pontífice a cambio de mantener sus territorios y sus fortalezas en la Romaña. Además, César conservaría sus privilegios como gonfaloniero y capitán general de los ejércitos pontificios.

Para asegurarse de que el cardenal cumpliera lo pactado, César exigió que el acuerdo fuese hecho público. Y Della Rovere accedió, pues así se aseguraba la tiara papal.

Y así fue como el cardenal Della Rovere se convirtió en el nuevo vicario de Cristo en el cónclave más rápido que se recordaba en Roma.

Al igual que César, el cardenal Della Rovere era un gran admirador de Julio César. De ahí que eligiera el nombre de Julio II.

¡Cuánto tiempo había esperado ese momento! ¡Cuántas ideas tenía para la reforma de la Santa Iglesia de Roma!

Aunque el nuevo sumo pontífice ya no era un hombre joven, gozaba de buena salud y, ahora que por fin ocupaba el lugar que siempre había creído merecer, se mostraba menos hosco e irritable. Irónicamente, los planes que albergaba para los Estados Pontificios eran muy similares a los de Alejandro, pues su prioridad era unificar todos los territorios bajo un gobierno centralizado.

Al principio, el papa Julio dudó sobre cuál sería la mejor manera de proceder respecto a César. Aunque no le preocupaba tener que romper su palabra, al acceder al solio pontificio había comprendido que primero debía cimentar su poder para protegerse de sus enemigos.

Además, en la actual situación, Venecia constituía una amenaza tanto o más seria que los Borgia y tener a César como aliado era la mejor manera de frenar el afán expansionista de los venecianos en la Romaña. Así pues, Julio II decidió que lo más conveniente sería mantener una relación de aparente cordialidad con César.

Mientras tanto, César intentaba fortalecer su posición animando a los capitanes de las plazas y las fortalezas que había conseguido conservar a permanecer junto a él, intentando convencerlos de que eso era lo más conveniente para ellos, asegurándoles que él, César Borgia, conservaría su poder a pesar de su consabida enemistad con el nuevo sumo pontífice.

Además, César se puso en contacto con su amigo Maquiavelo, buscando el apoyo de Florencia.

César y Maquiavelo se reunieron en los jardines de Belvedere una fresca mañana de invierno. Pasearon entre hileras de altos cedros hasta sentarse en un viejo banco de piedra que ofrecía una vista espléndida de las cúpulas y las torres de Roma. El viento había limpiado el cielo de humo y de polvo y los edificios de mármol y terracota se perfilaban con una sorprendente claridad contra el bello telón que proporcionaba el cielo nítido y azul.

Maquiavelo advirtió inmediatamente el nerviosismo de César. El nuevo patriarca de la familia Borgia tenía las mejillas encendidas y apretaba los labios con fuerza. Además, sus ademanes eran vehementes y reía con demasiada frecuencia. Por un momento, Maquiavelo incluso se preguntó si César seguiría enfermo.

—Contemplad esta magnífica ciudad, Nicolás —dijo César con un amplio movimiento de la mano que pretendía abarcar toda Roma—. Hasta hace poco, ésta fue la ciudad de los Borgia y os aseguro que pronto volverá a serlo. Recuperar las fortalezas perdidas no tiene por qué resultar más difícil de lo que lo fue tomarlas por primera vez. Defender las plazas que he conservado no será problema, pues mis hombres me son leales. Además, el pueblo me apoya y estoy reuniendo un nuevo ejército con mercenarios extranjeros y soldados de infantería de Val di Lamone.

»Una vez que haya consolidado mi dominio sobre la Romaña, todo volverá a ser como antes —continuó diciendo César—. Sí, es cierto que el papa Julio siempre ha estado enfrentado a los Borgia, pero ahora todo ha cambiado. Me ha prometido su apoyo y ha hecho pública su promesa ante el pueblo de Roma y ante sus representantes. Yo sigo siendo el gonfaloniero. Incluso hemos hablado de una alianza matrimonial para estrechar la unión entre nuestras familias y es posible que mi hija Luisa pronto se despose con su sobrino Francesco. Hoy empieza un nuevo día, Maquiavelo. ¡Un nuevo día!

Maquiavelo se preguntó qué habría sido del brillante soldado que había conocido, de aquel tenaz guerrero al que había llegado a admirar.

Pero por mucho que se considerara amigo de César, tratándose de una cuestión oficial, Maquiavelo sólo le era fiel a Florencia.

Aquella tarde, espoleó a su caballo sin piedad, pues debía llegar a Florencia antes de que fuera demasiado tarde. Y, esta vez, al presentar su informe, Maquiavelo se dirigió a los miembros de la Signoria de forma muy distinta de como lo había hecho en anteriores ocasiones.

Entró en la sala con un aspecto más descuidado de lo habitual y se dirigió a los miembros de la Signoria sin hacer gala de su habitual vehemencia. Su semblante era grave. Por mucho que le desagradara lo que iba a decir, tenía que hacerlo.

—Señorías, sería una locura brindarle nuestro apoyo a César Borgia —empezó diciendo—. Sí, ya sé que el papa Julio II ha anunciado públicamente que las conquistas de César serán las conquistas de la Iglesia de Roma. Ya sé que César Borgia es el gonfaloniero. Y, aun así, estoy convencido de que el sumo pontífice no mantendrá su palabra. Julio II siempre ha odiado a los Borgia y traicionará a César.

»En cuanto al propio César Borgia, debo decir que he advertido un cambio preocupante en su comportamiento. Ya no es el mismo hombre. Antes, nadie podía saber lo que estaba pensando. Ahora me ha hecho saber expresamente sus planes, jactándose abiertamente de unos objetivos que nunca logrará. Señorías, César Borgia se está deslizando hacia su propia tumba. Florencia no debe ser enterrada con él.

Maquiavelo no se equivocaba. Al ver que tanto el poder de Venecia como el de César ya no suponían una seria amenaza, el papa Julio II no tardó en romper su palabra. Exigió a César que entregara de forma inmediata todas sus fortalezas y, para asegurarse de que sus órdenes se cumplieran, lo puso bajo arresto y lo envió a Ostia acompañado de un viejo cardenal y de una guardia armada.

César entregó las dos primeras fortalezas y envió misivas a sus capitanes haciéndoles saber que el nuevo sumo pontífice le había ordenado que devolviera las fortalezas a sus antiguos señores. Esperaba que sus capitanes ignoraran sus misivas, al menos durante el tiempo necesario para que él pudiera reaccionar.

Una vez en Ostia, solicitó el permiso del viejo cardenal para viajar a Nápoles, que ahora estaba bajo dominio español. Puesto que César había cumplido todas las órdenes del sumo pontífice y pensando que, mientras estuviera lejos de la Romaña, no contrariaría los deseos de Julio II, el cardenal lo acompañó al puerto de Ostia y César embarcó en un galeón rumbo a Nápoles.

Pero César todavía tenía una carta que jugar. A las órdenes del avezado capitán Fernández de Córdoba, las tropas españolas acababan de derrotar a los ejércitos franceses, obligándolos a abandonar Nápoles. Ahora que los españoles eran los únicos dueños de Nápoles, César esperaba obtener el apoyo de Fernando e Isabel, pues los Reyes Católicos siempre habían favorecido a los Borgia.

César le dijo a Fernández de Córdoba que, con el apoyo de los monarcas españoles, sus hombres podrían resistir en sus fortalezas de la Romaña el tiempo necesario para formar un nuevo ejército y obligar al sumo pontífice a respetar las condiciones del acuerdo que había roto.

El Gran Capitán accedió a presentar su causa ante sus soberanos.

Y así fue como, ahora que estaba fuera del alcance de los hombres de Julio II, César preparó una nueva estrategia. Mientras esperaba la respuesta de Fernando e Isabel, envió nuevas misivas a sus capitanes, en las que los instaba a resistir mientras él reunía un ejército de soldados mercenarios para luchar junto a las tropas españolas al mando de Fernández de Córdoba.

Tres semanas después, César seguía sin tener noticias de los monarcas españoles. Cada vez estaba más impaciente; hasta que ya no se sintió capaz de seguir esperando. Tenía que hacer algo.

Ese día, cabalgó por las colinas que se elevaban junto a la costa hasta llegar al campamento de las tropas españolas. Una vez allí, fue conducido a la tienda de mando.

Gonzalo Fernández de Córdoba estaba sentado estudiando el gran mapa que había extendido sobre una mesa. Al ver entrar a César, se levantó de su asiento y lo recibió con un caluroso abrazo.

—Parecéis preocupado, amigo mío —dijo en tono afectuoso.

—Lo estoy —admitió César—. Mis fortalezas resisten y estoy reuniendo un ejército de mercenarios, pero todo ello será inútil si vuestros monarcas no me brindan el apoyo de vuestras tropas.

—Todavía no he recibido ninguna noticia —dijo el capitán—, pero mañana se espera la llegada de un galeón procedente de Valencia. Con un poco de suerte, ese galeón nos traerá la respuesta de sus majestades.

—Decís que todavía no hay noticias. ¿Acaso creéis que es posible que vuestros monarcas me nieguen su apoyo? Hablad con sinceridad, Gonzalo.

—Como bien sabéis, no es una decisión fácil —dijo el capitán—. Hay mucho en juego. No debéis olvidar que, de ponerse de vuestro lado, España se enemistaría con el sumo pontífice y, como muy bien sabéis, Julio II es un hombre implacable y vengativo.

—Sin duda estáis en lo cierto —dijo César—. Pero Fernando e Isabel siempre tuvieron el apoyo de mi difunto padre. No olvidéis que fue él quien les otorgó la dispensa que hizo posible sus esponsales; incluso fue el padrino de su primer hijo. Y, como sabéis, yo siempre he apoyado a vuestros monarcas...

El capitán español apoyó la mano en el brazo de César.

—Tranquilizaos, amigo mío —dijo—. Es necesario tener paciencia. Soy consciente de todo lo que decís y os aseguro que mis soberanos lo tendrán en cuenta, pues os consideran un amigo, un amigo leal. Lo más probable es que mañana mismo tengamos la respuesta y, si Dios lo quiere, entonces pondré todo el poderío de mis ejércitos al servicio de vuestra causa.

Las palabras del capitán español parecieron apaciguar los nervios de César.

—Tenéis razón —dijo—. Pronto tendremos la respuesta y, entonces, actuaremos con presteza.

—Así es —dijo el capitán—. Mientras tanto, es preferible no llamar la atención. Hay espías por todas partes; incluso en este campamento. La próxima vez, deberíamos encontrarnos en un lugar más retirado. ¿Conocéis el viejo faro que hay al norte del campamento?

—No —contestó César—, pero lo encontraré.

—Os veré allí mañana a la puesta del sol —dijo el capitán—. Entonces planearemos nuestra estrategia.

Al día siguiente, cuando el sol empezaba a ocultarse tras el horizonte, César caminó hacia el norte por la playa hasta encontrar el faro.

Cuando estaba a punto de llegar, Fernández de Córdoba salió a su encuentro.

—¿Qué noticias hay? —gritó César, incapaz de contener su impaciencia.

El capitán español se llevó un dedo a los labios, pidiéndole silencio.

—No debéis hablar tan alto —dijo cuando César llegó a su altura—. Entremos en el faro; toda precaución es poca.

César entró primero. En cuanto traspasó el umbral, cuatro hombres lo sujetaron. Unos segundos después, había sido desarmado y tenía las manos y las piernas atadas con pesadas cuerdas.

—Nunca pensé que fuerais un traidor, Gonzalo —dijo César.

El capitán español encendió una vela y César vio a los doce soldados armados que lo acompañaban.

—No es un acto de traición —dijo el capitán—. Me limito a obedecer las órdenes de mis soberanos. Aunque en el pasado vuestra familia haya sido aliada de España, mis soberanos no han olvidado vuestra alianza con Francia. Además, el poder de los Borgia pertenece al pasado. Ahora es Julio II quien ocupa el solio pontificio y el Santo Padre os considera su enemigo.

—¡No puede ser! —exclamó César—. ¿Acaso han olvidado que la sangre que corre por mis venas es española?

—Al contrario, amigo mío —dijo Fernández de Córdoba—. Mis soberanos os consideran súbdito suyo y por eso me han ordenado que seáis trasladado a España. Allí seréis acogido... en una prisión valenciana. Lo lamento, amigo mío, pero conocéis la devoción que sienten los Reyes Católicos por la Santa Iglesia de Roma. Para ellos, los deseos del Santo Padre son la expresión de la voluntad divina. —El capitán guardó silencio durante unos segundos—. También debéis saber que María Enríquez, la viuda de vuestro hermano Juan, os ha acusado formalmente de ser el autor del asesinato de su esposo. Y no olvidéis que María es prima del rey Fernando.

La indignación de César era tal que le impedía pronunciar palabra alguna.

Entonces, el capitán español dio una orden a sus hombres y, a pesar de la desesperada resistencia de César, cuatro de los soldados lo arrastraron afuera del faro y lo ataron a lomos de una mula. Minutos después, César se encontraba en el campamento español.

A la mañana siguiente, tras pasar la noche atado de pies y manos, César fue amordazado. Después, los soldados lo envolvieron en un sudario, lo introdujeron en un ataúd de madera, subieron el ataúd a un carro y lo llevaron hasta el puerto, donde fue embarcado en un galeón español con rumbo a Valencia.

César no podía moverse y apenas podía respirar. Luchó con todas sus fuerzas para no sucumbir al pánico, pues sabía que, si se dejaba dominar por él, acabaría por perder la razón.

Fernández de Córdoba había optado por ese método de transporte para evitar que los partidarios de César pudieran averiguar que había sido hecho prisionero. Tenía hombres más que suficientes a su mando para hacer fracasar cualquier intento de rescate, pero, como él mismo le había dicho a uno de sus lugartenientes: «¿Qué sentido tiene arriesgarse? De esta manera, cualquier espía que pueda haber en el puerto sólo verá el ataúd de un soldado que es transportado a España para recibir sepultura en su tierra.»

Una hora después de zarpar, el capitán del galeón ordenó que sacaran a César del ataúd y que le quitaran el sudario y la mordaza.

Pálido y tembloroso, César fue encerrado en una gran caja de madera en la bodega de popa. Aun inmunda y abarrotada de objetos como estaba, al menos la caja tenía un respiradero en la puerta; cualquier cosa era mejor que el sofocante ataúd en el que César había pasado las últimas horas.

Durante la travesía, César sólo recibió unos panecillos rancios y un poco de agua una vez al día. El miembro de la tripulación que le llevaba la comida, un hombre bondadoso, además de un experimentado marinero, golpeaba los panecillos contra el suelo para deshacerse de los gusanos antes de romperlos en trozos e introducirlos en la boca de César.

—Lamento no poder liberaros de vuestras ataduras —le dijo el primer día a César—, pero son órdenes del capitán. Debéis permanecer atado hasta que lleguemos a Valencia.

Tras la horrible travesía, con la mar picada, atado de manos y pies en su repugnante caja y sin apenas probar bocado, César finalmente llegó a Vilanova del Grau. Por alguna ironía del destino, se trataba del mismo puerto valenciano desde donde el tío-abuelo de César, Alonso Borgia, que más tarde se convertiría en el papa Calixto, había partido hacia Italia sesenta años antes.

Una vez en España, ya no existía ninguna necesidad de ocultar al prisionero. Además, el concurrido puerto estaba abarrotado de soldados de Isabel y Fernando, por lo que cualquier intento de rescatar a César hubiera resultado inútil.

Una vez más, César fue arrojado como un fardo sobre el lomo de una mula y, así, recorrió las calles empedradas del puerto hasta llegar a la imponente fortaleza que hacía las veces de prisión.

Fue encerrado en una diminuta celda en lo más alto de la fortaleza, donde, en presencia de cuatro soldados armados, por fin fue liberado de sus ataduras.

Mientras se frotaba las doloridas muñecas, César miró a su alrededor. Tan sólo había un colchón lleno de manchas sobre el suelo, un cuenco oxidado para comer y un hediondo orinal. César pensó que aquellas cuatro paredes podrían ser su hogar hasta el día de su muerte. De ser así, sin duda ese día llegaría pronto, pues ahora que sus leales anfitriones, los Reyes Católicos, se mostraban tan deseosos de complacer al sumo pontífice y a la viuda de su hermano Juan, a César no le cabía la menor duda de que pronto le darían muerte.

Pero pasaron los días, y después las semanas, y César permanecía sentado en el suelo de su celda, intentando mantener la cordura a base de contar; contaba las cucarachas de la pared, contaba las manchas del techo, contaba las veces que se abría todos los días la diminuta ranura que había en la puerta de su celda. Una vez a la semana, se le permitía salir al patio de la fortaleza para respirar aire puro durante una hora y los domingos llevaban a su celda una palangana llena de agua turbia para que se aseara.

Hasta que César llegó a preguntarse si aquello no sería peor incluso que la muerte. Aunque no pudiera saberlo, pensaba que no tardaría en averiguarlo.

Las semanas se convirtieron en meses y nada cambió. Había momentos en los que creía estar a punto de perder la razón, momentos en los que incluso llegaba a olvidar quién era. Otras veces se imaginaba a sí mismo paseando por «Lago de Plata» o conversando con su padre en los lujosos aposentos del Vaticano. Aunque intentaba no pensar en Lucrecia, había ocasiones en las que creía tenerla a su lado, acariciándole el cabello, besándolo, dirigiéndose a él con palabras tranquilizadoras.

Pensaba en su padre, intentando comprenderlo, intentando entender sus razones sin criticar sus errores. ¿De verdad había sido tan grandioso Alejandro como siempre había creído César? Aunque era consciente de que hacerlo yacer con Lucrecia había sido una brillante estrategia, no podía perdonar a su padre por ello, pues el precio que habían tenido que pagar por su pecado había sido demasiado alto. Y, aun así, ¿acaso hubiera preferido vivir sin amar a su hermana como la había amado? Ni siquiera podía imaginar una vida sin el amor de su hermana. Aunque, por otro lado, eso le había impedido amar verdaderamente a ninguna otra mujer. ¿Hasta qué punto habría sido ese amor la causa de la muerte de Alfonso?

Aquella noche, César lloró inconsolablemente. Lloró por sí mismo y por Alfonso. Y lloró por su esposa Charlotte. ¡Cuánto lo había amado esa mujer!

Y entonces decidió que, si lograba escapar a su destino, si el Padre Celestial le concedía otra oportunidad, dejaría a un lado su pasión por Lucrecia y viviría una vida honorable junto a su esposa Charlotte y su hija Luisa.

Entonces recordó las palabras de su padre cuando él le había dicho que no creía en Dios ni en la Virgen ni en los santos.

«Muchos pecadores niegan a Dios porque temen su castigo. Por eso renuncian a la verdad —le había dicho su padre con fervor mientras sujetaba su mano—. Presta atención a lo que voy a decirte, hijo mío. La crueldad que ven en el mundo los hace cuestionar la existencia de un Dios eterno y piadoso, los hace dudar de su infinita bondad y de la Santa Iglesia. Pero un hombre puede mantener viva su fe mediante la acción. Muchos santos fueron hombres de acción. Nunca he sentido ninguna estima por esos hombres que se flagelan y meditan sobre los grandes misterios de la vida mientras permanecen recluidos en sus monasterios. No hacen nada por la Iglesia, no ayudan a perpetuarla. Somos los hombres como tú y como yo quienes debemos ocuparnos de eso.» César recordaba cómo su padre lo había señalado con el dedo. «Aunque para ello debamos limpiar nuestras almas en el purgatorio. Cada vez que rezo, cada vez que confieso mis pecados, ése es mi único consuelo por las terribles acciones que en ocasiones me veo obligado a cometer. No importa lo que digan los humanistas, esos seguidores de los filósofos griegos que mantienen que esta vida es todo lo que existe, pues existe un Dios todopoderoso y es un Dios piadoso y comprensivo. Ésa es nuestra fe, aquello en lo que debemos creer. Puedes convivir con tus pecados, puedes confesarlos o no, pero nunca debes renunciar a tu fe.»

En aquel momento, las palabras de su padre no habían significado nada para César, pues no alcanzaba a comprender su verdadero sentido. Ahora, en cambio, estaba dispuesto a confesarse ante cualquier Dios que pudiera oírlo. Pero cuando su padre le dijo aquellas palabras, César sólo oyó una frase: «No olvides, hijo mío, que tú eres mi mayor esperanza para el futuro de los Borgia.»

Un día, pasada la medianoche, César vio cómo la puerta de su celda se abría lentamente. Pero en vez de un guardia, quien entró fue Duarte Brandao. Llevaba una cuerda enrollada alrededor del brazo.

—¡Duarte! —exclamó César—. ¿Qué hacéis aquí?

—Rescataros, amigo mío —contestó Duarte—. Pero debéis daros prisa. No tenemos mucho tiempo.

—¿Y los guardias? —preguntó César, cuyo corazón latía frenéticamente.

—Han recibido un generoso soborno —dijo Duarte mientras desenrollaba la cuerda.

—¿No pretenderéis que descendamos por esa cuerda? —preguntó César, frunciendo el ceño—. Es demasiado corta.

—Desde luego —dijo Duarte, sonriendo—. Sólo la colgaré para proporcionarles una coartada a los guardias —continuó diciendo mientras fijaba la cuerda a la argolla de hierro que había en la pared y descolgaba el otro extremo por la ventana.

Salieron de la celda y César siguió a Duarte por la escalera de espiral que descendía hasta una pequeña puerta en la fachada trasera de la fortaleza. No se cruzaron con ningún guardia. Duarte corrió hasta el lugar donde la cuerda colgaba, balanceándose junto al muro, a varios metros del suelo, y sacó un frasco de terracota del bolsillo de su capa.

—Sangre de pollo —le dijo a César—. Esparciré un poco justo debajo de la cuerda y dejaré un rastro que señale hacia el sur. Así pensarán que os heristeis al saltar y que huisteis cojeando en esa dirección, cuando, en realidad, nos dirigiremos hacia el norte.

César y Duarte atravesaron una pradera y subieron a lo alto de una colina, donde un niño los aguardaba con dos caballos.

—¿Adónde nos dirigimos, Duarte? —preguntó César—. No creo que queden muchos lugares seguros para vos y para mí.

—Así es —dijo Duarte—. Hay pocos lugares donde podamos estar seguros, pero aún quedan algunos. Vos cabalgaréis hasta la fortaleza de vuestro cuñado, el rey de Navarra. Os espera. Allí seréis bienvenido y estaréis a salvo.

—¿Y vos? —preguntó César—. ¿Qué será de vos? En Italia nunca sobreviviríais. Después de esta noche, España tampoco es un lugar seguro y ni vos confiasteis nunca en los

447

franceses ni tampoco ellos confiaron en vos. ¿Qué posibilidad os queda, entonces?

—Tengo una pequeña barca esperándome en la playa, no muy lejos de aquí —dijo Duarte—. Navegaré hasta Inglaterra.

—¿Entonces volvéis a Inglaterra, sir Edward? —preguntó César, al tiempo que esbozaba una sonrisa.

Sorprendido, Duarte levantó la mirada.

—¿Lo sabíais?

—Mi padre siempre lo sospechó —dijo César—. Pero ¿acaso no teméis encontraros con un rey hostil?

—Posiblemente —dijo Duarte—. Pero, ante todo, Enrique Tudor es un hombre práctico y sagaz que gusta de rodearse de consejeros capaces. De hecho, he oído que ha indagado sobre mi paradero y que ha dado a entender que si regresara a Inglaterra y me pusiera a su servicio estaría dispuesto a concederme su perdón, devolviéndome mi anterior posición, que debo admitir que era bastante privilegiada. Por supuesto, es posible que se trate de una trampa. Pero ¿acaso tengo elección?

—No, supongo que no —dijo César—. Pero ¿de verdad creéis que podréis navegar solo hasta Inglaterra?

—No debéis preocuparos por mí. He navegado mucho más lejos que eso. Además, con el paso de los años, he llegado a apreciar la soledad. —Duarte guardó silencio durante unos instantes—. Bueno, amigo mío, se está haciendo tarde. Creo que ha llegado el momento de decir adiós.

Los dos hombres se abrazaron en lo alto de la colina, iluminados por la brillante luna española.

—Nunca os olvidaré, Duarte —dijo César—. Tened buen viaje y que Dios os conceda una brisa favorable.

Y, sin más, saltó sobre su montura y cabalgó hacia el norte antes de que Duarte pudiera ver las lágrimas que afloraban en sus ojos.

Capítulo 30

Siempre alerta ante la posibilidad de que alguna milicia española pudiera volver a prenderlo, César evitó todas las poblaciones, cabalgando de noche y durmiendo de día, al amparo de los bosques. Hasta que, finalmente, sucio y exhausto, llegó a Navarra tras atravesar medio península Ibérica.

Tal como le había dicho Duarte, su cuñado, el rey de Navarra, esperaba su llegada. Así, al llegar a palacio, César fue conducido inmediatamente a una amplia estancia cuyos ventanales daban al río.

Tras bañarse y vestirse con ropas limpias, fue conducido a los aposentos reales.

Allí, el rey Juan de Navarra, un hombre de gran corpulencia con la tez bronceada y la barba perfectamente recortada, lo recibió con un efusivo abrazo.

—Hermano mío —dijo el monarca navarro—, cuánto me alegro de veros. Me siento como si ya os conociera. Mi hermana Charlotte me ha hablado tantas veces de vos. Por supuesto, sois bienvenido. Aquí estaréis seguro —continuó diciendo—. En ocasiones tenemos alguna escaramuza con algún noble que se muestra demasiado ambicioso, pero nada que pueda amenazar vuestra seguridad ni que deba preocuparos. Así que descansad y disfrutad de la vida. Podéis permanecer aquí cuanto tiempo estiméis conveniente. Tan sólo os pido una cosa —concluyó diciendo con buen humor el monarca—: que mandéis llamar inmediatamente al sastre real para que os confeccione un nuevo vestuario.

César se sintió sinceramente agradecido hacia aquel hombre que, sin haberlo visto nunca, acababa de salvarle la vida. Estaba en deuda con él, sobre todo después de haber dejado a Charlotte sola en Francia durante tantos años. Algún día esperaba poder corresponder a su generosidad, pues César Borgia siempre pagaba sus deudas.

—Os agradezco de corazón vuestra hospitalidad, majestad —dijo César—. Si me lo permitís, quisiera ayudaros a sofocar esas escaramuzas de las que habéis hablado. Como sabréis, tengo cierta experiencia en la guerra y estaría encantado de poner mis conocimientos a vuestro servicio.

El rey Juan sonrió.

—Será un privilegio, pues vuestra fama os precede. —Bromeando, desenvainó su espada y la posó sobre el hombro de César—. Yo os nombro comandante en jefe de los ejércitos reales. —Guardó silencio durante unos instantes—. Aun así, deberíais saber que el anterior comandante saltó por los aires hecho pedazos la semana pasada —concluyó diciendo mientras reía, mostrando su reluciente dentadura.

César, agotado, durmió durante dos días seguidos. Pero, al amanecer del tercer día, se levantó y, enfundado en su nueva armadura, salió a inspeccionar sus nuevas tropas.

La caballería estaba formada por experimentados profesionales, disciplinados y bien comandados; sin duda se conducirían con valor en el campo de batalla.

La artillería contaba con veinticuatro piezas, limpias y en buen estado. Al igual que los soldados de caballería, los artilleros parecían hombres experimentados en el arte de la guerra. Aunque no era ni mucho menos la artillería de Vito Vitelli, serviría.

Pero al pasar revista a las tropas de infantería, César se encontró con un panorama muy distinto. Estaba formada mayoritariamente por campesinos sin ninguna experiencia que el rey reclutaba para hacer el servicio militar y, aunque no les faltara voluntad, estaban pobremente equipados y apenas contaban con adiestramiento alguno. De surgir algún conflicto, César tendría que valérselas sin su ayuda.

Pero las semanas transcurrieron sin que César tuviera que recurrir a sus tropas. Ante la sorpresa del propio César, fueron los días más felices que recordaba, con la excepción de los que había pasado junto a Charlotte tras sus esponsales y aquellos que había vivido en «Lago de Plata». Por una vez, su vida no parecía correr peligro. Por una vez, no estaba obligado a planear estrategias en contra de nadie, ni nadie las planeaba tampoco en contra de él.

El rey Juan, que demostró ser un perfecto anfitrión, parecía agradecer su compañía. Era un hombre bondadoso y en ningún momento César tuvo la sensación de que pudiera llegar a traicionarlo. Pasaban juntos gran parte del día, cabalgando o cazando. Así, César no tardó en pensar en él como en un hermano. Por las noches, después de cenar, se sentaban junto a la chimenea y comentaban los libros que habían leído o conversaban sobre las diferentes formas de gobierno y las responsabilidades del liderazgo. Incluso llegaron a enfrentarse en un combate de lucha libre, aunque César tuvo la impresión de que el rey se dejó vencer debido al afecto que había llegado a sentir por él.

Así, por primera vez en muchos años, César se sentía tranquilo.

—Creo que ya es hora de que vuelva a reunirme con mi esposa y mi hija —le dijo un día al rey—. Desde que nos despedimos, he escrito a Charlotte en numerosas ocasiones y he enviado obsequios para ambas, pero, cada vez que pensaba que se aproximaba el momento de volver a reunirme con ellas, surgía algún nuevo peligro que lo impedía.

Juan acogió con entusiasmo la perspectiva de volver a ver a su hermana y a su sobrina. Así, los dos amigos brindaron por el reencuentro con Charlotte.

Esa misma noche, César escribió a su esposa al castillo de la Motte Feuilly.

> Mi querida Charlotte:
> Por fin puedo haceros partícipe de las noticias que desde hace tanto tiempo deseaba haceros llegar. Quiero que os reunáis conmigo en Navarra, vos y la pequeña Luisa. Juan se ha portado como un verdadero hermano conmigo y la situación aquí permite que volvamos a estar juntos. Sé que el viaje será largo y fatigoso pero, una vez que estéis aquí, ya nunca volveremos a separarnos.
> Vuestro y enamorado,
>
> CÉSAR

A la mañana siguiente, César envió la carta por correo real. Aunque sabía que todavía pasarían varios meses antes de que su esposa y su hija se reunieran con él, la perspectiva de volver a verlas lo llenaba de gozo.

Varios días después, mientras cenaba con el rey, César advirtió que algo contrariaba a su anfitrión.

—¿Qué es lo que os preocupa, hermano mío? —preguntó.

El rey Juan tardó algunos segundos en responder.

—El conde Luis de Beaumont lleva meses causándome problemas —dijo finalmente, incapaz de contener su ira por más tiempo—. Sus hombres roban el ganado y el grano a mis súbditos, y los dejan sin sustento. Fingiendo servir a la Iglesia en una causa supuestamente santa, intenta sobornar a mis capitanes con tierras y oro para que me traicionen. Pero esta vez el conde se ha superado a sí mismo. No hace muchas horas que sus soldados se han apoderado de una población y, tras torturar a todos los hombres y violar a las mujeres, han prendido fuego a toda la aldea. Ya no se trata de un incidente aislado. Beaumont pretende apoderarse de parte de mis territorios. Y su estrategia es el terror. Pretende aterrorizar a los aldeanos para que me abandonen y acaben rindiéndole pleitesía para poder conservar sus hogares y sus vidas.

Una vez más, la traición emergía como un dragón desde las profundidades. César, que conocía la traición mejor que nadie, temió por Juan.

De repente, el rey golpeó la mesa con ambos puños, y derramó el vino de su copa.

—¡Lo detendré! —exclamó—. Como rey de Navarra debo proteger a mis súbditos. El pueblo no debe vivir atemorizado. Mañana mismo conduciré mis tropas hasta Viana y tomaré su castillo.

—Habláis como un verdadero rey —dijo César—. Y haréis bien en someter al conde de Beaumont, pero no debéis ser vos quien lidere las tropas, pues el enemigo sin duda opondrá una resistencia feroz y vos sois demasiado valioso para el reino como para arriesgar vuestra vida. Nunca podré saldar mi deuda con vos, pues me ayudasteis cuando todos los demás me dieron la espalda, pero ahora permitid que sea yo quien cabalgue al frente de vuestros hombres, pues he liderado muchos ejércitos y os aseguro que saldremos victoriosos.

Desarmado ante sus argumentos, el rey Juan accedió a los deseos de César. Ambos pasaron buena parte de la noche estudiando los planos de las defensas de Viana y planeando la estrategia que debía conducirlos a la victoria.

Al día siguiente, César se levantó antes del amanecer. Las tropas esperaban listas para emprender la marcha. Su caballo, un brioso semental bayo, golpeaba el empedrado nerviosamente con sus poderosos cascos.

Así, el ejército del rey de Navarra, liderado por César Borgia, atravesó extensas praderas, subió colinas y vadeó ríos, hasta que, finalmente, llegó a la plaza fortificada de Viana.

César estudió las defensas del enemigo. Los muros eran

altos y recios, pero él había visto murallas más altas y más sólidas. En comparación con Forli o con Faenza, Viana no debería ser una plaza difícil de tomar.

Igual que lo había hecho tantas otras veces, César desplegó a sus hombres alrededor de la fortaleza. Con una armadura ligera y la espada desenvainada, estaba listo para la lucha. Él mismo comandaría la carga de la caballería ligera, pues, al no poder confiar en la infantería, sabía que el desenlace de la batalla dependería de lo que hiciera la caballería.

Tal como se lo había visto hacer tantas veces a Vito Vitelli, dispersó los cañones frente al perímetro de las murallas, protegiéndolos del enemigo con unidades de caballería e infantería. Una vez satisfecho con la posición de sus hombres, ordenó que los cañones disparasen contra las torres y las almenas, pues sabía que así provocaría numerosas bajas en el enemigo, reduciendo los riesgos a los que deberían someterse sus propios hombres. Los cañones hicieron temblar la tierra.

Todo se desarrolló tal y como estaba previsto. Los cañones dispararon una y otra vez hasta que la parte superior de las murallas empezó a desmoronarse, derrumbándose a ambos lados de la fortaleza. César no tardó en oír los gritos de los enemigos que habían sido mutilados por el letal bombardeo.

Al cabo de una hora de incesante bombardeo, César ordenó que todas las piezas de artillería fueran reunidas frente a un mismo flanco de la fortaleza, donde concentrarían sus disparos en una sección de la muralla de unos quince metros de ancho. Por ahí cargaría la caballería en cuanto los cañones abrieran una brecha.

Al ver cómo los muros temblaban con cada nueva descarga, César supo que había llegado el momento.

Ordenó a la caballería que se preparase para la lucha. Sus capitanes transmitieron sus órdenes y los soldados subieron a sus monturas, empuñando sus temibles lanzas. Además, llevaban espadas colgando de las sillas para seguir luchando en caso de ser desmontados.

César montó en su brioso corcel con la lanza en posición de ataque y comprobó que su espada y su maza estuvieran bien sujetas a la silla.

La sangre de César volvía a hervir con el ardor del guerrero. Pero esta vez era más que eso, pues no se trataba de una batalla más. Ahora luchaba por un rey que había sido generoso con él, por un rey que se había convertido en su amigo, en su hermano.

Si todo marchaba como estaba previsto, esa misma noche le comunicaría personalmente al rey de Navarra, su amigo y benefactor, que el enemigo había sido derrotado.

Y, entonces, César oyó ese grito que tantas otras veces había oído.

—¡Una brecha! ¡Una brecha! —exclamaron los soldados.

El muro había cedido, y había dejado espacio más que suficiente para que la caballería pudiera acceder a la plaza.

—¡A la carga! —gritó César al tiempo que bajaba la visera de su yelmo. Un segundo después, galopaba hacia la brecha abierta en la muralla.

Pero algo iba mal. No escuchaba el retumbar de los cascos galopando a su espalda.

Sin detenerse, César se giró sobre su montura.

La caballería al completo permanecía inmóvil, en perfecta formación. Ni uno solo de sus hombres lo había seguido.

Las tropas de reserva del conde de Beaumont no tardarían en posicionarse en la brecha abierta en el muro y, entonces, todo el trabajo de la artillería habría sido inútil.

César detuvo su caballo y levantó la visera de su yelmo.

—¿Acaso no tenéis valor? ¡Cargad, cobardes! —gritó con toda la fuerza de sus pulmones.

Pero, una vez más, todos los jinetes permanecieron inmóviles.

Y, entonces, César lo comprendió todo. Aquellos miserables se habían vendido al enemigo. La caballería de Navarra había traicionado a su rey.

Pero César nunca traicionaría a su amigo, a su salvador.

Se bajó la visera del yelmo y, con la lanza ajustada bajo el brazo, galopó en solitario hacia la brecha.

Los soldados del conde lo esperaban al otro lado de la brecha con picas, lanzas y espadas. Y, aun así, César siguió galopando. Dio muerte a los dos primeros hombres que encontró en su camino, pero pronto se vio rodeado por el enemigo.

Blandiendo la espada en una mano y la maza en la otra, César luchó por su vida. Un soldado tras otro fueron cayendo a su alrededor, atravesados por su espada o aplastados por su maza.

Hasta que su caballo se desplomó, y César rodó por el suelo, intentando esquivar las picas y las espadas del enemigo. Consiguió incorporarse y, aunque había perdido la maza, se defendió asestando golpes de espada a diestro y siniestro.

Pero el enemigo era demasiado numeroso. Sintió cómo el filo de una lanza se clavaba en su costado y, de repente, todos los soldados se abalanzaron sobre él, atravesándolo una y otra vez con sus espadas. Sangraba por numerosas heridas. Cada vez estaba más débil. Y entonces oyó la voz del destino, reconfortándolo: «Vivir para las armas y morir por ellas.» Mientras caía desplomado al suelo, su mente le trajo la imagen de Lucrecia. Y entonces todo pensamiento cesó.

César Borgia había muerto.

Capítulo final

César Borgia, cardenal, duque y gonfaloniero, fue honrado con unos fastuosos funerales en Roma. El papa Julio II ofició personalmente la misa por su alma. Tras la ceremonia, las cenizas de César fueron enterradas bajo un colosal monumento en la iglesia de Santa María la Mayor. En Roma se decía que el sumo pontífice no se atrevía a perderlo de vista ni tan siquiera después de muerto.

Pero Lucrecia Borgia le pidió a don Michelotto que robase las cenizas de su hermano. Don Michelotto, que había conservado la vida milagrosamente, guardó las cenizas en una urna de oro y cabalgó toda la noche para entregárselas a Lucrecia.

Al día siguiente, Lucrecia partió de Ferrara al frente de un cortejo de trescientos nobles y soldados.

Cuando el cortejo finalmente llegó a «Lago de Plata», antes de levantar las tiendas junto a la orilla, los hombres de Lucrecia expulsaron a los penitentes que buscaban limpiar sus almas de pecado en las aguas del lago.

Al ver a los penitentes, Lucrecia recordó los tiempos en los que ella también se había entregado a los pecados de la carne. Recordó el temor que había sentido por su padre y por su hermano, por la salvación de sus almas. Como tantos otros pecadores, ella también se había bañado en el lago, buscando limpiarse de sus deseos pecaminosos, creyendo que aquellas aguas milagrosas la limpiarían de toda tentación y le brindarían paz y consuelo.

Y Lucrecia recordó cómo su padre, el Santo Padre, le había recordado con una sonrisa irónica que no había nada menos digno de confianza que un pecador buscando redención; después de todo, esa actitud sólo demostraba debilidad de carácter.

Ahora, sentada en su tienda dorada, junto a la orilla del lago, Lucrecia sintió cómo las aguas plateadas la envolvían con una paz como nunca había conocido. Su padre y su hermano habían muerto y, con su muerte, también se había sellado su destino. Tendría más hijos, ayudaría a gobernar Ferrara y, por encima de todo, sería justa y piadosa durante el resto de sus días.

Nunca podría igualar las gestas de su padre ni de su hermano, pero eso no importaba, pues ella sería lo que ellos nunca fueron: una persona misericordiosa. Recordó con tristeza cómo César había ordenado asesinar al poeta Filofila por dirigir sus versos contra los Borgia, acusándolos de mantener relaciones incestuosas y de envenenar a sus enemigos. Qué poco parecía importar eso ahora.

Por eso había llevado las cenizas de César a «Lago de Plata», como si pensara que, incluso después de muerto, necesitase del poder de aquellas aguas milagrosas para eludir la tentación del pecado. O puede que fuera ella misma quien deseara limpiarse de los únicos pecados de los que había sido culpable, aunque ya nunca más lo sería, pues, ahora, por fin encontraría la redención.

Lucrecia pensó en su padre, en el cardenal de la Iglesia, en el padre afectuoso y entregado a sus hijos, en el vicario de Cristo. ¿Ardería su alma en el infierno? Sintió compasión por él y pensó que el Padre Celestial sería misericordioso. Todavía recordaba lo que le había dicho su padre cuando ella lloraba a su amado esposo, muerto a manos de César.

«Ambos serán perdonados —había dicho—. ¿Qué sentido tendría la existencia de Dios de no ser así? Y, algún día, cuando esta tragedia haya tocado a su fin, volveremos a estar juntos.»

Con el crepúsculo, la superficie del lago se tiñó de plata. Lucrecia caminó hasta el pequeño embarcadero junto al que ella y sus hermanos solían nadar cuando eran niños. En su mente, podía oír la voz de César: «No, Crecia, el agua es muy poco profunda.» «No te preocupes, Crecia, yo cuidaré de ti.» Y oyó la voz de César, muchos años después, cuando ambos ya habían renunciado a sus primeros sueños: «Si eso es lo que quieres, Crecia, te ayudaré.» Y recordó lo que le había dicho la última vez que habían estado juntos: «Cuando muera, Crecia, tú debes vivir por mí.» Y ella le había prometido que lo haría.

Mientras observaba el lago desde el final del embarcadero, la noche empezó a envolverlu con su brillante oscuridad. Lucrecia esperó a que la luna se alzara tras el horizonte. Entonces abrió la urna dorada y, lentamente, dejó caer las cenizas de César en el lago.

Un grupo de penitentes que volvía a sus casas tras un día dedicado a la oración y el arrepentimiento vio su silueta perfilándose en el embarcadero.

Una hermosa joven se volvió hacia el hombre que la acompañaba y, señalando hacia Lucrecia, preguntó:

—¿Quién es esa mujer tan hermosa?

—Es Lucrecia d'Este, la piadosa duquesa de Ferrara —respondió él—. ¿Nunca has oído hablar de ella?

Nota final

Lo que más me sorprendió de Mario Puzo cuando lo conocí fue que no se parecía en absoluto a sus personajes. El Mario con el que compartí mi vida fue un marido, un padre, un amante, un mentor y un verdadero amigo. Era amable y generoso, sincero y divertido, inteligente y muy auténtico. La lealtad, la bondad y la compasión de sus personajes era un reflejo de su propia personalidad; no lo era, sin embargo, la maldad. Este último aspecto provenía de sus pesadillas, no de sus sueños. Era un hombre sin prejuicios, generoso, tímido y de voz dulce. Viví con él durante veinte años, durante los cuales jugamos, trabajamos y pensamos juntos.

Mario estaba fascinado con la Italia renacentista, y, especialmente, con la familia Borgia. Estaba convencido de que ésta fue la primera familia criminal de la historia, y que en sus aventuras había mucha más traición que en las historias que él escribió sobre la mafia. Era de la opinión que los papas fueron los primeros «Dons» y que, de ellos, el papa Alejandro VI fue el Don más importante.

Durante todos los años que estuvimos juntos, Mario me explicaba historias sobre los Borgia. Sus aventuras le asustaban y le divertían a la vez, e incluso llegó a recrear alguna de ellas, para hacerlas más contemporáneas, y poder integrarlas, así, en los libros que escribía sobre la mafia.

Uno de los pasatiempos favoritos de Mario era viajar, y lo hacíamos muy a menudo. Cuando en 1983 visitamos el

Vaticano, quedó tan fascinado por el aspecto y la comida de Italia como por su historia, así que decidió escribir una novela sobre este país. Pero pasaron muchos años antes de que lo hiciera y, cuando hablaba de ella, decía que era «otra historia familiar», que era el modo en que solía referirse a *El padrino*. Mientras tanto, escribía otras novelas y, cada vez que se sentía bloqueado y desanimado, se refugiaba en el libro sobre los Borgia para inspirarse.

—Ojalá pueda escribir un libro con este material y hacer que sea un éxito —me dijo un día mientras, como hacía tantas veces, estaba tumbado en el sofá de su estudio y miraba al techo.

—Y, ¿por qué no lo haces? —le pregunté.

—Cariño, hasta que cumplí los 48 años era un escritor que no paraba de luchar para seguir adelante —me dijo—. Escribí dos libros que la crítica calificó como clásicos y con los que sólo gané cinco mil dólares. Hasta que no escribí *El padrino* no fui capaz de mantener a mi familia. He sido pobre durante muchos años y, a estas alturas de mi vida, no voy a arriesgarme a hacer algo diferente.

En 1992, después de que sufrió un ataque al corazón, le pregunté de nuevo:

—¿Has pensado en el libro sobre los Borgia?

—Primero, debo escribir dos libros más sobre la mafia —me dijo—. Además, todavía me lo paso bien conviviendo con estos personajes. Todavía no estoy preparado para deshacerme de ellos.

Mientras se recuperaba de la operación de corazón en Malibú, cada vez que se sentía incómodo o quería divertirse, leía libros sobre la Italia renacentista y escribía historias sobre los Borgia que comentábamos juntos.

Mario era un hombre muy divertido y tenía una manera muy personal de ver las cosas.

—Lucrecia era buena chica —me dijo un día mientras estábamos en su estudio.

Yo me reí.

—Y el resto de la familia —le dije—, ¿eran ellos los malvados?

—César era un patriota que deseaba ser un héroe. Alejandro era un padre complaciente, un verdadero hombre de familia —dijo—. Como muchas personas, hacían cosas malas, pero eso no los convertía en malvados.

Aquel día estuvimos hablando y riéndonos de ellos durante largas horas, y, aquella noche, Mario finalizó la escena durante la cual el papa y César discutían sobre si éste quería ser cardenal.

Sólo estaba dispuesto a salir de casa y comer con alguien cuando Bert Fields (un distinguido historiador que, además, era su abogado y uno de sus mejores amigos) visitaba nuestra ciudad. Cada vez que nos veíamos, ya fuera en la costa Este como en la Oeste, siempre acabábamos charlando sobre los Borgia. Como Mario, Bert se emocionaba y se sorprendía con las historias de poder y traición del Renacimiento.

—¿Cuándo acabarás el libro de los Borgia? —solía preguntar Bert.

—Estoy trabajando en él —contestaba Mario.

—Está muy avanzado —le decía yo a Bert.

Y Bert parecía contento.

El tiempo pasaba y Mario llamaba muy a menudo a Bert para diseñar las historias: le hacía preguntas y comentaban temas. Cada vez que acababa de hablar con Bert, Mario y yo charlábamos acerca de los Borgia y le emocionaba la idea de seguir escribiendo relatos sobre esta familia.

—Te ayudaré a acabar el libro sobre los Borgia —le dije un día de 1995, después de mantener con él una interesante conversación sobre la naturaleza del amor, las relaciones y la traición.

—No quiero que nadie colabore conmigo en ningún libro hasta que me haya muerto —dijo, con una sonrisa en sus labios.

—Muy bien —dije—. ¿Y qué haré entonces con un libro inacabado? —Mi voz estaba calmada, aunque mis nervios no lo estaban.

Mario se rió.

—Acabarlo —me dijo.

—No puedo acabarlo. No recuerdo todo lo que me enseñaste —le dije, incapaz de imaginar mi vida sin él.

Me dio una palmada en el hombro y me dijo:

—Claro que puedes. Conoces perfectamente la historia. La hemos comentado muchas veces y yo ya he escrito muchas páginas. Serás capaz de añadir las piezas que faltan. Luego, me pellizcó la mejilla y me dijo:

—De verdad que te he enseñado todo lo que sé.

Dos semanas antes de que falleciera, su corazón estaba cansado, pero su mente se mantenía lúcida. Un día, mientras yo estaba en su estudio, cogió, del último cajón de su escritorio, un gran pliego de folios amarillos pautados escritos a mano con bolígrafo rojo. Creía que eran notas de *Omertà*, pero no era así.

—Léelo —me dijo, y me dio las páginas.

Cuando lo empecé a leer, me saltaron las lágrimas. Era el último capítulo del libro sobre los Borgia.

—Acábalo —me dijo—. Tienes que prometérmelo.

Y eso fue lo que hice.